高等职业教育"十二五"规划教材
重庆市高等学校会计专业核心课程教学团队建设成果

企业税费计算及纳税申报习题与实训

主　编　梁　萍　刘满华
副主编　杨朝玉　刘　雯
参　编　汤晓燕　刘　静　杨　陶
主　审　陈希晖

北京理工大学出版社
BEIJING INSTITUTE OF TECHNOLOGY PRESS

版权专有　侵权必究

图书在版编目（CIP）数据

企业税费计算及纳税申报/梁萍，刘满华主编．—北京：北京理工大学出版社，2012.7（2015.8重印）

含习题与实训

ISBN 978-7-5640-6240-8

Ⅰ.①企⋯　Ⅱ.①梁⋯　②刘⋯　Ⅲ.①企业管理—税收管理—中国—高等学校—教材　Ⅳ.①F812.423

中国版本图书馆CIP数据核字（2012）第147504号

出版发行 /	北京理工大学出版社
社　　址 /	北京市海淀区中关村南大街5号
邮　　编 /	100081
电　　话 /	(010)68914775(办公室)　68944990(批销中心)　68911084(读者服务部)
网　　址 /	http://www.bitpress.com.cn
经　　销 /	全国各地新华书店
印　　刷 /	三河市天利华印刷装订有限公司
开　　本 /	787毫米×1092毫米　1/16
印　　张 /	24
字　　数 /	541千字
版　　次 /	2012年7月第1版　2015年8月第6次印刷
印　　数 /	7711～10210册
总 定 价 /	49.00元

责任校对 / 葛仕钧
申玉琴
责任校对 / 周瑞红
责任印制 / 王美丽

图书出现印装质量问题，本社负责调换

高等职业教育"十二五"规划教材
重庆市高等学校会计专业核心课程教学团队建设成果
编委会

学术顾问（以汉语拼音为序）：

戴裕崴　天津轻工职业技术学院院长、研究员

赵丽生　山西省财政税务专科学校副校长，教授，太原理工大学、山西财经大学硕士生导师

主任委员：

黄　骥　重庆城市管理职业学院财贸学院教授、注册会计师

副主任委员（以汉语拼音为序）：

陈兴述　重庆财经职业学院院长、教授

程淮中　江苏财经职业技术学院副院长、教授

杨朝玉　重庆对外经贸（集团）有限公司财务部总经理、高级会计师

委　　员（以汉语拼音为序）：

曹　军　天津职业大学经管学院副院长、教授

陈立波　重庆电子工程职业技术学院会计与金融学院院长、教授

高翠莲　山西省财政税务专科学校会计系主任、教授

顾长根　苏州经贸职业技术学院工商系主任、教授

黄建飞　福建信息职业技术学院商贸管理系主任、教授

黄晓平　贵州商业高等专科学校会计系主任、教授

孔德兰　浙江金融职业技术学院会计系主任、教授

梁伟样　丽水职业技术学院副院长、教授

陆涵超　重庆康华税务师事务所所长、注册税务师

聂卫东　重庆财经职业学院金融系主任、教授

潘上永　浙江经贸职业技术学院财会系主任、教授

唐跃兰　重庆铁发渝遂高速公路有限公司副总经理、高级会计师、注册会计师

王庆国　长沙民政职业技术学院校长助理、教授

杨立琦　北京天圆全会计师事务所合伙人、注册会计师

张莲玲　番禺职业技术学院财经系主任、教授

张卫平　江苏财经职业技术学院会计系主任、教授

张　娅　重庆市水务资产经营有限公司财务部经理助理、高级会计师、副教授

周杨梅　金科地产集团股份有限公司财务部副总监、高级会计师

PREFACE 总序

我国高等职业教育的改革,在"十一五"期间可以概括为"有力度、有方法、有效果"。国家政策、各级政府配套法规与相应的资金支持有力度,以 2005 年国务院关于大力发展职业教育的决定［国发 35 号文件］为总纲,以 2006 年教育部关于全面提高高等职业教育教学质量的若干意见［教高 16 号文件］、教育部和财政部关于实施国家示范性高等职业院校建设计划,加快高等职业教育改革与发展的意见［教高 14 号文件］为操作依据,以 100 所国家级示范性高职院校建设为抓手,推动了以"工学结合、就业导向"的、以内涵建设为质量本体的,高职教育专业设置、课程改革、师资培养、实习实训场地和设施建设、校企合作等全方位的改革与发展,取得了高职教育改革发展巨大成果。在全国 5 所国家示范性高职会计专业建设成果的推广和影响下,我国的高职会计专业建设也取得了非常可喜的成就。重庆市教育委员会 2010 年［渝教高 2010 年 13 号文件］下达的高等学校市级教学团队中的"会计专业核心课程教学团队",也是在全面提升高职教育质量这个背景下产生的。

"会计专业核心课程"是一个具有庞大内涵的话题,运行这样的课程团队建设,至少需要逻辑上界定以下四个层级关系:高职教育与高职专业教育、课程与核心课程、会计专业课程与会计专业核心课程、行政管理与团队建设;同时也需要从本质上回答课程与专业教育目标的内在联系,尤其是高职会计专业教育内容与达成培养目标实现途径的内在联系。带着这些问题,重庆市高职会计专业核心课程教学团队成员进行了艰苦、认真和积极的研究。我们认同以下的说法:课程是有范围、序列和进程的、包括教学方法和技术的设计等在内的"有计划"的教学活动的组合,也是有目的地达到预期的学习结果或目标的教学活动;在某个体系中处于中心的位置就是核心,核心课程是形成某种职业能力的关键课程。会计专业课程就是构成会计职业能力的全部专业课程,会计专业核心课程就是构成会计职业能力的关键课程。在既定的培养目标下,高职会计专业需要开设哪些课程,需要选择哪些课程来构建其核心课程,这些课程应该选择哪些内容,这些内容之间又怎么有机地联系起来,如此等等,都是我们团队在课程建设中需要不断思考和不断完善来逐渐形成的。

专业核心课程培养专业核心能力,会计专业核心能力是什么?有哪些表现形式?通过 3 年教育怎么达成学生的会计专业核心能力?这些核心能力又怎样得到社会认可(认证)?这也是教育工作者需要认真严肃思考和认真对待的。

会计专业的核心能力是:会计人员能依据财会法规,设置会计账簿,填制会计凭证,对会计业务进行确认、计量、记录和报告,依法计算和缴纳税费,实行会计监督,协调财务关系。

会计专业核心能力主要通过在会计工作表现出来的，主要内容有职业品行规范，专业知识扎实，业务技术娴熟，熟悉财会法规，知晓主要税收法规，团结协作，善于沟通。

在明确其培养目标、培养的人才规格的定位后，确定高职会计专业核心课程的内容。团队主持人黄骥教授从事会计职业教育33年，近年先后到中国香港、德国学习其的职业教育，长期参与国内培训、进修、研讨会议等，特别是全过程跟踪学习国家示范性高职会计专业建设的优秀做法，将高职会计教育与中职会计教育、本科会计教育的状况进行对比，提出核心课程框架，经团队成员反复研讨，确定高职会计专业核心课程有以下9门：

企业会计基础

会计职业技能

企业初级会计核算与报告

企业会计信息化

企业成本核算

企业税费计算及纳税申报

企业财务管理

企业中级会计核算与报告

企业会计核算与报告综合实训

要让学生达成会计专业职业核心能力，我们探索和创新地设计了会计专业教育的"1333人才培养模式"，基本含义是：一条职业素质教育主线，三大能力目标，职业社会能力，职业方法能力，专业岗位能力；三种证书融通，毕业证、课程等级证书、职业资格证书与培养计划衔接；三种有效培养途径，在校由专任教师培养，顶岗实习由企业专家培养，终身由学生自主互助修养。还设计了与这个人才培养模式相适应的"课程教学模式"和"实践教学体系"。

学生达成了会计职业应有能力又怎样获得社会认可（认证）呢？在课程教学与社会认可（认证）之间又怎样不走或者少走重复教学的弯路呢？这也是当前高职会计专业教育不可逾越的问题。高职会计专业学生毕业时，连一个会计从业资格证都没有，能迅速就业吗？因此在高职会计专业课程设计中，我们还无法回避受教育者需获得"会计从业资格证书"这个现实问题。

综合上述问题的研究，我们依凭重庆市高职会计专业核心课程教学团队的建设成果，吸取国内外职业教育先进理念，借鉴国内会计专业教育的优秀做法，召集西南地区11所高职院校的40余名会计专业教师，邀请10余名企业实际工作的高级会计师，共同参与教材的编写工作，经过反复研讨、甄别和取舍，对这套丛书系列教材，采取了"能力本位课程模式"与"项目化课程模式"相结合的"双课程模式结构"。"能力本位课程"模式主要为了使学生能较好地应对必须要参加会计从业资格证书、会计专业技术资格获得的考试的需要，在这9门核心课程中企业会计基础、企业初级会计核算与报告、企业中级会计核算与报告3门课程按这种模式设计，其余6门课程均按"项目化课程"模式设计，主要是为了培养学生专业能力，应对实际工作的直接要求。

在"双课程模式结构"下，这套教材具有以下特点：

1. 定位明确。高职会计专业就是要培养全部学生能获得会计从业资格的社会认证为标准，培养部分学生能考取助理会计师资格为目标，为学生终身学习和发展职业能力打下良好基础。基于这个培养目标的定位下，高职3年教育的职业核心能力、专业能力、职业道德、职业发展能力等问题就迎刃而解。

2. 学生实用。财政部《会计行业中长期人才发展规划（2010—2020年）》指出：当前和今后一个时期，我国会计人才发展的指导方针是：服务发展，以用为本；健全制度，创新机制；高端引领，整体开发。通过对这9门核心课程的学习，要求全部学生都能较好考取会计从业资格证书，部分学生能考取助理会计师的会计专业技术资格证书。同时这9本教材的逻辑起点和终点，既遵循教育的渐进规律，更尊重会计职业能力养成的递进规律，在内容选取、排序、表现形式等都有独到之处。比如企业会计基础一书，我们从认识会计的凭证、账簿和报表开始，给出了典型的会计凭证、账簿和报表的实物图形，学生能直观感受许多陌生的会计学概念；进而依次认识会计平衡公式、借贷记账法，逐渐推进到会计业务核算，会计凭证填制和会计账簿填写，最后再认识会计的发展。

3. 教师好用。本套系列丛书，是"4合1"的立体教学材料的有机融合。在主体教材中，还安排了一定的"教学案例、教学互动"等较为活泼的教学内容，安排了必要的发展性学习的"知识窗、拓展阅读"等内容，安排了配合能力形成的"能力训练"项目。除主体教材外，还配套编写了适应教师教学使用的"授课计划、教案、课件、能力训练参考答案"4种教学资源。

4. 结构创新。"能力本位课程模式"的结构，并没有按照传统的学科体系来编撰，而是打破了学科体系，按会计职业能力养成的递进规律重新排序编撰。"项目化课程模式"的结构，是按完成一项较为完整的会计工作任务，需要哪些职业能力和相应的职业知识，要具备的职业态度等要求来编排的，非常适合学生在学中做，在做中学，边学边做，逐步达成教育目标要求的职业能力。

5. 内容创新。内容或者表现内容的形式都有较多的创新。比如：企业会计基础，首次将"把握会计职业风险"的内容纳入教学，其内容编排的秩序充分体现了渐进性教育规律；会计职业技能，八个项目内容都依据现实的会计岗位能力需要编写，丰富的图片尽显操作要领；企业初级会计核算与报告与企业会计信息化，融理论知识、技能训练、职业资格认证于一体，既注重学生专业技能培训，又注重学生可持续发展；企业成本核算，引入"加强团队协作，共同降低成本"的理念；企业税费计算及纳税申报，以工作情景为导向的案例引入，难点浅显化，学习趣味化；企业财务管理，将"个人理财知识点融入企业财务管理"行为中；企业中级会计核算与报告，增加了外币折算的内容；企业会计核算与报告综合实训，充分体现实训教程的综合性、实作性、超前性，打破传统综合实训瓶颈，实现手工账与电算化的完美结合。

6. 模式创新。院校与出版社、作者与编辑之间进行了良好的互动和合作，可以概括为：编辑全程参与教学研讨、课程体系构建，作者全程参与教材编印制作的工作。

在这套教材出版之际，我们团队的全体成员，对长期关心团队建设的教育部经济类教指委和经济类教指委财会专业委员会的领导们、全国高职院校的会计教育专家们，以及来自企业行业的会计实践工作的专家们，对参考或借鉴的文献作者们，在此一并谢谢你们热情的帮助和无私的奉献。

这套教材能够顺利出版，得到了北京理工大学出版社有关领导给予的足够关注和实在的支持，有关编辑人员积极参与教材的研发，在编辑过程中付出了艰辛的劳动，在此请接受我们深深的谢意。

对关心重庆市高等学校会计专业核心课程教学团队建设的重庆市教委领导和专家们、重庆城市管理职业学院的领导们，也致以真诚的谢意。

高等职业教育"十二五"规划教材
重庆市高等学校会计专业核心课程教学团队建设成果
编委会
2012 年 6 月

FOREWORD 前言

　　企业税费计算及纳税申报是与税收法律和税收实践活动紧密结合的课程，课程的教学目标是以学生的就业为导向，达到理论和实践相结合，动手和动脑相结合，所学和所用的相结合，使学生成为实际操作能力强，综合职业能力高的涉税专业人才。为了保证企业税费计算及纳税申报课程的教学效率及其教学效果，我们编写了这本与《企业税费计算及纳税申报》相配套的《企业税费计算及纳税申报习题与实训》。

　　《企业税费计算及纳税申报习题与实训》是税收计算和申报能力培养的有力工具。该配套教材本着"教与学结合""学与用结合"的基本原则，采用由浅入深，由点到面的基本方法，以我国税收法律、法规为依据，大量收集企业涉及的税务业务，从税收基本知识到税收登记、计算、申报操作技能方面综合培养学生处理税务的能力。力求做到阅之亲切，循循善诱。

　　本配套教材是作者深入企业一线调查研究并收集大量数据之后编写的，在体例上与主教材既保持了一致性，又注意了税收法律条文变化可能会造成的影响。各项目习题包括以下内容：单选、多选、判断、计算等题型，还包括综合业务能力实训材料。本实训教材既可以作为《企业税费计算及纳税申报》教材的配套能力训练材料，也可以单独作为税务能力训练的独立材料。本教材在使用过程中，希望能得到读者的建议，帮助我们完善它。

　　本教材共有11个项目，其中税收基本知识为1个项目，四大流转税占据4个项目，两种所得税占据2个项目，销售类的小税种、期间费用类的小税种、成本类的小税种各占1个项目，综合实训1个项目。

　　本书由梁萍、刘满华主编，由梁萍审查定稿，具体参与人员及分工如下：

　　陈希晖：主审，南京审计学院副教授、博士。

　　梁萍：主编、主审，编写第一项目和第六项目、第十一项目，全书的审查定稿，重庆工程职业技术学院，高级会计师、注册税务师。

　　刘满华：主编，编写第二项目和第七项目，重庆城市管理职业学院，副教授、会计师。

　　杨朝玉：副主编，编写第三项目，重庆对外经贸（集团）有限公司，高级会计师、注册会计师、注册税务师。

　　刘雯：副主编，编写第四项目和第八项目，参与第六项目，成都农业科技职业学院，讲师、高级人力资源管理师。

刘静：参编，编写第五项目，重庆电子工程职业学院，高级会计师。

汤晓燕：参编，编写第九项目，重庆工程职业技术学院，副教授。

杨陶：参编，编写第十项目，重庆布锐之税务师事务所，经济师、注册税务师。

由于编者水平有限，书中难免会出现一些错误和疏漏之处，恳请读者批评指正。

编　者

CONTENTS 目录

项目一　税收基本知识 …………………………………………………………（1）
项目二　增值税计算及纳税申报 ………………………………………………（3）
项目三　消费税计算及纳税申报 ………………………………………………（15）
项目四　营业税计算及纳税申报 ………………………………………………（22）
项目五　关税计算及纳税申报 …………………………………………………（34）
项目六　企业所得税计算及纳税申报 …………………………………………（38）
项目七　个人所得税计算及纳税申报 …………………………………………（62）
项目八　销售类税计算及纳税申报 ……………………………………………（72）
项目九　期间费用类税计算及纳税申报 ………………………………………（79）
项目十　成本类税计算及纳税申报 ……………………………………………（86）
项目十一　综合实训 ……………………………………………………………（88）

项目一　税收基本知识

学习目标

1. 掌握税法及税收的概念
2. 掌握税收分类及特征
3. 了解税收构成要素
4. 了解税收的作用
5. 掌握税收登记方法

基本知识训练

一、单项选择题

1. 一般认为，税收是国家凭借(　　)强制、无偿地取得财政收入的一种形式。
   A. 政治权利　　　B. 经济权力　　　C. 所有者权力　　　D. 财产权利
2. 国家征税的目的是满足(　　)的需要。
   A. 政治目的　　　B. 经济目的　　　C. 社会公共　　　D. 财产行为
3. (　　)国家以社会管理者身份，用法律形式，对征、纳双方权利与义务的制约。
   A. 灵活性　　　B. 无偿性　　　C. 固定性　　　D. 强制性
4. (　　)是税收的关键特征。
   A. 灵活性　　　B. 无偿性　　　C. 固定性　　　D. 强制性
5. (　　)是区别一种税与另一种税的重要标志。
   A. 纳税人　　　B. 征税范围　　　C. 征税对象　　　D. 税率
6. (　　)指税法规定应税内容的具体区间，是征税对象的具体范围，体现了征税的广度。
   A. 纳税人　　　B. 征税范围　　　C. 征税对象　　　D. 税率
7. (　　)又称计税依据，是据以计算征税对象应纳税款的直接数量依据。
   A. 税基　　　B. 征税范围　　　C. 征税对象　　　D. 税率
8. (　　)是指征税对象的征收比例或征收额度。
   A. 纳税人　　　B. 征税范围　　　C. 征税对象　　　D. 税率
9. (　　)又称纳税主体，是税法规定的直接负有纳税义务的单位和个人。
   A. 纳税义务人　　　B. 征税范围　　　C. 征税对象　　　D. 税率
10. 从事生产、经营的纳税人所属的跨地区的非独立经济核算的分支机构，除由总机构申报办理税务登记外，应当自设立之日起(　　)日内，向所在地税务机关申报办理税务登记。

A. 10　　　　　B. 30　　　　　C. 15　　　　　D. 20

二、多项选择题

1. 税收三性指的是（　　）。
   A. 灵活性　　　B. 无偿性　　　C. 固定性　　　D. 强制性
2. 税收调节经济结构的作用表现在以下几个方面？（　　）。
   A. 促进产业结构合理化
   B. 促进产品结构合理化
   C. 促进消费结构的合理化
   D. 促进收入分配的合理化
3. 与征税对象最相关的两个基本概念为（　　）。
   A. 税目　　　　B. 纳税义务人　　C. 税率　　　　D. 税基
4. 我国税率分为（　　）。
   A. 比例税率　　B. 复杂税率　　　C. 定额税率　　D. 累进税率
5. 税收按计税标准分类分为（　　）。
   A. 从价税　　　B. 复杂税　　　　C. 从量税　　　D. 累进税
6. 税收按税负是否转嫁分类可分为（　　）。
   A. 流转税　　　B. 间接税　　　　C. 直接税　　　D. 所得税

三、判断题

1. 税法是调整征收机关与纳税人之间征纳方面权利与义务的总称。（　　）
2. 税收法律关系的保护对权利主体双方是对等的。（　　）
3. 某市政府为了支持小规模纳税人的发展，规定小规模纳税人取得了增值税专用发票，可以按规定抵扣进项税。（　　）
4. 税收无偿性是保障，强制性是核心。（　　）
5. 税收固定性的含义包括三个层次，即课税对象上的非惩罚性，课征时间上的连续性和课征比例上的限度性，是税收区别于罚没、摊派等财政收入形式的重要特征。（　　）

项目二 增值税计算及纳税申报

学习目标

1. 了解增值税概念及增值额，了解增值税的类型和计税方法以及作用
2. 掌握征收范围和纳税人
3. 掌握销项税额、进项税额和应纳税额的计算
4. 掌握出口货物退（免）税及进口货物征税，熟悉税收优惠政策
5. 能够填制纳税申报表

基本知识训练

一、单项选择题

1. 下列哪些企业不能按小规模纳税人征税？（ ）。
   A. 从事粮食加工的生产企业
   B. 黏土实心砖瓦的企业
   C. 销售额超过 80 万元的商业零售企业
   D. 年销售额未达到 80 万元的商业零售企业

2. 下列属于混合销售行为并缴纳增值税的是（ ）。
   A. 门窗销售企业销售门窗的同时提供安装服务
   B. 电信部门销售手机并为客户提供有关的电信服务
   C. 电信部门单独销售手机
   D. 建筑公司在建筑现场制作水泥板用于房屋建设

3. 在"营改增"试点地区，建筑业的增值税税率是（ ）。
   A. 6%　　　　　B. 4%　　　　　C. 11%　　　　　C. 13%

4. 某未实行增值税转型试点的企业，且为增值税一般纳税人，在 2009 年 3 月 15 日销售了一台 2004 年购入的固定资产，该项固定资产始终是按固定资产进行管理，该项销售活动的增值税适用税率是（ ）。
   A. 17%　　　　B. 4%　　　　　C. 3%　　　　　D. 4%减半征收

5. 2009 年我国增值税发生了转型，具体是（ ）。
   A. 由生产型转为消费型　　　　B. 由消费型转为生产型
   C. 由生产型转为收入型　　　　D. 由收入型转为消费型

6. 下列不缴增值税的项目是（ ）。
   A. 自来水销售　　　　　　　　B. 电力销售
   C. 销售未以加工的天然水　　　D. 销售天然气

7. 下列行为中，可以扣除的进项税项目是（　　）。
   A. 将外购的货物用于基建工程　　　　B. 将外购的货物发给职工作福利
   C. 将外购的货物无偿赠送给外单位　　D. 外购的非生产用的车辆
8. 某企业因管理不当，造成一批外购的材料毁损，账面成本为 10 465 元（含运费 465 元），其不能抵扣的进项税为（　　）。
   A. 1 779.05 元　　B. 1 735 元　　C. 1 732.55 元　　D. 1 778.59 元
9. 按增值税的有关规定，可以按销售差额作为销售额计算增值税的是（　　）。
   A. 以旧换新方式销售电冰箱的销售净额
   B. 以旧换新销售金银首饰的多支付的差额
   C. 以物易物方式销售的销售净额
10. 根据增值税法律文件规定，下列不正确的增值税纳税义务发生时间是（　　）。
    A. 销售应税劳务，为提供劳务同时取得销售款或索取销售款凭据的当天
    B. 委托其他纳税人代销货物，为代销货物移送给委托方的当天
    C. 采取托收承付或委托银行收款方式销售商品的，为发出货物并办好委托手续的当天
    D. 采取直接收款方式销售货物，为收到销售款或取得索取货款凭据的当天
11. 下列属于委托加工业务的是（　　）。
    A. 印刷企业接受出版单位委托，自行购买纸张印刷
    B. 酒厂接受一商业企业的委托，用其提供的原料加工一批散装酒
    C. A 企业和 B 企业联合加工一批产品
    D. 某企业接受委托，代销一批商品
12. 重庆海容实业有限公司接受月月公司的委托，由月月公司提供主要材料加工一批物资，重庆海容实业有限公司应根据（　　）计算增值税销项税额。
    A. 根据收取的加工费计算增值税销项税额
    B. 根据货物的全部价值计算增值税销项税额
    C. 根据提供的辅料和收取的加工费之和计算增值税销项税额
    D. 根据委托加工材料的成本加上成本利润率计算增值税销项税额
13. 下列说法正确的是（　　）。
    A. 委托加工业务中增值税的纳税义务人是受托人
    B. 委托加工业务中的消费税纳税义务人是受托人
    C. 委托加工业务中增值税的纳税义务人是委托人
    D. 委托加工业务中消费税的计税依据是受托人收取的加工费
14. 小规模纳税人销售固定资产，增值税计税依据的计算公式是（　　）。
    A. 含税销售额÷(1+4%)　　　　B. 含税销售额÷(1+2%)
    C. 含税销售额÷(1+3%)　　　　D. 含税销售额÷(1+6%)
15. 纳税人有价格明显偏低而无正当理由的，应根据（　　）确定销售额。
    A. 按纳税人最近时期同类货物销售的平均价格确定
    B. 按其他纳税人最近同类货物销售的平均价格确定
    C. 按组成计税价格确定
    D. 根据国际近期同类商品销售的平均价格确定

16. 下列纳税人，适用13%税率的是（　　）。
    A. 煤厂销售原煤　　　　　　　　　　B. 销售居民用煤的加工企业
    C. 电力公司　　　　　　　　　　　　D. 烟草公司
17. 下列项目目前允许按7%税率抵扣进项税的是（　　）。
    A. 购进货物发生的保险费　　　　　　B. 购进货物发生的运输费
    C. 进口货物发生的装卸费　　　　　　D. 购进货物发生的优质费用
18. （　　）登记在"应交税费——应交增值税（进项税额转出）"贷方。
    A. 从销售方取得的增值税专用发票上注明的增值税额
    B. 从海关取得的海关进口增值税专用缴款书上注明的增值税额
    C. 按照农产品收购发票上注明的农产品买价和扣除率计算的增值税额
    D. 非正常损失的购进货物的增值税额
19. 重庆海容实业有限公司为增值税一般纳税人。2011年10月份向一小规模纳税人销售的一批商品，开具普通发票上注明金额58 500元；同时收取单独核算的包装物押金1 170元（尚未逾期），此业务酒厂应计算的销项税额为（　　）。
    A. 8 500元　　　B. 8 670元　　　C. 8 698.9元　　　D. 8 700元
20. 重庆海容实业有限公司按月纳税，其增值税的申报纳税期限为期满之日起（　　）。
    A. 10日之内　　B. 7日之内　　B. 15日之内　　C. 30日之内

二、多项选择题

1. 纳税人提供下列哪几项劳务应当缴纳增值税？（　　）。
    A. 受托加工面粉　　　　　　　　　　B. 房屋的维修
    C. 汽车修理　　　　　　　　　　　　D. 受托加工服装
2. 下列行为中属于视同销售行为，应计算增值税销项税额的是（　　）。
    A. 某商店将外购水泥捐赠灾区用于救灾
    B. 某工厂将委托加工的服装收回用于职工福利
    C. 某工厂将外购的钢材用于投资
    D. 某企业将外购的饮料用于福利发放
3. 下列货物适用于增值税率13%的有（　　）。
    A. 饮料类豆奶
    B. 农用汽车
    C. 人工养殖和天然生长的各种养殖品的初级产品
    D. 各类水产品的罐头
4. 下列纳税人不能被认定为一般纳税人的有（　　）。
    A. 年应税销售额未超过小规模纳税人标准且会计核算不健全的企业
    B. 个体经营者
    C. 除个体经营者以外的其他人
    D. 销售额20万元的零售企业
5. 下列行为应征增值税的是（　　）。
    A. 企业转让无形资产　　　　　　　　B. 企业受托为另一个企业加工服装
    C. 企业为另一个企业修理锅炉　　　　D. 摩托车修配厂为本厂修理摩托车

6. 将购买的货物用于(　　)，不能借记"应交税费——应交增值税（进项税额）"科目。
   A. 用于免税项目　　　　　　　　B. 用于机器设备的维修
   C. 用于职工集体福利　　　　　　D. 用于产品的生产
7. 进行增值税纳税申报时，应提交(　　)等资料。
   A. 纳税申报表　　B. IC卡　　　C. 资产负债表　　　D. 利润表
8. 下列选项税额不得从销项税额中抵扣的有(　　)。
   A. 用于应税项目的应税劳务的进项税额
   B. 用于免税项目的应税劳务的进项税额
   C. 用于集体福利的购进货物的进项税额
   D. 用于非正常损失的在产品的购进货物的进项税额
9. 关于增值税纳税义务发生时间的确定，以下属于正确的有(　　)。
   A. 进口货物的纳税义务发生时间为报关进口的当天
   B. 采取预收货款方式销售货物的，为货物发出的当天
   C. 委托其他纳税人代销货物的，为收到代销单位销售的代销清单的当天
   D. 采取赊销和分期收款方式销售货物的，为按合同约定的收款日期的当天
10. 可以按纳税人支付金额的7%申请抵扣进项税额的运输费用，是指包含(　　)在内的运输费用。
    A. 运费　　　　　　B. 保险费
    C. 装卸费　　　　　D. 建设基金
11. 根据增值税法律制度规定，下列各项中，可以作为增值税进项税额抵扣的凭证的有(　　)。
    A. 从销售方取得的注明增值税税额的增值税专用发票
    B. 从海关取得的注明进口增值税税额的海关进口增值税专用缴款书
    C. 购进农产品取得的注明买价的农产品收购发票
    D. 销售货物过程中支付运输费用而取得的注明运输费金额的运输费用结算单据
12. 下列不能计入销售额计算增值税的有(　　)。
    A. 受托加工应征消费税的消费品所代收代缴的消费税
    B. 承运部门将运输费用发票开给购货方的并将该发票转交给购货方的
    C. 销售车辆时代收的车辆保险费、车辆购置费
    D. 电力部门收取的农村电网建设基金
13. 按现行增值税制度规定，下列行为应作为"视同销售"征收增值税的有(　　)。
    A. 将自产的货物赠送给老人福利院
    B. 将外购货物用于在建工程
    C. 将外购货物作为股利分配给股东
    D. 将自产货物用于连续生产应税产品
14. 下列应缴增值税的有（非营改税地区）的有(　　)。
    A. 银行销售金银　　　　　　　　B. 电信部门销售手机并提供电信服务
    C. 邮政部门销售集邮产品　　　　D. 企业销售房屋

项目二 增值税计算及纳税申报

15. 增值税的税率（营改税地区）有几种？（　　）。
A. 17%　　　　　　B. 13%　　　　　　C. 11%　　　　　　D. 6%

16. 根据增值税的有关规定，一般纳税人在哪种种情况下，不可开增值税发票（　　）。
A. 零售企业出售给消费者的货物
B. 零售企业销售给生产企业的货物
C. 销售给小规模纳税人的货物
D. 销售免税货物

17. 一般纳税人销售货物，适用13%增值税税率的是（　　）。
A. 销售图书　　　　B. 销售古旧图书　　　C. 销售农用机　　　D. 销售自来水

18. 我国现行增值税征收范围（　　）。
A. 在中国境内提供加工修理修配业务
B. 进口货物
C. 过境货物
D. 在境外销售货物

19. 下列出口货物中，适用于增值税免税但不退税政策的是（　　）。
A. 对港澳台贸易的货物
B. 出境口岸免税店销售的卷烟、酒、工艺品、丝绸、服装和保健品等六大类国产货物
C. 小规模生产企业出口自产的货物
D. 外贸企业从小规模纳税人购入并持普通发票的货物

20. 增值税的计税依据中，价外费用包括（　　）。
A. 优质费　　　　　　　　　　　　　B. 分期收款未实现融资收益
C. 收取的包装费　　　　　　　　　　D. 包装物的租金

21. 下列说法正确的是（　　）。
A. 对于发出代销商品超过180天仍未收到代销清单及货款的，其纳税义务发生时间为发出代销商品满180天的当天
B. 委托代销商品，增值税纳税义务发生时间为收到代销清单的当天
C. 将货物对外投资，增值税纳税义务发生时间为货物移送的当天
D. 进口货物的增值税纳税义务发生时间为报关当天

三、判断题

1. 无论是一般纳税人还是小规模纳税人销售农机、农膜、化肥，都适用13%的低税率。
（　　）

2. 纳税人兼营增值税和非增值税劳务，应分别核算缴纳增值税和营业税。如未分别核算销售额则一律征收增值税而不征收营业税。（　　）

3. 一般纳税人将货物用于集体福利或个人消费，其增值税专用发票开具的时间为货物移送的当天。（　　）

4. 实物折扣不能从货物销售额中减除，且该实物应按增值税条例"视同销售货物"中"赠送他人"计算征收增值税。（　　）

5. 企业租赁或承包给他人经营的，以承租人或承包人为增值税的纳税义务人。（　　）

6. 销售商品向购买方收取的全部价外费用，一律不得并入销售额征税。（　　）

7. 增值税起征点的规定仅适用于个人。（　）

8. 一般纳税人因销售货物退回或者折让而退还给购买方的增值税额，应从销售货物当期的销项税额中扣减。（　）

9. 某洗衣机生产企业利用本企业运输队的汽车，采用送货制销售空调，则其销售行为称为混合销售行为。（　）

10. 因自然灾害造成企业购进货物的损失，应贷记"应交税费——应交增值税（进项税额转出）"科目。（　）

11. 实行海关进口增值税专用缴款书（以下简称海关缴款书）"先比对后抵扣"管理办法的增值税一般纳税人取得2010年1月1日以后开具的海关缴款书，应在开具之日起180日内向主管税务机关申请稽核比对。（　）

12. 销项税额＝销售额×税率，由销售方自己承担。（　）

13. 小规模纳税人销售货物或提供劳务的增值税税率为3%。（　）

14. 现行增值税制度规定，发生不同税率兼营行为的纳税人若不能将兼营行为分开核算，则从高适用税率。（　）

15. 增值税一般纳税人一般不能转为小规模纳税人。（　）

16. 总机构和分支机构在同一县（市）的，应当分别向各自的经营地税务机关缴纳税款。（　）

17. 进口环节的货物在进口环节缴税，所以××大学向国外进口的专用先进科研设备需要在进口报关时缴纳增值税。（　）

18. 购进农产品的抵扣税率是10%。（　）

19. 面粉加工厂适用的增值税税率是13%。（　）

20. 某一般纳税人销售白酒，零售销售价格5 850元，另收取包装收入1 170元，计税收入为5 000元。（　）

四、思考题

1. 增值税的纳税义务发生时间是如何规定的？
2. 增值税发票认证抵扣时间如何规定的？

五、计算题

1. 某书店为增值税小规模纳税人。其2011年6月发生如下业务：
（1）购入各类图书，合计款为3万元，增值税专用发票上注明的税金为0.39万元。
（2）销售各类图书，零售收入额为5.15万元。
（3）从社会收购古旧图书，支付价款2万元，当期销售旧图书，零售收入额为3万元。
要求：计算该书店当月应纳增值税额，并进行相应的会计处理。

项目二 增值税计算及纳税申报

2. 重庆海容实业有限公司为增值税一般纳税人，适用的税率为17%，取得的合法抵扣凭证均已认证或比对相符，月初留抵税额10 000元，2009年8月发生如下业务：

（1）销售产品给某大型商场，收取货款，开具增值税专用发票，取得的不含税销售额100万元。

（2）销售乙产品，收取货款，开具普通发票，取得含税销售额29.25万元。

（3）将试制的一批应税新产品用于本企业基建工程，成本价为10万元，成本利润率为10%，该产品无同类产品市场销售价格。

（4）销售2009年3月份购进固定资产使用的小轿车1辆，开具普通发票，取得的含税销售额11.7万元，该车原值每辆9万元，已提折旧5 000元。

（5）从农业生产者购进免税农产品一批，支付收购价20万元，支付给运输单位的运费5万元，取得相关的合法票据，当月中旬将购进农产品的20%用于本企业职工福利。

（6）购进货物取得增值税专用发票，注明支付的货款80万元，进项税额13.6万元，另支付购货的运输费用6万元，取得运输公司开具的普通发票。

请计算该公司8月应当交纳的增值税。

业务实训

1. 实训目的

本次实训，意在运用强化和补充增值税基本法规知识、掌握税收申报程序及填报方法。

2. 实训方式

演练基础知识，模拟企业进行增值税计算和纳税申报。

3. 实训要求

（1）掌握增值税基本法规。

（2）正确计算增值税，延伸增值税计算与会计核算之间的关系。

（3）填制增值税纳税申报表。

4. 实训准备

基本知识实训材料、增值税纳税申报表实践材料。

资料：乐乐百货商场为增值税一般纳税人，2012年1月发生如下业务：

（1）首饰柜台以旧换新销售金首饰，实际收到零售现金收入10万元，旧金首饰扣减零售收入2万元；

（2）商场超市销售杂粮、面粉、玉米面等取得含税收入5.65万元，销售速冻食品、方便面、副食品等取得含税销售收入11.7万元，销售其他蔬菜类取得含税销售收入58.5万元；

（3）商场家电部以分期收款方式批发销售一批进口家电，合同规定不含税销售额200万元，约定本月10日收回货款的50%，剩余款项10月15日收回，商场本月15日收到约定款项后，按全额开具了防伪税控系统增值税专用发票；

（4）商场品牌区受托代销（符合税法规定条件）服装，按本月代销零售收入的3%向委托方收取手续费3.6万元；

（5）从一般纳税人购进商品，取得认证的专用发票上注明销售额为300万元；从小规模生产企业购进农副产品，含税价格100万元，发生运输费用5万元；

（6）国庆节前将经销的洗发用品发给员工每人一件，购进成本共计10万元，零售价共计15.21万元；

（7）有10台上月售出的彩电，因质量问题顾客要求退货（原零售价每台0.51万元），商场已将彩电退回厂家（原购进的含税价格每台0.234万元），并已取得厂家开出的红字专用发票。

要求：根据上述资料，按下列序号计算回答问题，每问需计算出合计数；

（1）计算该企业当月销项税额（不包括退货业务）；

（2）计算该企业第（6）业务不予抵扣的进项税额；

（3）计算当月可抵扣的进项税额总和（不包括退货业务）

（4）计算该企业当月应纳增值税额

（5）填报增值税纳税申报表（表2-1，表2-2）。

表2-1 增值税纳税申报表

（适用于增值税一般纳税人）

根据《中华人民共和国增值税暂行条例》第二十二条和第二十三条的规定制定本表，纳税人不论有无销售额，均应按主管税务机关核定的纳税期限按期填报本表，并于次月一日起十日内，向当地税务机关申报。

税款所属时间：自　　年　　月　　日至　　年　　月　　日　填表日期：　　年　　月　　日

金额单位：元（至角分）

单位名称：

纳税人识别号				所属行业			
纳税人名称	（公章）	法定代表人姓名		注册地址		营业地址	
开户银行及账号		企业登记注册类型				电话号码	
项目		栏次	一般货物及劳务		即征即退货物及劳务	
			本月数	本年累计	本月数	本年累计
销售额	（一）按适用税率征税货物及劳务销售额	1				
	其中：应税货物销售额	2				
	应税劳务销售额	3				
	纳税检查调整的销售额	4				

项目二 增值税计算及纳税申报

续表

纳税人识别号					所属行业			
纳税人名称	(公章)		法定代表人姓名		注册地址		营业地址	
开户银行及账号			企业登记注册类型				电话号码	

	项目	栏次	一般货物及劳务		即征即退货物及劳务	
			本月数	本年累计	本月数	本年累计
税款计算	(二)按简易征收办法征税货物销售额	5				
	其中:纳税检查调整的销售额	6				
	(三)免、抵、退办法出口货物销售额	7			—	—
	(四)免税货物及劳务销售额	8			—	—
	其中:免税货物销售额	9			—	—
	免税劳务销售额	10			—	—
	销项税额	11				
	进项税额	12				
	上期留抵税额	13			—	—
	进项税额转出	14				
	免抵退货物应退税额	15			—	—
	按适用税率计算的纳税检查应补缴税额	16				
	应抵扣税额合计	17=12+13-14-15+16			—	—
	实际抵扣税额	18(如17<11,则为17,否则为11)				
	应纳税额	19=11-18				
	期末留抵税额	20=17-18				
	简易征收办法计算的应纳税额	21				
	按简易征收办法计算的纳税检查应补缴税额	22				
	应纳税额减征额	23				
	应纳税额合计	24=19+21-23				
税款缴纳	期初未缴税额(多缴为负数)	25				
	实收出口开具专用缴款书退税额	26				
	本期已缴税额	27=28+29+30+31				

续表

纳税人识别号				所属行业			
纳税人名称	（公章）	法定代表人姓名		注册地址		营业地址	
开户银行及账号		企业登记注册类型				电话号码	

	项目	栏次	一般货物及劳务		即征即退货物及劳务	
			本月数	本年累计	本月数	本年累计
税款缴纳	（1）分次预缴税额	28				
	（2）出口开具专用缴款书预缴税额	29				
	（3）本期缴纳上期应纳税额	30				
	（4）本期缴纳欠缴税额	31				
	期末未缴税额（多缴为负数）	32＝24＋25＋26－27				
	其中：欠缴税额（≥0）	33＝25＋26－27				
	本期应补（退）税额	34＝24－28－29				
	即征即退实际退税额	35				
	期初未缴查补税额	36				
	本期入库查补税额	37				
	期末未缴查补税额	38＝16＋22＋36－37				

授权声明	如果你已委托代理人申报，请填写以下资料： 为代理一切税务事宜，现授权（地址）　　　　　　为本纳税人的代理申报人，任何与本申报表有关的往来文件，都可寄予此人。 授权人签字：	申报人声明	此纳税申报表是根据《中华人民共和国增值税暂行条例》的规定填报的，我相信它是真实的、可靠的、完整的。 声明人签字：

项目二 增值税计算及纳税申报

表2-2 增值税纳税申报表附列资料
(本期销售情况明细)

税款所属时间： 年 月

纳税人名称：(公章)重庆海容实业有限公司　　　填表日期：　年　月　日

金额单位：元至角分

一、按适用税率征收增值税货物及劳务的销售额和销项税额明细

项目	栏次	应税货物 17%税率 份数	应税货物 17%税率 销售额	应税货物 17%税率 销项税额	应税货物 13%税率 份数	应税货物 13%税率 销售额	应税货物 13%税率 销项税额	应税劳务 份数	应税劳务 销售额	应税劳务 销项税额	小计 份数	小计 销售额	小计 销项税额
防伪税控系统开具的增值税专用发票	1	2											
非防伪税控系统开具的增值税专用发票	2												
开具普通发票	3	1											
未开具发票	4												
小计	5=1+2+3+4												
纳税检查调整	6												
合计	7=5+6												

二、简易征收办法征收增值税货物的销售额和应纳税额明细

项目	栏次	6%税率 份数	6%税率 销售额	6%税率 销项税额	4%征收率 份数	4%征收率 销售额	4%征收率 销项税额	小计 份数	小计 销售额	小计 销项税额
防伪税控系统开具的增值税专用发票	8	2								
非防伪税控系统开具的增值税专用发票	9									
开具普通发票	10	1								
未开具发票	11									

续表

二、简易征收办法征收增值税货物的销售额和应纳税额明细

项 目	栏 次	6%税率			4%征收率			小 计		
		份数	销售额	销项税额	份数	销售额	销项税额	份数	销售额	销项税额
小 计	12=8+9+10+11									
纳税检查调整	13									
合 计	14=12+13									

三、免征增值税货物及劳务销售额明细

项 目	栏 次	免税货物			免税劳务			小 计		
		份数	销售额	销项税额	份数	销售额	销项税额	份数	销售额	销项税额
防伪税控系统开具的增值税专用发票	15									
开具普通发票	16									
未开具发票	17									
合 计	18=15+16+17									

项目三　消费税计算及纳税申报

学习目标

1. 了解消费税的概念及消费税的计税方法，消费税的特点、作用
2. 了解消费税的纳税义务人，掌握消费税的征税范围
3. 了解消费税的税目和税率
4. 掌握应纳税额的计算
5. 掌握出口货物退（免）消费税的计算
6. 掌握消费税申报表的填写要求和方法

基本知识训练

一、单项选择题

1. 消费税属于（　　）税。
   A. 所得　　　　　　B. 资源　　　　　　C. 流转　　　　　　D. 遗传
2. 实行从价定率征税的应税消费品，其计税依据是（　　）的销售额。
   A. 不含增值税和消费税　　　　　　　　B. 含增值税和消费税
   C. 含增值税不含消费税　　　　　　　　D. 不含增值税含消费税
3. 消费税最终由（　　）承担。
   A. 生产单位　　　　B. 销售单位　　　　C. 国家　　　　　　D. 消费者
4. 下列各项中属于委托加工应税消费品的是（　　）。
   A. 由委托方将原材料卖给受托方加工的应税消费品
   B. 由受托方提供原材料生产的应税消费品
   C. 由受托方以委托方名义购进原材料加工的应税消费品
   D. 由委托方提供原材料和主要材料，受托方只收取加工费或代垫部分辅助材料加工的应税消费品
5. 下列消费品实行复合征收消费税的是（　　）。
   A. 白酒　　　　　　B. 摩托车　　　　　C. 小汽车　　　　　D. 化妆品
6. 啤酒的消费税征收方法是（　　）。
   A. 从价计征　　　　　　　　　　　　　B. 从量计征
   C. 从价和从量复合计征　　　　　　　　D. 减免征收
7. 金银首饰的征税环节是（　　）。
   A. 生产环节　　　　B. 批发环节　　　　C. 零售环节　　　　D. 连续生产环节
8. 现行征收消费税的消费品分为（　　）种。

A. 10　　　　　　B. 11　　　　　　C. 13　　　　　　D. 14

9. 实行从量定额征收的应税消费品，以（　　）数量为计税销售数量。
　　A. 生产　　　　B. 连续生产　　　C. 实际销售　　　D. 委托加工送出

10. 对委托加工应税消费品的纳税义务发生时间的描述，正确的是（　　）。
　　A. 受托方接受委托时　　　　　　B. 委托方收回加工产品时
　　C. 委托方收回产品销售时　　　　D. 受托方加工完产品时

11. 某企业生产一批化妆品发给本企业员工，已知生产该批化妆品成本为18万元，成本利润率为5%，该批化妆品无同类产品销售价格，适用消费税税率为30%。则该批化妆品应缴纳消费税税额（　　）万元。
　　A. 8.1　　　　　B. 5.4　　　　　C. 5.67　　　　　D. 5.2

12. 某企业进口50辆摩托车，每辆关税完税价格0.3万元，共支付关税3万元。已知进口该批摩托车适用消费税率为10%。则进口该批摩托车应缴纳的消费税额是（　　）万元。
　　A. 1.5　　　　　B. 1.8　　　　　C. 2　　　　　　D. 2.2

13. 某企业提供原材料150万元，支付加工费20万元，委托另一企业加工一批焰火，受托方没有同类产品销售价格。已知焰火适用消费税率为15%，则受托方应代扣代缴消费税（　　）万元。
　　A. 22.5　　　　B. 25.5　　　　　C. 30　　　　　　D. 35

14. 某公司（增值税一般纳税人）销售化妆品一批，含税价款23万元，另收取运费0.4万元，化妆品适用消费税率为30%，则该公司应纳消费税（　　）万元。
　　A. 6.9　　　　　B. 7.02　　　　　C. 8.57　　　　　D. 6

15. 某进出口公司进口30辆轻型商用车，每辆车的关税完税价格为50万元，每辆车的关税为45万元，消费税率为5%。则该进出口公司应纳消费税（　　）万元。
　　A. 150　　　　　B. 75　　　　　　C. 142.5　　　　　D. 145

16. 按照现行消费税规定，纳税人委托个体经营者加工应税消费品，其消费税政策是（　　）。
　　A. 一律由受托方代扣代缴
　　B. 一律由委托方提货时在受托方所在地缴纳
　　C. 一律由委托方收回后在委托方所在地缴纳
　　D. 一律以受托方为纳税义务人

17. 生产企业出口应税消费品，享受的政策是（　　）。
　　A. 出口免税并退税　　　　　　　B. 出口免税但不退税
　　C. 出口不免税也不退税　　　　　D. 出口征收消费税

18. 下列关于消费税纳税义务发生时间正确的是（　　）。
　　A. 纳税人采取赊销应税消费品，没有合同约定收款日期的，为发出应税消费品当天
　　B. 纳税采取预收货款方式销售应税消费品，为收款当天
　　C. 纳税人自产自用应税消费品，为生产消费品当天
　　D. 纳税人委托加工应税消费品，为送出原材料的当天

19. 现行消费税纳税期限不包括的是（　　）。
　　A. 5天　　　　　B. 10天　　　　　C. 1个月　　　　　D. 45天

20. 下列关于消费税纳税地点说法不正确的是( )。
A. 纳税人自产自销应税消费品，向机构所在地主管税务机关申报缴纳
B. 委托企业加工应税消费品，由受托方向所在地主管税务机关缴纳
C. 纳税人总分机构不在同一县，经批准后，可在总机构所在地缴纳
D. 纳税进口应税消费品，在机构所在地缴纳

二、多项选择题

1. 以下各项属于消费税的特点有( )。
A. 征收范围具有选择性　　　　　B. 实行单一环节征税
C. 征收方法具有灵活性　　　　　D. 税率具有差别性

2. 征收消费税的作用有( )。
A. 在一定程度上缓解分配不公
B. 调节消费结构，优化资源配置
C. 稳定税源，保证财政收入
D. 抑制经济发展

3. 下列属于消费税纳税义务人的是( )。
A. 在我国境内生产销售应税消费品的外商投资企业
B. 出口应税消费品的外贸企业
C. 进口应税消费品的个人
D. 自产自用应税消费品的国有企业

4. 我国现行消费税的征收方法有( )。
A. 从价计征　　　　　　　　　　B. 从量计征
C. 从价和从量复合计征　　　　　D. 减免征收

5. 我国现行消费税的征收环节有( )。
A. 进口应税消费品的进口环节　　B. 金银首饰在批发环节
C. 自产自销应税消费品的销售环节　D. 生产应税消费品的出口环节

6. 计税销售数量正确的有( )。
A. 委托加工应税消费品，委托方收回的数量
B. 进口应税消费品，纳税人的报关数量
C. 自产自用的应税消费品，以移送使用的数量
D. 自产自销的应税消费品，以实际销售的数量

7. 消费税的优惠政策有( )。
A. 消费税免税政策
B. 消费税减税政策
C. 进口退（免）税政策
D. 出口退（免）税政策

8. 消费税征收范围的确定原则有( )。
A. 非生活必需品中一些高档、奢侈的消费品
B. 流转税格局调整后税收负担下降较多的产品
C. 从保护身体健康、生态环境等方面需要出发，不提倡也不过度消费的某些消费品

D. 一些特殊的资源性消费品，如汽油、煤油等

9. 对消费税税率运用正确的是（　　）。

A. 纳税人兼营不同税率的应税消费品，未分别核算的，从高适用消费税率

B. 纳税人兼营不同税率的应税消费品，未分别核算的，从低适用消费税率

C. 纳税人将应税消费品与非应税消费品一起销售，未分别核算的，按应税消费品适用的消费税率计算征税

D. 纳税人将适用不同税率的消费品组成成套消费品销售的，按成套消费品中适用最高税率的消费品的税率计算征税

10. 下列以外购应税消费品为原材料生产应税消费品的，在后续销售或自用所生产的消费品时，可扣除外购应税消费品已纳税款的是（　　）。

A. 外购已税烟丝生产的卷烟

B. 外购已税珠宝玉石为原料而生产的贵重首饰及珠宝玉石

C. 外购已税杆头、杆身和握把为原料而生产的高尔夫球杆

D. 外购已税石脑油为原料而生产的应税消费品

11. 关于消费税的账务处理说法正确的是（　　）。

A. 企业在核算和缴纳消费税时，应在"应交税费"账户下，设置"应交消费税"明细账户

B. 按规定应缴纳的消费税计入贷方，实际缴纳或待扣的消费税计入借方

C. 期末贷方余额，表示未缴的消费税，借方余额，表示多缴的消费税

D. 企业按照应交消费税额，借记"营业税金及附加"账户，贷记"应交税费——应交消费税"账户

12. 下列情况中应当以纳税人同类应税消费品的最高销售价格为计税依据是（　　）。

A. 纳税人将自产应税消费品用于换取原材料

B. 纳税人将自产应税消费品用于投资入股

C. 纳税人将自产应税消费品用于抵偿债务

D. 纳税人将自产应税消费品用于员工福利

13. 出口应税消费品的退（免）税政策有（　　）。

A. 出口免税并退税

B. 出口不免税但退税

C. 出口免税但不退税

D. 出口不免税也不退税

14. 出口应税消费品享受退（免）税政策，必须满足的条件有（　　）。

A. 属于消费税征收范围

B. 取得《税收（出口产品专用）缴款书》、增值税专用发票（税款抵扣联）、出口货物报关单（出口退税联）、出口收汇单证

C. 报关离境

D. 在财务上作出口销售处理

15. 关于生产销售应税消费品，其纳税义务发生时间正确的是（　　）

A. 纳税人采取赊销和分期收款结算方式销售应税消费品的，其纳税义务发生时间为销

项目三 消费税计算及纳税申报

售合同规定的收款当天

B. 纳税人采取预收货款方式销售应税消费品的,其纳税义务发生时间为发出消费品当天

C. 纳税人采取托收承付和委托银行收款方式销售应税消费品的,其纳税义务发生时间为发出消费品并办妥托收手续的当天

D. 纳税人采取赊销和分期收款结算方式销售应税消费品的,没有销售合同规定收款时间的,其纳税义务发生时间为收到货款的当天

16. 关于纳税人发生应税行为,其纳税义务发生时间正确的是( )。

A. 纳税人自产自用应税消费品,其纳税义务发生时间为移送使用消费品的当天

B. 纳税人委托加工应税消费品,其纳税义务发生时间为提货的当天

C. 纳税人进口应税消费品,其纳税义务发生时间为报关进口的当天

D. 零售环节征收消费税的消费品,其纳税义务发生时间为收讫货款或取得索取货款凭据的当天

17. 根据《消费税暂行条例》的规定,对消费税的纳税期限说法正确的是( )。

A. 消费税的纳税期限分别为1日、3日、5日、15日或者1个月

B. 纳税人的具体纳税期限,由主管税务机关根据纳税人应纳税额的大小分别核定;不能按期纳税的,可以按次纳税

C. 以1个月为1期纳税的,自期满之日起10日内申报纳税

D. 进口应税消费品的纳税人,应当自海关填发税款缴纳证的次日起15日内缴纳税款

18. 根据《消费税暂行条例》的规定,对消费税的纳税地点说法正确的是( )。

A. 纳税人自产自销和自产自用应税消费品,除国家另有规定以外,应当向纳税人核算地主管税务机关申报纳税

B. 纳税人委托加工应税消费品,除受托方为个体经营者外,由受托方向所在地主管税务机关代收代缴消费税税款

C. 进口应税消费品,由进口人或者其代理人向报关地海关申报纳税

D. 纳税人到外县(市)销售或委托外县(市)代销应税消费品,于应税消费品销售后,回纳税人核算地或机构所在地缴纳消费税

19. 关于消费税报缴的方法说法正确的是( )。

A. 纳税人按期向税务机关填报纳税申报表,并填开纳税缴款书,向所在地代理金库的银行缴纳税款

B. 纳税人按期向税务机关填报纳税申报表,由税务机关审核后填发缴款书,按期缴纳

C. 对会计核算部健全的小型业户,税务机关可根据其产销情况,按季或按年核定其纳税额,分月缴纳

D. 纳税人由于当月应交消费税金为零,可以不进行纳税申报

20. 关于消费税纳税申报说法正确的是( )。

A. 纳税人应按规定及时办理纳税申报,并如实填写《消费税纳税申报表》

B. 纳税人因生产较忙,可以暂时不进行纳税申报

C. 《消费税纳税申报表》可由纳税人填报,也可由纳税人委托代理人填报

D. 《消费税纳税申报表》中的应税消费品,可以不分类别明细综合填报

三、判断题
1. 实行从价定率征税的应税消费品，其计税依据是含增值税的销售额。（   ）
2. 消费税最终由消费者承担。（   ）
3. 由受托方提供原材料加工的应税消费品，按委托加工应税消费品方式征税。（   ）
4. 消费税实行多环节征税。（   ）
5. 征收消费税的目的只是为了调节消费结构。（   ）
6. 自产自用应税消费品的单位不缴纳消费税。（   ）
7. 粮食白酒实行复合计征消费税。（   ）
8. 甲类啤酒实行复合计征消费税，一类啤酒实行从量计征消费税。（   ）
9. 自产自用的应税消费品用于连续生产应税消费品的，在移送环节不纳消费税。（   ）
10. 进口应税消费品，以海关核定的数量为计税数量。（   ）
11. 纳税人自产自用的应税消费品，没有同类消费品销售价格的，按计税价格公式计算计税依据。（   ）
12. 委托加工应税消费品，一律由受托方代收代缴消费税。（   ）
13. 委托加工应税消费品，以受托方接受的数量为计税销售数量。（   ）
14. 外贸企业购买应税消费品出口，享受出口免税并退税政策。（   ）
15. 生产企业外购应税消费品，用于继续生产应税消费品的，外购消费品的消费税可按相关公式计算抵减当期应纳消费税。（   ）
16. 委托加工收回的应税消费品，受托方已经代扣代缴消费税，直接用于对外销售的，不再缴纳消费税。（   ）
17. 出口应税消费品退消费税的税率或单位税额，就是税法规定的征税率或单位税额。（   ）
18. 纳税人采取分期收款方式销售应税消费品，纳税义务发生时间为收到货款当天。（   ）
19. 纳税人进口应税消费品的纳税义务发生时间，就是报关进口的当天。（   ）
20. 纳税人到外县（市）销售应税消费品，向机构所在地申报纳税。（   ）

四、计算题
1. 某制造企业（增值税一般纳税人）在 2012 年 3 月，生产销售 50 辆大排量摩托车，每辆销售价格 23 400 元（含税），适用消费税率为 10%。请计算企业销售该批摩托车应纳多少消费税？

项目三 消费税计算及纳税申报

2. 某卷烟厂为增值税一般纳税人，2012年10月发生如下业务：

（1）购进A种烟丝一批，取得增值税专用发票注明价款20万元，税款3.4万元，当月领用一半来生产甲、乙两种卷烟；

（2）销售甲种卷烟10箱，不含税价款20万元；

（3）将乙类卷烟5箱发给员工用作福利，没有同类产品销售价格，已知生产成本为14万元，成本利润率为10%；

（4）进口一批烟丝，关税完税价格5万元，关税2万元；

（5）提供原材料15万元委托B企业生产一批雪茄烟，另支付加工费6万元，受托方没有同类产品，卷烟厂当月收回加工好的雪茄烟出手，收取含税货款30万元。

计算卷烟厂应缴纳多少消费税（含委托加工应税消费品，受托方代收代缴税款）税款？（提示：烟丝消费税率30%，甲类卷烟消费税比例税率56%，乙类卷烟消费税比例税率36%，定额税率150元/箱。）

项目四　营业税计算及纳税申报

学习目标

1. 了解营业税改增值税的发展动态
2. 了解营业税的基本原理
3. 掌握营业税的征税对象、计税方法、营业税纳税申报类型
4. 熟悉营业税收优惠政策
5. 能够填制纳税申报表

一、单项选择题

1. 下列经营者中属于营业税纳税人的是(　　)。
   A. 卖冰棍的个人
   B. 将不动产无偿赠送给他人的行政单位
   C. 生产集邮商品的企业
   D. 发生货物销售并负责运输所售货物的生产单位

2. 下列应在我国缴纳营业税的项目有(　　)。
   A. 境外外国公司售给境内某合资企业一项制造专利权
   B. 境外外国公司为境内某企业提供修理劳务
   C. 境外运输公司载运货物入境
   D. 境内某公司销售其位于境外的不动产

3. 交通部门有偿转让高速公路收费权行为，属于营业税征收范围，应按(　　)项目征收营业税。
   A. 转让无形资产　　　　　　　　B. 销售不动产
   C. 交通运输业　　　　　　　　　D. 服务业

4. 营业税组成计税价格中的成本利润率，由(　　)确定。
   A. 国务院
   B. 国家税务总局
   C. 财政部
   D. 省、自治区、直辖市人民政府所属地方税务机关

5. 下列不属于营业税扣缴义务人的是(　　)。
   A. 接受委托发放贷款的金融机构
   B. 个人举行个人演唱会，负责其售票的单位
   C. 实际征收中，分保业务的初保人
   D. 建筑安装业务的总承包人

6. 下列收入中，免征营业税的有(　　)。

A. 植物园收取的门票收入
B. 文化馆开办的少儿美术班收取的培训费用
C. 下岗职工从事的所有社区服务收取的收入
D. 农科院为农民举办的农作物病虫害防治培训班收取的培训费

7. 下列各项中,应作为营业税计税依据的是(　　)。
A. 建筑企业不扣除其转包工程额的全部承包额
B. 从事安装工程作业,凡所安装的设备的价值作为安装工程产值的,应扣除设备的价款。
C. 旅行社组团在境内旅游收取的全部旅游费用
D. 娱乐业向顾客收取的包括烟酒、饮料、水果、糕点在内的各项费用

8. 下列各项中,不属于营业税征收范围的是(　　)。
A. 物业管理公司代供电部门收取电费取得的收入
B. 金融机构实际收到的结算罚款、罚息收入
C. 国家进出口银行办理出口信用保险业务取得的收入
D. 拍卖行受理拍卖文物古董取得的手续费收入

9. 下列各项中,关于营业税纳税地点表述正确的是(　　)。
A. 单位出租设备的应向设备使用地主管税务机关申报纳税
B. 航空公司所属分公司应向其总公司所在地主管税务机关申报纳税
C. 电信单位提供电信劳务应向其机构所在地主管税务机关申报纳税
D. 纳税人承包跨省工程的应向其劳务发生地主管税务机关申报纳税

10. 单位将不动产无偿赠与他人,视同销售不动产征收营业税。其纳税义务发生时间为(　　)。
A. 将不动产交付对方使用的当天
B. 不动产所有权转移的当天
C. 签订不动产赠与文书的当天
D. 承受不动产人交纳契税的当天

11. 2009年10月,某广告公司为客户制作广告并取得广告业务收入300万元,发生广告制作支出14万元,向媒体支付广告发布费60万元;所属打字复印社取得营业收入54万元,购买纸张发生支出30万元;举办培训班并提供咨询服务取得收入38万元,同时发生资料费支出2万元。2009年10月该广告公司应缴纳营业税(　　)万元。
A. 11.05　　　　B. 13.19　　　　C. 14.35　　　　D. 16.60

12. 2009年6月,某运输公司取得货运收入120万元,装卸收入30万元,仓储收入50万元;取得客运收入80万元,补票手续费收入15万元;将闲置的汽车出租取得租金收入60万元,发生汽车修理费支出9万元。2009年6月该运输公司应缴纳营业税(　　)万元。
A. 10.38　　　　B. 11.40　　　　C. 12.40　　　　D. 12.85

13. 某证券公司2009年5月以8元/股的价格购进A股票50 000股,购入过程中发生各种费用800元;10月将上述股票以13元/股的价格全部出售,卖出过程中发生税费1 950元;10月取得客户佣金收入6 000 000元,另代收证券交易监管费8 000元。该证券公司10月应缴纳营业税(　　)元。

23

A. 312 442.50   B. 312 500.00   C. 312 842.50   D. 312 900.00

14. 下列经营行为中，属于营业税征收范围的是（　　）。
   A. 纪念品商店销售集邮商品
   B. 企业转让境内土地使用权
   C. 酒店独立核算的商品部销售商品
   D. 汽车修配厂提供修理修配劳务

15. 关于营业税纳税地点的说法，正确的是（　　）。
   A. 建筑劳务纳税地点为机构所在地
   B. 运输劳务纳税地点为劳务发生地
   C. 邮电通信业纳税地点为机构所在地
   D. 出租动产纳税地点为动产使用地

16. 关于营业税计税依据的说法，正确的是（　　）。
   A. 单位销售自建建筑物，以取得的销售收入减去建筑成本为计税营业额
   B. 试点物流企业将承揽的仓储业务分给其他单位并实行统一收取价款的，以取得的全部收入为计税营业额
   C. 勘察设计单位将承担的勘察设计劳务分包给其他单位并实行统一收取价款的，以取得总包收入为计税营业额
   D. 纳税人从事装饰劳务的，以取得的全部装饰劳务价款和价外费用为计税营业额

17. 2009年某企业销售已使用过的厂房，取得收入1 400万元，该厂房建造后最初入账原值800万元，已提折旧400万元。该企业上述业务应纳营业税（　　）万元。
   A. 20   B. 30   C. 32.50   D. 70

18. 2008年第三季度某商业银行向企业发放贷款取得利息收入400万元，逾期贷款罚息收入5万元；将第一季度购进的有价证券转让，卖出价860万元，该证券买入价780万元；代收电话费取得手续费等收入14万元（其中包括：工本费2万元）。2008年第三季度该商业银行应纳营业税（　　）万元。
   A. 24.85   B. 24.95   C. 63.70   D. 63.95

19. 2009年3月，某运输企业取得客运收入84万元、补票收入6万元、补收旅客携带品超重运费收入5万元；取得货运收入82万元、装卸费6万元、建设基金12万元。本月发生营运费用56万元。2009年3月该企业应纳营业税（　　）万元。
   A. 4.17   B. 5.52   C. 5.70   D. 5.85

20. 关于营业税的计税依据，下列表述正确的是（　　）。
   A. 单位转让抵债所得的土地使用权，以全部收入为计税营业额
   B. 非融资租赁业务以租金收入总额减去发生的支出后的余额为计税营业额
   C. 试点物流企业将承揽的仓储业务分给其他单位并由其统一收取价款的，应以该企业取得的全部收入为计税营业额
   D. 纳税人从事无船承运业务，按"服务业"计算纳税，以向委托人收取的全部价款和价外费用扣除其支付的海运费、报关费、港杂费和装卸费后的余额为计税营业额

21. 某典当行2007年6月销售死当物品取得销售收入42万元，取得咨询收入15万元，手续费收入11万元。该拍卖行应纳营业税（　　）万元。

A. 1.30　　　　B. 2.10　　　　C. 2.90　　　　D. 3.68

22. 外商投资企业发生的下列业务，应缴纳营业税的是（　　）。

A. 处置债权重置资产

B. 处置股权重置资产

C. 债转股方式处置重置资产

D. 处置其所拥有的不动产重置资产

二、多项选择题

1. 下列属于营业税征税范围的是（　　）。

A. 个人将不动产无偿赠予他人

B. 管道运送天然气

C. 企业将资金贷与其他企业使用

D. 中国人民保险公司和中国进出口银行办理的出口信用保险业务

2. 下列收费项目应作为计税依据计提营业税的有（　　）。

A. 物业公司代收的水电费

B. 学校为校外考试举办辅导班收取的培训费

C. 酒店对就餐客人收取的服务费

D. 工商联合会收取的会员费

3. 下列各项中，属于现行营业税税率的有（　　）。

A. 3%　　　　B. 5%　　　　C. 20%　　　　D. 8%

4. 下列各项中，属于营业税扣缴义务人的有（　　）。

A. 向境外联运企业支付运费的国内运输企业

B. 境外单位在境内发生应税行为而境内未设机构的，其代理人或购买者

C. 个人转让专利权的受让人

D. 分保险业务的初保人

5. 下列项目中，属于营业税金融保险业征税范围的是（　　）。

A. 融资租赁业务　　　　B. 邮政储蓄

C. 证券经纪业　　　　　D. 邮汇

6. 下列项目中免征营业税的有（　　）。

A. 残联举办的餐饮店

B. 残疾人员本人提供的应税劳务

C. 养老院收取的老人入院费

D. 养老院举办的对外餐饮业

7. 下列免征营业税的有（　　）。

A. 境外保险机构为境内厂房提供的保险

B. 境内保险机构为境内养殖业提供的保险

C. 境内保险机构为境内动植物提供的保险

D. 社会保障部门为境内居民提供的社会保险

8. 下列属于营业税混合销售行为的有（　　）。

A. 工厂销售货物同时负责送货上门

B. 商场卖货并负责安装调试收入

C. 火车上销售食品饮料

D. 卡拉OK歌厅供应点心等小吃

9. 下列各项中，符合营业税纳税义务发生时间的为（   ）。

A. 采取预收款方式转让土地使用权的，收到预收款的当天

B. 采用预收款方式转让土地使用权的，转让土地使用权的当天

C. 金融机构逾期贷款未满90天（含）的，为纳税人取得利息收入的当天

D. 取得会员费、席位费和资格保证金，为收讫款项或取得索取这些款项凭据的当天

10. 下列各项中，由纳税人向其机构所在地主管税务机关申报缴纳营业税的是（   ）。

A. 销售不动产

B. 经营运输业务

C. 跨省、自治区、直辖市承包工程

D. 组织境内旅游

11. 下列业务中，属于营业税征收范围的有（   ）。

A. 基金公司在境内以发行基金方式募集资金

B. 我国企业转让其境外所拥有的房产

C. 单位将境内承租的场地转租给他人收取现金

D. 境外某外国企业将一台设备出租给我国境内企业使用

12. 下列业务中，应当缴纳营业税的有（   ）。

A. 个人转让著作权

B. 人民银行对金融机构贷款业务

C. 单位向社会公益事业无偿捐赠不动产

D. 个人将土地使用权转让给农业生产者用于农产品加工

13. 关于营业税税目确定的说法，正确的有（   ）。

A. 经营游览场所按照"娱乐业"税目缴纳营业税

B. 有线电视台广告播映按照"文化体育业"税目缴纳营业税

C. 在旅游景点经营旅游游船业务按照"服务业"税目缴纳营业税

D. 远洋运输企业从事的"程租"业务按照"交通运输业"税目缴纳营业税

14. 关于营业税纳税义务发生时间的说法，正确的有（   ）。

A. 纳税人采用预收款方式提供租赁业劳务的，纳税义务发生时间为取得预收款的当天

B. 融资租赁业务的纳税义务发生时间为取得租金收入或索取租金收入凭据的当天

C. 纳税人采用预收款方式提供建筑劳务的，纳税义务发生时间为收到预收款的当天

D. 纳税人自建建筑物销售，建筑劳务的纳税义务发生时间为建筑劳务完成的当天

15. 根据现行营业税政策，应计入建筑业计税营业额的有（   ）。

A. 建设单位提供的设备价款

B. 向建设单位取得的材料差价款

C. 从建设单位收取的施工机构迁移费

D. 从建设单位取得的提前竣工奖

16. 关于营业税税目的划分，下列表述正确的有（   ）。

A. 无船承运业务属于"运输业"
B. 广告播映属于"服务业——广告业"
C. 车船、飞机的装饰活动属于"建筑业"
D. 报社向作者收取的"版面费"收入属于"广告业"

17. 根据营业税的有关规定，下列表述正确的有（　　）。
A. 我国公民销售其在境外的房产，以销售收入为计税依据计算缴纳营业税
B. 外籍个人销售其在我国境内已购置6年的房产，以销售收入为计税依据计算缴纳营业税
C. 纳税人销售自建的房产，分别按照"建筑业"和"销售不动产"计算缴纳营业税
D. 单位销售购进的房产，以销售收入减去购入原价的差额为计税依据计算缴纳营业税

18. 关于营业税税收优惠政策，下列表述正确的有（　　）。
A. 我国科研单位技术转让收入免征营业税
B. 我国企业在境内转让技术取得的收入免征营业税
C. 我国企业向境外转让技术取得的收入征收营业税
D. 以图纸、资料等为载体提供开发成果的，对其取得的全部价款和价外费用免征营业税

19. 下列业务属于营业税征收范围的有（　　）。
A. 银行销售金银业务
B. 邮政部门销售集邮商品业务
C. 典当业销售死当物品
D. 计算机公司销售软件交付使用后按期提供有偿软件培训业务

20. 下列各项收入免征或不征收营业税的有（　　）。
A. 金融机构的出纳长款收入
B. 人民银行对企业的贷款的利息收入
C. 人民银行对金融机构的利息收入
D. 人民银行委托金融机构贷款的利息收入

三、判断题

1. 在我国境内提供各种劳务的收入，均应缴纳营业税。　　　　　　　　　（　　）
2. 单位将不动产无偿赠与他人不征营业税；个人将不动产无偿赠与他人应视同销售不动产征收营业税。　　　　　　　　　　　　　　　　　　　　　　　（　　）
3. 单位受托种植植物、饲养动物的行为，应按照营业税"服务业"税目征收营业税。个人受托种植植物、饲养动物的行为，免征营业税。　　　　　　　　　（　　）
4. 广告代理业的营业额为收入全额减除付给广告制作者的广告制作费后余额。（　　）
5. 某省规定按期营业税起征点为每月营业额2 000元，某纳税人月营业额2 500元，适用5%营业税税率，则应纳营业税税额500×5%＝25（元）。　　　　　　（　　）
6. 单位将不动产无偿赠与贫困人员要交营业税，个人将不动产无偿赠与其他个人不征营业税。　　　　　　　　　　　　　　　　　　　　　　　　　　（　　）
7. 自建自用建筑物，其自建行为属于建筑业税目的征税范围；但出租或投资入股的自建建筑物，不是建筑业税目的征税范围。　　　　　　　　　　　　（　　）

8. 某纳税人销售不动产，一月份收取预收款，5月份收取其余价款。所以5月份为纳税义务发生时间，应在5月份计算缴纳营业税。（　）

9. 娱乐业是指为娱乐活动提供场所和服务的业务，应按20%税率征收营业税。（　）

10. 纳税人承包的工程跨省、自治区、直辖市的，应在工程所在地交纳营业税。（　）

11. 营业税是我国地方税体系中的主体税种，是我国流转税体系中的次要税种。（　）

12. 营业税主要以非商品销售额为税基，所以其计税依据受纳税人成本、费用大小的影响。（　）

13. 营业税的纳税人是在我国境内提供应税劳务、转让无形资产或者销售不动产的法人和自然人。（　）

14. 由于营业税是由国务院颁布的暂行条例，故不对外国企业和外国公民征收。（　）

15. 营业税有偿销售不动产是指销售不动产取得的货币、实物或其他经济利益。（　）

16. 个人转让专利权，其应纳营业税款以转让者为扣缴义务人。（　）

17. 以不动产投资入股，参与接受投资方利润分配、共同承担投资风险的行为，征营业税。（　）

18. 纳税人提供应税劳务价格明显偏低又没有正当理由的，税务机关有权按规定核定其应税营业额。（　）

19. 只有单位自己新建建筑物后销售，其自建行为视为提供应税劳务，按建筑业税目征收营业税。（　）

20. 以无形资产投资入股，参与接受投资方利润分配、共同承担投资风险的行为，不征营业税。但转让该项股权的，应当征收营业税。（　）

四、计算及账务题

1. 某电信局2007年5月取得话费收入50万元，销售各种有价电话卡20万元（当期财务会计上体现的销售折扣折让2万元），电话机安装收入20万元，出售移动电话收入20万元，代办电信线路工程收入40万元（电缆、光缆和构成管道工程主体的防腐管段、管件20万元），请计算该电信局当月应纳营业税。

2. 甲建筑公司以16 000万元的总承包额中标为某房地产开发公司承建一幢写字楼，之后，甲建筑公司又将该写字楼工程的装饰工程以7 000万元分包给乙建筑公司。工程完工后，房地产开发公司用其自有的市值4 000万元的两幢普通住宅楼抵顶了应付给甲建筑公司的工程劳务费；甲建筑公司将一幢普通住宅楼自用，另一幢市值2 200万元的普通住宅抵顶

项目四 营业税计算及纳税申报

了应付给乙建筑公司的工程劳务费。

要求：请分别计算有关各方应缴纳和应代扣代缴的营业税税款。

3. 某民政部门批准的非营利文化博物馆2006年7月发生下列业务：
(1) 收取物价局标准的会员费20 000元；
(2) 出租房屋办展览取得租金收入200 000元；
(3) 举办历史文化讲座取得收入30 000元；
(4) 经营打字社取得打字收入50 000元；
(5) 代销福利彩票取得手续费收入10 000元；
(6) 博物馆门票收入5 000元。

要求计算：
(1) 该博物馆应纳的文化业营业税；
(2) 该博物馆应纳的服务业营业税；
(3) 说明其免税的业务项目。

4. 某保险公司2008年1月发生下列业务：
(1) 以储金方式开展家庭财产保险业务，纳税期初储金余额500万元，当期发生储金业务收入400万元，当期一年期存款利息为2.12%；
(2) 取得车辆保险收入20万元，另有无赔偿奖励支出1万元；

（3）初保业务取得保费收入 200 万元，付给分保人保费收入 50 万元；
（4）取得保险追偿款 100 万元。
要求：计算当月该保险公司应纳的营业税。

业务实训

东华旅游娱乐有限公司主要经营旅游、夜总会等项目，2012 年 5 月发生如下经济业务：
（1）5 月份组团去台湾旅游，收取旅客旅游费 58 万元存入银行。支付给其他单位食宿、交通费等费用 10 万元并取得合法凭证。支付台湾旅游公司接团费（含台湾食宿费、景点门票费、交通费等）折合人民币 30 万元。以上款项均以银行存款结算。

收到旅客支付的旅游费存入银行：

支付其他单位食宿、交通费等：

支付台湾旅游公司接团费：

计提营业税金＝

项目四 营业税计算及纳税申报

(2) 5月份转让一处办公用房给某企业,转让价格200万元,款项已通过银行收讫。该房产账面原值90万元,已提累计折旧20万元,转让房地产办理过户时,缴纳营业税等相关税费6.45万元。以上款项均以银行存款收付。

注销固定资产原值,转入清理:

收到转让款:

发生清理费用及过户交纳税费:

清理完毕,结转营业外收入:

(3) 5月份夜总会各项娱乐收入80万元,款项存入银行。

(4) 填制东华旅游娱乐有限公司5月份的营业税纳税申报表(表4-1)。

表 4-1 营业税纳税申报表

（适用于查账征收的营业税纳税人）

纳税人识别名：
纳税人名称（公章）：
税款所属时间：自 2012 年 05 月 01 日至 2012 年 05 月 31 日　　填表日期：2012 年 06 月 10 日

金额单位：元（列至角分）

税目	营业额				税率%	本期税款计算				税款缴纳				
^	应税收入	应税减除项目金额	应税营业额	免税收入	^	小计	本期应纳税额	免（减）税额	期初欠缴税额	前期多缴税额	小计	已缴本期应纳税额	本期已被扣缴税额	本期已缴欠缴税额	小计	本期期末应缴税额	本期期末应缴欠缴税额
1	2	3	4=2-3	5	6	7=8+9	8=(4-5)×6	9=5×7	10	11	12=13+14+15	13	14	15	16=17+18	17=8-13-14	18=10-11-15
交通运输业																	
建筑业																	
邮电通讯业																	
娱乐业																	
服务业																	
金融保险业																	
文化体育业																	
销售不动产																	
转让无形资产																	
合　计																	
代扣代缴项目																	
总计																	

续表

纳税人或代理人声明:	如纳税人填报，由纳税人填写以下各栏:			
此纳税申报表是根据国家税收法律的规定填报的，我确定它是真实的、可靠的、完整的。	办税人员(签章)	财务负责人(签章)	法定代表人(签章)	联系电话
	如委托代理人填报，由代理人填写以下各栏:			
	代理人名称	经办人(签章)	联系电话	代理人(签章)

以下由税务机关填写:

受理人:　　　　　受理税务机关(签章):　　　　　受理日期:　年　月　日

项目五 关税计算及纳税申报

学习目标

1. 了解关税的概念和分类
2. 熟知关税的征税对象及纳税人、能够查阅关税目及税率表
3. 掌握关税应纳税额的计算
4. 熟悉关税税收优惠政策
5. 了解关税的征收管理
6. 掌握关税的缴纳

基本知识训练

一、单项选择题

1. 关税的特点，下列说法正确的是（   ）。
   A. 关税只对进口货物征税
   B. 关税主要对出口货物征税
   C. 关税的征税对象是进出境的货物和物品
   D. 关税是多环节征税

2. 下列选择中，符合从量又从价两种办法计征税款的，称为（   ）。
   A. 附加税　　　　　B. 复合税　　　　　C. 选择税　　　　　D. 滑准税

3. 下列进口货物可以同时免征进口关税、增值税的是（   ）。
   A. 学校不以营利为目的进口的，直接用于科学研究或教学的用品
   B. 进口的残疾人个人专用品
   C. 境外捐赠人无偿捐赠给我国各级政府，直接用于扶贫事业的进口物资
   D. 康复机构直接进口的残疾人专用品

4. 下列项目中，不应计入进口货物完税价格的有（   ）。
   A. 机器设备进口后的安装费用
   B. 运抵我国境内起卸前的保险费
   C. 卖方从买方对该货物进口后转售所得中获得的收益
   D. 买方支付的特许权使用费

5. 甲公司进口一台机器设备，成交价格为4 500万元人民币，起卸前运费和保险费共为1.5万元，购货佣金4万元，进口关税税率为15%，则甲公司应纳进口关税为（   ）。
   A. 60万元　　　　　B. 60.18万元　　　　　C. 675.225万元　　　　　D. 60.825万元

6. 下列不属于关税征税对象的是（   ）。

项目五 关税计算及纳税申报

  A. 从国外进口的设备   B. 入境旅客随身携带的行李物品
  C. 企业出口的设备   D. 国家禁止出口的物品
  7. 某医疗设备厂以租赁方式从台湾租进医疗仪器一台，其到岸价格为100万元人民币，从入境地到该厂的国内运输费为3 000元人民币，海关审查确定仪器租赁费为4万美元（1美元＝8.3元人民币），进口关税税率为5%，应缴纳的进口关税为(　　)。
  A. 16 600元   B. 50 000元   C. 50 150元   D. 66 750元
  8. 下列各项中，符合关税法定免税规定的是(　　)。
  A. 保税区进出口的基建物资和生产用车辆
  B. 边境贸易进出口的基建物资和生产用车辆
  C. 关税税款在人民币100元的一票货物
  D. 经海关核准进口的无商业价值的广告品和货样
  9. 下列项目中，属于进口完税价格组成部分的有(　　)。
  A. 进口人向境外采购代理人支付的购货佣金
  B. 进口人向中介机构支付的经纪费
  C. 进口设施的安装调试费用
  D. 货物运抵境内输入地点起卸之后的运输费用
  10. 关于关税特点的说法，正确的是(　　)。
  A. 关税的高低对进口国的生产影响较大，对国际贸易影响不大
  B. 关税是多环节价内税
  C. 关税是单一环节的价外税
  D. 关税不仅对进出境的货物征税，还对进出境的劳务征税

  二、多项选择题
  1. 对于关税，下列说法正确的有(　　)。
  A. 关税是单一环节的税收，海关代征的增值税税基中不包括关税
  B. 关税有较强的涉外性
  C. 关税是对进出境的货物征税，在境内流通的货物不征关税
  D. 关税对部分由境外启运，通过我国境内继续运往境外的货物征税
  2. 关税按征税标准可分为(　　)。
  A. 从价税   B. 从量税   C. 复合税   D. 滑准税
  3. 关税按保护形式和程度可分为(　　)。
  A. 关税壁垒   B. 非关税壁垒   C. 优惠关税   D. 普通关税
  4. 下列各项中，属于关税法定纳税义务人的有(　　)。
  A. 进口货物的收货人   B. 进口货物的代理人
  C. 出口货物的发货人   D. 出口货物的代理人
  5. 下列(　　)费用，如能与该货物实付价格区分，不得列入完税价格。
  A. 进口关税及其它国内税
  B. 货物运抵境内输入地点之后的运输费用
  C. 买方为购进货物向代表双方利益的经纪人支付的劳务费
  D. 工业设施、机械设备类货物进口后发生的基建、安装、调试、技术指导等费用

6. 下列说法正确的是( )。
A. 我国进口关税税率共有最惠国税率、协定税率、特惠税率、普通税率等
B. 目前,我国对部分产品如啤酒等计征从量税
C. 滑准税的特点是关税税率随进口商品价格由高到低而由低至高的变化
D. 目前关税税率计征办法有从价税、从量税、复合税和滑准税等

7. 下列出口货物完税价格确定方法中,符合关税法规定的有( )。
A. 海关依法估价确定的完税价格
B. 以成交价格为基础确定的完税价格
C. 根据境内生产类似货物的成本利润和费用计算出的价格
D. 以相同或类似的进口货物在境内销售价格为基础估定的完税价格

8. 下列各项中,属于关税征税对象的是( )。
A. 贸易性商品
B. 个人邮寄物品
C. 入境旅客随身携带的行李和物品
D. 馈赠物品或以其他方式进入国境的个人物品

9. 对于滞纳关税的纳税人,海关有权进行强制执行,强制执行措施主要有( )。
A. 加收滞纳税金应该承担的利息
B. 加收关税滞纳金
C. 强制扣缴和变价抵缴
D. 扣留进口货物

10. 依据关税的有关规定,下列进口货物中可享受法定免税的有( )。
A. 有商业价值的进口货样
B. 外国政府无偿赠送的物资
C. 贸易公司进口的残疾人专用品
D. 关税税额在人民币 50 元以下的货物

三、判断题

1. 我国对少数进口商品计征关税时所采用的滑准税实质上是一种特殊的从价税。 ( )

2. 在确定进口货物完税价格时,货物成交价格中含进口人向卖方支付的佣金,应该从完税价格中扣除。 ( )

3. 江苏某企业将一批产品从南京出口到日本,日本到岸价格为 500 万元(其中含有运费 40 万元,保险费 20 万元,支付国外的佣金 30 万元),另外还支付包装费 10 万元,出口关税税率为 40%,则应纳关税为 300 万元。 ( )

4. 某企业向海关报明后将一台价值 65 万元的机械运往境外修,机械修复后准时复运进境。假设该机械的关税税率为 5%,支付的修理费和料件费为 35 万元(经海关审查确定),该企业缴纳的关税应为 1.75 万元。 ( )

5. 在纳税义务人同海关发生纳税争议时,可以向海关申请复议,对有争议的应纳税款可以缓纳。 ( )

6. 进口货物成交价格中已包括进口人向其境外代理人支付的经纪费,并且能够单独分

列的，可从完税价格中扣除。（　　）

7. 因收发货人或者他们的代理人违反规定而造成的少征或漏征的税款，自纳税义务应缴纳税之日起，在规定期限内海关可以追征。（　　）

8. 关税针对进口货物征税，出口货物不征关税。（　　）

9. 普通关税、优惠关税和差别关税主要适用于进口关税。（　　）

10. 征收的对象是进出境的货物和物品，不进出关境的不征关税。这里所指的"境"是指"关境"。（　　）

业务实训

1. 实训目的

熟悉进口关税及其滞纳金、消费税、增值税的综合计算。

2. 实训资料

某进出口公司2012年从A国进口货物一批，成交价（离岸价）折合人民币9 000万元（包括单独计价并经海关审查属实的货物进口后装配调试费用60万元，向境外采购代理人支付的买方佣金50万元）。另支付运费180万元，保险费90万元。货物运抵我国口岸后，该公司在未经批准缓税的情况下，于海关填发税款缴纳证的次日起第20天才缴纳税款。假设该货物适用的关税税率为100％，增值税税率为17％，消费税税率为5％。

3. 实训要求

根据上述资料，按照下列要求完成实训。

（1）计算公司该批货物应缴纳的关税。

（2）计算公司该批货物应缴纳的关税滞纳金。

（3）计算公司该批货物应缴纳的消费税。

（4）计算公司该批货物应缴纳的增值税。

项目六　企业所得税计算及纳税申报

学习目标

1. 了解企业所得税概念、征税对象及纳税人、税率
2. 熟悉资产的税务处理
3. 掌握应纳税额的计算
4. 熟悉税收优惠
5. 了解征收管理
6. 掌握纳税申报

基本知识训练

一、单项选择题

1. 根据企业所得税法律制度的规定，下列各项中，不应计入应纳税所得额的有（　　）。
   A. 股权转让收入
   B. 因债权人缘故确实无法支付的应付款项
   C. 依法收取并纳入财政管理的行政事业性收费
   D. 接受捐赠收入

2. 根据企业所得税法的规定，下列收入中可以免征企业所得税的是（　　）。
   A. 债务重组收入
   B. 补贴收入
   C. 特许权使用费收入
   D. 企业收到的即征即退的增值税用于扩大再生产

3. 根据企业所得税法的规定，下列税金在计算企业应纳税所得额时，不得从收入总额中扣除的是（　　）。
   A. 土地增值税　　B. 增值税　　C. 消费税　　D. 营业税

4. 准予在计算企业所得税时扣除的项目有（　　）。
   A. 税收滞纳金　　B. 包装费　　C. 赞助支出　　D. 罚金

5. 根据企业所得税法律制度的规定，下列各项中，不得提取折旧的固定资产是（　　）。
   A. 房屋建筑物
   B. 以经营租赁方式出租的固定资产
   C. 已提足折旧继续使用的固定资产
   D. 季节性停用的机器设备

6. 企业所得税里关于电子设备的折旧的计提年限是（　　）。

项目六 企业所得税计算及纳税申报

　　A. 1年　　　　　　B. 2年　　　　　　C. 3年　　　　　　D. 5年

7. 根据企业所得税法的规定，下列各项中按负担所得的所在地确定所得来源地的是（　　）
　　A. 销售货物所得　　　　　　　　B. 权益性投资所得
　　C. 动产转让所得　　　　　　　　D. 特许权使用费所得

8. 下列符合企业所得税所得来源确定的有（　　）。
　　A. 提供劳务，按照支付所得的企业所在地确定
　　B. 销售货物，按照交易活动发生地确定
　　C. 动产转让所得，按照购买动产的企业或者机构、场所所在地确定
　　D. 权益性投资所得，按照投资企业所在地确定

9. 某居民企业在职职工200人，2008年计入成本、费用的实发工资总额为500万元，拨缴职工工会经费10万元，支出职工福利费85万元、职工教育经费15万元，该企业2008年计算应纳税所得额时准予在税前扣除的工资和三项经费合计为（　　）万元。
　　A. 610　　　　　　B. 549.84　　　　　C. 594.84　　　　　D. 592.5

10. 根据企业所得税法的规定，企业的下列各项支出，在计算应纳税所得额时，准予从收入总额中直接扣除的是（　　）。
　　A. 公益性捐赠支出
　　B. 转让固定资产发生的费用
　　C. 生产经营中因违反税收法规，被税务机关处以的滞纳金
　　D. 向投资者支付的股息、红利等权益性投资收益款项

11. 根据企业所得税法的规定，下列对生物资产的税务处理正确的是（　　）。
　　A. 企业应当自生产性生物资产投入使用月份的当月起计算折旧
　　B. 停止使用的生产性生物资产，应当自停止使用月份的当月停止计算折旧
　　C. 畜类生产性生物资产，折旧年限不得超过3年
　　D. 通过投资方式取得的生产性生物资产，以该资产的公允价值和支付的相关税费为计税基础

12. 某居民企业，2010年会计利润800万元，计入成本、费用的实发工资总额为400万元，拨缴职工工会经费8万元，支出职工福利费68万元、职工教育经费15万元，该企业2010年度应纳所得税额是（　　）万元。
　　A. 200　　　　　　B. 200.13　　　　　C. 203　　　　　　D. 204.25

13. 下列项目中，不属于企业所得税优惠政策的有（　　）。
　　A. 企业综合利用资源，生产符合国家产业政策规定的产品所取得的收入，减按90%计入应纳税所得额
　　B. 国家需要重点扶持的高新技术企业，减按15%的税率征收企业所得税
　　C. 企业从事国家重点扶持的公共基础设施项目的投资经营的所得，免征企业所得税
　　D. 民族自治地方的自治机关对本民族自治地方的企业应缴纳的企业所得税中属于地方分享的部分，可以决定减征或者免征

14 根据企业所得税法的规定，下列对企业所得税征收管理的说法不正确的是（　　）。
　　A. 居民企业以企业登记注册地或实际管理机构所在地为纳税地点

B. 企业在纳税年度内亏损，年度终了后可以不向税务机关报送年度企业所得税纳税申报表

C. 企业在年度中间终止经营活动的，应当自实际经营终止之日起60日内，向税务机关办理当期企业所得税汇算清缴

D. 企业在一个纳税年度中间开业，实际经营期不足十二个月的，应当以其实际经营期为一个纳税年度

15. 根据企业所得税法的规定，下列收入中可以免征企业所得税的是（　　）。
   A. 符合条件的非营利组织的收入　　　B. 接受非货币性资产捐赠收入
   C. 汇兑收益　　　　　　　　　　　　D. 股息、利息等投资收益

16. 企业应纳税所得额的计算，以（　　）为原则，属于当期的收入和费用，不论款项是否收付，均作为当期的收入和费用，不属于当期的收入和费用，即使款项已经在当期收付，均不作为当期的收入和费用。本条例和国务院财政、税务主管部门另有规定的除外。
   A. 权责发生制　　B. 收付实现制　　C. 现金盘点制　　D. 实物控制

17. 企业发生的符合条件的广告费和业务宣传费支出，除国务院财政、税务主管部门另有规定外，不超过当年营业收入的（　　）部分，准予扣除，超过部分，准予在以后纳税年度结转扣除。
   A. 5%　　　　　B. 10%　　　　　C. 12%　　　　　D. 15%

18. 企业发生的公益性捐赠支出，不得超过年度会计利润总额（　　）的部分，准予扣除。
   A. 5%　　　　　B. 10%　　　　　C. 12%　　　　　D. 15%

19. 企业的各项资产，包括固定资产、生物资产等，以（　　）为计税基础。
   A. 重置成本　　B. 折现成本　　C. 历史成本　　D. 公允价值

20. 非居民企业取得企业所得税法规定的所得，减按（　　）的税率征收企业所得税。
   A. 5%　　　　　B. 10%　　　　　C. 12%　　　　　D. 15%

21. 以下不是企业所得税纳税人的是（　　）。
   A. 联营企业　　　　　　　　　　　B. 私营有限责任公司
   C. 私营独资企业　　　　　　　　　D. 有经营所得的事业单位

22. 重庆海容实业公司将其下属的餐馆承租给个人李某经营，未改变餐馆企业名称，也未变更工商登记，应以（　　）为纳税义务人。
   A. 承租方
   B. 按承租方与被承租企业分配经营成果谁多
   C. 按承租协议中有关规定
   D. 被承租企业

23. 下列各项所得中，属于生产、经营所得的是（　　）。
   A. 财产转让所得　　　　　　　　　B. 利息、股息所得
   C. 邮电通信业所得　　　　　　　　D. 特许权使用费所得

24. 下列各项利息收入中，不计入企业所得税应纳税所得额的是（　　）。
   A. 企业债券利息收入　　　　　　　B. 外单位欠款付给的利息收入
   C. 购买国债的利息收入　　　　　　D. 银行存款利息收入

项目六　企业所得税计算及纳税申报

25. 企业发生的下列支出哪一项不作为工资、薪金支出（　　）。
    A. 奖金　　　　　　B. 年终加薪　　　　　C. 加班工资　　　　D. 住房公积金
26. 纳税人的职工工会经费、职工福利费、职工教育经费，分别按计税工资的（　　）计算扣除。
    A. 2%、14%、1.5%　　　　　　　　　B. 14%、2%、1.5%
    C. 1.5%、14%、2%　　　　　　　　　D. 1.5%、2%、14%
27. 重庆海容实业公司实行的是计税工资办法，2011年度期末平均职工人数为28人，全年实际发放工资30万元，问该企业按税法规定可以计提的职工福利费应是（　　）元。
    A. 42 000　　　　B. 45 158.4　　　　C. 6 000　　　　D. 6 451.2
28. 下列各项中，应计入企业所得税应纳税所得额的是（　　）。
    A. 按照国务院的统一规定，进行清产核资时发生的固定资产的评估净增值
    B. 国有资产产权转让净收益，按国家有关规定全额上缴财政的
    C. 纳税人在产权转让过程中，发生的产权转让净收益或净损失
    D. 纳税人当期接受捐赠的实物资产
29. 下列各项中，关于企业所得税所得来源的确定正确的是（　　）。
    A. 权益性投资资产转让所得按照投资企业所在地确定
    B. 销售货物所得，按照交易活动发生地确定
    C. 提供劳务所得，按照所得支付地确定
    D. 转让不动产，按照转让不动产的企业或机构、场所所在地确定
30. 下列关于企业所得税收入的确认，说法正确的是（　　）。
    A. 企业自产的产品转移至境外的分支机构，不属于视同销售，不应当确认收入
    B. 特许权使用费收入，按照实际取得特许权使用费收入的日期确认收入的实现
    C. 企业自产的产品转为自用，应当视同销售货物。按企业同类资产同期对外销售价格确认销售收入
    D. 企业发生的损失，减除责任人赔偿和保险赔款后的余额，准予在所得税前扣除。但企业已经作为损失处理的资产，在以后纳税年度又全部收回或者部分收回时，应当计入当期收入
31. 某商贸企业2010年销售收入情况如下：开具增值税专用发票的收入2 000万元，开具普通发票的金额936万元。企业发生管理费用110万元（其中：业务招待费20万元），发生的销售费用600万元（其中：广告费300万元、业务宣传费180万元），发生的财务费用200万元，准予在企业所得税前扣除的期间费用为（　　）万元。
    A. 850　　　　B. 842　　　　C. 844　　　　D. 902
32. 2010年度，某企业财务资料显示，2010年销售货物取得收入2 000万元，另外从事运输服务取得收入220万元。收入对应的销售成本和运输成本合计为1 550万元，期间费用、税金及附加为200万元，营业外支出100万元（其中90万元为公益性捐赠支出），上年度企业自行计算亏损50万元，经税务机关核定的亏损为30万元。企业在所得税前可以扣除的捐赠支出为（　　）万元。
    A. 90　　　　B. 40.8　　　　C. 44.4　　　　D. 23.4
33. 某企业2010年度境内所得应纳税所得额为400万元，在全年已预缴税款25万元，

来源于境外某国税前所得100万元，境外实纳税款20万元，该企业当年汇算清缴应补（退）的税款为（　　）万元。

　　A. 50　　　　　　B. 60　　　　　　C. 70　　　　　　D. 80

34. 某白酒生产企业因扩大生产规模新建厂房，由于自有资金不足2010年1月1日向银行借入长期借款1笔，金额3 000万元，贷款年利率是4.2%，2010年4月1日该厂房开始建设，2011年5月1日房屋交付使用，则2010年度该企业可以在税前直接扣除的该项借款费用是（　　）万元。

　　A. 36.6　　　　　B. 35.4　　　　　C. 32.7　　　　　D. 31.5

35. 下列关于房地产开发企业的利息支出税前扣除的陈述，正确的是（　　）。

　　A. 企业为建造开发产品借入资金而发生的符合税收规定的借款费用，直接在税前扣除

　　B. 企业集团或其成员企业统一向金融机构借款分摊集团内部其他成员企业使用的，借入方能出具从金融机构取得借款的证明文件，一律由集团企业或借款企业在税前扣除

　　C. 企业为建造开发产品借入资金而发生的符合税收规定的借款费用，可按企业会计准则的规定进行归集和分配，其中属于财务费用性质的借款费用，可直接在税前扣除

　　D. 企业集团或其成员企业统一向金融机构借款分摊集团内部其他成员企业使用的，借入方不能出具从金融机构取得借款的证明文件，可以由使用借款的企业间合理的分摊利息费用，使用借款的企业分摊的合理利息准予在税前扣除

36. 下列关于资产的摊销处理中，不正确的做法是（　　）。

　　A. 生产性生物资产的支出，准予按成本扣除

　　B. 无形资产的摊销年限不得低于10年

　　C. 自行开发无形资产的费用化支出，不得计算摊销费用

　　D. 在企业整体转让或清算时，外购商誉的支出，准予扣除

二、多项选择题

1. 依据企业所得税法的规定，判定居民企业的标准有（　　）。

　　A. 登记注册地标准

　　B. 所得来源标准

　　C. 经营行为实际发生地标准

　　D. 实际管理机构所在地标准

2. 下列企业中，不属于企业所得税纳税人的是（　　）。

　　A. 私营企业　　　B. 个人独资企业　　　C. 国有企业　　　D. 合伙企业

3. 根据企业所得税法律制度的规定，下列各项中，纳税人在计算企业所得税应纳税所得额时准予扣除的项目有（　　）。

　　A. 关税　　　　　　　　　　　　B. 土地增值税

　　C. 城镇土地使用税　　　　　　　D. 城市维护建设税

4. 某企业所得税纳税人发生的下列支出中，在计算应纳税所得额时不得扣除的有（　　）。

　　A. 缴纳罚金10万元　　　　　　B. 直接赞助某学校8万元

　　C. 缴纳税收滞纳金4万元　　　　D. 支付法院诉讼费1万元

5. 非居民企业在中国境内设立从事生产经营活动的机构、场所包括（　　）。

项目六 企业所得税计算及纳税申报

　　A. 提供劳务的场所　　　　　　　　B. 管理机构
　　C. 开采自然资源的场所　　　　　　D. 来华人员居住地
6. 根据企业所得税法的规定，下列收入属于征税收入的是（　　）。
　　A. 企业销售商品收入　　　　　　　B. 企业提供中介代理收入
　　C. 企业转让固定资产收入　　　　　D. 企业提供非专利技术收入
7. 根据企业所得税法的规定，在计算应纳税所得额时下列项目不得扣除的有（　　）。
　　A. 非银行企业内营业机构之间支付的利息
　　B. 未投入使用的机器设备的折旧
　　C. 房屋财产保险缴纳的保险费
　　D. 企业实际发放的工资、薪金
8. 根据企业所得税法的规定，下列说法不正确的是（　　）。
　　A. 企业自年度终了之日起4个月内，向税务机关报送年度企业所得税纳税申报表，并汇算清缴，结清应缴应退税款
　　B. 企业在年度中间终止经营活动的，应当自实际经营终止之日起30日内，向税务机关办理当期企业所得税汇算清缴
　　C. 企业汇算时，应当以清算期间作为一个纳税年度
　　D. 企业所得税按年计征，分月或者分季预缴，年终汇算清缴，多退少补
9. 非居民企业在中国境内设立从事生产经营活动的机构、场所包括（　　）。
　　A. 工厂、农场、开采自然资源的场所
　　B. 提供劳务的场所
　　C. 管理机构、营业机构、办事机构
　　D. 从事建筑、安装、装配、修理、勘探等工程作业的场所
10. 根据企业所得税法的规定，下列关于企业特殊收入的确认说法不正确的是（　　）。
　　A. 以分期收款方式销售货物的，以货物发出的当天确认收入的实现
　　B. 企业接受委托加工制造大型机器设备，持续时间超过12个月的，按照纳税年度内完工进度确认收入的实现
　　C. 采取产品分成方式取得收入的，按照产品生成日期确认收入的实现
　　D. 企业将存货对外捐赠，应视同销售确认销售收入
11. 下列项目，在计算企业所得税应纳税所得时准予扣除的是（　　）。
　　A. 企业发生的诉讼费用　　　　　　B. 营业税
　　C. 营业税滞纳金　　　　　　　　　D. 企业发生的劳动保护支出
12. 根据企业所得税法的规定，下列企业属于小型微利企业的有（　　）。
　　A. 工业企业，年度应纳税所得额不超过30万元，从业人数不超过80人，资产总额不超过3 000万元
　　B. 工业企业，年度应纳税所得额不超过30万元，从业人数不超过100人，资产总额不超过3 000万元
　　C. 其他企业，年度应纳税所得额不超过30万元，从业人数不超过80人，资产总额不超过1 000万元
　　D. 其他企业，年度应纳税所得额不超过30万元，从业人数不超过100人，资产总额不

超过3 000万元

13. 在计算企业所得税时，允许扣除的税金有（　　）。
　　A. 增值税　　　　B. 消费税　　　　C. 营业税　　　　D. 个人所得税

14. 在计算企业业务招待费税前准许扣除限额时，计算的基数为销售（经营）收入净额，下列收入中哪几项可计入收入净额（　　）。
　　A. 主营业务收入　　　　　　　　B. 其他业务收入
　　C. 股权投资的持有收益　　　　　D. 罚没收入

15. 以下哪些事项可以税前扣除？（　　）。
　　A. 广告性的赞助支出
　　B. 纳税人逾期归还银行贷款，银行按规定加收的罚息
　　C. 纳税人为雇员向商业保险机构投保的人寿保险
　　D. 纳税人参加的财产和运输保险

16. 借款费用是纳税人为了生产经营活动的需要而承担的与借入资金相关的利息费用。其包括的范围是（　　）。
　　A. 长期、短期借款的利息
　　B. 与债券相关的折价或溢价费用的摊销
　　C. 安排借款时发生的辅助费用的摊销
　　D. 购买大型设备的专项借款所发生的利息

17. 以下哪些项目应该计入当期损益，按规定缴纳企业所得税？（　　）。
　　A. 纳税人购买有价证券取得的收入
　　B. 纳税人在建工程发生的试运行收入
　　C. 纳税人购买国库券的利息收入
　　D. 因办理国库券业务而取得的手续费收入

18. 计算企业所得税应纳税所得额时，允许扣除的保险费用包括（　　）。
　　A. 按规定上交保险公司的保险费
　　B. 向劳动部门上交的职工养老保险金
　　C. 保险公司给予纳税人的赔款优待
　　D. 为特定职工支付的人身安全保险费

19. 非居民企业在中国境内设立从事生产经营活动的机构、场所包括（　　）。
　　A. 提供劳务的场所
　　B. 办事机构
　　C. 在中国境内从事生产经营活动的营业代理人
　　D. 来华人员居住地

20. 根据企业所得税法的规定，下列收入的确认正确的有（　　）。
　　A. 权益性投资收益，按照投资方取得投资收益的日期确认收入的实现
　　B. 利息收入，按照收付利息的日期确认收入的实现
　　C. 特许权使用费收入，按照合同约定的特许权使用人应付特许权使用费的日期确认收入的实现
　　D. 接受捐赠收入，按照实际收到的捐赠资产的日期确认收入的实现

项目六　企业所得税计算及纳税申报

21. 根据企业所得税法的规定，下列收入中应计入企业所得税征税的有（　　）。
　A. 软件企业收到的即征即退的增值税用于扩大再生产
　B. 补贴收入
　C. 汇兑收益
　D. 确实无法偿付的应付款项

22. 企业缴纳的下列保险费可以在税前直接扣除的有（　　）。
　A. 为特殊工种的职工支付的人身安全保险费
　B. 为没有工作的董事长夫人缴纳的社会保险费用
　C. 为投资者或者职工支付的商业保险费
　D. 按照国家规定，为董事长缴纳的补充养老保险金

23. 根据企业所得税法的规定，在计算企业所得税应纳税所得额时，下列项目不得在企业所得税税前扣除的有（　　）。
　A. 计提的用于生态恢复方面的专项资金
　B. 违反法律被司法部门处以的罚金
　C. 非广告性质的赞助支出
　D. 银行按规定加收的罚息

24. 根据企业所得税法的规定，下列固定资产可以计提折旧在税前扣除的有（　　）。
　A. 以融资租赁方式租出的固定资产
　B. 以融资租赁方式租入的固定资产
　C. 单独估价作为固定资产入账的土地
　D. 未投入使用的房屋

25. 对于在中国境内未设立机构、场所的，或者虽设立机构、场所但取得所得与其所设机构、场所没有实际联系的非居民企业的所得，应纳税所得额的确定，说法正确的是（　　）。
　A. 权益性投资收益所得，以收入全额扣除投资成本后的余额为应纳税所得额
　B. 租金所得以收入全额减去发生的合理费用后的余额为应纳税所得额
　C. 转让财产所得，以收入全额减除财产净值后的余额为应纳税所得额
　D. 特许权使用费所得以收入全额为应纳税所得额

三、判断题

1. 企业的征税对象是企业当期的会计利润，但不是销售或者营业额。（　　）
2. 新企业所得税法规定，非居民企业发生在我国境外的所得一律不在我国缴纳企业所得税。（　　）
3. 非居民企业在中国境内未设立机构、场所的，或者虽设立机构、场所但取得的所得与其所设机构场所没有实际联系的，应当就其来源于中国境内的所得，缴纳企业所得税。（　　）
4. 非居民企业在中国境内未设立机构场所的，或者虽设立机构场所但取得的所得与所设机构场所没有实际联系的而来源于中国境内的所得适用税率为25%。（　　）
5. 企业所得税的应纳税所得额是企业每一纳税年度的收入总额，减除不征税收入、各项扣除以及允许弥补的以前年度亏损后的余额。（　　）

6. 企业发生非货币性资产交换，以及将货物、财产、劳务用于捐赠、偿债、赞助、集资、广告、样品、职工福利或者利润分配等用途的，应当全部视同销售货物、转让财产或者提供劳务，确认收入。（   ）

7. 企业应当根据固定资产的性质和使用情况，合理确定固定资产的预计净残值。固定资产的预计净残值一经确定，不得变更。（   ）

8. 居民企业每一纳税年度的收入总额减除不征税收入、免税收入、各项扣除以及允许弥补的以前年度亏损后的余额为应纳税所得额。（   ）

9. 企业从事符合条件的环境保护、节能节水项目的所得，自项目取得第一笔生产经营收入所属纳税年度起，第一年至第三年免征企业所得税，第四年至第六年减半征收企业所得税。（   ）

10. 根据企业所得税实施条例规定，企业为开发新技术、新产品、新工艺发生的研究开发费用，为形成无形资产计入当期损益的，在按照规定据实扣除的基础上，按照研究开发费用的50%加计扣除。（   ）

11. 根据税收管辖权国际上的通行做法，我国采用了地域管辖权和居民管辖权的双重管辖权标准，最大限度地维护我国的税收利益。（   ）

12. 税务机关依照规定进行特别纳税调整后，除了应当补征税款外，并按照国务院规定加收利息。（   ）

13. 企业发生的符合条件的广告费，除国务院财政、税务主管部门另有规定外，不超过当年销售（营业）收入15%的部分，准予扣除；超过部分，准予在以后纳税年度结转扣除。业务宣传费支出不得在所得税前扣除。（   ）

14. 对我国的企业、事业等单位征收企业所得税，其作为征税对象的生产经营所得和其他所得指的是纳税人来源于中国境内的所得，不包括纳税人来源于中国境外的所得。（   ）

15. 纳税人在产权转让过程中，发生的产权转让净收益或净损失，应计入应纳税所得额，依法缴纳企业所得税。（   ）

16. 企业进行股份制改造发生的资产评估增值，相应的评估增值未经税务机关确认，企业应相应调整账户，所发生的固定资产评估增值可以计提折旧，在计算企业所得税应纳税所得额时可以扣除。（   ）

17. 企业取得的逾期未返还买方包装物押金，不用计入收入征收企业所得税。（   ）

18. 软件开发企业实际发放的工资总额，在计算应纳税所得额时准予全额扣除。（   ）

19. 纳税人计提的坏账准备金可在所得税前扣除。（   ）

20. 纳税人按财务制度规定提取的存货减值准备金在计算应纳税所得额时准予扣除。（   ）

四、计算题

1. 某企业为居民企业，2012经营业务如下：
（1）取得产品销售收入4 000万元；
（2）发生产品销售成本2 600万元；
（3）发生销售费用770万元（其中广告费650万元）；管理费用480万元（其中业务招待费25万元）；财务费用60万元；
（4）销售税金160万元（含增值税120万元）；

（5）营业外收入 80 万元，营业外支出 50 万元（含通过公益性社会团体向贫困山区捐款 30 万元，支付税收滞纳金 6 万元）；

（6）计入成本、费用中的实发工资总额 200 万元、拨缴职工工会经费 5 万元、发生职工福利费 31 万元、发生职工教育经费 7 万元。

要求：计算该企业 2012 实际应纳的企业所得税。

2. 2012 企业会计报表上的利润总额为 100 万元，已累计预缴企业所得税 25 万元。该企业 2008 年度其他有关情况如下：

（1）发生的公益性捐赠支出 18 万元；

（2）开发新技术的研究开发费用 20 万元（已计入管理费用），假定税法规定研发费用可实行 150% 加计扣除政策；

（3）支付在建办公楼工程款 20 万元，已列入当期费用；

（4）直接向某足球队捐款 15 万元，已列入当期费用；

（5）支付诉讼费 2.3 万元，已列入当期费用；

（6）支付违反交通法规罚款 0.8 万元，已列入当期费用。

已知：该企业适用所得税税率为 25%。

要求：

（1）计算该企业公益性捐赠支出所得税前纳税调整额；

（2）计算该企业研究开发费用所得税前扣除数额；

（3）计算该企业 2012 应纳税所得额；

（4）计算该企业 2012 应纳所得税税额；

（5）计算该企业 2012 应汇算清缴的所得税税额。

企业税费计算及纳税申报习题与实训

业务实训

业务实训一

1. 实训目的

熟悉企业所得税的计算和纳税申报。

2. 实训方式

模拟企业进行企业所得税纳税申报。

3. 实训要求

（1）计算该企业应纳企业所得税税额。

（2）填制企业所得税纳税申报表。

4. 实训准备

企业所得税纳税申报表。

5. 实训资料

企业名称：重庆海容实业公司

纳税人识别号：1101108104789529

该企业20××年度会计报表提供的资料如下：

（1）收入总额2 000万元；

（2）准予扣除的成本1 200万元；

（3）管理费用为200万（其中招待费用为50万元，符合税收优惠条件的技术开发费用20万元）；

（4）销售费用为300万元（其中广告费为200万元）；

（5）财务费用为50万元（其中向非金融机构借款100万元，利率为20%，同期金融机构的借款利率为10%）；

（6）已缴纳的营业税、城市维护建设税和教育费附加50万元，增值税税额20万元；

（7）营业外收入50万元；

（8）营业外支出共50万元，其中包括赞助某单位10万元，通过红十字会向灾区捐款34万元；

（9）该企业1—11月份已预缴企业所得税20万元。

已知企业适用所得税税率为25%，允许弥补的以前年度亏损60万元，没有税收优惠的规定减免和抵免的税额。

要求：计算当年应交的所得税并做年度申报表。（附表已省略）

6. 纳税申报表（表6-1）

项目六　企业所得税计算及纳税申报

表 6-1　中华人民共和国企业所得税年度纳税申报表（A 类）

税款所属期间：　　年　月　日至　　年　月　日

纳税人名称：重庆海容实业公司

纳税人识别号：　1101108104789529　　　　　　　　　　　金额单位：元（列至角分）

类别	行次	项　目	金　额
利润总额计算	1	一、营业收入（填附表一①）	
	2	减：营业成本（填附表二）	
	3	营业税金及附加	
	4	销售费用（填附表二）	
	5	管理费用（填附表二）	
	6	财务费用（填附表二）	
	7	资产减值损失	
	8	加：公允价值变动收益	
	9	投资收益	
	10	二、营业利润	
	11	加：营业外收入（填附表一）	
	12	减：营业外支出（填附表二）	
	13	三、利润总额（10＋11－12）	
应纳税所得额计算	14	加：纳税调整增加额（填附表三）	
	15	减：纳税调整减少额（填附表三）	
	16	其中：不征税收入	
	17	免税收入	
	18	减计收入	
	19	减、免税项目所得	
	20	加计扣除	
	21	抵扣应纳税所得额	
	22	加：境外应税所得弥补境内亏损	
	23	纳税调整后所得（13＋14－15＋22）	
	24	减：弥补以前年度亏损（填附表四）	
	25	应纳税所得额（23－24）	

注：本书中未附表格中所涉及的附表。

续表

类别	行次	项目	金额
应纳税额计算	26	税率（25%）	
	27	应纳所得税额（25×26）	
	28	减：减免所得税额（填附表五）	
	29	减：抵免所得税额（填附表五）	
	30	应纳税额（27－28－29）	
	31	加：境外所得应纳所得税额（填附表六）	
	32	减：境外所得抵免所得税额（填附表六）	
	33	实际应纳所得税额（30＋31－32）	
	34	减：本年累计实际已预缴的所得税额	
	35	其中：汇总纳税的总机构分摊预缴的税额	
	36	汇总纳税的总机构财政调库预缴的税额	
	37	汇总纳税的总机构所属分支机构分摊的预缴税额	
	38	合并纳税（母子体制）成员企业就地预缴比例	
	39	合并纳税企业就地预缴的所得税额	
	40	本年应补（退）的所得税额（33－34）	
附列资料	41	以前年度多缴的所得税额在本年抵减额	
	42	以前年度应缴未缴在本年入库所得税额	

纳税人公章： 经办人： 申报日期：　年　月　日	代理申报中介机构公章： 经办人及执业证件号码： 代理申报日期：　年　月　日	主管税务机关受理专用章： 受理人： 受理日期：　年　月　日

业务实训二

1. 实训目的

对企业会计处理进行调整，并纳税申报。

2. 实训方式

模拟企业进行企业所得税纳税申报。

3. 实训要求

（1）对企业会计处理进行分析，并进行纳税调整相关处理。

（2）填制企业所得税纳税申报表。

4. 实训准备

企业所得税纳税申报表。

5. 实训资料

本辖区内重庆海容实业公司为增值税一般纳税人，增值税率为17%，所得税率为25%，执行企业会计准则。为降低税收风险，该企业委托某税务师事务所办理 2010 年度所得税汇

项目六　企业所得税计算及纳税申报

算清缴工作。2011年3月26日，该事务所将此项任务交与您来办理，请您在规定的时间内（120分钟）完成该企业的汇算清缴工作。由于时间关系，只填写企业所得税年度纳税申报表（A类）和企业所得税年度纳税申报表附表一、企业所得税年度纳税申报表（附表二）、企业所得税年度纳税申报表（附表三）。以人民币"元"为计量单位，计算过程中除不尽的保留整数，四舍五入。

经对该公司2011年度账目进行梳理，涉税资料及有关需要调整的事宜归结如下：

(1) 该公司2010年损益类账户发生额如表6-2所示。

表6-2　公司2010年损益类账户发生额　　单位：元（列至角分）

账　户	本年发生额	
主营业务收入	210 000（借方）	90 000 000（贷方）
主营业务成本	59 000 000（借方）	120 000（贷方）
其他业务收入		200 000（贷方）
其他业务成本	86 000（借方）	
营业税金及附加	367 030（借方）	
营业费用	2 359 600（借方）	
管理费用	5 035 200（借方）	
财务费用	1 960 000（借方）	
资产减值损失	2 000 000（借方）	
公允价值变动损益		150 000（贷方）
投资收益		160 000（贷方）
营业外收入		585 000（贷方）
营业外支出	3 410 000（借方）	
所得税费用		

(2) 收入收益方面。

①主营业务收入90 000 000元，包括销售产品收入85 000 000元，提供产品安装劳务收入5 000 000元。主营业务成本59 000 000元，包括销售产品成本55 000 000元，提供产品安装劳务成本4 000 000元。其他业务收入200 000元，包括销售材料收入120 000元，包装物出租收入80 000元。其他业务成本86 000元，包括销售材料成本51 600元，包装物成本34 400元。

②2009年销售的产品中有20台发生质量问题，每台单价1.8万元，成本价1.2万元，根据购销合同规定，2010年10月办理退货10台，另外10台每台给予3 000元价格折让，全部按规定开具了红字增值税专用发票。该业务须做出销货退回及折让的会计处理（此收入已包括在损益内账户发生额中）。

③在本年的促销月活动中，销售A产品附送C产品，A产品销售单价2万元，单位成本1.3万元，C产品销售单价4 000元，单位成本3 500元。该活动中共销售A产品500台，附送C产品100台。该业务须做出采用买一赠一等方式组合销售本企业商品的会计处理

(此成本已包括在损益内账户发生额中)。

④通过区人民政府向汶川地震灾区捐赠现金100万元，捐赠自制产品一批，成本价80万元，同类产品售价100万元。捐赠外购棉被一批，购入价20万元。通过当地民政部门向贫困山区捐赠自产产品一批，成本价100万元，市场销售价格150万元，企业核算时只按成本价值直接冲减了库存商品。

向汶川地震灾区捐赠自制产品按同类产品不含税售价确认视同销售收入100万元，捐赠外购棉被按购入不含税价确认视同销售收入20万元，共计120万元。依据是《关于企业处置资产所得税处理问题的通知》（国税函〔2008〕828号）。按国发〔2008〕21号规定，对单位和个体经营者将自产、委托加工或购买的货物通过公益性社会团体、县级以上人民政府及其部门无偿捐赠给受灾地区的，免征增值税、城市维护建设税及教育费附加。计入营业外支出的金额为成本价200万元。

通过当地民政部门向贫困山区捐赠自产产品一批，按市场销售价格确认视同销售收入150万元。按市场销售价格计算的增值税销项税额25.5万元与成本价合计125.5万元计入（营业外支出）账户。

⑤"在建工程"明细账载明，当年6月在建工程领用本企业B产品一批，成本价80万元，同类货物的售价100万元。该产品的增值税率为17%。会计处理为：

  借：在建工程   970 000
    贷：库存商品——B产品   800 000
      应交税费——应交增值税（销项税额） 170 000

根据国家税务总局《关于企业处置资产所得税处理问题的通知》（国税函〔2008〕828号）规定，企业在建工程领用本企业的产品，由于所有权没有发生转移，不需要缴纳企业所得税。因此，不需要进行纳税调整。2008年度增值税尚未转型，须视同销售计算销项税额。

⑥以使用不久的一辆公允价值53万元的进口小轿车（固定资产）清偿应付账款60万元，公允价值与债务的差额债权人不再追要。小轿车原值60万元，已提取了折旧15%，清偿债务时，企业直接以60万元分别冲减了应付账款和固定资产原值。企业会计处理为：

  借：应付账款   600 000
    贷：固定资产   600 000

清偿债务应调增的所得额：

处置固定资产损益＝53－60×（1－15%）＝2（万元）。

债务重组收益＝60－53＝7（万元）。

清偿债务业务共调增所得额＝2＋7＝9（万元）。

企业直接以60万元分别冲减了应付账款和固定资产原值，属于会计差错。

⑦投资收益160 000元中含国债利息收入6万元，向居民企业投资收益10万元（被投资方税率25%）。

国债利息收入6万元，符合条件的居民企业之间的股息红利等权益性投资收益10万元，均是免税收入，应调减所得额10＋6＝16（万元）。

⑧企业购买了一项金融资产，将其划分为"交易性金融资产"，期末该项金融资产公允价值升高了15万元，企业将其计入了"公允价值变动损益"科目。

交易性金融资产期末公允价值升高了15万元，计入"公允价值变动损益"科目的会计

项目六　企业所得税计算及纳税申报

处理是正确的。但在税收上对没有现金流的该项会计利润是不确认收入的，待处置时确认处置收益纳税。因此，应纳税调减 15 万元。

⑨"以前年度损益调整"明细账载明，2010 年 6 月 30 日企业盘盈固定资产一台，重置完全价值 100 万元，七成新。会计处理为：

　　借：固定资产　　　　　　　　　　　　　　　　　　　700 000
　　　　贷：以前年度损益调整　　　　　　　　　　　　　　　700 000
　　借：以前年度损益调整　　　　　　　　　　　　　　　　700 000
　　　　贷：利润分配——未分配利润　　　　　　　　　　　　700 000

根据《企业所得税法实施条例》第二十二条的规定，企业盘盈的固定资产应当作为盘盈年度的"其他收入"缴纳企业所得税。但会计上 2010 年度利润总额中不包括 70 万元盘盈收益，应当作纳税调增 70 万元。

⑩2010 年 10 月该公司将无法支付的款项 100 000 元，由"应付账款"转入"资本公积"账户。

根据实施条例第 22 条规定，确实无法支付的款项应作为其他收入处理。按新会计准则规定，无法支付的款项应计入"营业外收入"处理。此处作为会计差错应调增 100 000 元。

（3）成本费用和损失方面。

①经对企业入库普通发票进行审查，发现"没有填开付款方全称的发票"4 张，金额共计 16 万元。

根据国家税务总局关于进一步加强普通发票管理工作的通知（国税发〔2008〕80 号），对纳税人使用不符合规定发票特别是没有填开付款方全称的发票，不得允许纳税人用于税前扣除、抵扣税款、出口退税和财务报销等规定，应予纳税调增 16 万元。

②已在成本费用中列支的应发工资总额为 1 100 万元，但汇算清缴前尚有 100 万元未予实际发放。另外，应付职工薪酬账户借方发生额中有向残疾人支付的工资 24 万元，符合残疾人优惠条件。该公司单独设置账册核算职工福利费用，2009 年末职工福利费的贷方余额为 10 万元，全年按实际发生数列支了职工福利费 210 万元。上缴工会经费 20 万元并取得《工会经费专用拨缴款收据》职工教育经费支出 40 万元。企业按规定为职工缴纳的社会保险费用和住房公积金符合扣除规定。

根据国税函〔2009〕3 号规定，准予扣除的工资薪金总额必须实际发放，超标的工资薪金不能将其作为计算职工福利费、职工教育经费、工会经费等税前扣除限额的依据。该公司准予扣除的工资薪金为 1 000 万元，纳税调增 100 万元。残疾人员工资加计扣除 24 万元。

福利费扣除限额：1 000×14％＝140（万元），实际列支 210 万元，抵顶年初余额 10 万元，纳税调增 60 万元。

职工教育经费扣除限额：1 000×2.5％＝25（万元），实际列支 40 万元，纳税调增 15 万元（超支的 15 万元，可以在以后年度无限期结转扣除）。

工会经费扣除限额：1 000×2％＝20（万元），实际列支 20 万元，工会经费取得专用收据，无需纳税调整。

③2009 年末计提坏账准备的应收账款金额为 2 000 万元，会计核算确定的计提比例为 10％，税法规定的扣除比例为 0.5％。会计上计提的坏账准备为 200 万元。税法上计提坏账准备为 10 万元。2010 年发生坏账损失为 100 万元（符合财税〔2009〕57 号文件要求，可以

作为资产损失在企业所得税税前扣除）年末计提坏账准备的应收账款为3 000万元。会计计提比例依然确定为10%。

按（国税函〔2009〕202号）对2008年1月1日以前计提的各类准备金余额处理问题的要求，根据《实施条例》第五十五条规定，除财政部和国家税务总局核准计提的准备金可以税前扣除外，其他行业、企业计提的各项资产减值准备、风险准备等准备金均不得税前扣除。2008年1月1日前按照原企业所得税法规定计提的各类准备金，2008年1月1日以后，未经财政部和国家税务总局核准的，企业以后年度实际发生的相应损失，应先冲减各项准备金余额。"

由于存在2009年的坏账准备计税余额10万元，2010年实际坏账损失先用其抵补，抵补后作为2010年度资产损失申报税前扣除的只能是90万元，再考虑计提的坏账准备200万元不得扣除的影响，该公司2010年纳税调增金额为200－90＝110（万元）。

④企业全年发生的业务招待费用65万元，广告费680万元，业务宣传费120万元。技术开发费320万元，资料齐全，符合加计扣除条件。

收入为8 979（9 000－21）万元，视同销售收入为270万元，应填入《企业所得税年度纳税申报表》第一行，作为费用扣除的基数。费用限额基数＝8 979＋270＝9 249（万元）。

业务招待费扣除限额＝9 249×0.5%＝46.245（万元）＞65×60%＝39（万元），准予扣除39万元，实际发生65万元，应调增26万元。

广告和业务宣传费扣除限额＝9 249×15%＝1 387.35（万元），实际发生800万元，可以据实扣除。

注意：以固定资产抵债虽视同销售，但固定资产的公允价值53万元不属于销售收入，不填入《企业所得税年度纳税申报表》第一行，不作为费用扣除限额的计算基数。

技术开发费320万元可以加计扣除50%，即应调减应纳税所得额160（320×50%）万元。

⑤"销售费用"明细账中，列明预提本年度销售产品的保修费用81万元，合同约定的保修期限为3年。

《企业所得税法》第八条规定，企业实际发生的与取得收入有关的、合理的支出，包括成本、费用、税金、损失和其他支出，准予在计算应纳税所得额时扣除。企业按会计制度预提的保修费用不符合实际发生的原则，不得税前扣除，应当作纳税调增81万元。

⑥"财务费用"明细账中，列明利息支出170万元，其中向非金融企业借款2 000万元支付的利息120万元，金融企业同期同类贷款利率为5.2%。

利息支出，账载金额170万元，其中向非金融机构借款2 000万元，支付利息120万元，按金融企业同期同类贷款利率5.2%计算的利息应为2 000×5.2%＝104（万元），应调增计税所得额：120－104＝16（万元）。

⑦"营业外支出"账户中还列支税收滞纳金3万元，合同违约金6万元，给购货方的回扣12万元，环境保护支出8万元，关联企业赞助支出10万元。

税收滞纳金、购货方的回扣、关联企业赞助支出不得扣除，合同违约金和环境保护支出可以扣除。除公益性捐赠以外的其他营业外支出项目应调增所得额＝3＋12＋10＝25（万元）。

（4）资产方面。

①该企业2010年以前购置的设备按原内资企业所得税规定统一按5%保留残值，并按

项目六　企业所得税计算及纳税申报

税法规定的年限计提了各类固定资产的折旧。2010年6月购置汽车1辆,原值50万元;购置台式电脑10台,原值4.6万元,均按5%保留残值,折旧年限均按3年计算。

对于固定资产折旧,《企业所得税法实施条例》规定,飞机、火车、轮船以外的运输工具折旧年限4年,电子设备折旧年限3年,新税法只要求合理确定固定资产预计残值,一经确定,不得变更。

该企业2010年购置汽车的折旧年限与税法不一致,应调增计税所得额为500 000×(1-5%)÷3÷12×6-500 000×(1-5%)÷4÷12×6=79 167-59 375=19 792(元)。

②2010年2月,对一项机器设备进行维修发生修理费216 000元,该设备原值300 000元,经过修理后该设备能够延长寿命3年。企业在会计处理时,按照新会计准则的规定一次性计入了"管理费用"。

按照实施条例第69条之规定,同时符合下列条件的修理支出应当计入"长期待摊费用"科目,按固定资产的尚可使用年限分期摊销扣除:第一,修理支出占固定资产原值比例达到50%以上;第二,经过修理后的固定资产能够延长寿命2年以上。修理费216 000元应从修理后的次月按3年摊销,每月摊销6 000元,2010年应摊销60 000元。对此,纳税调增156 000元。

③2010年度按会计准则规定无形资产摊销金额100万元,按新税法规定摊销金额120万元。

会计上对使用寿命不确定的无形资产不予摊销,对此项差异作纳税调减200 000元。

④该公司2010年度已缴纳企业所得税500万元。

要求:

①就收入方面的第②和第③小题做出会计分录。

②进行收入类项目调整,填写企业所得税年度纳税申报表附表一(表6-3)和企业所得税年度纳税申报表附表三(表6-5)有关项目。

③进行扣除类项目调整,填写企业所得税年度纳税申报表附表二(表6-4)和企业所得税年度纳税申报表附表三(表6-5)有关项目。

④进行资产类项目和准备金项目调整,填写企业所得税年度纳税申报表(表6-5)有关项目。

⑤完成企业所得税年度纳税申报表(A类)的填写。

企业所得税年度纳税申报表附表一见表6-3。

表 6-3　收入明细表

填报时间：　年　月　日　　　　　　　　　　　　　　　金额单位：元（四舍五入）

行次	项目	金额
1	一、销售（营业）收入合计（2＋13）	
2	（一）营业收入合计（3＋8）	
3	1.主营业务收入（4＋5＋6＋7）	
4	（1）销售货物	
5	（2）提供劳务	
6	（3）让渡资产使用权	
7	（4）建造合同	
8	2.其他业务收入（9＋10＋11＋12）	
9	（1）材料销售收入	
10	（2）代购代销手续费收入	
11	（3）包装物出租收入	
12	（4）其他	
13	（二）视同销售收入（14＋15＋16）	
14	（1）非货币性交易视同销售收入	
15	（2）货物、财产、劳务视同销售收入	
16	（3）其他视同销售收入	
17	二、营业外收入（18＋19＋20＋21＋22＋23＋24＋25＋26）	
18	1.固定资产盘盈	
19	2.处置固定资产净收益	
20	3.非货币性资产交易收益	
21	4.出售无形资产收益	
22	5.罚款净收益	
23	6.债务重组收益	
24	7.政府补助收入	
25	8.捐赠收入	
26	9.其他	

经办人（盖章）：　　　　　　　　　　　法定代表人（签字）：

项目六　企业所得税计算及纳税申报

企业所得税年度纳税申报表附表二（表6-4）。

表6-4　成本费用明细表

填报时间：2009年　月　日　　　　　　　　　　　　金额单位：元（列至角分）

行次	项目	金额
1	一、销售（营业）成本合计（2＋7＋12）	
2	（一）主营业务成本（3＋4＋5＋6）	
3	1. 销售货物成本	
4	2. 提供劳务成本	
5	3. 让渡资产使用权成本	
6	4. 建造合同成本	
7	（二）其他业务成本（8＋9＋10＋11）	
8	1. 材料销售成本	
9	2. 代购代销费用	
10	3. 包装物出租成本	
11	4. 其他	
12	（三）视同销售成本（13＋14＋15）	
13	1. 非货币性交易视同销售成本	
14	2. 货物、财产、劳务视同销售成本	
15	3. 其他视同销售成本	
16	二、营业外支出（17＋18＋……＋24）	
17	1. 固定资产盘亏	
18	2. 处置固定资产净损失	
19	3. 出售无形资产损失	
20	4. 债务重组损失	
21	5. 罚款支出	
22	6. 非常损失	
23	7. 捐赠支出	
24	8. 其他	
25	三、期间费用（26＋27＋28）	
26	1. 销售（营业）费用	
27	2. 管理费用	
28	3. 财务费用	

经办人（盖章）：　　　　　　　　　　　　　法定代表人（签字）：

企业税费计算及纳税申报习题与实训

企业所得税年度纳税申报表附表三（表6-5、表6-6）。

表6-5 纳税调整项目明细表

填报时间：年 月 日　　　　　　　　　　　　　　　金额单位：元（列至角分）

	行次	项目	账载金额 1	税收金额 2	调增金额 3	调减金额 4
	1	一、收入类调整项目				
	2	1. 视同销售收入（填写附表）				
♯	3	2. 接受捐赠收入				
	4	3. 不符合税收规定的销售折扣和折让				
＊	5	4. 未按权责发生制原则确认的收入				
＊	6	5. 按权益法核算的长期股权投资对初始投资成本调整确认收益				
	7	6. 按权益法核算的长期股权投资持有期间的投资损益				
＊	8	7. 特殊重组				
＊	9	8. 一般重组				
＊	10	9. 公允价值变动净收益				
	11	10. 确认为递延收益的政府补助				
	12	11. 境外应税所得（填附表六）				
	13	12. 不允许扣除的境外投资损失				
	14	13. 不征税收入（填表一［3］）				
	15	14. 免税收入（填附表五）				
	16	15. 减计收入（填附表五）				
	17	16. 减、免税项目所得（填附表五）				
	18	17. 抵扣应纳税所得额（填附表五）				
	19	18. 其他				
	20	二、扣除类调整项目				
	21	1. 视同销售成本（填附表二）				
	22	2. 工资薪金支出				
	23	3. 职工福利费支出				
	24	4. 职工教育经费支出				
	25	5. 工会经费支出				
	26	6. 业务招待费支出				
	27	7. 广告费和业务宣传支出（填附表八）				
	28	8. 捐赠支出				

项目六　企业所得税计算及纳税申报

续表

行次	项目	账载金额 1	税收金额 2	调增金额 3	调减金额 4
29	9. 利息支出				
30	10. 住房公积金				
31	11. 罚金、罚款和被没收财物的损失				
32	12. 税收滞纳金				
33	13. 赞助支出				
34	14. 各类基本社会保障性缴款				
35	15. 补充养老保险、补充医疗保险				
36	16. 与为实现融资收益相关在当期确认的财务费用				
37	17. 与取得收入无关的支出				
38	18. 不征税收入用于支出所形成的费用				
39	19. 加计扣除（填写附表五）				
40	20. 其他				
41	三、资产类调整项目				
42	1. 财产损失				
43	2. 固定资产折旧（填写附表九）				
44	3. 生产性生物资产折旧（填写附表九）				
45	4. 长期待摊费用的摊销（填写附表九）				
46	5. 无形资产摊销（填写附表九）				
47	6. 投资转让、处理所得（填写附表十一）				
48	7. 汽油勘探投资（填写附表九）				
49	8. 汽油开发投资（填写附表九）				
50	9. 其他				
51	四、准备金调整项目（填写附表十）				
52	五、房地产企业预售收入计算的预计利润				
53	六、特别纳税调整应税所得				
54	七、其他				
55	合计				

注：①标有＊的行次为执行新会计准则的企业填列，标有♯的行次为除执行新会计准则以外的企业填列。

本表"注：……"修改为："标有♯和＊的行次，纳税人分别按照适用的国家统一会计制度填报"。

②没有标注的行次，无论执行何种会计核算办法，有差异就填报相应行次，填＊号不可填列。

③有二级附表的项目只调增、调减金额，账载金额、税收金额不再填写。

经办人（签章）：　　　　　　　　　　法定代表人（签章）：

表6-6 中华人民共和国企业所得税年度纳税申报表（A类）

税款所属期间： 年 月 日至 年 月 日

纳税人名称：

纳税人识别号：□□□□□□□□□□□□□□□ 金额单位：元（四舍五入）

类别	行次	项目	金额
利润总额计算	1	一、营业收入（填附表一）	
	2	减：营业成本（填附表二）	
	3	营业税金及附加	
	4	销售费用（填附表二）	
	5	管理费用（填附表二）	
	6	财务费用（填附表二）	
	7	资产减值损失	
	8	加：公允价值变动收益	
	9	投资收益	
	10	二、营业利润	
	11	加：营业外收入（填附表一）	
	12	减：营业外支出（填附表二）	
	13	三、利润总额（10＋11－12）	
应纳税所得额计算	14	加：纳税调整增加额（填附表三）	
	15	减：纳税调整减少额（填附表三）	
	16	其中：不征税收入	
	17	免税收入	
	18	减计收入	
	19	减、免税项目所得	
	20	加计扣除	
	21	抵扣应税所得额	
	22	加：境外应税所得弥补境内亏损	
	23	纳税调整后所得（13＋14－15＋22）	
	24	减：弥补以前年度亏损（填附表四）	
	25	应纳税所得额（23－24）	

续表

类别	行次	项目	金额
应纳税额计算	26	税率（25%）	
	27	应纳所得税（25×26）	
	28	减：减免所得税额（填附表五）	
	29	减：抵免所得税额（填附表五）	
	30	应纳税额（27－28－29）	
	31	加：境外所得应纳所得税额（填附表六）	
	32	减：境外所得抵免所得税额（填附表六）	
	33	实际应纳所得税额（30＋31－32）	
	34	减：本年累计实际已预缴的所得税额	
	35	其中：汇总纳税的总机构分摊预缴的税额	
	36	汇总纳税的总机构财政调库预缴的税额	
	37	汇总纳税的总机构所属分支机构分摊的预缴税额	
	38	合并纳税（母子体制）成员企业就地预缴比例	
	39	合并纳税企业就地预缴的所得税	
	40	本年应补（退）的所得税额（33－34）	
附列资料	41	以前年度多缴的所得税额在本年抵减额	
	42	以前年度应缴未缴在本年入库所得税额	

纳税人公章：	代理申报中介机构公章：	主管税务机关受理专用章：
经办人：	经办人及执业证件号码：	受理人：
申报日期：　年　月　日	代理申报日期：　年　月　日	受理日期：　年　月　日

项目七　个人所得税计算及纳税申报

学习目标

1. 了解个人所得税的概念、征税范围、纳税人、税率等
2. 掌握个人所得税应纳税额的计算
3. 了解个人所得税的税收优惠政策
4. 掌握个人所得税的纳税申报

基本知识训练

一、单项选择题

1. 某演员一次表演收入30 000元，其应纳的个人所得税额为（　　）。
   A. 5 200　　　　　B. 6 000　　　　　C. 4 800　　　　　D. 5 600

2. 个人所得税法规定，自行申报纳税的纳税人在中国境内两处或两处以上取得应税收入所得的，其纳税地点选择（　　）。
   A. 纳税人选择并固定一地进行纳税申报　　B. 税务机关指定纳税地点
   C. 收入来源地　　　　　　　　　　　　　　D. 纳税人户籍所在地

3. 个体工商户的生产经营所得和对企事业单位的承包经营、承租经营所得，适用（　　）的超额累进税率。
   A. 5%～35%　　　B. 5%～45%　　　C. 5%～25%　　　D. 5%～55%

4. 个人年纳税收入总额在（　　）以上的，应自行申报纳税。
   A. 16万元以上　　B. 12万元以上　　C. 10万元以上　　D. 8万元以上

5. 下列适用税率为20%，并减征30%的项目是（　　）。
   A. 工资薪金所得　　　　　　　　　　　　B. 租赁所得
   C. 劳务报酬所得　　　　　　　　　　　　D. 偶然所得

6. 下列所得一次收入畸高的，可以实行加成征收（　　）。
   A. 稿酬所得　　　　　　　　　　　　　　B. 利息、股利、红利所得
   C. 稿酬所得　　　　　　　　　　　　　　D. 偶然所得

7. 2012年李某年终奖金12 000元，应缴个人所得税额（　　）。
   A. 360元　　　　　B. 1 995元　　　　C. 600元　　　　　D. 270元

8. 工资、薪金所得的应纳税额，按月计征的，由扣缴义务人或纳税人在次月（　　）日内缴纳。
   A. 5日　　　　　　B. 7日　　　　　　C. 10日　　　　　D. 15日

9. 某中外合资企业外方经理每月从该企业获得薪金收入25 000元。在计算应纳税所得

项目七 个人所得税计算及纳税申报

额时,应当减除的费用是( )。

A. 800 元　　　　B. 4 800 元　　　　C. 4 000 元　　　　D. 5 000 元

10. 下列关于个人独资企业和合伙企业投资者个人所得税计税规定的表达中,正确的说法有( )。

A. 投资者的个人工资扣除标准为 3 500 元　　B. 投资者的个人费用不允许扣除
C. 投资者的个人及家庭消费可以全部扣除　　D. 投资者的个人工资可以全部扣除

11. 某人 2011 年将自有房屋出租,租期 1 年。该人每月取得租金 2 500 元,全年租金收入 30 000 元,此人全年应纳个人所得税( )。

A. 5 840 元　　　B. 4 080 元　　　　C. 2 040 元　　　　D. 3 000 元

12. 某人某年转让特许使用权两次,一次收入为 5 000 元,一次收入为 2 000 元,下列说法不正确的是( )。

A. 两次应分别计税
B. 第一次费用扣除 1 000 元,第二费用扣除 800 元
C. 两次转让收入合并征税
D. 应缴个人所得税总额 1 040 元

13. 个体工商户与企业联营而分得的利润,应按( )项目征收个人所得税。

A. 利息、红利、股息所得　　　　　B. 按承包经营、承租经营所得
C. 按财产转让所得　　　　　　　　D. 按个体工商户生产、经营所得

14. 现行个人所得税法规定,下列不进行税前扣除的项目是( )。

A. 利息、红利、股息所得　　　　　B. 按承包经营、承租经营所得
C. 按财产转让所得　　　　　　　　D. 按个体工商户生产、经营所得

15. 雇主为雇员负担税款的,个人所得税应纳税所得额为( )。

A. 雇主支付给员工的工资净额
B. 雇主支付给员工的工资净额加上雇主为员工代缴的税款
C. 雇主支付给员工的工资净额加上雇主为员工代缴的税款减去规定的扣除标准
D. 雇主支付给员工的工资净额/(1-适用税率)

16. 根据个人所得税法规定,在一个纳税年度内,凡在我国境内连续居住达到一定标准的个人为居民纳税人,具体的居住标准是( )。

A. 居住满 30 天　　B. 居住满 90 天　　C. 居住满 183 天　　D. 居住满 270 天

17. 某香港居民 2011 年在华工作累计 67 天,香港公司设在香港的机构支付在华工作期间的报酬 10 000 元,下列说法正确的是( )。

A. 非居民纳税人在中国境内工作,从境外取得的所得,不向中国境内纳税
B. 该居民不向中国境内纳税,是因为非居民纳税人在境内工作累计不超过 90 天的,其来源于中国境内所得,由境外雇主支付并且不由该雇主在中国境内机构支付的工资薪金,免缴个人所得税
C. 非居民纳税人只就来源于中国境内机构支付的所得缴纳个人所得税
D. 该居民不向中国境内纳税,是因为在税收协定期间,非居民纳税人在中国境内连续居住不满 183 天,其来源于中国境内所得,由境外雇主支付并且不由该雇主在中国境内机构支付的工资薪金,免缴个人所得税

63

18. 下列稿酬所得中，应合并为一次所得征税的有（　　）。
   A. 同一作品先出版，然后在报刊上连载，取得稿酬
   B. 同一作品再版取得稿酬
   C. 同一作品出版后加印而追加稿酬
   D. 同一作品先在报刊上连载，然后再出版，取得稿酬
19. 股息、红利、利息所得应以（　　）为应纳所得额。
   A. 每月收入　　　B. 每年收入　　　C. 每季收入　　　D. 每次收入
20. 现行个人所得税法规定，转让（　　）以上自用住房并且是家中唯一住房的房屋销售所得，暂免征收个人所得税（　　）。
   A. 5年　　　　　B. 1年　　　　　C. 2年　　　　　D. 3年

二、多项选择题

1. 对个人所得征收个人所得税时，以每次收入额为应纳税所得额的有（　　）。
   A. 利息、股息、红利所得　　　　B. 稿酬所得
   C. 财产转让所得　　　　　　　　D. 偶然所得
2. 按现行税法制度规定，下列适用20％税率的项目有（　　）。
   A. 利息、股息、红利所得　　　　B. 稿酬所得
   C. 财产租赁所得　　　　　　　　D. 偶然所得
3. 个人转让财产，税前可以扣除的项目有（　　）。
   A. 房屋购买的成本　　　　　　　B. 支付的除个人所得税以外的税费
   B. 销售房屋支付的中介费　　　　D. 合理的装修费用
4. 下列各项所得应征个人所得税的是（　　）。
   A. 保险赔款
   B. 国家民政部门支付给个人的生活困难补助
   C. 劳务报酬所得
   D. 稿酬所得
5. 现行税法规定：退休员工下列哪些所得不征收个人所得税？（　　）。
   A. 退休工资　　　　　　　　　　B. 独生子女补贴
   C. 保险公司给予的赔款　　　　　C. 兼职收入
6. 下列个人所得，适用20％比例税率的有（　　）。
   A. 财产租赁所得
   B. 财产转让所得
   C. 对企事业单位的承包、承租经营所得
   D. 稿酬所得
7. 个人所得税的纳税人一般分为居民纳税人和非居民纳税人两类。国际上通常采用的划分标准是（　　）。
   A. 收入来源地标准　　　　　　　B. 住所标准
   C. 居住时间标准　　　　　　　　D. 国籍标准
8. 个人所得税法列举的居民纳税人条件的是（　　）。
   A. 在中国境内有住所　　　　　　B. 在中国境内无住所，但住满183天

项目七　个人所得税计算及纳税申报

C. 在中国境内无住所，但住满 365 天　　D. 在中国境内无住所，又不居住

9. 下列项目中，计征个人所得税时，允许从总收入中扣除 800 元的有(　　)。
   A. 房租收入 2 000 元　　B. 取得劳务报酬 3 000 元
   C. 红利收入 5 000 元　　D. 劳务报酬 5 000 元

10. 纳税人取得下列应税所得时，应到税务机关自行申报的有(　　)。
    A. 年所得 12 万元以上的
    B. 从中国境内两处或两处以上取得工资、薪金所得的
    C. 从中国境外取得所得的
    D. 取得应纳税所得，没有扣缴义务人的

11. 经批准可以减征个人所得税的是(　　)。
    A. 残疾、孤老人员和烈属的所得　　B. 因严重自然灾害造成重大损失的
    C. 军人的转业费、复员费　　D. 福利费

12. 享受附加减除费用优惠的人有(　　)。
    A. 华侨　　B. 在我国工作的外国专家
    C. 在外企工作的中方人员　　D. 在中国境内有住所但在境外工作的中国居民

13. 按现行税法规定，可享受税收优惠的项目有(　　)。
    A. 税法规定，2010 年对个人转让上市公司限售股取得的所得
    B. 自 2005 年 6 月 13 日起，个人投资者从上市公司取得股息红利所得
    C. 个人存款利息收入
    D. 劳务报酬

14. 不允许个体工商户生产、经营所得税前扣除的项目有(　　)。
    A. 资本性支出
    B. 被没收的财产、支付的罚款
    C. 自然灾害或意外事故损失有赔偿的部分
    D. 用于个人和家庭的支出

15. 下列应自行申报纳税的个人有(　　)。
    A. 从中国境外取得收入的
    B. 年收入 16 万元的
    C. 在中国境内两处或两处以上取得收入的
    D. 取得应税收入后没有扣缴义务人的

16. 下列属于劳务报酬的项目有(　　)。
    A. 某高校外聘教师取得的收入　　B. 个人取得的设计费收入
    C. 单位为职工发放的伙食补贴　　D. 个人取得的参赛奖金

17. 下列各项中需就中国境内外收入缴纳个人所得税的纳税人有(　　)。
    A. 在中国境内工作的外籍华人前 5 年的收入
    B. 在中国境内无住所的中国居民
    C. 从在中国境内工作的第六年起的外籍人员
    D. 在境外留学的中国公民

18. 下列关于财产租赁所得缴纳个人所得税的说法正确的是(　　)。

A. 财产租赁所得以一个月为一次

B. 对能提供有效证明,证明纳税人负担的修缮费支出,每月可扣除800元以下的费用,超出部分,准予在下一次扣除,直到扣完为止

C. 每次收入在4 000元以下,允许税前扣除800元

D. 每次收入都允许扣除800元

19. 下列关于工资薪金税前扣除标准说法正确的是( )。

A. 居民纳税人允许每月税前扣除3 500元

B. 非居民纳税人允许每月税前扣除3 500元

C. 在中国境内有住所,而在中国境外任职取得的工资允许每月税前扣除4 800元

D. 应聘在中国境内工作的外籍人士取得的工资每月允许扣除4 800元

20. 下列说法正确的有( )。

A. 李某一次取得劳务报酬4 000元,通过红十字会捐赠1 000元,允许税前扣除的捐赠款限额为960元

B. 李某一次取得劳务报酬4 000元,通过红十字会捐赠1 000元,允许税前扣除的捐赠款为1 000元

C. 个人税前扣除捐赠最大限额是个人应纳税所得额的30%

D. 个人税前扣除捐赠最大限额是个人应纳税收入的30%

三、判断题

1. 工资、薪金所得,财产租赁所得和偶然所得,以每次收入额为应纳税所得额。( )

2. 不动产转让所得,以不动产所在地为纳税地点。( )

3. 个人所得税的纳税义务人包括居民和非居民。( )

4. 劳动分红属于工资薪金范畴。( )

5. 个体工商户生产经营所得征税,允许扣除的必要费用为3 500元。( )

6. 某个体工商户某年亏损,所以不用申报个人所得税。( )

7. 退休金也属于工资、薪金所得,也应缴纳个人所得税。( )

8. 退休人员在外任课,所得收入以月为一次计算缴纳个人所得税。( )

9. 个人领取的提存住房公积金、医疗保险金、基本养老保险,免征个人所得税。( )

10. 个人独资企业与其他企业联营而分得的利润免征个人所得税。( )

11. 在确定财产转让的应纳税所得额时,纳税人在转让财产过程中缴纳的税金和教育费附加,可持完税凭证,从财产转让收入中扣除。( )

12. 劳务报酬一次性收入超过20 000元的,实行加成征收。( )

13. 在确定财产租赁的应纳税所得额时,纳税人在出租财产过程中发生的修缮费用,并持有合法票据,准予从财产租赁收入中扣除。( )

14. 现行税法规定:个人获得的省级以上的科技奖免缴个人所得税。( )

15. 向个人支付应纳税所得的单位和个人,应在支付时代扣代缴个人所得税( )

16. 个人担任董事职务取得董事费收入,属于劳务报酬,按劳务报酬所得项目征税。( )

项目七 个人所得税计算及纳税申报

17. 对企事业单位的承包、承租经营所得按年纳税，在确定应纳税所得额时，减除必要费用时按月减除 4 800 元。（   ）

18. 在我国境内无住所且在我国境内居住未满 1 年的个人，其来源于我国境内的所得免征个人所得税。（   ）

19. 个人所得税中，个人居住"满一年"指的是 360 天。（   ）

20. 居民纳税人应就来源于中国境内外的收入向中国境内纳税。（   ）

四、思考题

1. 如何确定境外所得个人所得税的扣除额？
2. 实行查账征收的个体工商户如何进行个人所得税的财务处理？

五、计算分析题

1. 李某一栋房屋转让给某企业做写字楼，取得转让收入 850 000 元，房屋造价及相关费用 350 000 元，转让房屋过程中已支付相关税费 180 000 元。请计算李某应纳个人所得税税额并进行会计处理。

2. 某退休人员李某 2011 年 8 月取得银行存款利息 5 000 元，国库券利息 4 200 元，在一次有奖销售活动中中奖，取得彩电一台价值 4 800 元。计算李某 7 月应纳个人所得税。

3. 某歌星参加一次演唱会，取得出场收入 40 000 元，将其中 15 000 元通过教育部门捐给"希望工程"。计算该歌星应纳个人所得税并进行相关会计处理。

企业税费计算及纳税申报习题与实训

4. 某国居民分别在中国境内甲、乙两地任职，当月在甲地取得工资 5 000 元，在乙地取得工资 3 500 元，一次性劳务报酬 40 000 元，问该公民应纳个人所得税为多少？应如何进行纳税申报？

5. 某个体工商户 2011 年全年经营收入 800 000 元，其中生产经营成本、费用总额为 500 000 元，计算其全年应纳的个人所得税并进行相关的会计处理。

业务实训

1. 实训目的

本次实训，意在通过运用强化和补充个人所得税基本法规知识，掌握税收申报程序及填报方法。

2. 实训方式

演练基础知识，模拟个人收入进行个人所得税代扣代缴、自行申报计算与申报。

3. 实训要求

(1) 掌握个人所得税的基本法规。

(2) 正确计算个人所得税。

(3) 填制个人所得税代扣代缴、自行申报纳税申报表。

4. 实训准备

基本知识实训材料，个人所得税代扣代缴、自行申报纳税申报表。

业务资料：

刘珏 2011 年取得了以下收入，于 2011 年底进行个人纳税申报。

(1) 1～12 月，每月在国内取得工资收入 6 500 元，由支付单位代扣代缴；

(2) 7～9 月，受派遣国外分公司，由国外分公司每月另行支付 8 000 元（折合人民币），在国外已支付税款 2 400 元；

(3) 5 月，在国内演讲，一次取得收入 2 000 元，支付单位未代扣代缴个人所得税；

(4) 11 月，取得中奖收入 800 元；

(5) 1 月，取得上年的年终奖金 30 000 元。

要求：

(1) 计算刘珏 1～12 月工资薪金应缴的个人所得税。

(2) 计算刘珏 5 月演讲收入应缴个人所得税。

(3) 计算刘珏 11 月中奖收入应缴个人所得税。

(4) 计算刘珏全年应缴个人所得税额，可抵扣额度。

(5) 填报 2011 年的个人所得税纳税申报表。见表 7-1。

项目七 个人所得税计算及纳税申报

表7-1 个人所得税纳税申报表
(适用于年所得12万元以上的纳税人申报)
INDIVIDUAL INCOME TAX RETURN
(For individuals with an annual income of over 120,000 RMB Yuan)

纳税人识别号：
Taxpayer's ID number
税款所属期：2011年
Income year

纳税人名称（签字或盖章）：
Taxpayer's name (signature/stamp)
金额单位：元（列至角分）
Monetary unit: RMB Yuan

填表日期： 年 月 日
Date of filing: date month year

纳税人姓名 Taxpayer's name		国籍 Nationality		身份证照类型 ID Type		身份证照号码 ID number	
抵华日期 Date of arrival in China		职业 Profession		任职、受雇单位 Employer		经常居住地 Place of residence	
中国境内有效联系地址 Address in China				邮编 Post code		联系电话 Tel. number	
所得项目 Categories of income	年所得额 Annual Income			应纳税额 Tax payable	已缴（扣）税额 Tax prepaid and withheld	抵扣税额 Foreign tax credit	应补（退）税额 Tax owed or overpaid
	境内 Income from within China	境外 Income from outside China	合计 Total				
1. 工资、薪金所得 Wages and salaries							
2. 个体工商户的生产、经营所得 Income from production or business operation conducted by self-employed industrial and commercial households							
3. 对企事业单位的承包经营、承租经营所得 Income from contracted or leased operation of enterprises or social service providers partly or wholly funded by state assets							

69

续表

纳税人姓名 Taxpayer's name		国籍 Nationality		身份证照类型 ID Type		身份证照号码 ID number		
抵华日期 Date of arrival in China		职业 Profession		任职、受雇单位 Employer		经常居住地 Place of residence		
中国境内有效联系地址 Address in China				邮编 Post code		联系电话 Tel. number		
所得项目 Categories of income	年所得额 Annual Income			应纳税额 Tax payable	已缴（扣）税额 Tax prepaid and withheld	抵扣税额 Foreign tax credit	应补（退）税额 Tax owed or overpaid
	境内 Income from within China	境外 Income from outside China	合计 Total				
4. 劳务报酬所得 Remuneration for providing services							0
5. 稿酬所得 Author's remuneration							
6. 特许权使用费所得 Royalties							
7. 利息、股息、红利所得 Interest, dividends and bonuses							
8. 财产租赁所得 Income from lease of property							
9. 财产转让所得 Income from transfer of property							
10. 偶然所得 Incidental income							
11. 其他所得 other income							
合 计 Total							

70

续表

我声明，此纳税申报表是根据《中华人民共和国个人所得税法》的规定填报的，我确信它是真实的、可靠的、完整的。 Under penalties of perjury, I declare that this return has been filed according to the provisions of THE INDIVIDUAL INCOME TAX LAW OF THE PEOPLE'S REPUBLIC OF CHINA, and to the best of my knowledge and belief, the information provided is true, correct and complete. 纳税人（签字） Taxpayer's signature
代理人名称：(Firm's name) 代理人（公章）(Firm's stamp):	经办人（签章）(Preparer's signature)： 联系电话 (Phone number)：

受理人：
(Responsible tax officer)

受理申报机关：
(Responsible tax agency)

受理时间： 年 月 日
(Time: Date/Month/Year)

项目八　销售类税计算及纳税申报

学习目标

1. 掌握资源税的计税方法
2. 掌握城市维护建设税、教育费附加与流转税之间的关系和计税方法
3. 了解相关税种的纳税申报要求，掌握相关的税收政策

基本知识训练

一、单项选择题

1. 下列各项中应征土地增值税的有(　　)。
   A. 房地产的继承　　　　　　　　B. 房地产的代建房行为
   C. 房地产的交换　　　　　　　　D. 房地产的出租

2. 下列各项中，应征土地增值税的是(　　)。
   A. 赠予社会公益事业的房地产
   B. 经税务机关核实的个人之间互换自有住房
   C. 抵押期满转让给债权人的房地产
   D. 兼并企业从被兼并企业得到的房地产

3. 重庆海容实业公司转让一幢1980年建造的公寓楼，当时的造价为1 000万元。经房地产评估机构评定，该楼的重置成本价为4 000万元，成新度折扣率为六成。在计算土地增值税时，其评估价格为(　　)。
   A. 500万元　　　　B. 2 400万元　　　　C. 2 000万元　　　　D. 1 500万元

4. 纳税人如果不能按转让房地产项目计算分摊利息支出，其房地产开发费用按地价款加开发成本之和的(　　)计算扣除。
   A. 5%以内　　　　B. 5%　　　　C. 10%以内　　　　D. 10%

5. 纳税人建造普通标准住宅出售，增值额超过扣除项目金额20%的，应就其(　　)按规定计算缴纳土地增值税。
   A. 超过部分的金额　　　　　　　B. 全部增值额
   C. 扣除项目金额　　　　　　　　D. 出售金额

6. 土地增值税的纳税人隐瞒、虚报房地产成交价格的，按照(　　)计算征收。
   A. 最高一档税率
   B. 扣除项目金额不得扣除的原则
   C. 成交价格加倍，扣除项目金额减半的办法
   D. 房地产评估价格

项目八 销售类税计算及纳税申报

7. 重庆海容实业公司转让一块土地使用权,取得收入560万元。年初取得该土地使用权时支付金额420万元,转让时发生相关费用6万元,其应纳土地增值税( )万元。
    A. 37.89   B. 38   C. 38.12   D. 38.23

8. 重庆海容实业公司2011年5月在市区购置一栋办公楼,支付8 000价款万元。2008年5月,该企业将办公楼转让,取得收入10 000万元,签订产权转移书据。办公楼经税务机关认定的重置成本价为12 000万元,成新率70%。该企业在缴纳土地增值税时计算的增值额为( )。
    A. 400万元   B. 1 485万元   C. 1 490万元   D. 200万元

9. 重庆海容实业公司建造一住宅出售,取得销售收入2 000万元(城建税税率7%,教育费附加3%)。建此住宅支付地价款和相关过户手续费200万元,开发成本400万元,缴纳印花税3万元,该企业利息支出无法准确计算分摊,该省政府规定的费用扣除比例为10%。其应纳的土地增值税为( )。
    A. 412.3万元   B. 421.5万元   C. 422.1万元   D. 422.35万元

10. 纳税人是自然人且转让房地产坐落地与其居住地不一致时,在( )的税务机关申报纳税。
    A. 住所所在地   B. 房地产坐落地
    C. 办理过户手续所在地   D. 自行选择纳税地点

11. 土地增值税的纳税人转让的房地产坐落在两个或两个以上地区的,应( )主管税务机关申报纳税。
    A. 向房地产坐落地的上一级
    B. 向事先选择房地产坐落地某一方的
    C. 分别向房地产坐落地各方的
    D. 先向机构所在地人民政府缴纳,再向房地产坐落地上一级

12. 以下项目在计算土地增值税时,不得扣除成本费用的有( )。
    A. 建成后产权属于全体业主的会所
    B. 建成后无偿移交给派出所用于办公的房屋
    C. 建成后有偿出售停车场
    D. 建成后待售出租的商业用房

13. 房地产开发企业取得销售(预售)许可证满( )仍未销售完毕的,税务机关可要求其进行土地增值税的清算。
    A. 2年   B. 3年   C. 5年   D. 8年

14. 土地增值税纳税人应在签订房地产转让合同( )日内,到房地产所在地税务机关办理纳税申报。
    A. 3   B. 7   C. 15   D. 30

15. 按照土地增值税有关规定,纳税人提供扣除项目金额不实的,在计算土地增值税时,应按照( )。
    A. 税务部门估定的价格扣除
    B. 税务部门与房地产主管部门协商的价格扣除
    C. 房地产评估价格扣除

D. 房地产原值减除30%后的余值扣除

16. 位于某市的某外商投资企业，委托设在县城的烟丝加工厂加工一批烟丝，提货时，加工厂代收代缴的消费税为1 600元，其城建税和教育附加按以下哪些办法处理？（　　）。

A. 在烟丝加工厂所在地缴城建税及附加128元

B. 在烟丝加工厂所在地缴城建税及附加80元

C. 不缴纳城建税和教育费附加

D. 在卷烟厂所在地缴城建税及教育费附加160元

17. 某县城一商场（小规模纳税人），2010年1月销售货物的零售收入为180万元，餐饮收入50万元，该商场2010年1月缴纳的城市维护建设税（　　）万元。

A. 0.18　　　　　B. 0.29　　　　　C. 0.25　　　　　D. 0.39

18. 某市区一企业2009年6月缴纳进口关税65万元，进口环节增值税15万元，进口环节消费税26.47万元；本月实际缴纳增值税36万元，消费税85万元，营业税13万元。在税务检查过程中，税务机关发现，该企业所属宾馆上月隐瞒饮食服务收入50万元，本月被查补相关税金。本月收到上月报关出口自产货物应退增值税35万元。该企业6月份应纳城市维护建设税税额（　　）元。

A. 95 550　　　　B. 124 579　　　　C. 71 050　　　　D. 122 829

19. 某市区一卷烟厂委托某县城一卷烟厂加工一批雪茄烟，委托方提供原材料40 000元，支付加工费5 000元（不含增值税），雪茄烟消费税税率为36%，受托方同类产品不含税市场价格为80 000元。受托方代收代缴的城市维护建设税为（　　）元。

A. 1 050　　　　B. 750　　　　C. 1 000　　　　D. 1 440

20. 下列项目属于城市维护建设税计税依据的是（　　）。

A. 中外合资企业在华机构缴纳的增值税

B. 个体工商户拖欠营业税加收的滞纳金

C. 个人独资企业偷税被处的增值税罚款

D. 咨询公司偷逃的营业税税金

二、多项选择题

1. 以下属于土地增值税特点的项目是（　　）。

A. 以转让房地产的增值额为计税依据

B. 征税面比较广

C. 实行超率累进税率

D. 实行按次征收

2. 土地增值税的纳税义务人可以是（　　）。

A. 外商独资企业　　B. 国家机关　　C. 事业单位　　D. 医院

3. 以下应征土地增值税的项目有（　　）。

A. 取得奥运会占地的拆迁补偿金

B. 将一项房产直接赠与某私立学校以支援教育事业

C. 被兼并企业将房产转让到兼并企业中

D. 房地产开发商销售楼房

4. 以下应缴纳土地增值税的有（　　）。

项目八　销售类税计算及纳税申报

　　A. 将使用过的旧房卖给某单位做办公室　　B. 将使用过的旧房赠与子女
　　C. 将使用过的旧房出租　　D. 将使用过的旧房换取股票
　5. 房地产开发成本的项目有(　　)。
　　A. 取得土地使用权支付的金额　　B. 土地征用费
　　C. 耕地占用税　　D. 周转房摊销
　6. 下列项目不属于土地增值税征税范围的有(　　)。
　　A. 以收取出让金的方式出让国有土地使用权
　　B. 以继承方式转让房地产
　　C. 以出售方式转让国有土地使用权
　　D. 以收取租金的方式出租房地产
　7. 在计算土地增值税应纳税额时，纳税人为取得土地使用权支付的地价款准予扣除。这里的地价款是指(　　)。
　　A. 以协议方式取得土地使用权的，为支付的土地出让金
　　B. 以转让方式取得土地使用权的，为实际支付的地价款
　　C. 以拍卖方式取得土地使用权的，为支付的土地出让金
　　D. 以行政划拨方式取得土地使用权变为有偿使用的，为补交的土地出让金
　8. 房地产开发企业在计算土地增值税时，允许从收入中直接扣减的"与转让房地产有关的税金"有(　　)。
　　A. 营业税　　　　　B. 印花税　　　　　C. 契税　　　　　D. 城建税
　9. 下列各项中，不属于土地增值税征税范围的有(　　)。
　　A. 以房地产抵债而尚未发生房地产产权属转让的
　　B. 以房地产抵押贷款而房地产尚在抵押期间的
　　C. 被兼并企业的房地产在企业兼并中转让到兼并方的
　　D. 以出地、出资双方合作建房，建成后又转让给其中一方的
　10. 转让旧房的，以下(　　)可作为扣除项目金额。
　　A. 房屋及建筑物的评估价格
　　B. 取得土地使用权支付的地价款和按国家规定缴纳的有关费用
　　C. 转让环节缴纳的税金
　　D. 房地产开发费用
　11. 下列情形中，以房地产评估价格为计税依据，计征土地增值税的有(　　)。
　　A. 隐瞒、虚报房地产成交价格
　　B. 提供扣除项目金额不实的
　　C. 交易价格低于评估价又无正当理由的
　　D. 一次成交金额巨大，超过5 000万元的
　12. 纳税人转让国有土地使用权应缴纳(　　)税种。
　　A. 土地增值税　　B. 耕地占用税　　C. 营业税　　　D. 城市维护建设税
　13. 计算土地增值税扣除项目金额中不得扣除的利息支出有(　　)。
　　A. 10年以上的借款利息
　　B. 境外借款利息

C. 超过国家的有关规定上浮幅度的部分

D. 超过贷款期限的利息部分和加罚的利息

14. 下列各项中，房地产开发公司应进行土地增值税清算的有（　　）。

　　A. 直接转让土地使用权的

　　B. 房地产开发项目全部竣工完成销售的

　　C. 整体转让未竣工决算房地产开发项目的

　　D. 取得销售（预售）许可证满2年仍未销售完毕的

15. 下列对法人转让房地产的土地增值税纳税地点的说法正确的是（　　）。

　　A. 转让房地产坐落地与其机构所在地或经营所在地一致的，应在办理税务登记的原管辖税务机关申报纳税

　　B. 转让房地产坐落地与其机构所在地或经营所在地一致的，应在房地产坐落地税务机关申报纳税

　　C. 转让房地产坐落地与其机构所在地或经营所在地不一致的，则应在办理税务登记的原管辖税务机关申报纳税

　　D. 转让房地产坐落地与其机构所在地或经营所在地不一致的，则应在房地产坐落地所管辖的税务机关申报纳税

16. 下列关于城市维护建设税的说法中正确的有（　　）。

　　A. 海关对进口产品代征消费税的，不代征城市维护建设税

　　B. 对于因减免税而需要进行"三税"退库的，城市维护建设税可同时退库

　　C. 对增值税、消费税、营业税"三税"实行先征后返、先征后退、即征即退办法的，除另有规定外，对随"三税"附征的城市维护建设税和教育费附加，一律不予退（返）还

　　D. 对下岗失业人员从事个体经营（除建筑业、娱乐业以及广告业、桑拿、按摩、网吧、氧吧外）的，自领取税务登记证之日起，3年内免征城建税

　　E. 流动经营无固定纳税地点的单位和个人，不缴纳城市维护建设税

17. 下列各项中，符合城市维护建设税计税依据规定的有（　　）。

　　A. 偷逃营业税而被查补的税款

　　B. 偷逃消费税而加收的滞纳金

　　C. 出口货物免抵的增值税税额

　　D. 纳税人偷逃"三税"而被处的罚款

　　E. 只要缴纳增值税、消费税、营业税的单位都应缴纳城市维护建设税

18. 北京某公司在深圳转让某县城的一处房产，购进价52万元，转让价65万元，则关于城建税下列说法正确的有（　　）。

　　A. 城建税在深圳某县缴纳

　　B. 城建税在北京缴纳

　　C. 城建税适用深圳县城的税率

　　D. 应缴纳城建税为0.032 5万元

　　E. 纳税地点由纳税人自己选择

19. 位于县城的某化妆品生产企业（一般纳税人）委托位于市区的一家加工厂（一般纳税人）为其加工化妆品，化妆品生产企业提供的原材料价值为100 000元，受托方收取加工

项目八　销售类税计算及纳税申报

费 50 000 元，以上价格均为不含税价格，则下列说法正确的有(　　)。
A. 受托方应缴纳的城建税为 595 元
B. 受托方应缴纳的城建税为 4 500 元
C. 受托方应代收代缴的城建税为 1 050 元
D. 受托方应代收代缴的城建税 4 500 元
E. 受托方代收代缴城建税时应适用 5% 的税率

20. 下列说法符合城建税规定的有(　　)。
A. 纳税人缴纳"三税"的地点，就是该纳税人缴纳城建税的地点
B. 只要缴纳增值税、消费税、营业税的企业都应缴纳城市维护建设税
C. 海关对进口产品代征的增值税、消费税，不征收城市维护建设税
D. 纳税人因延迟缴纳而补缴"三税"的，城建税应同时补缴
E. 纳税人偷漏"三税"而加收的滞纳金、罚款，一并计入城市维护建设税的计税依据

三、计算题

1. 重庆海容实业公司利用厂区空地建造写字楼，2011 年发生的相关业务如下：
(1) 按照国家有关规定补交土地出让金 4 000 万元，缴纳相关税费 160 万元；
(2) 写字楼开发成本 3 000 万元，其中装修费用 500 万元；
(3) 写字楼开发费用中的利息支出为 300 万元（不能提供金融机构证明）；
(4) 写字楼竣工验收，将总建筑面积的 1/2 销售，签订销售合同，取得销售收入 6500 万元；将另外 1/2 的建筑面积出租，当年取得租金收入 15 万元。

其他相关资料：该企业所在省规定，按土地增值税暂行条例规定的高限计算扣除房地产开发费用。

要求：根据上述资料，按下列序号计算回答问题，每问需计算出合计数：
(1) 企业计算土地增值税时应扣除的取得土地使用权所支付的金额。
(2) 企业计算土地增值税时应扣除的开发成本的金额。
(3) 企业计算土地增值税时应扣除的开发费用的金额。
(4) 企业计算土地增值税时应扣除的有关税金。
(5) 企业应缴纳的土地增值税。
(6) 企业应缴纳的营业税、城市维护建设税和教育费附加。
(7) 企业应缴纳的房产税。

2. 重庆海容实业公司，2011 年发生以下业务：
(1) 1 月通过竞拍取得市区一处土地的使用权，支付土地出让金 5 400 万元，缴纳相关税费 210 万元；
(2) 以上述土地开发建设恒富小区项目（含住宅楼、会所和写字楼），住宅、会所和写字楼占地面积各为 1/3；
(3) 住宅楼开发成本 2 500 万元，提供金融机构证明，分摊到住宅楼利息支出 300 万元，包括超过贷款期限的利息 50 万元；
(4) 与住宅楼配套的会所开发成本 1 000 万元，无法准确分摊利息支出，根据相关规定，会所产权属于住宅楼全体业主所有；
(5) 写字楼开发成本 4 000 万元，无法提供金融机构证明利息支出具体数额；

（6）9月份该建设项目全部竣工验收后，公司将住宅楼出售，取得收入12 000万元；将写字楼的80%出售，取得收入15 000万元，10%无偿交给政府用于派出所、居委会等公共事业。

其他相关资料：该房地产公司所在省规定，按土地增值税暂行条例规定的最高限计算扣除房地产开发费用。

要求：根据上述资料，按下列序号回答问题，每问需计算出合计数：

（1）计算公司应缴纳的营业税。
（2）计算公司缴纳土地增值税时应扣除的土地使用权的金额。
（3）计算公司缴纳土地增值税时应扣除的开发成本的金额。
（4）计算公司缴纳土地增值税时应扣除的开发费用和其他扣除项目。
（5）计算公司缴纳土地增值税时应扣除的税金。
（6）计算公司应缴纳的土地增值税。

项目九　期间费用类税计算及纳税申报

学习目标

1. 了解印花税、房产税、城镇土地使用税、车船税的基本原理及要素
2. 掌握印花税、房产税、城镇土地使用税、车船税应纳税（费）额的计算
3. 掌握其申报

基本知识训练

一、简答题

1. 印花税的纳税人包括哪些？

2. 房产税纳税义务发生时间是怎么规定的？

3. 城镇土地使用税的征税范围包括哪些内容？

4. 车船税的税收优惠有哪些？

二、单项选择题

1. 如果一份合同由两方或两方以上当事人共同签订，则印花税纳税义务人是（　　）。
   A. 合同的签订人　　　　　　　　B. 签订合同的甲方
   C. 签订合同的乙方　　　　　　　D. 签订合同的各方

2. 下列凭证可免征印花税的是（　　）。
   A. 技术咨询合同　　　　　　　　B. 融资租赁合同
   C. 无息或贴息贷款合同　　　　　D. 技术开发合同

3. A公司向B汽车运输公司租入1辆载重汽车，双方签订的合同规定，1辆载重汽车的总价值为24万元，租期3个月，租金为12 800元。则A公司应缴印花税（　　）元。

　　A. 32　　　　　　B. 12.8　　　　　　C. 13　　　　　　D. 24

4. 甲公司和乙公司分别签订了两份合同，一份是以货换货合同，甲公司的货物价值200万元，乙公司的货物价值150万元；另一份是采购合同，甲公司购买乙公司50万元货物，但因故合同未能兑现。甲公司应缴纳印花税（　　）元。

　　A. 150　　　　　　B. 600　　　　　　C. 1 050　　　　　　D. 1 200

5. 纳税人自行新建的房屋用于生产经营，应从（　　）起，缴纳房产税。

　　A. 生产经营之月　　　　　　B. 办理完验收手续之次月
　　C. 建成之次月　　　　　　D. 生产经营之次月

6. 某省政府机关有办公大楼一幢，房产价值5 000万元。2009年将其中的1/4对外出租取得租金收入100万元，已知该省统一规定计算房产余值时的减除幅度为20%，该政府机关当年应纳的房产税为（　　）万元。

　　A. 12　　　　　　B. 36　　　　　　C. 48　　　　　　D. 60

7. 下列各项中，应当征收房产税的是（　　）。

　　A. 行政机关所属招待所使用的房产
　　B. 自收自支事业单位向职工出租的单位自有住房
　　C. 施工期间施工企业在基建工地搭建的临时办公用房
　　D. 邮政部门坐落在城市、县城、建制镇、工矿区以外的房产

8. 下列有关城镇土地使用税的说法中，正确的是（　　）。

　　A. 外商投资企业不适用城镇土地使用税，但外国企业适用城镇土地使用税
　　B. 个人所有的经营房屋免征城镇土地使用税
　　C. 房地产公司经批准开发建设的经济适用房可减免城镇土地使用税
　　D. 如存在土地使用权权属纠纷未解决的，由原拥有土地使用权的单位纳税

9. 下列土地应征收城镇土地使用税的是（　　）。

　　A. 盐场的盐滩用地
　　B. 企业办学用地
　　C. 核电站基建期内的办公用地
　　D. 向居民供热并向居民收取采暖费的供热企业用地

10. 某工厂4月份购买一幢旧厂房，6月份在房地产权属管理部门办理了产权证书。该厂房所占土地开始缴纳城镇土地使用税的时间是（　　）月份。

　　A. 4　　　　　　B. 5　　　　　　C. 6　　　　　　D. 7

11. 某市肉制品加工企业2006年占地60 000平方米，其中办公占地5 000平方米，生猪养殖基地占地28 000平方米，肉制品加工车间占地16 000平方米，企业内部道路及绿化占地11 000平方米。企业所在地城镇土地使用税单位税额每平方米0.8元。该企业全年应缴纳城镇土地使用税为（　　）。

　　A. 16 800元　　　　　　B. 25 600元　　　　　　C. 39 200元　　　　　　D. 48 000元

12. 下列免征车船税的有（　　）。

　　A. 拥有小汽车农民　　　　　　B. 拥有小汽车的外资企业

项目九　期间费用类税计算及纳税申报

C. 拥有小汽车的个人　　　　　　　D. 拥有小汽车的武警某部

13. 车船的所有人或者管理人未缴纳车船税的,应当代为缴纳车船税的是(　　)。

A. 车船所有人　　　　　　　　　　B. 车船使用人
C. 车船承租人　　　　　　　　　　D. 税务机关认定的纳税人

14. 某运输企业有净吨位3 000吨的货运船只6搜,净吨位2 500吨的拖船3只。2吨的非机动救生小舢板12只,1 000吨的非机动驳船2只,该企业应纳车船税为(　　)元。

A. 90 000　　　　B. 112 750　　　　C. 127 500　　　　D. 131 500

15. 下列情况应纳车船税的有(　　)。

A. 用于农业生产的拖拉机　　　　　B. 押送犯人的警用车辆
C. 人力三轮车　　　　　　　　　　D. 企业接送职工上下班的班车

三、多项选择题

1. 下列借款合同中不应交印花税的有(　　)。

A. 银行之间的借款合同　　　　　　B. 企业之间的借款合同
C. 银行与企业之间的借款合同　　　D. 银行与企业之间的贴息贷款合同

2. 下列属于印花税纳税人的是(　　)。

A. 发放专利证书的专利局
B. 设立并使用营业账簿的商店
C. 签订加工承揽合同的中外合资企业
D. 领取房屋产权证的个人

3. 下列单位中,免征房产税的有(　　)。

A. 高校后勤实体　　　　　　　　　B. 妇幼保健机构
C. 疾病控制机构　　　　　　　　　D. 非营利性医疗机构

4. 下列各项中符合房产税暂行条例规定的有(　　)。

A. 将房屋产权出典的,承典人为纳税人
B. 将房屋产权出典的,产权所有人为纳税人
C. 房屋产权未确定的,房产代管人或使用人为纳税人
D. 产权所有人不在房产所在地的,房产代管人或使用人为纳税人

5. 下列房产应征房产税的有(　　)。

A. 企业办公用的房产
B. 军队出租的空余房产
C. 个人拥有的营业性房产
D. 施工期间在基建工地附近租用的房产

6. 下列土地免征城镇土地使用税的有(　　)。

A. 机场飞行区用地
B. 国家机关办公用地
C. 开发商在经济适用房项目中配套建造廉租房的用地
D. 宗教寺庙内宗教人员的生活用地

7. 关于城镇土地使用税的说法,正确的有(　　)。

A. 城镇土地使用税调节的是土地的级差收入

81

B. 城镇土地使用税只在城市、县城、建制镇、工矿区范围内征收
C. 城镇土地使用权属纠纷未解决的，由实际使用人纳税
D. 纳税单位无偿使用免税单位的土地，由实际使用人纳税

8. 下列车船中，应以"辆"作为车船税计税依据的有（　　）。
A. 电车　　　　　B. 摩托车　　　　　C. 微型客车　　　　　D. 半挂牵引车

9. 下列各项中，符合车船税免税规定的有（　　）。
A. 用于农业生产的拖拉机　　　　　B. 非机动驳船
C. 公交公司的电车　　　　　　　　D. 警用车船

10. 下列纳税主体中，属于车船税纳税人的有（　　）。
A. 在中国境内拥有并使用船舶的国有企业
B. 在中国境内拥有并使用车辆的外籍个人
C. 在中国境内拥有并使用船舶的内地居民
D. 在中国境内拥有并使用车辆的外国企业

四、判断题

1. 建筑安装工程承包合同包括建筑、安装工程承包合同，其印花税计税依据为承包金额减去分包或转包给其他单位的金额。（　　）

2. 对一份凭证应纳税额超过1 000元的，纳税人可向主管税务机关申请，用填开完税证或缴款书的办法纳税，不再贴花。（　　）

3. 个人按市场价格出租的居民住房，可暂按其租金收入征收4%的房产税。（　　）

4. 个人所有的房产，除出租者外，一律免征房产税。（　　）

5. 应税车船的使用人和拥有人不一致时，一律由拥有人纳税。（　　）

6. 车船税只对使用的车船征税，不使用的车船不征税。（　　）

7. 车船税一律由纳税义务人所在地的地方税务局负责征收和管理，各地对外省、市来的车船不再查补税款。（　　）

8. 纳税单位无偿使用免税单位的土地免征城镇土地使用税；免税单位无偿使用纳税单位的土地照章征收城镇土地使用税。（　　）

9. 经省、自治区、直辖市人民政府批准，经济发达地区土地使用税的适用税额标准可以适当提高，但是最高额不得超过暂行条例规定最高税额的30%。（　　）

业务实训

业务实训一：房产税的纳税申报

1. 实训目的

熟悉房产税的计算和纳税申报表的填写。

2. 实训资料

重庆益生有限责任公司位于重庆沙坪坝区井口工业园区22#，纳税人识别号为440108572319168000。该公司2009拥有以下房产：

（1）2009年初固定资产账面显示，所有房屋及建筑物原值共计5 000万元，其中：管理部门及生产部门用房原值3 700万元；企业内部自办的幼儿园用房原值200万元，医务室用房原值300万元；围墙原值50万元；其余闲置用房4座，原值分别为300万元、200万元、

项目九 期间费用类税计算及纳税申报

150万元和100万元。

（2）2009年2月20日，对刚建成的一座生产车间办理竣工决算，并于当月投入使用，原值200万元。同年3月5日，企业因资金紧张，将这座车间抵押给工商银行取得贷款80万元，抵押期间房屋由企业使用。

（3）2009年4月25日，将原值为200万元的闲置用房向B企业投资，协议规定，重庆益生有限责任公司每月向B企业收取固定收入2万元，B企业的经营盈亏情况与重庆益生有限责任公司无关。当年收益16万元。

（4）2009年5月31日，将原值为100万元的闲置房出典给某金融机构，获得资金50万元，出典期间房屋空置。

（5）2009年7月31日，将原值为150万元的闲置房转让给C企业，转让价100万元。支付转让过程中发生的税金及费用10万元，账面显示该房产已提折旧40万元。

（6）2009年9月3日，将原值为300万元的闲置用房融资租赁给D企业，租期从2009年10月1日到2014年9月30日，共5年，每年收取租金80万元，资金于每期期初支付。当地税务机关规定，租赁期内的房产税由出租方缴纳。重庆市人民政府规定，计算房产余值的扣除率为30%。

3. 实训要求

（1）计算重庆益生有限责任公司2009年应缴纳的房产税。

（2）填报2009年房产税纳税申报表（表9-1）。

业务实训二：纳税综合实训

1. 实训目的

熟悉城镇土地使用税、印花税、房产税、营业税、城市维护建设税和教育费附加的计算和申报。

2. 实训资料

位于重庆市南岸区南坪镇海峡路510#的重庆华亿有限责任公司，纳税识别号440109842219617000。主要经营农产品采摘、销售、观光业务，公司占地3万平方米，其中采摘、观光的种植用地2.5万平方米，职工宿舍和办公用地0.5万平方米；房产原值300万元。公司2010年发生以下业务：

（1）全年取得旅游观光业务收入150万元，农产品零售收入180万元；

（2）6月30日签订房屋租赁合同一份，将价值50万元的办公室从7月1日起出租给他人使用，租期12个月，月租0.2万元，每月收租金一次；

（3）8月与保险公司签订农业保险合同一份，支付保险费3万元；

（4）9月与租赁公司签订融资租赁合同一份，租赁价值30万元的鲜果拣选机一台，租期5年，租金共计40万元，每年支付8万元（土地使用税税率每平方米5元；房产余值的扣除比例为30%）。

3. 实训要求

根据上述资料，按照下列要求完成实训。

（1）计算公司2009年应缴纳的城镇土地使用税、房产税和印花税。

（2）计算公司2009年应缴纳的营业税、城市维护建设税和教育费附加。

（3）填报综合纳税申报表（表9-2）。

83

表 9-1 房产税纳税申报表

填表日期：　　年　月　日　　　　　　　　　　　　　　　　　　金额单位：元（列至角分）

纳税识别号：

纳税人名称：

房产坐落地						税款所属时间							
上期申报房产原值	本期增减	本期实际房产原值	其中			以房产原值计征房产税			以租金收入计征房产税			全年应纳税额	房产结构
			从价计价的房产原值	免税房产原值	扣除率	房产原值	适用税率	应纳税额	建筑面积(m²)	租金收入	适用税率	应纳税额	

（下部栏：缴纳次数 应纳税额 砖 混 本期 已纳税额 应补（退）税额）

| 1 | 2 | 3=1+2 | 4=3-5-6 | 5=4-4×7 | 6 | 7 | 8=4-4×7 | 9 | 10=8×9 | 11 | 12 | 13=11×12 | 14=10+13 | 15 | 16=14/15 | 17 | 18=16-17 |

合计

如纳税人填报，由纳税人填写以下各栏

纳税人（公章）

会计主管（签章）

收到申报日期

如委托人代理人填报，由代理人填写以下各栏

代理人名称

代理人地址

经办人　　　　　电话

以下由税务机关填写

接收人　　　　　备注

84

项目九 期间费用类税计算及纳税申报

表9-2 综合纳税申报表

填表日期：　年　月　日　　　　　　　　　　　　　　　　　　　　　　金额单位：元（列至角分）

纳税人顺序号		纳税人名称（公章）								联系电话	
税种	税目（品目）	纳税项目	税款所属时期	计税依据（金额或数量）	税率	期应纳税额	应减免税	应纳税额	已纳税额	延期缴纳税额	累计欠税余额
1	2	3	4	5	6	7=5×6	8	9=7-8	10	11	12
合　计											

纳税人申明	授权人申明	代理人申明
本纳税申报表是按照国家税法和税收征定规定填报的，我确信它是真实的、合法的。如有虚假填报，愿负法律责任。以上税款请从帐号划拨。 法定代表人签章： 财务主管签章： 经办人签章：	我单位（公司）现授权　　　　为本纳税人的代理申报人，其法定代表人　　　　　电话　　　　，与此代理机构，任何与申报有关的往来文件都可寄与此代理机构。 委托代理合同号码： 授权人（法定代表人）签章： 　　　年　月　日	本纳税申报是按照国家税法和税收征定规定填报的，我确信信息真实、不实，合法的。如有不实，愿承担法律责任。 法定代表人签章： 代理人盖章： 　　　年　月　日

以下由税务机关填写

收到日期		接收人		主管税务机关盖章
审核记录		审核日期		

85

项目十 成本类税计算及纳税申报

学习目标

1. 了解契税、耕地占用税、车辆购置税的基本原理及要素
2. 掌握契税、耕地占用税、车辆购置税应纳税（费）额的计算
3. 掌握其申报

基本知识训练

一、单项选择题

1. 某市一企业已登记注册的一辆桑塔纳，其底盘（和发动机）发生更换支付更换款 19 528 元，最新核发的同类型车辆最低计税价格为 217 000 元，该企业应缴纳车辆购置税（   ）元。

   A. 15 520　　　　B. 14 840　　　　C. 15 190　　　　D. 13 860

2. 依据车辆购置税的有关规定，下列车辆中可以享受法定减免的是（   ）。

   A. 国家机关购买的小汽车
   B. 留学人员购买的小汽车
   C. 有突出贡献专家购买的小汽车
   D. 国际组织驻华机构购买的小汽车

3. 关于车辆购置税的计算，下列说法正确的是（   ）。

   A. 进口自用的应税小汽车的计税价格包括关税完税价格和关税，不包括消费税
   B. 纳税人购买自用的应税车辆的计税依据为纳税人购买应税车辆而支付给销售方的全部价款和价外费用（含增值税）
   C. 纳税人自产自用、受赠使用、获奖使用和以其他方式取得并自用的应税车辆一般以国家税务总局核定的最低计税价格为计税依据
   D. 纳税人以外汇结算应税车辆价款的，按照申报纳税当月最后一天的中国人民银行公布的人民币基准汇价，折合成人民币计算应纳税额

二、多项选择题

1. 按照现行车辆购置税的有关规定，对下列车辆按照应税车辆最低计税价格征收车辆购置税的有（   ）。

   A. 企业从国外进口自用的卡车
   B. 减税、免税条件消失的宝马小汽车
   C. 受赠、获奖方式下取得已确认购置价格的家庭小汽车
   D. 非贸易渠道进口车辆

2. 下列各项中，符合车辆购置税征收管理规定的有（　　）。
A. 车辆购置税的申报纳税期限由省级人民政府确定
B. 车辆购置税的纳税地点为车辆所有人的住所所在地
C. 车辆所有人没有缴纳车辆购置税的，使用人应当代为缴纳车辆购置税
D. 机动车车辆购置税的扣缴义务人依法代收代缴车辆购置税时，纳税人不得拒绝

3. 关于车辆购置税的计算，下列说法正确的有（　　）。
A. 购买自用应税车辆时，支付的车辆装饰费不并入计税依据中计税
B. 购买者购买应税车辆时，支付的控购费应并入计税价格计征车辆购置税
C. 汽车销售公司使用本公司发票的代收款项并入计税价格计征车辆购置税
D. 进口自用的应税小汽车，其计税价格＝关税完税价格＋关税＋消费税

项目十一 综合实训

综合实训一

1. 实训目的

熟悉企业增值税、消费税及附加计算和纳税申报，企业增值税、消费税和所得税纳税申报。

2. 实训方式

模拟企业增值税、消费税、企业所得税纳税申报。

3. 实训要求

(1) 计算企业应交的增值税、消费税及附加。

(2) 计算该企业应纳企业所得税税额。

(3) 填制增值税纳税、消费税申报表申报主表。

(4) 填制企业所得税纳税申报主表。

4. 实训准备

企业所得税纳税申报表。

5. 实训资料

重庆海容实业公司，法定代表人为李海容，所属行业为木地板生产企业。

纳税人识别号：1101108104789529

重庆海容实业公司是实木地板生产厂家，属于增值税一般纳税人，该公司20××年12月1日起开始生产经营，适用25%的所得税税率。该企业20××年度12月相关会计资料如下：

(1) 销售给某一般纳税人的实木地板100箱共取得不含税价200万元。

(2) 零星销售实木地板5箱共取得现金11.7万元。

(3) 将当月自产的实木地板100箱用于抵债。

(4) 从某油漆厂购进透明漆共计10吨，取得增值税发票上总计货款20万元，增值税3.4万元。

(5) 向农业生产地收购木材30吨，收购凭证上注明支付收购货款42万元，另支付运输费用3万元，取得运输公司开具的普通发票。

(6) 上述木材验收入库后，又将其运往乙地板厂加工成未上漆的实木地板，支付加工费8万元，取得乙厂开具的增值税专用发票，增值税1.36万元，甲厂收回实木地板时乙厂代扣代缴了甲厂的消费税。

(7) 该公司将委托加工收回的实木地板的一半领用继续加工上漆，当月生产实木地板2 000箱，另一半留在库存房未领用。

（8）当月购进辅料一批，收到增值税发票，注明价款20万元，增值税3.4万元。

（9）当月材料库房盘点，盘亏材料共计不含税价5万元，盘亏原因是被盗。

（10）该公司按现行税法规定，计提了相应的流转税附加。

（11）该企业销售成本共计100万元。该企业发生的管理费用共计46万元（其中业务招待费共计12.05万元）。

（12）销售费用共计120万元（其中广告费共计71.5万元）。

（13）财务费用共计5万元。

（14）营业外收入10万元。

（15）营业外支出共计20万元（其中支付税收滞纳金10万元，支付合同违约赔款5万元）。

（16）其他资料：本企业于当年度2月购入的一台固定资产原值共计10万元，企业一次计入成本，税务要求按10年直线折旧（不考虑残值）；假定该企业交纳流转税附加只涉及城市维护建设税及教育费附加，因该企业所在地为市区，所以分别适用税率为7%和3%。除特别说明外，该公司所有的会计资料符合税收规定。

6. 实训要求

计算该公司全年应纳的增值税、消费税及其两者的附加；计算该公司全年应纳的所得税。并填制增值税、消费税、企业所得税的纳税申报表。

（1）计算该公司12月应纳的增值税：

①该公司12月的进项税额＝

②该公司12月的销项税额＝

③该公司的进项转出＝

④该公司应交纳的增值税＝

（2）计算该公司12月应纳的消费税：

①该公司收回木地板组成计税价格＝

②加工木地板应支付的由受托方代扣代缴的消费税＝

③销售和视同销售应纳消费税＝

④生产领用已税实木地板应纳消费税＝

⑤应缴纳消费税＝

（3）该企业应交纳附加税费用：

①城市维护建设税＝

②交通费附加＝

（4）该公司全年应纳的所得税：

①该公司全年的会计利润＝

②相关调整项目：

③调整后的全年应纳税所得额＝

　应纳所得税额＝

(5) 填写如下相关纳税申报主表（表 11-1～表 11-3）。

表 11-1 消费税纳税申报主表

填报日期： 年 月 日
纳税编码：
纳税人名称（公章）：
纳税人识别号：

税款所属期： 年 月 日至 年 月 日

应税消费品名称	适用税目	应税销售额（数量）	适用税率（单位定额）	当期准予扣除外购应税消费品买价（数量）				外购应税消费品适用税率（单位税额）
				合 计	期初库存外购应税消费品买价（数量）	当期购进外购应税消费品买价（数量）	期末库存外购应税消费品买价（数量）	
1	2	3	4	5=6+7-8	6	7	8	9
木地板	实木地板							
合 计								

应纳消费税			当期准予扣除外购应税消费品已纳税款	当期准予扣除委托加工应税消费品已纳税款			
本期		累计		合 计	期初库存委托加工应税消费品已纳税款	当期收回委托加工应税消费品已纳税款	期末库存委托加工应税消费品已纳税款
15=3×4-10 或 3×4-11 或 3×4-10-11		16	10=5×9	11=12+13-14	12	13	14

已纳消费税		本期应补（退）税金额			
本期	累计	合 计	上期结算税金额	补交本年度欠税	补交以前年度欠税
17	18	19=15-17+20+21+22	20	21	22

截至上年度累计欠税额	本年度新增欠税额		减免税额	预缴税额	多缴税额
	本期	累计			
23	24	25	26=3×4×减征幅度		

如纳税人填报，由纳税人填写以下各栏		如委托代理人填报，由代理人填写以下各栏		备 注
会计主管（签章）	纳税人（公章）	代理人名称	代理人（公章）	
		代理人地址		
		经办人	电话	
以下由税务机关填写				
收到申报日期			接收人	

项目十一 综合实训

表 11-2 增值税纳税申报表（适用于一般纳税人）

根据《中华人民共和国增值税暂行条例》第二十二条和第二十三条的规定制定本表，纳税人不论有无销售额，均应按主管税务机关核定的纳税期限按期填报本表，并于次月一日起十日内，向当地税务机关申报。

税款所属时间：自　年　月　日至　年　月　日　　填表日期：　年　月　日

金额单位：元（列至角分）

纳税人识别号										所属行业			
纳税人名称	（公章）		法定代表人姓名				注册地址			营业地址			
开户银行及账号				企业登记注册类型						电话号码			

	项目	栏次	一般货物及劳务		即征即退货物及劳务	
			本月数	本年累计	本月数	本年累计
销售额	（一）按适用税率征税货物及劳务销售额	1				
	其中：应税货物销售额	2				
	应税劳务销售额	3				
	纳税检查调整的销售额	4				
	（二）按简易征收办法征税货物销售额	5				
	其中：纳税检查调整的销售额	6				
	（三）免、抵、退办法出口货物销售额	7			—	—
	（四）免税货物及劳务销售额	8			—	—
	其中：免税货物销售额	9				
	免税劳务销售额	10				
税款计算	销项税额	11				
	进项税额	12				
	上期留抵税额	13				
	进项税额转出	14				
	免抵退货物应退税额	15			—	—
	按适用税率计算的纳税检查应补缴税额	16				
	应抵扣税额合计	17=12+13-14-15+16			—	
	实际抵扣税额	18（如17＜11，则为17，否则为11）				
	应纳税额	19=11-18				
	期末留抵税额	20=17-18			—	
	简易征收办法计算的应纳税额	21				

企业税费计算及纳税申报习题与实训

续表

纳税人识别号			所属行业	
纳税人名称	（公章）	法定代表人姓名	注册地址	营业地址
开户银行及账号		企业登记注册类型		电话号码

	项目	栏次	一般货物及劳务		即征即退货物及劳务	
			本月数	本年累计	本月数	本年累计
税款缴纳	按简易征收办法计算的纳税检查应补缴税额	22			—	—
	应纳税额减征额	23				
	应纳税额合计	24＝19＋21－23				
	期初未缴税额（多缴为负数）	25				
	实收出口开具专用缴款书退税额	26			—	—
	本期已缴税额	27＝28＋29＋30＋31				
	（1）分次预缴税额	28			—	—
	（2）出口开具专用缴款书预缴税额	29			—	—
	（3）本期交纳上期应纳税额	30				
	（4）本期缴纳欠缴税额	31				
	期末未缴税额（多缴为负数）	32＝24＋25＋26－27				
	其中：欠缴税额（≥0）	33＝25＋26－27			—	
	本期应补（退）税额	34＝24－28－29			—	
	即征即退实际退税额	35				
	期初未缴查补税额	36			—	—
	本期入库查补税额	37			—	—
	期末未缴查补税额	38＝16＋22＋36－37			—	—

授权声明	如果你已委托代理人申报，请填写以下资料： 为代理一切税务事宜，现授权（地址）为本纳税人的代理申报人，任何与本申报表有关的往来文件，都可寄予此人。 授权人签字：	申报人声明	此纳税申报表是根据《中华人民共和国增值税暂行条例》的规定填报的，我相信它是真实的、可靠的、完整的。 声明人签字：

以下由税务机关填写：
收到日期：   接收人：
主管税务机关盖章：

项目十一 综合实训

表 11-3 中华人民共和国企业所得税年度纳税申报表（A 类）

税款所属期间： 年 月 日至 年 月 日

纳税人名称：

纳税人识别号： 金额单位：元（列至角分）

类别	行次	项目	金额
利润总额计算	1	一、营业收入（填附表一）	
	2	减：营业成本（填附表二）	
	3	营业税金及附加	
	4	销售费用（填附表二）	
	5	管理费用（填附表二）	
	6	财务费用（填附表二）	
	7	资产减值损失	
	8	加：公允价值变动收益	
	9	投资收益	
	10	二、营业利润	
	11	加：营业外收入（填附表一）	
	12	减：营业外支出（填附表二）	
	13	三、利润总额（10+11-12）	
应纳税所得额计算	14	加：纳税调整增加额（填附表三）	
	15	减：纳税调整减少额（填附表三）	
	16	其中：不征税收入	
	17	免税收入	
	18	减计收入	
	19	减、免税项目所得	
	20	加计扣除	
	21	抵扣应纳税所得额	
	22	加：境外应税所得弥补境内亏损	
	23	纳税调整后所得（13+14-15+22）	
	24	减：弥补以前年度亏损（填附表四）	
	25	应纳税所得额（23-24）	

企业税费计算及纳税申报习题与实训

续表

类别	行次	项目	金额
应纳税额计算	26	税率（25%）	
	27	应纳所得税额（25×26）	
	28	减：减免所得税额（填附表五）	
	29	减：抵免所得税额（填附表五）	
	30	应纳税额（27－28－29）	
	31	加：境外所得应纳所得税额（填附表六）	
	32	减：境外所得抵免所得税额（填附表六）	
	33	实际应纳所得税额（30+31－32）	
	34	减：本年累计实际已预缴的所得税额	
	35	其中：汇总纳税的总机构分摊预缴的税额	
	36	汇总纳税的总机构财政调库预缴的税额	
	37	汇总纳税的总机构所属分支机构分摊的预缴税额	
	38	合并纳税（母子体制）成员企业就地预缴比例	
	39	合并纳税企业就地预缴的所得税额	
	40	本年应补（退）的所得税额（33－34）	
附列资料	41	以前年度多缴的所得税额在本年抵减额	
	42	以前年度应缴未缴在本年入库所得税额	

纳税人公章：	代理申报中介机构公章：	主管税务机关受理专用章：
经办人：	经办人及执业证件号码：	受理人：
申报日期：　年　月　日	代理申报日期：　年　月　日	受理日期：　年　月　日

综合业务实训二

1. 实训目的

熟悉企业增值税、营业税和企业所得税的计算。

2. 实训方式

计算相关税费。

3. 实训资料

某市一家居民企业为增值税一般纳税人，主要生产销售彩色电视机，假定 2012 年有关经营业务如下：

（1）销售彩色电视机取得不含税收入 8 600 万元，与彩电配比的销售成本为 5 660 万元。

（2）转让技术所有权取得收入 700 万元，直接与技术所有权转让有关的成本和费用 100 万元。

（3）出租设备取得租金收入 200 万元，接受原材料捐赠取得增值税专用发票注明材料金额 50 万元、增值税进项金额 8.5 万元，取得国债利息收入 30 万元。

项目十一　综合实训

（4）购进原材料共计 3 000 万元，取得增值税专用发票注明进项税额 510 万元；支付购料运输费用共计 230 万元，取得运输发票。

（5）销售费用 1 650 万元，其中广告费 1 400 万元。

（6）管理费用 850 万元，其中业务招待费 90 万元。

（7）财务费用 80 万元，其中含向非金融机构借款 500 万元所支付年利息 40 万元（当年金融机构贷款的年利率为 5.8%）。

（8）计入成本、费用中的实发工资 540 万元、发生的工会经费 15 万元、职工福利费 82 万元、职工教育经费 18 万元。

（9）营业外支出 300 万元，其中包括通过公益性社会团体向贫困山区的捐款 150 万元。（其他相关资料：上述销售费用、管理费用和财务费用不涉及技术转让费用；取得的相关票据均通过主管税务相关认证。）

4. 实训要求

根据上述资料，按下列序号计算回答问题，每问需计算出合计数。

（1）企业 2012 年应缴纳的增值税。
（2）企业 2012 年应缴纳的营业税。
（3）企业 2012 年应缴纳的城市维护建设税和教育费附加。
（4）企业 2012 年实现的会计利润。
（5）广告费用应调整的应纳税所得额。
（6）业务招待应调整的应纳税所得额。
（7）财务费用应调整的应纳税所得额。
（8）职工工会经费、职工福利费、职工教育经费应调整的应纳税所得额。
（9）公益性捐赠应调整的应纳税所得额。
（10）企业 2012 年度所得税的应纳税所得额。
（11）企业 2012 年度应缴纳的企业所得税。

综合业务实训三

1. 实训目的

熟悉商品零售企业增值税计算和纳税申报，企业所得税计算及纳税申报。

2. 实训方式

模拟企业增值税、企业所得税纳税申报。

3. 实训要求

（1）计算企业应交的增值税及附加。
（2）计算该企业应纳企业所得税税额。
（3）填制增值税纳税、企业所得税纳税申报主表。

4. 实训准备

企业增值税纳税申报表及企业所得税纳税申报表。

5. 实训资料

重庆海容实业有限公司成立于 2012 年 12 月，是一家商品零售企业，是一般纳税人，增值税率为 17%，2012 年 12 月发生如下业务并填写该公司 12 月的增值税纳税申报表和所得税纳税申报表：

企业税费计算及纳税申报习题与实训

　　(1) 1日向重庆湖滨商贸批发公司购进男式西装1万件，货款300万元，增值税51万元，价税用银行存款支付，该批西装零售价总计451万元，收到增值税专用发票，商品已验收入库。

　　(2) 2日，向外地浙江小商品城公司购入小家电一批，进价200万元，进项税额34万元，该批小家电零售价总计340万元，另运费3万元，公司用银行存款支付货款及运费，发票已收到但该批家电尚未到达本公司（不考虑运费的进项税额）。

　　(3) 5日，向西安加加批发商购入CD机一批，进价150万元，进项税额25.5万元，该批CD机零售总价320万元，另运费2万元，公司用银行存款支付货款及运费，收到增值税专用发票，商品已验收入库（不考虑运费的进项税额）。

　　(4) 11日，向本市某专业户购入一批鲜活海产品，含税价65万元（农产品），商品已入库存，款项用银行存款支付（此处购进符合抵扣条件）。

　　(5) 8日，从浙江小商品城公司购入的小家电，已运到本公司并验收入库，发现多500件，不含税进价10万元，零售价17万元。

　　(6) 15日，用银行存款归还10月南昌洪都批发公司货款80万元，沈阳华侨批发公司货款120万元。

　　(7) 17日，预收重庆嘉林批发公司货款220万元。

　　(8) 22日，按零售价给重庆嘉林批发公司男式西装117万元，CD机93.6万元，同时结清货款并退回余额（都是含税价）。

　　(9) 25日，公司同意购入浙江小商品城公司多发500件小家电，收到增值税票，用银行存款补付价税款11.7万元。

　　(10) 25日，收到代售本市湖滨商贸批发公司商品的手续费5.85万元现金，存入银行（不考虑营业税）。

　　(11) 31日，1—30日依公司商场各柜台零售销售货款统计，男式西装234万元，CD机93.6万元，小家电351万元，鲜活海产品117万元，收取现金并存入银行（全为含税价，不包括销售给重庆嘉林批发公司的）。

　　(12) 31日，鲜活海产品盘点，按进价计算，结存成本5万元，计算鲜活海产品的销售成本。

　　(13) 31日，按售价结转库存商品成本（1—30日柜台和外省销售除鲜活海产品外的商品）。

　　(14) 31日，结转应分摊的已销商品的进销差价，该公司的商品综合差价率为25%（提示：综合差价率按主营业务收入分摊）。

　　(15) 31日，调整1—30日柜台和外省零售的商品销售收入及销项税款并进行分解（增值税率17%）。

　　(16) 31日，公司库存商品成本2 574万元，当日市场价2 457万元，按成本与可变现金孰低法计提商品减值准备金（假设无销售费用）。

　　(17) 31日，计提本月工资15万元，其中：商品经营人员10万元，行政管理人员5万元。

　　(18) 31日，按14%计提职工福利费。

　　(19) 31日，计提本月利息2万元。

项目十一 综合实训

(20) 31日，按本月实际应交增值税7%计提城建税、3%计提教育附加。

(21) 31日，结转本月收入到本年利润。

(22) 31日，结转本月成本、费用到本年利润。

(23) 31，计算出本月利润总额并按25%计提企业所得税，同时结转所得税到本年利润。

(24) 31日，结转本年利润到利润分配。

6. 实训要求

(1) 计算企业应交纳的增值税及所得税。

(2) 填制增值税申报表和所得税申报表（表11-4，表11-5）。

表11-4 增值税纳税申报表

（适用于增值税一般纳税人）

根据《中华人民共和国增值税暂行条例》第二十二条和第二十三条的规定制定本表，纳税人不论有无销售额，均应按主管税务机关核定的纳税期限按期填报本表，并于次月一日起十日内，向当地税务机关申报。

税款所属时间：自 年 月 日 至 年 月 日　　填表日期：年 月 日　　金额单位：元（列至角分）

纳税人识别号				所属行业		
纳税人名称	（公章）	法定代表人姓名		注册地址		营业地址
开户银行及账号			企业登记注册类型			电话号码

<table>
<tr><th colspan="2" rowspan="2">项目</th><th rowspan="2">栏次</th><th colspan="2">一般货物及劳务</th><th colspan="2">即征即退货物及劳务</th></tr>
<tr><th>本月数</th><th>本年累计</th><th>本月数</th><th>本年累计</th></tr>
<tr><td rowspan="10">销售额</td><td>（一）按适用税率征税货物及劳务销售额</td><td>1</td><td></td><td></td><td></td><td></td></tr>
<tr><td>其中：应税货物销售额</td><td>2</td><td></td><td></td><td></td><td></td></tr>
<tr><td>　　　应税劳务销售额</td><td>3</td><td></td><td></td><td></td><td></td></tr>
<tr><td>　　　纳税检查调整的销售额</td><td>4</td><td></td><td></td><td></td><td></td></tr>
<tr><td>（二）按简易征收办法征税货物销售额</td><td>5</td><td></td><td></td><td></td><td></td></tr>
<tr><td>其中：纳税检查调整的销售额</td><td>6</td><td></td><td></td><td></td><td></td></tr>
<tr><td>（三）免、抵、退办法出口货物销售额</td><td>7</td><td></td><td></td><td>—</td><td>—</td></tr>
<tr><td>（四）免税货物及劳务销售额</td><td>8</td><td></td><td></td><td></td><td></td></tr>
<tr><td>其中：免税货物销售额</td><td>9</td><td></td><td></td><td></td><td></td></tr>
<tr><td>　　　免税劳务销售额</td><td>10</td><td></td><td></td><td>—</td><td>—</td></tr>
<tr><td rowspan="7">税款计算</td><td>销项税额</td><td>11</td><td></td><td></td><td></td><td></td></tr>
<tr><td>进项税额</td><td>12</td><td></td><td></td><td></td><td></td></tr>
<tr><td>上期留抵税额</td><td>13</td><td></td><td></td><td>—</td><td>—</td></tr>
<tr><td>进项税额转出</td><td>14</td><td></td><td></td><td></td><td></td></tr>
<tr><td>免抵退货物应退税额</td><td>15</td><td></td><td></td><td>—</td><td>—</td></tr>
<tr><td>按适用税率计算的纳税检查应补缴税额</td><td>16</td><td></td><td></td><td>—</td><td>—</td></tr>
<tr><td>应抵扣税额合计</td><td>17=12+13-14-15+16</td><td></td><td></td><td></td><td></td></tr>
</table>

续表

纳税人识别号					所属行业：			
纳税人名称	（公章）	法定代表人姓名			注册地址		营业地址	
开户银行及账号			企业登记注册类型				电话号码	

项目		栏次	一般货物及劳务		即征即退货物及劳务	
			本月数	本年累计	本月数	本年累计
税款缴纳	实际抵扣税额	18（如17＜11，则为17，否则为11）				
	应纳税额	19＝11－18				
	期末留抵税额	20＝17－18				
	简易征收办法计算的应纳税额	21				
	按简易征收办法计算的纳税检查应补缴税额	22				
	应纳税额减征额	23				
	应纳税额合计	24＝19＋21－23				
	期初未缴税额（多缴为负数）	25				
	实收出口开具专用缴款书退税额	26				
	本期已缴税额	27＝28＋29＋30＋31				
	（1）分次预缴税额	28				
	（2）出口开具专用缴款书预缴税额	29				
	（3）本期缴纳上期应纳税额	30				
	（4）本期缴纳欠缴税额	31				
	期末未缴税额（多缴为负数）	32＝24＋25＋26－27				
	其中：欠缴税额（≥0）	33＝25＋26－27				
	本期应补（退）税额	34＝24－28－29				
	即征即退实际退税额	35				
	期初未缴查补税额	36				
	本期入库查补税额	37				
	期末未缴查补税额	38＝16＋22＋36－37				

授权声明	如果你已委托代理人申报，请填写以下资料： 为代理一切税务事宜，现授权 （地址）　　　　　　为本纳税人的代理申报人，任何与本申报表有关的往来文件，都可寄予此人。 授权人签字：	申报人声明	此纳税申报表是根据《中华人民共和国增值税暂行条例》的规定填报的，我相信它是真实的、可靠的、完整的。 声明人签字：

高等职业教育"十二五"规划教材
重庆市高等学校会计专业核心课程教学团队建设成果

企业税费计算及纳税申报

（含习题与实训）

主　编　梁　萍　刘满华
副主编　杨朝玉　刘　雯
主　审　陈希晖

北京理工大学出版社
BEIJING INSTITUTE OF TECHNOLOGY PRESS

版权专有　侵权必究

图书在版编目（CIP）数据

企业税费计算及纳税申报/梁萍，刘满华主编．—北京：北京理工大学出版社，2012.7（2015.8重印）

含习题与实训

ISBN 978-7-5640-6240-8

Ⅰ.①企…　Ⅱ.①梁…②刘…　Ⅲ.①企业管理—税收管理—中国—高等学校—教材　Ⅳ.①F812.423

中国版本图书馆 CIP 数据核字（2012）第 147504 号

出版发行 / 北京理工大学出版社
社　　址 / 北京市海淀区中关村南大街 5 号
邮　　编 / 100081
电　　话 /（010）68914775（办公室）　68944990（批销中心）　68911084（读者服务部）
网　　址 / http://www.bitpress.com.cn
经　　销 / 全国各地新华书店
印　　刷 / 三河市天利华印刷装订有限公司
开　　本 / 787毫米×1092毫米　1/16
印　　张 / 24
字　　数 / 541千字
版　　次 / 2012年7月第1版　2015年8月第6次印刷
印　　数 / 7711～10210 册
总 定 价 / 49.00 元

责任校对 / 葛仕钧
申玉琴
责任校对 / 周瑞红
责任印制 / 王美丽

图书出现印装质量问题，本社负责调换

高等职业教育"十二五"规划教材
重庆市高等学校会计专业核心课程教学团队建设成果
编委会

学术顾问（以汉语拼音为序）：
  戴裕崴 天津轻工职业技术学院院长、研究员
  赵丽生 山西省财政税务专科学校副校长，教授，太原理工大学、山西财经大学硕士生导师

主任委员：
  黄骥 重庆城市管理职业学院财贸学院教授、注册会计师

副主任委员（以汉语拼音为序）：
  陈兴述 重庆财经职业学院院长、教授
  程淮中 江苏财经职业技术学院副院长、教授
  杨朝玉 重庆对外经贸（集团）有限公司财务部总经理、高级会计师

委 员（以汉语拼音为序）：
  曹 军 天津职业大学经管学院副院长、教授
  陈立波 重庆电子工程职业技术学院会计与金融学院院长、教授
  高翠莲 山西省财政税务专科学校会计系主任、教授
  顾长根 苏州经贸职业技术学院工商系主任、教授
  黄建飞 福建信息职业技术学院商贸管理系主任、教授
  黄晓平 贵州商业高等专科学校会计系主任、教授
  孔德兰 浙江金融职业技术学院会计系主任、教授
  梁伟样 丽水职业技术学院副院长、教授
  陆涵超 重庆康华税务师事务所所长、注册税务师
  聂卫东 重庆财经职业学院金融系主任、教授
  潘上永 浙江经贸职业技术学院财会系主任、教授
  唐跃兰 重庆铁发渝遂高速公路有限公司副总经理、高级会计师、注册会计师
  王庆国 长沙民政职业技术学院校长助理、教授
  杨立琦 北京天圆全会计师事务所合伙人、注册会计师
  张莲玲 番禺职业技术学院财经系主任、教授
  张卫平 江苏财经职业技术学院会计系主任、教授
  张 娅 重庆市水务资产经营有限公司财务部经理助理、高级会计师、副教授
  周杨梅 金科地产集团股份有限公司财务部副总监、高级会计师

PREFACE 总序

我国高等职业教育的改革，在"十一五"期间可以概括为"有力度、有方法、有效果"。国家政策、各级政府配套法规与相应的资金支持有力度，以 2005 年国务院关于大力发展职业教育的决定［国发 35 号文件］为总纲，以 2006 年教育部关于全面提高高等职业教育教学质量的若干意见［教高 16 号文件］、教育部和财政部关于实施国家示范性高等职业院校建设计划，加快高等职业教育改革与发展的意见［教高 14 号文件］为操作依据，以 100 所国家级示范性高职院校建设为抓手，推动了以"工学结合、就业导向"的、以内涵建设为质量本体的，高职教育专业设置、课程改革、师资培养、实习实训场地和设施建设、校企合作等全方位的改革与发展，取得了高职教育改革发展巨大成果。在全国 5 所国家示范性高职会计专业建设成果的推广和影响下，我国的高职会计专业建设也取得了非常可喜的成就。重庆市教育委员会 2010 年［渝教高 2010 年 13 号文件］下达的高等学校市级教学团队中的"会计专业核心课程教学团队"，也是在全面提升高职教育质量这个背景下产生的。

"会计专业核心课程"是一个具有庞大内涵的话题，运行这样的课程团队建设，至少需要逻辑上界定以下四个层级关系：高职教育与高职专业教育、课程与核心课程、会计专业课程与会计专业核心课程、行政管理与团队建设；同时也需要从本质上回答课程与专业教育目标的内在联系，尤其是高职会计专业教育内容与达成培养目标实现途径的内在联系。带着这些问题，重庆市高职会计专业核心课程教学团队成员进行了艰苦、认真和积极的研究。我们认同以下的说法：课程是有范围、序列和进程的、包括教学方法和技术的设计等在内的"有计划"的教学活动的组合，也是有目的地达到预期的学习结果或目标的教学活动；在某个体系中处于中心的位置就是核心，核心课程是形成某种职业能力的关键课程。会计专业课程就是构成会计职业能力的全部专业课程，会计专业核心课程就是构成会计职业能力的关键课程。在既定的培养目标下，高职会计专业需要开设哪些课程，需要选择哪些课程来构建其核心课程，这些课程应该选择哪些内容，这些内容之间又怎么有机地联系起来，如此等等，都是我们团队在课程建设中需要不断思考和不断完善来逐渐形成的。

专业核心课程培养专业核心能力，会计专业核心能力是什么？有哪些表现形式？通过 3 年教育怎么达成学生的会计专业核心能力？这些核心能力又怎样得到社会认可（认证）？这也是教育工作者需要认真严肃思考和认真对待的。

会计专业的核心能力是：会计人员能依据财会法规，设置会计账簿，填制会计凭证，对会计业务进行确认、计量、记录和报告，依法计算和缴纳税费，实行会计监督，协调财务关系。

会计专业核心能力主要通过在会计工作表现出来的，主要内容有职业品行规范，专业知识扎实，业务技术娴熟，熟悉财会法规，知晓主要税收法规，团结协作，善于沟通。

在明确其培养目标、培养的人才规格的定位后，确定高职会计专业核心课程的内容。团队主持人黄骥教授从事会计职业教育33年，近年先后到中国香港、德国学习其的职业教育，长期参与国内培训、进修、研讨会议等，特别是全过程跟踪学习国家示范性高职会计专业建设的优秀做法，将高职会计教育与中职会计教育、本科会计教育的状况进行对比，提出核心课程框架，经团队成员反复研讨，确定高职会计专业核心课程有以下9门：

企业会计基础

会计职业技能

企业初级会计核算与报告

企业会计信息化

企业成本核算

企业税费计算及纳税申报

企业财务管理

企业中级会计核算与报告

企业会计核算与报告综合实训

要让学生达成会计专业职业核心能力，我们探索和创新地设计了会计专业教育的"1333人才培养模式"，基本含义是：一条职业素质教育主线，三大能力目标，职业社会能力，职业方法能力，专业岗位能力；三种证书融通，毕业证、课程等级证书、职业资格证书与培养计划衔接；三种有效培养途径，在校由专任教师培养，顶岗实习由企业专家培养，终身由学生自主互助修养。还设计了与这个人才培养模式相适应的"课程教学模式"和"实践教学体系"。

学生达成了会计职业应有能力又怎样获得社会认可（认证）呢？在课程教学与社会认可（认证）之间又怎样不走或者少走重复教学的弯路呢？这也是当前高职会计专业教育不可逾越的问题。高职会计专业学生毕业时，连一个会计从业资格证都没有，能迅速就业吗？因此在高职会计专业课程设计中，我们还无法回避受教育者需获得"会计从业资格证书"这个现实问题。

综合上述问题的研究，我们依凭重庆市高职会计专业核心课程教学团队的建设成果，吸取国内外职业教育先进理念，借鉴国内会计专业教育的优秀做法，召集西南地区11所高职院校的40余名会计专业教师，邀请10余名企业实际工作的高级会计师，共同参与教材的编写工作，经过反复研讨、甄别和取舍，对这套丛书系列教材，采取了"能力本位课程模式"与"项目化课程模式"相结合的"双课程模式结构"。"能力本位课程"模式主要为了使学生能较好地应对必须要参加会计从业资格证书、会计专业技术资格获得的考试的需要，在这9门核心课程中企业会计基础、企业初级会计核算与报告、企业中级会计核算与报告3门课程按这种模式设计，其余6门课程均按"项目化课程"模式设计，主要是为了培养学生专业能力，应对实际工作的直接要求。

在"双课程模式结构"下，这套教材具有以下特点：

1. 定位明确。高职会计专业就是要培养全部学生能获得会计从业资格的社会认证为标准，培养部分学生能考取助理会计师资格为目标，为学生终身学习和发展职业能力打下良好基础。基于这个培养目标的定位下，高职3年教育的职业核心能力、专业能力、职业道德、职业发展能力等问题就迎刃而解。

2. 学生实用。财政部《会计行业中长期人才发展规划（2010—2020年）》指出：当前和今后一个时期，我国会计人才发展的指导方针是：服务发展，以用为本；健全制度，创新机制；高端引领，整体开发。通过对这9门核心课程的学习，要求全部学生都能较好考取会计从业资格证书，部分学生能考取助理会计师的会计专业技术资格证书。同时这9本教材的逻辑起点和终点，既遵循教育的渐进规律，更尊重会计职业能力养成的递进规律，在内容选取、排序、表现形式等都有独到之处。比如企业会计基础一书，我们从认识会计的凭证、账簿和报表开始，给出了典型的会计凭证、账簿和报表的实物图形，学生能直观感受许多陌生的会计学概念；进而依次认识会计平衡公式、借贷记账法，逐渐推进到会计业务核算，会计凭证填制和会计账簿填写，最后再认识会计的发展。

3. 教师好用。本套系列丛书，是"4合1"的立体教学材料的有机融合。在主体教材中，还安排了一定的"教学案例、教学互动"等较为活泼的教学内容，安排了必要的发展性学习的"知识窗、拓展阅读"等内容，安排了配合能力形成的"能力训练"项目。除主体教材外，还配套编写了适应教师教学使用的"授课计划、教案、课件、能力训练参考答案"4种教学资源。

4. 结构创新。"能力本位课程模式"的结构，并没有按照传统的学科体系来编撰，而是打破了学科体系，按会计职业能力养成的递进规律重新排序编撰。"项目化课程模式"的结构，是按完成一项较为完整的会计工作任务，需要哪些职业能力和相应的职业知识，要具备的职业态度等要求来编排的，非常适合学生在学中做，在做中学，边学边做，逐步达成教育目标要求的职业能力。

5. 内容创新。内容或者表现内容的形式都有较多的创新。比如：企业会计基础，首次将"把握会计职业风险"的内容纳入教学，其内容编排的秩序充分体现了渐进性教育规律；会计职业技能，八个项目内容都依据现实的会计岗位能力需要编写，丰富的图片尽显操作要领；企业初级会计核算与报告与企业会计信息化，融理论知识、技能训练、职业资格认证于一体，既注重学生专业技能培训，又注重学生可持续发展；企业成本核算，引入"加强团队协作，共同降低成本"的理念；企业税费计算及纳税申报，以工作情景为导向的案例引入，难点浅显化，学习趣味化；企业财务管理，将"个人理财知识点融入企业财务管理"行为中；企业中级会计核算与报告，增加了外币折算的内容；企业会计核算与报告综合实训，充分体现实训教程的综合性、实作性、超前性，打破传统综合实训瓶颈，实现手工账与电算化的完美结合。

6. 模式创新。院校与出版社、作者与编辑之间进行了良好的互动和合作，可以概括为：编辑全程参与教学研讨、课程体系构建，作者全程参与教材编印制作的工作。

在这套教材出版之际，我们团队的全体成员，对长期关心团队建设的教育部经济类教指委和经济类教指委财会专业委员会的领导们、全国高职院校的会计教育专家们，以及来自企业行业的会计实践工作的专家们，对参考或借鉴的文献作者们，在此一并谢谢你们热情的帮助和无私的奉献。

这套教材能够顺利出版，得到了北京理工大学出版社有关领导给予的足够关注和实在的支持，有关编辑人员积极参与教材的研发，在编辑过程中付出了艰辛的劳动，在此请接受我们深深的谢意。

对关心重庆市高等学校会计专业核心课程教学团队建设的重庆市教委领导和专家们、重庆城市管理职业学院的领导们，也致以真诚的谢意。

高等职业教育"十二五"规划教材
重庆市高等学校会计专业核心课程教学团队建设成果
编委会
2012 年 6 月

FOREWORD 前言

随着经济的发展，我国税收制度也在不断地完善和健全。如何计算企业的各种税费、进行纳税申报是涉税工作人员应该也必须详尽掌握的内容。本书紧跟经济发展步伐，依据最新税收法律制度，理论与实践相结合，力求突出以下特色：

第一，依据最新税收法律法规编写，反映最新税收法规动态。本书在编写过程中，引入了最新暂行条例，例如：2011年9月30日，国务院发布《关于修改〈中华人民共和国资源税暂行条例〉的决定》，自2011年11月1日起施行新的暂行条例；从2011年9月1日开始，依据2011年6月30日第十一届全国人民代表大会常务委员会第二十一次会议修正的《中华人民共和国个人所得税法》对个人所得税进行征收；2009年5月1日香烟消费税的更改；营业税改增值税的相关试点情况等。

第二，"税种全面、分类清楚，知识点突出"。本书共涉及18种税费，基本覆盖了各行业可能涉及的税种。每一税种都以基本原理、要素，应纳税额的计算，纳税申报为主线进行对比分析学习。

第三，案例拟真，注重实践。每一个项目都有拟真的应纳税额计算和与纳税申报综合日常业务处理相关的案例，能贯穿本项目的知识点，有助于学生对该项目知识点的巩固和掌握，能使税收法律法规与日常业务处理有机结合。

第四，以工作情景为导向的案例引入，重难点浅显化，学习趣味化。每一任务之前都有案例引入，并设置实际情景让学生身临其中解决问题，使学生的学习热情得到了提高，从而增加了其学习兴趣。

本书共有10个项目，其中税收基本知识为1个项目，四大流转税占据4个项目，两种所得税占据2个项目，销售类的小税种、期间费用类的小税种、成本类的小税种各占1个项目。

本书由梁萍、刘满华主编和定稿，具体参与人员及分工如下：

陈希晖：主审，南京审计学院副教授、博士。

梁萍：主编，编写第一项目和第六项目，重庆工程职业技术学院，高级会计师、注册税务师。

刘满华：主编，编写第二项目和第七项目，重庆城市管理职业学院，副教授、会计师。

杨朝玉：副主编，编写第三项目，重庆对外经贸（集团）有限公司，高级会计师、注册会计师、注册税务师。

刘雯：副主编，编写第四项目和第八项目，成都农业科技职业学院，讲师、高级人力资源管理师。

刘静：参编，编写第五项目，重庆电子工程职业学院，高级会计师。

汤晓燕：参编，编写第九项目，重庆工程职业技术学院，副教授。

杨陶：参编，编写第十项目，重庆布锐之税务师事务所，经济师，注册税务师。

由于作者水平有限，书中难免会出现一些错误和疏漏之处，恳请读者批评指正。

编　者

CONTENTS 目录

- **项目一 税收基本知识** ·· (1)
  - 任务一 税收及税法的概念 ·· (2)
  - 任务二 税收制度 ·· (6)
  - 任务三 税收登记 ··· (11)
- **项目二 增值税计算及纳税申报** ·· (19)
  - 任务一 增值税的基本原理 ·· (20)
  - 任务二 增值税的基本要素 ·· (24)
  - 任务三 增值税应纳税额计算 ·· (32)
  - 任务四 增值税的出口货物退免税及进口货物征税 ···················· (41)
  - 任务五 增值税申报缴纳 ·· (43)
- **项目三 消费税计算及纳税申报** ·· (55)
  - 任务一 消费税基本原理 ·· (56)
  - 任务二 消费税基本要素 ·· (58)
  - 任务三 消费税应纳税额计算 ·· (63)
  - 任务四 消费税的出口货物退（免）税的计算 ··························· (68)
  - 任务五 消费税的申报缴纳 ·· (70)
- **项目四 营业税计算及纳税申报** ·· (77)
  - 任务一 营业税的基本原理与基本要素 ···································· (78)
  - 任务二 营业税应纳税额计算 ·· (93)
  - 任务三 营业税的征收管理及申报缴纳案例 ······························ (98)
- **项目五 关税计算及纳税申报** ·· (103)
  - 任务一 关税的基本原理 ·· (104)
  - 任务二 关税的基本要素 ·· (108)
  - 任务三 关税应纳税额计算 ·· (111)
  - 任务四 关税的征收管理 ·· (117)
- **项目六 企业所得税计算及纳税申报** ·· (119)
  - 任务一 企业所得税的基本原理 ·· (120)
  - 任务二 企业所得税的基本要素 ·· (122)

任务三　企业所得税应纳税额计算 ……………………………………………（125）
　　任务四　企业所得税的税收优惠 …………………………………………（143）
　　任务五　企业所得税的征收管理、纳税申报 ……………………………（148）

项目七　个人所得税计算及纳税申报 ……………………………………（161）
　　任务一　个人所得税的基本原理 …………………………………………（162）
　　任务二　个人所得税的基本要素 …………………………………………（164）
　　任务三　个人所得税应纳税额计算 ………………………………………（173）
　　任务四　个人所得税的税收优惠 …………………………………………（182）
　　任务五　个人所得税的征收管理、纳税申报 ……………………………（185）

项目八　销售类税计算及纳税申报 ………………………………………（195）
　　任务一　资源税计算及纳税申报 …………………………………………（196）
　　任务二　土地增值税计算及纳税申报 ……………………………………（203）
　　任务三　城市维护建设税与教育费附加计算与纳税申报 ………………（211）

项目九　期间费用类税计算及纳税申报 …………………………………（217）
　　任务一　印花税计算及纳税申报 …………………………………………（218）
　　任务二　房产税计算及纳税申报 …………………………………………（225）
　　任务三　城镇土地使用税计算及纳税申报 ………………………………（231）
　　任务四　车船税计算及纳税申报 …………………………………………（237）

项目十　成本类税计算及纳税申报 ………………………………………（245）
　　任务一　契税计算及纳税申报 ……………………………………………（246）
　　任务二　耕地占用税计算及纳税申报 ……………………………………（250）
　　任务三　车辆购置税计算及纳税申报 ……………………………………（254）

参考文献 ……………………………………………………………………（260）

项目一 税收基本知识

项目介绍

本项目要求在学生自学和教学讨论过程中完成以下任务：

任务一：税收及税法的概念

任务二：税收制度

任务三：税收登记

学习导航

1. 什么是税收？为什么要有税收？
2. 税收有哪些种类？怎样保证税收的实现？
3. 怎样进行税务登记、变更、注销？

学习目标

1. 掌握税法及税收的概念
2. 掌握税收分类及特征
3. 了解税收构成要素
4. 了解税收的作用
5. 掌握税收登记方法

教学准备

教材、教案、《税收征收管理制度》、税收登记表

关键词

税法（Tax law）、税收（The revenue from tax）、分类（Classified）、特征（Characteristic marks）、作用（Function）、登记（To register）

企业税费计算及纳税申报

任务一 税收及税法的概念
Mission one

任务描述

1. 掌握税收、税法的基本概念
2. 税收的特征
3. 税收的职能作用

任务分析

为更好地完成本任务,学生和老师应从现实税收体系和税法出发,学习掌握税收和税法的基本概念、基本特征,理解其职能和作用。

案例引入

某小型民营企业主张某,因缺少税收知识,经营以来,一直不去当地税务所申报纳税,被税务机关处以补税和罚款。张某不理解此事,认为他一直是诚信经营,信奉不偷不抢,童叟无欺,凭什么无偿地向国家交税,凭什么强制他补税并罚款?

你认为张某正确吗?

相关知识

一、税收及税法的基本概念

(一)税收的概念

税收是政府为了满足公共需要,凭借政治权力,强制、无偿地取得财政收入的一种形式。

税收作为一种特殊的分配方式,其本质体现为以国家为主体,凭借政治权力对一部分社会产品或国民收入进行的分配而形成的特殊分配关系。理解税收的概念可以从以下几个方面把握:

(1)税收是国家取得财政收入的一种重要工具。
(2)国家征税的依据是政治权力,它有别于按生产要素进行的分配。
(3)征税的目的是满足社会公共需要。

（二）税法的概念

税法就是国家制定的用以调整国家与纳税人之间在征纳税方面权利和义务关系的法律规范的总称。

税法是国家及纳税人依法征纳税的行为准则，其目的是保障国家利益和纳税人的合法权益，维护正常的税收秩序，保证国家的财政收入。

二、税收的特征

税收的特征：强制性、无偿性、固定性。税收三性是一个完整的统一体，它们相辅相成、缺一不可。

（一）强制性

强制性是国家以社会管理者身份，用法律形式对征、纳税双方权利与义务的制约。国家征税是凭借政治权力，而不是凭借财产所有权。国家征税不受财产直接所有权归属的限制，国家对不同所有者都可以行使征税权。社会主义的国有企业是相对独立的经济实体，国家与国有企业的税收关系，也具有强制性特征。这是税收形式与国有企业利润上交形式的根本区别。

（二）无偿性

无偿性指国家征税对具体纳税人既不需要直接偿还，也不付出任何形式的直接报酬。无偿性是税收的关键特征。它使税收区别于国债等财政收入形式。无偿性决定了税收是筹集财政收入的主要手段，并成为调节经济和矫正社会分配不公的有力工具。税收形式的无偿性特征，是对具体纳税人说的。列宁曾指出："所谓税收，就是国家向居民无偿地索取"（新版《列宁全集》第41卷，140页）。

（三）固定性

固定性指国家征税必须通过法律形式，事先规定课税对象和课征额度。也可以理解为规范性。税收固定性的含义包括三个层次，即课税对象上的非惩罚性、课征时间上的连续性和课征比例上的限度性，是税收区别于罚没、摊派等财政收入形式的重要特征。

> 提示：在税收三性中无偿性是核心，强制性是保障，固定性是对强制性和无偿性的一种规范和约束。

三、税收的作用

（一）满足公共需要的主要财力保障

税收不仅可以对流转额征税，还可以对各种收益、资源、财产、行为征税；不仅可以对国有企业、集体企业征税，还可以对外资企业、私营企业、个体工商户征税等。税收保证财政收入来源的广泛性，是其他任何一种财政收入形式不能比拟的。

税收收入具有及时性、稳定性和可靠性的特征。由于税收具有强制性、无偿性、固定性的特征，因此税收就把财政收入建立在及时、稳定、可靠的基础之上，成为国家满足公共需要的主要财力保障。

（二）配置资源的作用

在社会主义市场经济条件下，市场对资源配置起主导作用，但市场配置资源，也有它的局限性，可能出现市场失灵（如无法提供公共产品、外部效应、自然垄断等）。这时，就有必要通过税收保证公共产品的提供，以税收纠正外部效应，以税收配合价格来调节具有自然垄断性质的企业和行业的生产，使资源配置更加有效。

（三）调节需求总量的作用

税收对需求总量进行调节，以促进经济稳定，其作用主要表现在以下两个方面：

（1）运用税收对经济的内在稳定进行调节的功能，自动调节总需求。累进所得税制可以在需求过热时，随着国民收入的增加而自动增加课税，以抑制过度的总需求；反之亦然。从而起到自动调节社会总需求的作用。

（2）根据经济情况变化，制定相机抉择的税收政策来实现经济稳定。在总需求过度引起经济膨胀时，选择紧缩性的税收政策，包括提高税率、增加税种、取消某些税收减免等，扩大征税以减少企业和个人的可支配收入，压缩社会总需求，达到经济稳定的目的；反之，则采取扩张性的税收政策，如降低税率、减少税种、增加某些税收减免等，减少征税以增加企业和个人的可支配收入，刺激社会总需求，达到经济稳定的目的。

（四）调节经济结构的作用

在社会主义市场经济条件下，税收对改善国民经济结构发挥着重要作用，具体表现在：

（1）促进产业结构合理化。税收涉及面广，通过合理设置税种，确定税率，可以鼓励薄弱部门的发展，限制畸形部门的发展，实现国家的产业政策。

（2）促进产品结构合理化。通过税收配合国家价格政策，运用高低不同的税率，调节产品之间的利润差别，促进产品结构合理化。

（3）促进消费结构的合理化。通过对生活必须消费品和奢侈消费品采取区别对待的税收政策，促进消费结构的合理化。

此外，通过税收调节，还可以促进社会经济组织结构、流通交换结构等的合理化。

（五）调节收入分配的作用

在市场经济条件下，由市场决定的分配机制，不可避免地会拉大收入分配上的差距，客观上需要通过税收调节，缩小这种收入差距。税收在调节收入分配方面的作用，具体表现在以下两方面：

（1）公平收入分配。通过开征个人所得税、遗产税等，可以适当调节个人间的收入水平差距，缓解社会分配不公的矛盾，促进经济发展和社会稳定。

（2）鼓励平等竞争。在市场机制失灵的情况下，由于价格、资源等外部因素引起的不平等

项目一 税收基本知识

竞争，需要通过税收进行合理调节，以创造平等竞争的经济环境，促进经济的稳定和发展。

（六）保护国家权益的作用

税收是对外开放进程中保护国家权益的重要手段。税收在这方面的作用，主要有：

（1）根据独立自主、平等互利的原则，与各国进行税收谈判，签订避免双重征税的协定，以促进我国的对外贸易和国际经济技术交往。

（2）根据国家经济建设发展的需要，对进口商品征收进口关税，保护国内市场和幼稚产业，维护国家的经济独立和经济利益。

（3）根据我国的实际情况，对某些出口产品征收出口关税，以限制国内紧缺资源的外流，保证国内生产、生活的需要。

（4）为扩大出口实行出口退税制度，鼓励国内产品走向国际市场，增强出口产品在国际市场上的竞争力。

（5）根据发展生产和技术进步的需要，实行税收优惠政策，鼓励引进国外资金、技术和设备，加速我国经济的发展。

（6）对外国人和外国企业来源于我国的收入和所得征收所得税，维护国家主权和利益。

（七）监督经济活动的作用

社会主义市场经济体制下，在根本利益一致的基础上仍然存在着整体利益与局部利益、长远利益与眼前利益的矛盾。因此，必须加强税收监督，督促纳税人依法履行纳税义务，保障社会主义市场经济的健康发展。具体有：

（1）保证税收组织财政收入任务的圆满完成。随着我国经济形势的不断发展，出现了一些偷逃税款的现象，使国家财政收入遭受严重损失。因此，必须加强税收监督，严肃税收法令和纳税纪律，才能保证税收组织财政收入任务的顺利完成。

（2）保证国家税法的正确贯彻执行。通过税收监督，可以揭露、制止和查处违反国家税法的行为，增强纳税人依法纳税的自觉性，从而保证国家税法得到正确的贯彻执行。

（3）保证社会经济运行的良好秩序。通过税收监督，积极配合公安、司法、工商行政管理等部门，严厉打击各类违法犯罪行为，自觉维护社会主义财经纪律，保证社会经济运行的良好秩序。

知识拓展

（1）行使征税的主体是政府（中央政府和地方政府两级）。

（2）征税的对象为社会成员（公民个人和各类经济组织）。

（3）征税的行为必须依照法律规定。

引入案例分析

我认为张某不正确。因为张某不懂得税收三性中的强制性和无偿性。强制性是指国家征税凭借政治权力，而不是凭借财产所有权；无偿性指国家征税对具体纳税人既不需要直接偿还，也不付出任何形式的直接报酬。

任务小结

（1）税收具有强制性、无偿性、固定性特点。
（2）税收政策文件具有多变性特点，需要我们经常关注。

任务二 税收制度 Mission two

任务描述

掌握税收制度的基本概念和构成要素，了解税收制度的分类。

任务分析

为更好地完成本任务，学生和老师应具体剖析一个税法，掌握税收制度的构成要素及税收基本要素在征纳税过程中的作用。

案例引入

重庆海容实业公司是一个刚成立的商品贸易公司，主要业务是销售不锈钢餐桌，该公司为一般纳税人。针对其应纳的增值税，它的征税对象是什么？税率是多少？纳税义务人是谁？纳税环节和纳税期限分别是什么？

相关知识

一、税收制度的概念

税收制度是国家以法律形式规定的各种税收法令和征收管理办法的总称。它包括各种税收法律法规、条例、实施细则、征收管理办法等。

二、税收制度的构成要素

税收制度是由各种税收要素构成，税收要素的具体规定性决定了税收的具体形式。税收制度的构成要素主要包括以下几个方面的内容。

（一）纳税义务人

纳税义务人又称纳税主体，是税法规定的直接负有纳税义务的单位和个人。纳税义务人的两种基本形式为自然人和法人。与纳税义务人紧密联系的两个概念是代扣代缴义务人和代收代缴义务人。

代扣代缴义务人是指虽不承担纳税义务，但依照有关规定，在向纳税人支付收入、结算货款、收取费用时有义务代扣代缴其应纳税款的单位和个人，如企业代扣代缴员工的工资薪金个人所得税。

如果代扣代缴义务人按规定履行了代扣代缴义务，税务机关将支付一定的手续费。反之，未按规定代扣代缴税款造成应纳税款流失，或将已扣税款私自截留挪用不按时缴入国库，一经税务机关发现，将要承担相应的法律责任。

代收代缴义务人指虽不承担纳税义务，但依照有关规定，在向纳税人收取商品或劳务收入时，有义务代收代缴其应纳税款的单位和个人。如消费税条例规定，委托加工的应税消费品，由受托方在向委托方交货时代收代缴委托方应该缴纳的消费税。

（二）征税对象

征税对象又叫课税对象、征税客体，指税法规定对什么征税，是征纳税双方权利义务共同指向的客体或标的物，是区别一种税与另一种税的重要标志。例如：车船使用税的征税对象为车船；增值税的征税对象为商品或劳务在生产和流通过程中的增值额。

征税对象是税收最基本的要素，因为它体现着征税的最基本界限，决定着某一种税的基本征税范围，同时征税对象也决定了不同税种的名称。与征税对象相关的两个基本概念：税目和税基。

1. 征税范围

征税范围是指税法规定应税内容的具体区间，是征税对象的具体范围，体现了征税的广度。如消费税的征税范围包括生产应税消费品、委托加工应税消费品、进口应税消费品、部分零售应税消费品等。

2. 税目

税目是在税法中对征税对象分类规定的具体的征税项目，反映具体的征税范围，是对课税对象质的界定。

并非所有税种都需要规定税目。课税对象较为单一，可不分课税对象的具体项目，一律按照课税对象的应税所得额采用同一税率计算，因此一般无须设置税目，如企业所得税。有些税种具体课税对象比较复杂，需要规定税目，如消费税规定了14个税目，营业税规定了9个税目。

3. 税基

税基又叫计税依据，是计算征税对象应纳税款的直接数量依据。

从价计征：以价值形态作为税基，按征税对象的货币价值计算。如：营业税是按营业收入乘以相应的税率计算出来的。

从量计征：直接按征税对象的自然单位计算，如城镇土地使用税应纳税额是由占用的土地面积乘以每单位面积应纳税额计算产生，其税基为占用土地的面积，属于从量计征的方法。

（三）税率

税率是指对征税对象的征收比例或征收额度。税率是计算税额的尺度，也是衡量税负轻重与否的重要标志。我国目前的税率有比例税率、累进税率、定额税率三种形式。

1. 比例税率

对同一征税对象，不分数额大小，规定相同的征收比例。我国的增值税、营业税、城市维护建设税、企业所得税等采用的是比例税率。

2. 累进税率

累进税率分为超额累进税率和超率累进税率。

超额累进税率是把征税对象按数额大小分成若干等级，每一等级规定一个税率，税率依次提高，但针对每一纳税人的具体征税对象则依所属等级同时适用几个税率分别计算，将计算结果相加后得出应纳税额。目前我国采用这种税率的税种有个人所得税。

超率累进税率即以征税对象数额的相对率划分为若干级距，分别规定相应的差别税率，相对率每超过一个级距的，对超过部分就按高一级的税率计算征税。目前我国采用这种税率的税种有土地增值税。

（四）纳税环节

纳税环节主要是指税法规定的征税对象在从生产到消费的流转过程中应当缴纳税款的环节。如：流转税在生产和流通环节、所得税在分配环节等。

（五）纳税期限

纳税期限是税法规定的单位和个人缴纳税款的期限。这是税收的固定性、强制性在时间上的体现。

税法关于纳税期限的规定有三个概念：

1. 纳税义务发生的时间

纳税义务发生的时间，是指应税行为发生的时间。如增值税条例规定采取预收账款方式销售货物的，其纳税义务发生的时间为货物发出的当天。

2. 纳税期限

纳税人每次发生纳税义务后，不可能立即去缴纳税款。税法规定了每种税的纳税期限，即每隔固定时间汇总一次纳税的时间。如增值税规定具体的纳税期限分别为1日、3日、5日、10日、15日、1个月或1个季度。纳税人的具体纳税期限，由主管税务机关根据纳税人应纳税额的大小分别确定，不能按照固定期限纳税的，可以按次纳税。

3. 缴库期限

即税法规定的纳税期满后，纳税人将应纳税款缴入国库的期限。如《增值税暂行条例》规定，纳税人以1个月或者1个季度为1个纳税期的，自期满之日起15日内申报纳税，以1日、3日、5日、10日、15日为1个纳税期的，自期满之日起5日内预缴税款，于次月1日起15日内申报纳税并结清上月应纳税款。

（六）减税免税

减税免税主要是对某些纳税人和征税对象实施减少征税或者免予征税的特殊规定。

（七）纳税地点

纳税地点是指根据各个税种纳税对象的纳税环节和有利于对税款的源泉控制而规定的纳

税人（包括代征、代扣、代缴义务人）的具体纳税地点。

（八）违章处理

违章处理是对纳税人违反税法行为所采取的教育处罚措施。它体现了税收的强制性，是保证税法正确贯彻执行、严肃纳税纪律的重要手段。通过违章处理，可以加强纳税人的法制观念，提高依法纳税的自觉性，从而有利于确保国家财政收入并充分发挥税收的职能作用。

三、税收的分类

税收分类，是按照一定标准对税收制度中性质相同或相近的税种进行的归并和综合。它是研究和评价税收制度的一个重要方法。现代国家普遍实行复合税制，税收种类都较多。

（一）按征税对象分类

1. 流转税

流转税是以商品流转额和非商品流转额为征税对象征收的一类税。商品流转额是指商品销售收入额，非商品流转额指各种劳务收入和服务性收入额。增值税、消费税、营业税、关税属于流转税。

2. 所得税

所得税是以纳税人一定时期的所得额为征税对象征收的一类税，其税额的多少取决于纳税人有无所得和所得的多少。所得税包括个人所得税和企业所得税。

3. 财产税和行为税

财产税是以纳税人所有或属其支配的财产为征税对象征收的一类税。行为税是以特定行为作为征税对象征收的一类税。其包括房产税、车船税、印花税、契税。

4. 特定目的税类

主要是为了达到特定目的，对特定对象和特定行为发挥调节作用。包括固定资产投资方向调节税（已暂缓征收）、筵席税、城市维护建设税、车辆购置税、耕地占用税和烟叶税。

5. 资源税

资源税是对开发利用的各种自然资源征收的一类税。其包括资源税、土地增值税、城镇土地使用税。

（二）按计税标准分类

税收按计税标准的不同可分为从价税和从量税。

（1）从价税是以征税对象的价值形式作为计税依据的税种，如增值税等。

（2）从量税是以征税对象的重量、容积、面积、数量等作为计税依据的税种，如土地使用税等。

（三）按税收收入的归属权不同分类

1. 中央税

中央税即属于中央财政固定收入，归中央集中管理和使用的税种。中央税包括消费税、关税、车辆购置税。

2. 地方税

地方税即属于地方财政固定收入,归地方管理和使用的税种。包括营业税、资源税、土地增值税、印花税、城市维护建设税、土地使用税、房产税、车船使用税等。

3. 中央和地方共享税

中央和地方共享税即由中央和地方共同管理与使用的税种。包括增值税、企业所得税、个人所得税、证券交易印花税等。

(四) 按税负能否转嫁分类

1. 直接税

一般是指税收负担直接由纳税人负担,税负不能转嫁的税种,如企业所得税、个人所得税等。

2. 间接税

一般是指税收负担可以转嫁给他人负担的税种,如消费税、增值税、营业税等流转税。

(五) 按税收与价格的关系分类

1. 价内税

价内税是指税金是价格的组成部分,必须以含税价格作为计税依据的税种,如消费税、营业税。

2. 价外税

价外税是指税金是价格之外的一个附加额,必须以不含税价格作为计税依据的税种,如增值税、车辆购置税。

知识拓展

《中华人民共和国税收征收管理法》

引入案例分析

重庆海容实业公司是一个刚成立的商品贸易公司,主要销售不锈钢餐桌。对增值税而言,它的征税对象是不锈钢餐桌在经营过程中的增值额,税率是17%,纳税义务人是重庆海容实业公司,纳税环节是经营环节,纳税期限为按月纳税,下月15日前缴清税款。

任务小结

(1) 税收制度的概念。
(2) 构成税收制度的八大要素。
(3) 税收分类五种方法。

项目一 税收基本知识

任务三 税收登记
Mission three

任务描述

掌握税务登记的要求和方法。

任务分析

为更好地完成本任务,学生和老师应完成一个具体的税务登记表。

案例引入

某税务所在 2012 年 2 月 5 日的例行检查中发现,重庆海容实业公司于 2012 年 1 月 15 日领取营业执照成立并开始生产经营,至今未办理税务登记,于是税务所检查人员要求其必须在 2 月 15 日前办理开业税务登记。

为什么税务人员要求其在 2 月 15 号之前登记呢?

相关知识

税务登记是税务机关对纳税人的生产、经营活动进行登记并据此对纳税人实施税务管理的一种法定制度。税务登记又称纳税登记,这是税务机关对纳税人实施税收管理的首要环节和基础工作,是征纳双方法律关系成立的依据和证明,也是纳税人必须依法履行的义务。根据《征管法》和国家税务局印发的《税务登记管理办法》,我国税务登记制度主要包括以下内容。

一、税务开业登记

(一)开业税务登记的时间及对象

(1)从事生产、经营的纳税人应当自领取营业执照之日起 30 日内,持有关证件向生产经营地或者纳税义务发生地的主管税务机关申报办理税务登记。

(2)从事生产、经营的纳税人所属的跨地区的非独立经济核算的分支机构,除由总机构申报办理税务登记外,应当自设立之日起 30 日内,向所在地税务机关申报办理税务登记。

(3)其他纳税人,除国家机关和个人以外,应当自纳税义务发生之日起 30 日内,持有关证件向所在地的主管税务机关申报办理税务登记。个人所得税的纳税人办理税务登记的办法由国务院另行规定。

（二）开业税务登记的程序及内容

1. 填写税务登记表

从事生产、经营的纳税人应当在规定的时间内，向税务机关提出申请办理税务登记的书面报告，如实填写税务登记表。

税务登记表的主要内容包括：

（1）单位名称、法定代表人或者业主姓名及其居民身份证、护照或者其他合法证件的号码；

（2）住所、经营地点；

（3）经济性质；

（4）企业形式、核算方式；

（5）生产经营范围、经营方式；

（6）注册资金（资本）、投资总额、开户银行及账号；

（7）生产经营期限、从业人数、营业执照号码；

（8）财务负责人、办税人员；

（9）其他有关事项。

此外，企业在外地设立的分支机构或者从事生产、经营的场所，应登记总机构名称、地址、法定代表人、主要业务范围、财务负责人。这样规定便于税务机关对总机构与分支机构之间的经济往来进行税务管理。

除填写税务登记表外，实务中，税务机关还要求纳税人填写税种登记表。符合增值税一般纳税人条件的纳税人，还应填写增值税一般纳税人申请认定表。

2. 提供有关证件、资料

纳税人向税务机关填报税务登记表的同时，应当根据不同情况相应提供下列有关证件、资料：营业执照；有关合同、章程、协议书；银行账号证明；居民身份证、护照或者其他合法证件；税务机关要求提供的其他有关证件、资料。

3. 审核发证

对纳税人填报的税务登记表，提供的有关证件及资料，税务机关应当自收到之日起 30 日内审核完毕。符合规定的，予以登记，并发给税务登记证件；对不符合规定的，也应给予答复。

4. 建立纳税人登记资料档案

所有的登记工作完毕后，税务登记部门应将纳税人填报的各种表格以及提供的有关资料及证件复印件建成纳税人登记资料档案，并制成纳税人分户电子档案，为以后的税收征管提供可靠的信息来源。

二、税务变更登记

变更税务登记是指纳税人办理设立税务登记后，因税务登记内容发生变化，向税务机关申请将税务登记内容重新调整为与实际情况一致的一种税务登记管理制度。

（一）变更税务登记的内容

凡纳税人、扣缴义务人发生所规定的税务登记内容变化之一者，均应自工商行政管理机

项目一 税收基本知识

关办理变更登记或自政府有关部门批准或实际变更之日起 30 日内，持有关证件，向原税务登记主管机关申请办理变更税务登记。变更税务登记的内容：

（1）改变纳税人、扣缴义务人名称；
（2）改变法定代表人；
（3）改变登记注册类型；
（4）改变注册（住所）地址或经营地址；
（5）改变银行账号；
（6）改变经营期限；
（7）改变通信号码或联系方式；
（8）增设或撤销分支机构；
（9）其他改变税务登记的内容事项。

（二）办理变更税务登记时需要准备的材料

（1）书面申请；
（2）营业执照和工商变更登记表的原件及复印；
（3）变更内容的决议和有关证明文件的原件及复印件；
（4）承继原纳税人债权债务及账务连续核算证明；
（5）国税机关发放的原税务登记证件；
（6）主管国税机关需要的其他资料、证明。

（三）办理变更税务登记的程序

1. 申请

纳税人税务登记项目发生变更时，在发生变更后 30 日内，到主管税务机关税务登记管理岗位领取填写和提交如下申请资料。

若纳税人因变更工商登记而需变更税务登记的：

（1）变更登记申请书；
（2）工商变更登记表和工商执照（注册登记执照）及复印件；
（3）纳税人变更税务登记内容的决议及有关证明资料；
（4）税务机关发放的原税务登记资料（登记证正、副本和登记表等）；
（5）《税务登记变更表》；
（6）《纳税人税种登记表》（涉及税种变更的）；
（7）其他有关资料。

若非工商登记变更因素而变更税务登记内容的：

（1）变更登记申请书；
（2）纳税人变更税务登记内容的决议及有关证明资料；
（3）税务机关发放的原税务登记资料（登记证正、副本和登记表等）；
（4）《税务登记变更表》；
（5）《纳税人税种登记表》（涉及税种变更的）；
（6）其他有关资料。

2. 受理

税务登记管理岗位审阅纳税人填报的表格是否符合要求，附送的资料是否齐全，符合条件的，予以受理。

3. 审核

（1）对纳税人报送的变更登记表及附列资料进行核对，检查填写内容是否准确，有无漏缺项目。

（2）对变更法人代表的，利用法定代表人居民身份证号码进行审核比对，检查是否有在案的未履行纳税义务的记录。

4. 证件制作、发放

税务机关应当自受理之日起 30 日内，审核办理变更税务登记。纳税人税务登记表和税务登记证中的内容都发生变更的，税务机关按变更后的内容重新核发税务登记证件；纳税人税务登记表的内容发生变更而税务登记证中的内容未发生变更的，税务机关不重新核发税务登记证件。

三、税务停业和复业登记

（一）停业登记

实行定期定额征收方式的纳税人，在营业执照核准的经营期限内需要停业的，应当向税务机关提出停业登记，说明停业的理由、时间，停业前的纳税情况和发票的领、用、存情况，并如实填写申请停业登记表。

税务机关经过审核（必要时可实地审查），应当责成申请停业的纳税人结清税款并收回税务登记证件，发票领购簿和发票，办理停业登记。纳税人停业期间发生的纳税义务，应当及时向主管税务机关申报，并依法补缴应纳税款。

（二）复业登记

已办理停业登记的纳税人应当于恢复生产、经营前，向税务机关提出复业登记申请，经确认后，办理复业登记，领回或启用税务登记证件和发票领购簿及其领购的发票，纳入正常管理。

若纳税人停业期满不能及时恢复生产、经营的，应当在停业期满前向税务机关提出延长停业登记。纳税人停业期满未按期复业又不申请延长停业的，税务机关应当视为已恢复营业，实施正常的税收征收管理。

（三）税务注销登记

1. 注销登记发生原因及时间要求

纳税人发生解散、破产、撤销以及其他情形，依法终止纳税义务的，应当在向工商行政管理机关或者其他机关办理注销登记前，持有关证件和资料向原税务登记机关申报办理注销税务登记。

按规定不需要在工商行政管理机关或者其他机关办理注销登记的，应当自有关机关批准或者宣告终止之日起 15 日内，持有关证件和资料向原税务登记机关申报办理注销税务登记。

纳税人因住所、经营地点变动，涉及改变税务登记机关的，应当在向工商行政管理机关或者其他机关申请办理变更、注销登记前，或者住所、经营地点变动前，持有关证件和资料，向原税务登记机关申报办理注销税务登记，并在 30 日内向迁入地主管税务登记机关申报办理税务登记。

2. 纳税人办理注销登记应提供的材料

（1）《注销税务登记申请审批表》，1 份；
（2）《税务登记证》正、副本；
（3）上级主管部门批复文件或董事会决议及复印件；
（4）工商营业执照被吊销的应提交工商行政管理部门发出的吊销决定及复印件。

3. 纳税人办理注销税务登记的程序

（1）受理环节：
审核、录入资料：
①证件资料是否齐全、合法、有效，《注销税务登记表》填写是否完整准确，印章是否齐全；
②纸质资料不全或者填写内容不符合规定的，应当场一次性告知纳税人补正或重新填报；
③审核纳税人是否在规定时限内办理注销税务登记，如未按规定时限，则进行违法违章处理。转下一环节。
审核无误后，将纳税人报送的所有资料转下一环节。
（2）后续环节接收上一环节转来的资料后，进行清算，主要有以下内容：
①审核纳税人是否已办结下列涉税事项；
②取消相关资格认定；
③结清税款、多退（免）税款、滞纳金、罚款；
④结存发票作验旧、缴销处理；
⑤办结申报事项；
⑥防伪税控纳税人取消防伪税控资格、交回防伪税控设备；
⑦未结案件；
⑧对纳税人未办结的涉税事项进行实地清算，收回税务登记证件。

通过以上审核，核准注销税务登记申请，在其报送的《注销税务登记申请审批表》上签署意见，经系统录入注销登记信息后，制作《税务事项通知书》送达纳税人，将相关资料归档。

知识拓展

税务登记表见表1-1。

表1-1　税务登记表

（适用单位纳税人）

填表日期：

纳税人名称			纳税人识别号			
登记注册类型			批准设立机关			
组织机构代码			批准设立证明或文件号			
开业（设立）日期		生产经营期限	证照名称		证照号码	
注册地址			邮政编码		联系电话	
生产经营地址			邮政编码		联系电话	
核算方式	请选择对应项目打"√"　□独立核算　□非独立核算			从业人数	＿＿其中外籍人数＿＿	
单位性质	请选择对应项目打"√"□企业　□事业单位　□社会团体　□民办非企业单位　□其他					
网站网址			国标行业	□□　□□□□　□□		
适用会计制度	请选择对应项目打"√" □企业会计制度　□小企业会计制度　□金融企业会计制度　□行政事业单位会计制度					
经营范围						

联系人	项目＼内容	姓名	身份证件		固定电话	移动电话	电子邮箱
			种类	号码			
法定代表人（负责人）							
财务负责人							
办税人							

税务代理人名称		纳税人识别号		联系电话		电子邮箱	
注册资本或投资总额		币种	金额	币种	金额	币种	金额

投资方名称	投资方经济性质	投资比例	证件种类	证件号码	国籍或地址

项目一 税收基本知识

续表

自然人投资比例		外资投资比例		国有投资比例	
分支机构名称		注册地址		纳税人识别号	

总机构名称		纳税人识别号	
注册地址		经营范围	
法定代表人姓名		联系电话		注册地址邮政编码	
代扣代缴、代收代缴税款业务情况	代扣代缴、代收代缴税款业务内容		代扣代缴、代收代缴税种	

附报资料：

经办人签章：	法定代表人（负责人）签章：	纳税人公章：
___年___月___日	___年___月___日	___年___月___日

以下由税务机关填写：

纳税人所处街乡		隶属关系	
国税主管税务局		国税主管税务所（科）		是否属于国税、地税共管户	
地税主管税务局		地税主管税务所（科）			

经办人（签章）： 国税经办人：_____ 地税经办人：_____ 受理日期： ___年___月___日	国家税务登记机关 （税务登记专用章）： 核准日期： ___年___月___日 国税主管税务机关：	地方税务登记机关 （税务登记专用章）： 核准日期： ___年___月___日 地税主管税务机关：
国税核发《税务登记证副本》数量：	本　发证日期：____年___月___日	
地税核发《税务登记证副本》数量：	本　发证日期：____年___月___日	

国家税务总局监制

企业税费计算及纳税申报

引入案例分析

根据税收开业登记的规定，从事生产、经营的纳税人应当自领取营业执照之日起 30 日内，持有关证件向生产经营地或者纳税义务发生地的主管税务机关申报办理税务登记。

任务小结

纳税人应在规定的时间内进行税务登记，停业、复业、变更、注销登记。

项目二
增值税计算及纳税申报

项目介绍

在掌握增值税基本特点、基本要素的基础上，通过搜索剖析我国《增值税实施条例》《税收征收管理办法》及其相关规定，完成以下工作任务：

任务一：增值税的基本原理
任务二：增值税的基本要素
任务三：增值税应纳税额计算
任务四：增值税的出口货物退免税及进口货物征税
任务五：增值税申报缴纳

学习导航

我国从1979年起开始在部分城市试行增值税，1983年1月1日开始在全国试行。1993年12月31日，国务院发布了《中华人民共和国全国增值税暂行条例》；2008年11月10日，经国务院公布修订了《中华人民共和国全国增值税暂行条例》，于2009年1月1日施行；2011年11月16日，国务院审核批准了《营业税改征增值税试点方案》，于2012年1月1日起，营业税改增值税在部分发达地区（上海、北京）试行。本书以2008年11月10日公布，于2009年1月1日起开始实施的《中华人民共和国全国增值税暂行条例》为依据。

学习目标

1. 了解增值税概念及增值额，了解增值税的类型和计税方法以及作用
2. 掌握征收范围和纳税人
3. 掌握销项税额、进项税额和应纳税额的计算，掌握出口货物退免及进口货物征税，熟悉税收优惠政策
4. 能够填制纳税申报表

教学准备

1. 准备增值税纳税申报表以及增值税申报附列资料（销售情况明细表及进项税额明细表）
2. 增值税发票的复印件
3. 指导学生预习本单元的内容
4. 设计一个教学引入情景（或案例）：学生去商场购买学习或生活用品就变为增值税的负税人等

关 键 词

增值税（Value added tax）、增值税应税销售额（VAT taxable sales）、一般纳税人（The general taxpayer）、小规模纳税人（Small scale taxpayer）、兼营行为（Run behavior）、混合销售行为（Sales mix）、视同销售（As sales）、销项税额（Sales tax）、进项税额（Input tax）

企业税费计算及纳税申报

任务一 增值税的基本原理
Mission one

任务描述

1. 了解增值税以增值额为计税依据、不重复征税，价外计税的特点
2. 了解增值税的征税类型
3. 了解增值税的基本计税方法
4. 会搜索、分析、整理增值税政策法规

任务链接

通过项目一的学习，我们已知增值税是中央与地方共享税，是一种比例税。本次任务是上一次任务的延续，是理解增值税计算过程、正确填制增值税纳税申报表的基础。要求老师和学生特别注重任务描述中的第一小点。

案例引入

容达公司是增值税一般纳税人，2012年公司会计李某由于工作疏忽，丢掉了两笔购货发票，受到了公司严厉批评，这是为什么？

相关知识

一、增值税的概念

增值税是对在我国境内销售货物或者提供加工、修理修配劳务，以及进口货物的企业单位和个人，就其货物销售或提供劳务的增值额和货物进口金额为计税依据而课征的一种流转税。

增值税是对商品生产和流通中各环节的新增价值或商品附加值进行纳税，所以叫做增值税。

二、增值税的特点

（一）增值税的一般特点

1. 征税范围广，税源充裕

从增值税的征税范围看，对从事商品经营和劳务提供的所有单位和个人，在商品增值的各个生产流通环节向纳税人普遍征收。

2. 实行道道环节课征，但不重复征税

在计算应纳税额时，要扣除商品在以前生产环节已负担的税款，以避免重复征税。

3. 对资源配置不会产生扭曲性影响，具有税收中性效应

根据增值税的计税原理，流转额中的非增值因素在计税时被扣除。因此，对同一商品而言，无论流转环节的多与少，只要增值额相同，税负就相等，不会影响商品的生产结构、组织结构和产品结构。

（二）我国现行增值税的其他特点

（1）实行价外计税，从而使增值税的间接税性质更加明显。在计税时，作为计税依据的销售额中不含增值税税额。

（2）统一实行规范化的购进扣税法，即凭发票注明税款进行抵扣的办法。在计算企业主应纳税款时，要扣除商品在以前生产环节已负担的税款，避免重复征税。

（3）对不同经营规模的纳税人采取不同的计征方法。增值税纳税人分为一般纳税人和小规模纳税人，对一般纳税人实行抵扣计税，对小规模纳税人进行简易计税。

（4）设置两档税率，并设立适用于小规模纳税人的征收率。（2012年1月1日起，营业税改增值税试点地区增值税增加两档税率，增加后的增值税税率分别为17%、13%、11%、6%）

三、增值税的类型

（一）生产型增值税

生产型增值税是指按"扣税法"计算纳税人的应纳税额时，不允许扣除任何外购固定资产的已纳税额。

（二）收入型增值税

收入型增值税是指在计算纳税人的应纳税额时，对外购固定资产的已纳税金只允许扣除当期计入产品价值的折旧费部分。

（三）消费型增值税

消费型增值税是指在计算纳税人的应纳税额时，允许将当期购入固定资产的已纳税金一次性全部扣除。我国从2009年1月1日全面实施消费型增值税。

四、增值税的作用

（1）实行增值税可以消除重复征税的弊端，有利于以专业化协作为特征的社会化大生产的发展。

（2）实行增值税可以提高税收对社会经济结构变动的适应性，有利于保证财政收入的及时、稳定和持续增长。

（3）实行增值税可以做到出口退税准确、彻底，有利于贯彻国家鼓励出口的政策。

（4）实行增值税有助于在税收征管上建立一种内在的监督制约机制，可以较有效地防止偷税行为。

> **知识拓展**

2012年1月1日起，营业税改增值税在一些发达地区（上海、北京）试行。

营业税改征增值税试点方案

根据党的十七届五中全会精神，按照《中华人民共和国国民经济和社发展第十二个五年规划纲要》确定的税制改革目标和2011年《政府工作报告》的要求，制定本方案。

一、指导思想和基本原则

（一）指导思想

建立健全有利于科学发展的税收制度，促进经济结构调整，支持现代服务业发展。

（二）基本原则

（1）统筹设计、分步实施。正确处理改革、发展、稳定的关系，统筹兼顾经济社会发展要求，结合全面推行改革需要和当前实际，科学设计，稳步推进。

（2）规范税制、合理负担。在保证增值税规范运行的前提下，根据财政承受能力和不同行业发展特点，合理设置税制要素，改革试点行业总体税负不增加或略有下降，基本消除重复征税。

（3）全面协调、平稳过渡。妥善处理试点前后增值税与营业税政策的衔接、试点纳税人与非试点纳税人税制的协调，建立健全适应第三产业发展的增值税管理体系，确保改革试点有序运行。

二、改革试点的主要内容

（一）改革试点的范围与时间

（1）试点地区。综合考虑服务业发展状况、财政承受能力、征管基础条件等因素，先期选择经济辐射效应明显、改革示范作用较强的地区开展试点。

（2）试点行业。试点地区先在交通运输业、部分现代服务业等生产性服务业开展试点，逐步推广至其他行业。条件成熟时，可选择部分行业在全国范围内进行全行业试点。

（3）试点时间。2012年1月1日开始试点，并根据情况及时完善方案，择机扩大试点范围。

（二）改革试点的主要税制安排

（1）税率。在现行增值税17%标准税率和13%低税率基础上，新增11%和6%两档低税率。租赁有形动产等适用17%税率，交通运输业、建筑业等适用11%税率，其他部分现代服务业适用6%税率。

（2）计税方式。交通运输业、建筑业、邮电通信业、现代服务业、文化体育业、销售不动产和转让无形资产,原则上适用增值税一般计税方法。金融保险业和生活性服务业,原则上适用增值税简易计税方法。

(3) 计税依据。纳税人计税依据原则上为发生应税交易取得的全部收入。对一些存在大量代收转付或代垫资金的行业,其代收代垫金额可予以合理扣除。

(4) 服务贸易进出口。服务贸易进口在国内环节征收增值税,出口实行零税率或免税制度。

(三) 改革试点期间过渡性政策安排

(1) 税收收入归属。试点期间保持现行财政体制基本稳定,原归属试点地区的营业税收入,改征增值税后收入仍归属试点地区,税款分别入库。因试点产生的财政减收,按现行财政体制由中央和地方分别负担。

(2) 税收优惠政策过渡。国家给予试点行业的原营业税优惠政策可以延续,但对于通过改革能够解决重复征税问题的,予以取消。试点期间针对具体情况采取适当的过渡政策。

(3) 跨地区税种协调。试点纳税人以机构所在地作为增值税纳税地点,其在异地缴纳的营业税,允许在计算缴纳增值税时抵减。非试点纳税人在试点地区从事经营活动的,继续按照现行营业税有关规定申报缴纳营业税。

(4) 增值税抵扣政策的衔接。现有增值税纳税人向试点纳税人购买服务取得的增值税专用发票,可按现行规定抵扣进项税额。

三、组织实施

(1) 财政部和国家税务总局根据本方案制定具体实施办法、相关政策和预算管理及缴库规定,做好政策宣传和解释工作。经国务院同意,选择确定试点地区和行业。

(2) 营业税改征的增值税,由国家税务局负责征管。国家税务总局负责制定改革试点的征管办法,扩展增值税管理信息系统和税收征管信息系统,设计并统一印制货物运输业增值税专用发票,全面做好相关征管准备和实施工作。

引入案例分析

增值税一般纳税人计税时实行进项税抵扣制度。税法规定,购货发票丢失后增值税进项税不能抵扣,给公司带来绝对性的损失,所以会计李某会受到公司的严厉批评。

任务小结

我国增值税实行抵扣制度。对不同的纳税人采取不同的计税办法,对一般纳税人实行抵扣计算,对小规模纳税人实行简易征收。

企业税费计算及纳税申报

任务二 增值税的基本要素
Mission two

任务描述

1. 搜索、整理、分析《增值税实施条例》
2. 明确增值税征收范围
3. 掌握增值税纳税人身份确定规定
4. 掌握增值税一般纳税人适用税率、小规模纳税人适用税率

任务链接

通过任务一的学习,我们已知增值税是对纳税对象的增值额征税,我国增值税计税办法实行抵扣制度。本次任务必须明确我国增值税的征收范围、增值税纳税人及纳税人身份、增值税税率的有关规定才能为下一步正确计算应纳增值税税额做好准备。要求老师和学生认真分析增值税征税范围中的货物、劳务内涵,增值税纳税人身份认定标准,增值税税率和征收率之间的区别,提示学生注意简易征收条件和它的征收率。

案例引入

2012年10月的一天。老板:"王会计,现在只销售装修材料赚不了多少钱,我们应组建一支自己的装修队伍,集材料销售、房屋设计、装修于一体,你分析一下有关税收方面的问题,然后向我报告。"

过了几天,王会计提出了税收方面的报告,你想知道他是怎样回答的吗?

相关知识

一、增值税的征税范围

(一)增值税征收范围的一般规定

《中华人民共和国增值税暂行条例》规定:在我国境内销售货物或提供加工、修理修配劳务以及进口货物,都属于增值税的征收范围。具体包括:

1. 销售货物

销售货物指有偿转让货物的所有权。有偿指从购买方取得货币、货物或其他经济利益。货物指有形动产,即除土地、房屋和其他建筑物外的一切货物,包括电力、热力、气体在内。境内销售货物指所销售货物的所在地或起运地在我国税收行政管理境内。

2. 提供加工、修理修配劳务

提供加工、修理修配劳务指有偿提供相应的劳务服务性业务。单位或个体经营者聘用的员工为本单位服务或为雇主提供加工、修理修配劳务不包括在内。

3. 进口货物

进口货物指从我国境外移送至我国境内的货物。

确定一项货物是否属于进口货物，关键是看是否办理了相应的报关手续。凡经报海关进入我国国境或关境的货物，包括国外产制和我国已出口又转内销的货物、进口者自行采购的货物、国外捐赠的货物、进口者用于贸易行为的货物以及自用或用于其他方面的货物，都属于增值税的征收范围，其进口方必须向海关缴纳增值税。

（二）征收范围的特殊规定

1. 视同销售行为

按现行税法规定，单位和个体经营者的下列行为虽然没有取得销售收入，也视同销售货物，应当征收增值税。

（1）纳税人将货物交付他人代销（委托代销）以及代他人销售货物（受托代销）的行为。

（2）设有两个以上机构并实行统一核算的纳税人，将货物从一个机构移送其他机构用于销售的行为，但相关机构设在同一县（市）的除外。

（3）纳税人将自产或委托加工收回的货物用于自身基本建设、专项工程、集体福利和个人消费等非应税项目的内部使用行为（注意：没有购买）。

（4）纳税人将自产或委托加工收回或购买的货物作为投资提供给其他单位和个体经营者的对外投资行为。

（5）纳税人将自产或委托加工收回或购买的货物分配给股东或投资者的对外分配行为。

（6）纳税人将自产或委托加工收回或购买的货物无偿赠送他人的对外捐赠行为。

2. 混合销售行为

混合销售行为是指一项销售行为既涉及货物销售又涉及非应税劳务提供的行为，两者之间密切相连，且从同一受让方取得价款。比如销售空调并安装空调，所收价款中包含货款和安装费用，且从同一客户收回款项，销售与安装之间具有业务从属关系。

下列纳税人的混合销售行为应征收增值税：

（1）从事货物的生产、批发或零售的企业、企业性单位和个体经营者所发生的混合销售行为。

（2）以从事非应税劳务为主并兼营货物销售的单位和个人，设立单独机构经营货物销售并独立核算，该单独机构所发生的混合销售行为。

纳税人的下列混合销售行为，应当分别核算货物的销售额和非增值税应税劳务的营业额，并根据其销售货物的销售额计算缴纳增值税，非增值税应税劳务的营业额不缴纳增值税，未分别核算的，由主管税务机关核定其货物的销售额：

（1）销售自产货物并同时提供建筑业劳务的行为，如果具有建筑业资质并将合同价款分开列明的，分别征收增值税和营业税。

（2）财政部、国家税务总局规定的其他情形。如从事运输业务的单位和个人，发生销售货物并负责运输货物的混合销售行为，一并缴纳增值税。

对于其他单位和个人的混合销售行为，不征增值税而征营业税。

3. 兼营行为

兼营行为是指增值税的纳税人在销售货物和提供应税劳务的同时，还兼营非增值税应税劳务，且两者之间没有直接的联系或从属关系。例如某收费服务公司，在提供服务的同时销售商品。

现行税法规定：

纳税人兼营非应税劳务的，应分别核算货物或应税劳务和非应税劳务的销售额；不分别核算或者不能准确核算的，由主管税务机关核定货物或者应税劳务的销售额，即对货物或应税劳务按各自适应的税率征收增值税，对非应税劳务的营业额按适用税率征收营业税。

> 提示：兼营行为与混合销售行为的区别在于业务之间是否有从属关系。同学们在实践中可根据以上的税法规定进行纳税筹划。2012年1月1日起，部分发达地区已开始进行营业税改增值税试点，增值税纳税范围发生了变化，请关注。

4. 下列行为应缴纳增值税

（1）货物期货：在实物交割环节，交割时由期货交易所开具发票的，以期货交易所为纳税人（期货交易所纳增值税按次计算，其进项为该货物交割时供货会员单位开具的增值税专用发票上注明的销项税额）；交货时采取由供货的会员单位直接将发票开给会员单位的，以供货会员单位为纳税人。

（2）银行销售金银业务。

（3）典当业的死当物品销售业务和寄售业代委托人销售寄售物品的业务。

（4）集邮商品（如邮票、首日封、邮折）的生产以及邮政部门以外的其他单位和个人销售的。

二、增值税纳税人

（一）纳税义务人和扣缴义务人

1. 纳税义务人

凡在中华人民共和国境内销售货物或者提供加工、修理修配劳务以及进口货物的单位和个人都是增值税的纳税义务人。

2. 扣缴义务人

境外的单位和个人在我国境内销售应税劳务而在境内未设有机构的纳税人，其应纳税款以代理人为代扣代缴义务人；没有代理人的，以购买者为代扣代缴义务人。

（二）一般纳税人及小规模纳税人

增值税纳税人按会计核算是否健全和经营规模的大小，分为一般纳税人和小规模纳税人。小规模纳税人实行简易征收，一般不使用增值税发票。一般纳税人实行凭票抵扣的办法。

项目二 增值税计算及纳税申报

1. 一般纳税人

一般纳税人指经营规模达到规定标准、会计核算健全的纳税人，通常为年应征增值税的销售额超过财政部规定的小规模纳税人标准的企业和企业性单位。具体地说：凡从事货物生产或提供应税劳务，以及以从事货物生产或提供应税劳务为主并兼营货物批发或零售，年应征增值税的销售额在 50 万元以上的企业和企业性单位；或者从事货物批发或零售的纳税人，年应征增值税的销售额在 80 万元以上的企业和企业性单位，都为一般纳税人。"以从事货物生产或提供应税劳务为主"是指纳税人的年货物生产和销售额占全年应税销售额比重在 50％以上。

根据国家税务总局令第 22 号《增值税一般纳税人资格认定管理办法》规定：年应税销售额未达到一般纳税人规定标准以及新开业的纳税人，同时符合下列条件的，可以向主管税务机关申请一般纳税人资格认定。[国税发（2010）22 号]

(1) 有固定的经营场所；

(2) 能按照国家统一会计制度的规定设置账簿，根据合法、有效的凭证进行会计核算，提供税务资料。

2. 小规模纳税人

小规模纳税人指经营规模较小、会计核算不健全的纳税人。

(1) 从事货物生产或提供应税劳务的纳税人，以及从事货物生产或提供应税劳务为主并兼营货物批发的纳税人，年应征增值税的销售额在 50 万元以下；

(2) 从事货物批发或零售的纳税人，年应税销售额在 80 万元以下；

(3) 年应税销售额超过小规模纳税人标准的个人、非企业性单位、不经常发生应税行为的小企业，视同小规模纳税人。

> 提示：①应税销售额，是指纳税人在连续不超过 12 个月的经营期内累计应征增值税的销售额。②认定一般纳税人与小规模纳税人的权限在县级以上国家税务局机关。③纳税人自被主管税务机关认定为一般纳税人的次月起（新开业纳税人自主管税务机关受理的当月起），按增值税法规定计算增值税，领购、使用、保存增值税专用发票。④已认定为正式增值税一般纳税人的，不得转为小规模纳税人。

三、增值税的税率与征收率

（一）基本税率

一般纳税人销售或者进口货物，提供加工、修理修配劳务，适用的基本税率为 17％。

（二）低税率

一般纳税人销售或者进口下列货物，税率为 13％。

(1) 粮食、食用植物油、鲜奶；

(2) 自来水、暖气、冷气、热水、煤气、石油液化气、天然气、沼气、居民用煤炭制品；

(3) 图书、报纸、杂志；

(4) 饲料、化肥、农药、农机、农膜；

(5) 国务院规定的其他货物。

注：(1) 低税率中的农产品不包括经过工业加工的，如水果罐头。

(2) 自2011年7月1日起，花椒油按食用植物油13%的税率征收增值税。环氧大豆油、氢化植物油不属于食用植物油征税范围，按17%的税率征收增值税。

(3) 按照《食品安全国家标准—巴氏杀菌乳》(GB 19645—2010) 和《食品安全国家标准—巴氏杀菌乳》(GB 25190—2010) 生产的灭菌乳，属于初级农产品，按13%的税率征收增值税，其他调制乳不属于初级农产品，按17%的税率征收增值税。

(三) 零税率

纳税人出口货物，税率为零；但国务院另有规定的除外。

注：零税率不等于免税。

(四) 征收率

(1) 小规模纳税人适用的增值税征收率为3%。

(2) 一般纳税人生产下列货物，可按简易办法依照4%征收率计算缴纳增值税：寄售商店代销寄售商品；典当业销售死当物品；经有关机关批准的免税品商店零售进口免税品。

(3) 纳税人销售旧货，指进入二次流通的具有部分使用价值的货物（含旧汽车、摩托车和旧游艇，但不包括自己使用过的物品）销售。根据[财税函(2009)9号、国税函(2009)90号]文件，对增值税一般纳税人，销售旧货时，按4%的征收率减半征收，小规模纳税人适用3%征收率减按2%征收。

(4) 纳税人销售自己使用过的固定资产，根据[财税(2008)170号]第4条规定，纳税人销售自己使用过的2009年1月1日以后购进或者自制的固定资产按照适用税率征收增值税；销售自己使用过的2008年12月30日以前购进或者自制的固定资产，按照4%的征收率减半征收增值税。

一般纳税人销售自己使用过的属于税法规定不得抵扣且未抵扣进项税额的固定资产，按简易办法以4%的征收率减半征收增值税。

注："减半征收"不是税率减半，而是税额减半，两者的计算结果不一样。如下案例2-1中的旧设备销售，"减半征收"是按4%的税率计算不含税销售额，而不是按2%的税率计算不含税销售额，两者计算的结果不一样。

【案例2-1】 2010年10月，容达公司销售一台旧设备，销售价款10 400元，该设备购入时间为2005年，购入时未进行增值税抵扣，同月销售一批废旧材料，销售款为1 170元。问：应交增值税税额为多少？

[案例分析]

容达公司销售的旧设备系2009年1月1日前购买的，按规定应按4%的税率减半征收，废旧材料应按17%的税率征收。

旧设备应纳税额：10 400÷(1+4%)×2%=200（元）

废旧材料应纳税额：1 170÷(1+17%)×17%=170（元）

项目二 增值税计算及纳税申报

(五) 简易征收规定

一般纳税人生产销售下列货物,根据[财税函(2009)9号]、[国税函(2009)90号]文件规定,可按简易办法依照6%征收率计算应缴纳增值税。

(1) 县以下小型水力发电单位生产的电力。小型水力发电单位是指各类投资主体建设的装机容量为5万千瓦以下(含5万千瓦)的小型水力发电单位。

(2) 建筑用和生产建筑材料所用的砂、土、石料。

(3) 以自己采掘的砂、土、石料或其他矿物连续生产的砖、瓦、石灰。

(4) 用微生物、微生物代谢产物、动物毒素、人或动物的血液或组织制成的生物制品。

(5) 销售自来水。

(6) 商品混凝土(仅限于水泥混凝土)。

一般纳税人选择简易办法计算缴纳增值税后,36个月不得变更。

知识拓展

苏东坡王安石税改之争

苏东坡(1036—1101年)与王安石(1021—1086年)均是宋代的文坛巨匠,同在"唐宋八大家"之列,在当时的政治舞台上也各有建树,尤其是王安石变法影响很大。然而,十分敬重王安石学识的苏东坡,却是王安石变法的反对派,特别是在赋役制度改革方面,两人分歧较大。

1069年,宋神宗任命王安石为参知政事,主持变法。王安石在赋役制度方面推出了均输法、募役法等改革措施。

当时,政府除了征收田赋外,还要向各地征收土特产作为贡品。每年不论丰歉,州府都要按定额发送京城。改革中,王安石推行均输法,设发运使统管淮南富庶六路(省区),凡京城所需贡品,就近直输京城,过剩贡品就地卖掉。同时,政府拨款五百万缗(贯),丰年低价购储部分物资,移丰补歉。苏东坡却反对均输法,认为这既加重了政府的财政负担,又影响了国家的商税收入。国家"五百万缗以予之,此钱一出,恐不可复。纵使其间薄有所获,而征商(税)之额所损必多",是"亏商税而取均输之利"。(《宋史·食货志》)

改革中,王安石还推行募役法,规定应服役之户,一律依照政府划分的等级,随同夏秋两税缴纳免役钱,不再服差役。政府用这些免役钱雇人服役。苏东坡认为"自古役人必用乡户,犹食之必用五谷……虽其间或有他物充代,然终非天下所可常行。"(《苏东坡集·奏议集》)改百姓出力为出钱,是对百姓利益的一种损害。尤其是遇灾年可免赋税,但役钱不能免,等于增加一项苛税。"二害轻重,盖略相等,今以彼易此,民未必乐",因此坚决反对。

但苏东坡并非像司马光一样保守,只是反对王安石急于求利,他希望通过缓和的改革,兴利除弊。他主张"轻赋役",提出减免零售商的赋税,刺激商业的发展,增加商税收入。"小商人不出税钱,则所在争来分买;大商既不积滞,则轮流贩卖,收税必多。"他在被贬为地方官时,曾减赋赈荒,不断兴革,也颇有政声。

两人虽政见上有分歧,但在许多方面仍互相欣赏。王安石去世后,苏东坡撰文写下了"瑰玮之文,足以藻饰万物;卓绝之行,足以风动四方。"给予王安石高度评价。

企业税费计算及纳税申报

引入案例分析

根据税法规定：混合销售行为是指一项销售行为既涉及货物销售又涉及非应税劳务提供的行为，两者之间密切相连，且从同一受让方取得价款。从事货物的生产、批发或零售为主的企业、企业性单位和个体经营者的混合销售行为应缴纳增值税。公司销售的材料非自己生产，如果公司集销售与装修与一体且材料销售材料收入在总收入50%以上应缴纳增值税。如果公司是小规模纳税人，缴纳营业税和增值税的税收负担一样。（建筑业营业税率3%，增值税简易征收率3%）；如果公司为一般纳税人，则建议另立一个公司，在接受装修业务时，将材料销售收入和劳务收入分开签订合同，材料销售缴纳增值税，劳务收入缴纳营业税，以减轻税负。

【案例2-2】 某物资企业主营业务是经销生铁，每年为某铸造厂采购大量的生铁并负责运输。为了减少按销售额征收的地方税收附加和降低按增值税税收负担，该公司设计了这样的税收筹划方案：将为铸造厂的采购生铁改为代购生铁。由物资公司每月为铸造厂负责联系5 000吨的生铁采购业务，向其收取每吨10元的中介手续费用，并将生铁从钢铁厂提出运送到铸造厂，每吨收取运费40元。通过该方案可以节省因近亿元销售额产生的地方税收附加，同时，由于手续费和运输费征收营业税而不征收增值税，也节省了大量税费支出。

年末，该市国税局稽查局在对某物资经销实业公司年度纳税情况进行检查时，经过比较、核对发现，该公司该年度生铁销售收入比去年同期巨大额度的减少，检查该公司"其他业务收入"账簿，又发现其他业务收入比上年大幅增加，并且每月都有一笔固定的5万元手续费收入和20万元运输收入。经询问记账人员，得知该收入是为铸造厂代购生铁的手续费和运输费；经进一步到银行查询该公司资金往来情况，证实了该公司经常收到铸造厂的结算汇款，且该公司也有汇给生铁供应厂某钢铁厂的货款，但二者之间没有观察到存在直接的对应关系。因此，检查人员认为该公司代购生铁业务不成立，涉嫌偷税，并要求该物资公司补交近千万元的增值税。请问税务机关的要求是否合法？

[案例分析]

根据相关规定和该公司的会计记录，税务机关提出的处罚方案符合以下规定：

（1）《财政部、国家税务总局关于增值税、营业税若干政策规定的通知》（〔1994〕财税字第026号）第5条规定：代购货物行为，凡同时具备以下条件的，不征收增值税，不同时具备以下条件的，无论会计制度规定如何核算，均征收增值税：

①受托方不垫付资金；

②销货方将发票开具给委托方，并由受托方将该项发票转交给委托方；

③受托方按照销货方实际收取的销售额和增值税额与委托方结算货款，并另外收取手续费。由于该公司的账务处理不能清晰反映与铸铁厂、钢铁厂三方之间的资金往来，使得税务人员有理由认为上述业务违背了"受托方不垫付资金"的规定，从而不认可是代购货物业务。

（2）《增值税暂行条例实施细则》规定：一项销售行为如果既涉及货物又涉及非应税劳务，为混合销售行为。从事货物的生产、批发或零售的企业、企业性单位及个体经营者的混合销售行为，视为销售货物，应当征收增值税。当该公司的上述经济业务不被税务人员认同为代购货物时，理所当然地会将收取的手续费、运输费作为价外费用征收增值税。

项目二 增值税计算及纳税申报

这是一起典型的因会计基础核算不规范造成税收筹划失败的案例。

[案例启示]

通过这个案例给予我们以下启示：

（一）会计核算要规范

当前很多企业看重税收筹划，轻会计基础核算的倾向，尤其在许多中小企业当中还存在这样的误区：会计账务处理模糊是应付税务检查的好办法。其实这是个非常错误的观点。本案例就是由于该公司对代购业务没有规范的会计记录，没有可靠的资金往来记录以证明物资公司没有垫付资金，税务检查人员不认可代购业务，从而使得一个很好的筹划方案失败。而且模糊的会计财务处理往往还使税收检查人员认为会计记录是虚假记录，从而加大他们的检查力度与深度。

（二）科目设置要灵活

企业设置会计科目是会计制度设计的一项内容，在真实反映经济业务，遵守会计核算基本原则的前提下，企业应灵活设置会计科目。然而在实务中，很多企业在设置科目时都是机械地按照《企业会计制度》的相关规定设置会计科目。该物资公司之所以没有对代购业务进行会计处理，主要是由于《企业会计制度》对代购业务没有相应的规定，也没有相应的会计科目对代购业务进行核算。其实在《企业会计制度——会计科目与会计报表》总说明第二款有如下规定："企业应按本制度的规定，设置和使用会计科目。在不影响会计核算要求和会计报表指标汇总，以及对外提供统一的财务会计报告的前提下，可以根据实际情况自行增设、减少或合并某些会计科目。"因此，在本案例，该物资公司可以自行设置"代购商品款"会计科目来核算代购业务的经济业务，以便于税收检查人员检查。

（三）形式要件要合规

税收检查的一项重要内容就是检查会计记录的形式要件是否符合相关税收法律法规规定。财务会计强调"实质重于形式"，而税收检查在强调实质的同时，更重视形式要件。一项经济业务的税务处理要得到税收人员的认可首先要做到形式要件符合规定。本案例所设计的税收筹划方案失败的原因就是因"受托方不垫付资金"这个形式要件不符合规定。不垫付资金并不代表不做业务，在本案例中，只要在会计记录中做到在未收到铸造厂资金的前提下不支付钢铁厂货款就符合了"受托方不垫付资金"这个形式要件，同时还要和铸造厂签订代购合同以证明代购业务的存在，这也是形式要件合规的一项重要内容。因此，在设计税收筹划方案时要十分注意形式要件的合法性。

任务小结

(1) 增值税一般纳税人和小规模纳税人确定的条件。

(2) 合理利用混合销售、兼营行为、简易征收进行纳税筹划时，注意完善其形式要件，设置合理的会计科目清晰反映各项收入。

(3) 不同税率兼营时，注意分开核算。

企业税费计算及纳税申报

任务三 增值税应纳税额计算
Mission three

任务描述

1. 掌握增值税销售额的基本规定
2. 掌握一般销售方式下增值税销售额的确定方法
3. 掌握特殊销售方式下增值税销售额的确定方法
4. 掌握商品、材料一般购进增值税进项税计算方法
5. 掌握运输费进项税抵扣条件、计算方法
6. 掌握农产品进项税计算方法
7. 掌握增值税简易征收计税方法

任务链接

通过任务一、任务二的学习，我们已掌握增值税的征税对象、纳税人、税率。本次任务通过对增值税销售额的分析，利用销项税额＝销售额×适用税率的基本公式，完成增值税销项税额计算；通过分析《增值税暂行条例》关于增值税进项税抵扣条件、计算方法，分析完成购进增值税发票进项税额计算、运输费发票进项税额计算、购进农产品进项税额计算。在上述基础上，完成简易办法下增值税应纳税额计算。

案例引入

商业现象：某商场商品销售利润率为40%，销售100元商品，其成本为60元，商场是增值税一般纳税人，购货均能取得增值税专用发票，为促销采用购物满100元者返还30元现金。
问：该商场在该项活动中的税收缴纳情况？

相关知识

一、一般纳税人应纳税额的计算

（一）销项税额计算

1. 计税销售额的基本规定

一般销售（或视同销售）方式下的销售额是指纳税人销售货物或者提供应税劳务向购买方（承受应税劳务也视为购买方）收取的全部价款和价外费用，但是不包括收取的销项税额。

项目二 增值税计算及纳税申报

应税销售额是指纳税人销售货物或应税劳务，向购买方收取的全部价款和价外费用，但是，不包括收取的销项税额。

价外费用（实属价外收入）是指价外向购买方收取的手续费、补贴、基金、集资费、返还利润、奖励费、违约金（延期付款利息）、包装费、包装物租金、储备费、优质费、运输装卸费、代收款项、代垫款项及其他各种性质的价外收费。但下列项目不包括在内：

（1）受委托加工应征消费税的消费品所代收代缴的消费税。

（2）同时符合以下条件的代垫运费：承运者的运费发票开具给购货方的；纳税人将该项发票转交给购货方的。

（3）同时符合以下条件代为收取的政府性基金或者行政事业性收费。

由国务院或者财政部批准设立的政府性基金，由国务院或者省级人民政府及其财政、价格主管部门批准设立的行政事业性收费，收取时开具省级以上财政部门印制的财政票据，所收款项全额上缴财政。

（4）销售货物的同时代办保险等而向购买方收取的保险费，以及向购买方收取的代购买方缴纳的车辆购置税、车辆牌照费。

凡随同销售货物或提供应税劳务向购买方收取的价外费用，无论其会计制度如何核算，均应并入销售额计算应纳税额。

注：凡是价外费用、逾期包装物押金以及混合销售行为中的非增值税应税劳务的销售额，应视为销售收入，在计算时首先转为不含税销售收入。计算公式：

$$销售额 = \frac{含税销售额}{(1+税率)} \cdots\cdots 一般纳税人使用（见案例2-3）$$

$$销售额 = \frac{含税销售额}{(1+征收率)} \cdots\cdots 小规模纳税人使用$$

【案例2-3】 某电器商场（一般纳税人）销售一台空调，增值税发票上注明货款5 000元，税款850元，另代收安装费用117元，问该商场此笔销售应纳的增值税为多少？

[案例分析]

税法规定：销售方向购买者收取的代收款项作为价外费用应纳入销售额，但不包括其中的增值税，因此该电器商场在该笔业务中增值税销项税额：

[5 000+117÷（1+17%）]×17%＝867（元）

2. 我国有关增值税计税销售额的特殊规定

（1）采取折扣、折让方式销售。

①折扣销售（商业折扣）：折扣销售是指销货方在销售货物或应税劳务时，因购货方购货数量较大等原因而给予购货方的价格优惠（如购买5件，销售价格折扣10%，购买10件，折扣20%等）。由于折扣是在实现销售时同时发生的，因此，税法规定：如果销售额和折扣额在同一张发票上分别注明的，可按折扣后的余额作为销售额计算增值税；如果将折扣额另开发票，不论其在财务上如何处理，均不得从销售额中减除折扣额。

②销售折扣（现金折扣）：销售折扣是指销货方在销售货物或应税劳务后，为了鼓励购货方及早偿还货款而协议许诺给予购货方的一种折扣优待（如：20天内付款，货款折扣2%；30天内付款，折扣1%；40天内全价付款）。销售折扣发生在销货之后，是一种融资性质的理财费用，因此，销售折扣不得从销售额中减除。

33

③销售退回或折让：销售退回或折让是指货物销售后，由于其品种、质量等原因购货方未予退货，但销货方需给予购货方的一种价格折让。销售折让与销售折扣相比较，虽然都是在货物销售后发生的，但因为销售折让是由于货物的品种和质量引起销售额的减少，因此，对销售折让可以折让后的货款为销售额。

(2) 采取以旧换新方式销售。

以旧换新是指纳税人在销售自己的货物中，折价收回同类旧货物，并以折价款部分冲减货物价款的一种销售方式。对于以旧换新方式销售货物的（金银首饰除外），应按新货物的同期销售价格确定销售额，不得扣减旧货物的收购价格，对于有偿收回的旧货物，不得抵扣进项税额。

【案例2-4】 2010年某月，某商场采取以旧换新方式销售一台电视机，销售价款5 850元，旧电器折价400元，问增值税发票如何填制？增值税销项税额是多少？

[案例分析]

增值税发票上的销售额为5 000元，销项税额为850元，同时旧电器不是从经批准的废品收购经营公司购进的，不得抵扣其进项税额。

(3) 采取还本销售方式销售。

还本销售是指纳税人在销售货物后，到一定期限由销售方一次或分次退还给购货方全部或部分价款。这种方式实际上是一种筹集资金，是以货物换取资金的使用价值，到期还本不付息的方法。对于还本销售，其销售额就是货物的销售价格，不得从销售额中减除还本支出。

(4) 采取以物易物方式销售。

以物易物是一种较为特殊的购销活动，是指购销双方不是以货币结算，而是以同等价款的货物相互结算，实现货物购销的一种方式。采取以物易物销售的双方都应作购销处理，以各自发出的货物核算销售额并计算销项税额，以各自收到的货物按规定核算购货额并计算进项税额，并分别开发票。

【案例2-5】 2011年，容达公司以自产的产品交换一台机器设备，产品生产成本为10 000元。该产品的成本利润率为10%。

[案例分析]

首先应按组成计税价格确定方法计算自产产品的计税价格，本例按成本利润率方法计算组成计税价格，则：

组成计税价格=成本×（1+成本利润率）=10 000×（1+10%）=11 000（元）

其次，分别开出或取得增值税发票，销项税额为11 000×17%=1 870（元）

(5) 包装物租金和押金的计价。

包装物是指纳税人包装本单位货物的各种物品。纳税人销售货物时另收取包装物押金，目的是促使购货方及早退回包装物以便周转使用。纳税人为销售货物而出租出借包装物收取的押金，单独记账核算的，时间在1年以内，又未过期的，不并入销售额征税；但对因逾期（一般以1年为限）未收回包装物不再退还的押金，应按所包装货物的适用税率计算销项税额。

税法规定对销售除啤酒、黄酒外的其他酒类产品而收取的包装物押金，无论是否返还以及会计上如何核算，均应并入当期销售额征税。

当然，在将包装物押金并入销售额征税时，需要先将该押金换算为不含税价，再并入销售额征税。对于个别包装物周转使用期限较长的，报经税务机关确定后，可适当放宽逾期期限。另外，包装物押金不应混同于包装物租金，包装物租金在销货时作为价外费用并入销售额计算销项税额。

3. 组成计税价格

我国现行增值税规定，纳税人销售货物或者应税劳务的价格明显偏低并无正当理由的，或者有视同销售行为而无销售额的，主管税务机关有权按照下列顺序核定其计税销售额：

（1）按纳税人最近时期同类货物的平均销售价格确定。

（2）按其他纳税人最近时期同类货物的平均销售价格确定。

（3）用以上两种方法均不能确定其销售额的情况下，主管税务机关有权按照组成计税价格核定其计税销售额。

①组成计税价格＝成本×（1＋成本利润率）

②当货物属于应征消费税货物时，其组成计税价格中还应加计消费税额。则计算公式为：

组成计税价格＝成本×（1＋成本利润率）／（1－消费税税率）

③当该项应税消费品为委托加工方式的，则其计算公式为：

组成计税价格＝（材料成本＋加工费）／（1－消费税税率）

④纳税人进口货物时，应纳增值税的计税价格也须按一定的计算公式所组成。其计算公式为：

组成计税价格＝到岸价格（CIF）＋关税＋消费税

公式中的成本，是指销售自产货物的为实际生产成本，销售外购货物的为实际采购成本。公式中的成本利润率由国家税务总局确定。

提示：以上销售额核算办法是依顺序进行的，前一方法不可用才使用下一方法，不是任意选择的。

（二）进项税额计算

1. 准予从销项税额中抵扣的进项税额

此种情况具体分为以下两类。

（1）凭票抵扣税：在一般情况下，购进方的进项税由销售方的销项税对应构成。故进项税额在正常情况下是在增值税专用发票及海关进口增值税专用缴款书上注明的进项税额。

（2）计算抵扣：在特殊情况下，没有取得专用发票、完税凭证，自行计算进项税额。

购进农产品：按照农产品收购发票或者销售发票上注明的农产品买价的13％计算可扣除进项税额。

注：收购农产品的买价，包括纳税人购进农产品在农产品收购发票或者销售发票上注明的价款和按规定缴纳的烟叶税。

运输费用：购进或者销售货物以及在生产经营过程中支付运输费用的，按照运输费用计算单据上注明的运输费用金额和7％的扣除率计算的进项税额。

注：运输费用中不包括装卸费、保险费，且应符合下列条件才能扣除进项税。法律依据：(国税发〔2003〕120号)(国税函〔2004〕557号)(国税函〔2004〕1033号)(国税发明电〔2003〕第55号)(国税发〔2004〕88号)

(1) 购买方必须取得运输费发票；
(2) 承运部门必须将运输发票开具给购买方的；
(3) 必须是采用税控收款机系列产品开具的发票；
(4) 发票上的信息完整、填写方法符合法律要求。

2. 不得抵扣的进项税额

(1) 用于非增值税应税项目、免征增值税项目、集体福利或者个人消费的购进货物或应税劳务。

个人消费：包括纳税人的交际应酬消费。

非增值税应税项目：提供非应税劳务、转让无形资产、销售不动产和不动产在建工程等。纳税人新建、改建、扩建、修缮、装饰不动产，均属于不动产在建工程。

(2) 非正常损失的购进货物。非正常损失是指因管理不善造成的货物被盗窃、发生霉烂变质等损失。

(3) 非正常损失的在产品、产成品所耗用的购进货物或应税劳务。

(4) 国务院财政、税务主管部门规定的纳税人自用消费品。

纳税人自用的应征消费税的摩托车、汽车、游艇，其进项税额不得从销项税额中抵扣。

(5) 上述4项规定的货物的运输费用和销售免税货物的运输费用。

(6) 已抵扣进项税额的购进货物或者应税劳务，改变用途用于非应税项目、免税项目、集体福利或者个人消费等，应当将该项购进货物或者应税劳务的进项税额从当期的进项税额中扣减；无法确定该进项税额的，按当期实际成本计算应扣减的进项税额。

(7) 小规模纳税人不得抵扣进项税额。

(8) 按简易办法征收增值税的优惠政策，不得抵扣进项税额。

> 提示：凡是作为销售和视同销售的项目涉及的进项税额均可抵扣，反之则不可抵扣，比如外购材料已抵扣进项税，改变用途用于房屋建设，其进项税额作为进项税额转出。

3. 增值税进项税抵扣时间

(1) 增值税一般纳税人取得2010年1月1日以后开具的增值税专用发票、公路内河货物运输业统一发票和机动车销售统一发票，应在开具之日起180日内到税务机关办理认证，并在认证通过的次月申报期内，向主管税务机关申报抵扣进项税额。

(2) 实行海关进口增值税专用缴款书(以下简称海关缴款书)"先比对后抵扣"管理办法的增值税一般纳税人取得2010年1月1日以后开具的海关缴款书，应在开具之日起180日内向主管税务机关报送《海关完税凭证抵扣清单》(包括纸质资料和电子数据)申请稽核比对。

(3) 未实行海关缴款书"先比对后抵扣"管理办法的增值税一般纳税人取得2010年1

项目二 增值税计算及纳税申报

月1日以后开具的海关缴款书,应在开具之日起180日后的第一个纳税申报期结束以前,向主管税务机关申报抵扣进项税额。

(4) 增值税一般纳税人取得2010年1月1日以后开具的增值税专用发票、公路内河货物运输业统一发票、机动车销售统一发票以及海关缴款书,未在规定期限内到税务机关办理认证、申报抵扣或者申请稽核比对的,不得作为合法的增值税扣税凭证,不得计算进项税额抵扣。

(三) 应纳税额计算

一般纳税人当期应纳税额的计算:

应纳税额 = 当期销项税额 - 当期进项税额

如应纳税额大于零,则为当期应纳的增值税;如若小于零,则形成留抵,待下期与下期进项税额一并,从下期销项税额中抵扣。

当期是按照税法规定准确计算应纳税额的重要条件,它决定了计算应纳税额的期限。

【案例2-6】 容达公司为增值税一般纳税人,适用增值税税率17%,2012年6月有关生产经营业务如下:

(1) 销售甲产品给某大商场,开具增值税专用发票,取得不含税销售额80万元;另外,开具普通发票,取得销售甲产品的送货运输费收入5.85万元。

(2) 销售乙产品,开具普通发票,取得含税销售额29.25万元。

(3) 将试制的一批应税新产品用于本企业基建工程,成本价为20万元,成本利润率为10%,该产品无同类产品市场销售价格。

(4) 购进货物取得增值税专用发票,注明支付的货款60万元,进项税额10.2万元,货物验收入库;另外,支付购货的运输费用6万元,取得运输公司开具的普通发票。

(5) 向农业生产者购进免税农产品一批,支付收购价30万元,支付给运输单位的运费5万元,取得相关的合法票据,农产品验收入库。本月下旬将购进的农产品的20%用于本企业职工福利。

请计算容达公司2012年6月应缴纳的增值税税额。

[案例分析]

(1) 销售甲产品的销项税额:$80 \times 17\% + 5.85 \div (1+17\%) \times 17\% = 14.45$(万元)

注:运输费在此属于代收费用,且应转为不含税收入。

(2) 销售乙产品的销项税额:$29.25 \div (1+17\%) \times 17\% = 4.25$(万元)

(3) 自用新产品的销项税额:$20 \times (1+10\%) \times 17\% = 3.74$(万元)

注:自产产品用于企业内部的基本建设应视同销售处理,销售价格按组成计税价格规定的方法确定。

(4) 外购货物应抵扣的进项税额 $10.2 + 6 \times 7\% = 10.62$(万元)

注:运输费用扣税以运费直接计算进项税。

(5) 外购免税农产品应抵扣的进项税额:$(30 \times 13\% + 5 \times 7\%) \times (1-20\%) = 3.4$(万元)

该企业6月份应缴纳的增值税额:$14.45 + 4.25 + 3.74 - 10.62 - 3.4 = 8.42$(万元)

二、小规模纳税人应纳税额的计算

小规模纳税人销售货物或应税劳务，实行按照销售额和征收率计算应纳税额的简易办法，不得抵扣进项税额。其计算公式为：

应纳税额＝销售额×征收率

由于小规模纳税人在销售货物或应税劳务时，一般只能开具普通发票，取得的销售收入均为含税销售额，所以，小规模纳税人在计算应纳税额时，必须将含税销售额换算为不含税销售额后才能计算应纳税额。计算公式为：

$$销售额 = \frac{含税销售额}{1+征收率}$$

【案例 2-7】 A 商场为增值税小规模纳税人，2011 年 10 月份取得零售收入总额为 5.15 万元，计算该商场 10 月份应缴纳的增值税额。

[案例分析]

(1) 10 月份取得的不含税销售额＝5.15÷(1+3%)＝5（万元）

(2) 10 月份应缴纳的增值税额＝5×3%＝0.15（万元）

三、进口货物应纳税额的计算

纳税人进口货物，按照组成计税价格和规定的税率计算应纳税额，不得抵扣任何税额，其组成计税价格和应纳税额计算公式如下：

组成计税价格＝关税完税价格＋关税＋消费税

或：$$组成计税价格 = \frac{关税完税价格+关税}{1-消费税率}$$

应纳增值税税额＝组成计税价格×税率

进口货物增值税的纳税义务人是进口货物的收货人或办理报关手续的单位和个人。

【案例 2-8】 容达公司 2011 年 3 月报关进口货物一批。该批货物在国外的买价 40 万元，另该货物运抵我国海关前发生的包装费、运输费、保险费等共计 10 万元。货物报关后，公司按规定缴纳了进口环节的增值税并取得了海关开具的完税凭证。

货物进口关税税率 10%，增值税率 17%。请按下列顺序回答问题：

(1) 计算关税的组成计税价格；

(2) 计算进口环节应缴纳的进口关税；

(3) 计算进口环节应缴纳增值税的组成计税价格；

(4) 计算进口环节应缴纳增值税的税额；

[案例分析]

(1) 关税的组成计税价格＝40＋10＝50（万元）

(2) 应交关税＝50×10%＝5（万元）

(3) 组成计税价格＝50＋5＝55（万元）

(4) 进口环节应纳税额＝55×17%＝9.35（万元）

项目二 增值税计算及纳税申报

> **知识拓展**

增值税优惠政策摘要

一、增值税起征点

增值税对个人规定了起征点。纳税人销售额未达到起征点的，免征增值税；达到起征点的，依照规定全额计算缴纳增值税。增值税起征点的幅度规定如下：

（1）销售货物的，为月销售额2 000～5 000元；

（2）销售应税劳务的，为月销售额1 500～3 000元；

（3）按次纳税的，为每次（日）销售额150～200元。

省、自治区、直辖市财政厅（局）和国家税务局应在规定的幅度内，根据实际情况确定本地区适用的起征点，并报财政部、国家税务总局备案。

二、增值税的免税规定

增值税免税项目及免税范围如下：

（1）农业生产者销售的自产农产品；

（2）避孕药品和用具；

（3）古旧图书；

（4）直接用于科学研究、科学试验和教学的进口仪器、设备；

（5）外国政府、国际组织无偿援助的进口物资和设备；

（6）由残疾人的组织直接进口供残疾人专用的物品；

（7）销售自己使用过的物品。

三、出口退（免）税

出口货物退（免）税是国际贸易中通常采用的并为世界各国普遍接受的、目的在于鼓励各国出口货物公平竞争的一种退还或免征间接税（目前我国主要包括增值税、消费税）的税收措施。目前，我国的出口货物税收政策分为以下三种形式：

1. 出口免税并退税

出口免税是指对货物在出口环节不征增值税、消费税。

出口退税是指对货物在出口前实际承担的税收负担，按规定的退税率计算后予以退还。

2. 出口免税不退税

出口不退税是指使用这个政策的出口货物因在前一道生产、销售环节或进口环节是免税的，因此，出口时该货物的价格本身就不含税，也无须退还。

3. 出口不免税也不退税

出口不免税是指对国家限制或禁止出口的某些货物的出口环节视同内销环节，照常征税。

出口不退税是指对这些货物出口不退还出口前其所负担的税款。

企业税费计算及纳税申报

引入案例分析

应缴增值税税额＝[100÷（1+17%）－60÷（1+17%）]×17%＝5.81（元）。

同时税法规定，为其他单位和部门的有关人员发放现金、实物等应按规定代扣代缴个人所得税；税款由支付单位代扣代缴。按偶然所得代扣代缴个人所得税30×20%＝6（元）。

【案例2-9】 容达公司2012年10月份购买原材料100吨，每吨100元，增值税专用发票上注明货款10 000元，增值税额1 700元，支付运费100元；购买设备一台，价值5 000元（含税价），付运费100元；购买用于厂房建设的建筑材料10吨，每吨100元，增值税专用发票上注明价款1 000元，增值税额170元，以上材料均入库并付货款（所有运费都有能抵扣的发票）。

本月该企业的销售产品1 000件，每件200元，增值税专用发票上注明价款200 000元，税额34 000元，支付销货运费1 000元，货物尚未收到，将新产品100件用于发放职工福利，每件成本150元（成本利润率为10%），此企业按月纳税，上月尚未抵扣的增值税留底额30 000元。

问：容达公司本月应缴纳多少增值税。

[案例分析]

（1）可抵扣的进项税额
＝1 700+100×7%+5 000÷（1+17%）×17%+100×7%≈2 440.50（元）

（2）销项税额＝34 000+150×100×（1+10%）×17%＝36 805（元）

上月尚未抵扣的增值税留底额30 000元，则：

本月应缴增值税＝36 805－2440.50－30 000＝4 364.5（元）

注：销售商品自己支付运费作为营业费用处理，不能抵扣。

任务小结

（1）一般销售（或视同销售）方式下的销售额是指纳税人销售货物或者提供应税劳务向购买方（承受应税劳务也视为购买方）收取的全部价款和价外费用，但是不包括收取的销项税额。

（2）纳税人销售货物或者应税劳务的价格明显偏低并无正当理由的，或者有视同销售行为而无销售额的，主管税务机关有权按照顺序核定其计税销售额。

（3）下列进项税不得抵扣：一是没有销项对应的进项税不能抵扣。二是消费者承担税款，用于个人消费，自用消费品不能抵扣。三是扣税凭证不符合规定的，不能抵扣进项税。

项目二 增值税计算及纳税申报

任务四 增值税的出口货物退免税及进口货物征税
Mission four

任务描述

1. 了解进口货物征税范围及纳税人
2. 了解出口货物退免税基本政策及退税范围
3. 掌握出口货物退税额的计算
4. 掌握进口货物应纳税额的计算

任务链接

前期我们已学习了增值税的基本要素，掌握了增值税的纳税范围、增值税的计税方法。本任务涉及的是增值税出口环节的优惠政策——退税计算及进口环节的增值税计算。

相关知识

一、增值税出口退（免）税制度

增值税是对在我国境内销售货物或者提供加工、修理修配劳务，以及进口货物的企业单位和个人，就其货物销售或提供劳务的增值额和进口货物金额为计税依据而课征的一种流转税。除少数特殊货物外，我国实行出口货物零税率的优惠政策，不但出口环节不纳税，而且还可以退还以前环节缴纳的全部或部分税款，具体规定有以下几种情况：

（一）免税并退税

除另有规定外，下列企业出口是免税并退税：
（1）生产企业自营出口或委托外贸企业出口的自产货物；
（2）有出口经营权的外贸企业收购后直接出口或委托其他外贸企业代理出口的货物；
（3）特定出口的货物。

（二）免税但不退税

（1）属于小规模纳税人的生产企业直接出口或委托外贸企业代理出口自产货物；
（2）外贸企业从小规模纳税人购进并持普通发票的货物（除特准退税）；
（3）外贸企业直接购进国家规定免税的货物出口的；
（4）来料加工复出口的货物，即原料进口免税，加工后复出口不办理退税；

(5) 国家出口计划内的卷烟；
(6) 军品以及军队系统企业出口军需工厂生产产品或军需部门调拨的物资；
(7) 国家规定的其他免税货物。

（三）不免税也不退税

(1) 国家计划外出口的原油；
(2) 国家禁止出口的货物，包括天然牛黄、麝香、铜及铜基合金、白银等；
(3) 国家规定的其他不免税也不退税的货物。

二、出口退（免）税计算

1. 出口货物退税率

出口货物退税率是出口货物的实际退税额与退税依据之间的比例。现行出口货物的退税率有5%、9%、11%、13%、14%、15%、16%、17%八档。

出口退税国家规定了两种计税办法。第一种办法是"免、抵、退"办法，主要适用于自营和委托外贸企业出口自产货物的生产企业；第二种办法是"先征后退"办法，目前主要用于收购货物出口的外（工）贸企业。

2. "免、抵、退"税的计算方法

生产企业自营和委托外贸企业出口自产货物，除另有规定外，增值税一律实行免、抵、退管理办法。"免"税是指对生产企业出口的自产货物，在出口时免征本企业生产销售环节的增值税；"抵"税是指生产企业出口自产货物所耗的原材料、零部件、燃料、动力等所含应予退还的进项税额，抵顶内销货物的应纳税额；"退"税是指生产企业出口的自产货物在当月内应抵顶的进项税额大于应纳税额时，对未抵顶完的部分予以退税。

计算过程：

(1) 当期应纳税额＝当期内销货物的销项税额－（当期进项税额－当期免抵退不得免征和抵扣税额）－上期期末留抵税额

当期免抵退不得免征和抵扣税额＝当期出口货物离岸价格×（出口货物征税率－出口货物退税率）－当期免抵退不得免征和抵扣税额抵减额

当期免抵退不得免征和抵扣税额抵减额＝当期免税购进原材料价格×（出口货物征税率－出口货物退税率）

如果当期没有免税购进材料，上述公式中当期免抵退不得免征和抵扣税额抵减额不计算。

分析：若上述"当期应纳税额"计算为正数，说明企业应缴纳增值税；若计算结果为负数，则应退税。

(2) 计算当期免抵退税额。

当期免抵退税额＝当期出口货物离岸价格×出口货物退税率－免抵退税额抵减额

免抵退税额抵减额＝当期免税购进原材料价格×出口货物退税率

如果当期没有免税购进材料，上述公式中当期免抵退税额抵减额不计算。

(3) 当期应退税额和免抵税额计算。

如果当期期末留抵税额≤当期免抵退税额，

则当期应退税额＝当期期末留抵税额
则当期免抵税额＝当期免抵退税额－当期应退税额
如果当期期末留抵税额＞当期免抵退税额
则当期应退税额＝当期免抵退税额
当期免抵税额＝0

当期期末留抵税额根据当期期末增值税纳税申报表中"期末留抵税额"确定。公式中的"期"指的是一个月。

3. "先征后退"的计算办法

外贸企业以及实行外贸企业财务制度的工贸企业收购货物出口，其出口货物销售环节的增值税免征；其收购货物的成本部分，因外贸企业在收购货物的同时也支付了生产经营该类商品的企业已纳的增值税款，因此在货物出口后按收购成本与退税率计算退税，征退税之间的差额部分计入企业成本。

应退税额＝外贸企业收购不含增值税的购进金额×退税率

注：外贸企业收购不含增值税的购进金额＝出口货物数量×加权平均单价

三、进口货物增值税计算

进口货物增值税计税价格＝进口货物到岸价格＋关税＋消费税
进口货物应缴增值税＝进口货物增值税计税价格×税率

注：进口货物增值税在报关地海关纳税。

任务小结

（1）出口货物退税是对已纳税的出口货物退税；
（2）进口货物应纳增值税计税价格包括关税和消费税。

任务五　增值税申报缴纳
Mission five

任务描述

1. 了解纳税义务发生时间
2. 了解纳税期限和纳税地点
3. 了解专用发票管理
4. 掌握纳税申报方法

任务链接

通过任务一至任务四的学习，同学们已掌握增值税计税的基本政策和基本方法，本次按税收征收管理要求，填写增值税纳税申报表，在规定的时间、地点申报纳税。

案例引入

2009年3月，某安尼产品代销人前往税务机关缴纳税款，税务机关在审核其提供的税收登记文件时，发现其与安尼产品重庆分公司的代销关系产生于2008年11月，于是对其处2 000元的罚款。这是为什么？

相关知识

一、增值税纳税义务发生时间

纳税义务发生时间，是纳税人发生应税行为应当承担纳税义务的起始时间。销售货物或者应税劳务的纳税义务发生时间，按销售结算方式的不同，具体确定为：

（1）采取直接收款方式销售货物，不论货物是否发出，均为收到销售额或取得索取销售额的凭据，并将提货单交给买方的当天。

（2）采取预收货款方式销售货物，为货物发出的当天，无书面合同的或书面合同没有约定收款日期的，为货物发出的当天，但生产销售生产工期超过12个月的大型机械设备、船舶、飞机等货物，为收到预收款或者书面合同约定的收款日期的当天。

（3）委托其他纳税人代销货物，为收到代销单位的代销清单的当天；收到代销清单前已收到全部或者部分货款的，其计算时间为收到全部或部分销货款的当天；未收到代销清单或者货款的，为发出代销货物满180天的当天。

（4）采取托收承付和委托银行收款方式销售货物，为发出货物并办妥托收手续的当天。

（5）采取赊销和分期收款方式销售货物，为按合同约定的收款日期的当天。

（6）销售应税劳务，为提供劳务同时收讫销售额或取得索取销售额的凭据的当天。

（7）纳税人发生除"将货物交付他人代销"和"销售代销货物"之外的视同销售货物行为，为货物移送的当天。

（8）进口货物，为报关进口的当天。

注：增值税扣缴义务发生时间为纳税人增值税纳税义务发生的当天。

二、增值税纳税期限

增值税的纳税期限分别为1日、3日、5日、10日、15日、1个月或者1个季度。纳税人的具体纳税期限，由主管税务机关根据纳税人应纳税额的大小分别核定；不能按照固定期限纳税的，可以按次纳税。

纳税人以1个月或者1个季度为1个纳税期的，自期满之日起15日内申报纳税；以1日、3日、5日、10日或者15日为1个纳税期的，自期满之日起5日内预缴税款，于次月1日起15日内申报纳税并结清上月应纳税款。

扣缴义务人解缴税款的期限，依照上述规定执行。

纳税人进口货物，应当自海关填发海关进口增值税专用缴款书之日起15日内缴纳税款。

项目二 增值税计算及纳税申报

> 提示：纳税期限为1个季度的规定仅适用于小规模纳税人。小规模纳税人的具体纳税期限，由主管税务机关根据其应纳税额的大小分别核定。

三、增值税纳税地点

（1）固定业户应当向其机构所在地的主管税务机关申报纳税。总机构和分支机构不在同一县（市）的，应当分别向各自所在地的主管税务机关申报纳税；经国务院财政、税务主管部门或者其授权的财政、税务机关批准，可以由总机构汇总向总机构所在地的主管税务机关申报纳税。

固定业户到外县（市）销售货物或者应税劳务，应当向其机构所在地的主管税务机关申请开具外出经营活动税收管理证明，并向其机构所在地的主管税务机关申报纳税；未开具证明的，应当向销售地或者劳务发生地的主管税务机关申报纳税；未向销售地或者劳务发生地的主管税务机关申报纳税的，由其机构所在地的主管税务机关补征税款。

（2）非固定业户销售货物或者应税劳务，应当向销售地或者劳务发生地的主管税务机关申报纳税；未向销售地或者劳务发生地的主管税务机关申报纳税的，由其机构所在地或者居住地的主管税务机关补征税款。

（3）进口货物，应当向报关地海关申报纳税。

（4）扣缴义务人应当向其机构所在地或者居住地的主管税务机关申报缴纳其扣缴的税款。

四、增值税发票的使用

增值税专用发票：是指增值税一般纳税人销售货物或者提供应税劳务开具的发票，是购买方支付增值税额并可按照有关规定据以抵扣增值税进项税额的凭证。专用发票由基本联次或者基本联次附加其他联次构成，基本联次为三联：发票联、抵扣联和记账联。发票联，作为购买方核算采购成本和增值税进项税额的记账凭证；抵扣联，作为购买方报送主管税务机关认证和留存备查的凭证；记账联，作为销售方核算销售收入和增值税销项税额的记账凭证。其他联次用途，由一般纳税人自行确定。

（一）专用发票的开票限额

专用发票实行最高开票限额管理。最高开票限额，是指单份专用发票开具的销售额合计数不得达到的上限额度。最高开票限额由一般纳税人申请，税务机关依法审批。最高开票限额为10万元及以下的，由区县级税务机关审批；最高开票限额为100万元的，由地市级税务机关审批；最高开票限额为1 000万元及以上的，由省级税务机关审批。

（二）专用发票的开具范围

（1）一般纳税人销售货物或者提供应税劳务应向购买方开具专用发票。

（2）商业企业一般纳税人零售的烟、酒、食品、服装、鞋帽（不包括劳保专用部分）、化妆品等消费品不得开具专用发票。

45

（3）销售免税货物不得开具专用发票（法律、法规及国家税务总局另有规定的除外）。

（4）一般纳税人销售自己使用过的固定资产，适用简易办法征税的，应开普通发票，不得开具增值税发票。

（5）对属于一般纳税人的自来水公司销售自来水按简易办法依照6%征收率征收增值税，不得抵扣其购进自来水取得增值税扣税凭证上注明的增值税税款。

（6）小规模纳税人需要开具专用发票的，可向主管税务机关申请代开。

（三）红字增值税专用发票的开具要求

一般纳税人取得专用发票后发生销货退回、开票有误不符合发票作废条件的，或因销货部分退回的及发生销售折让的，根据国家税务总局关于修订《增值税专用发票使用规定》的通知（国税法（2006）156号）第十四条规定，购买方应向主管税务机关填报《经字发票申请单》，简称《申请单》，销货单位凭《申请单》开具红字发票。

（四）专用发票丢失后的管理

（国税法（2006）156号）第二十八条规定：一般纳税人丢失已开具专用发票的发票联和抵扣联，如果丢失前已认证相符的，购买方凭销售方提供的相应专用发票记账联复印件及销售方所在地主管税务机关出具的《丢失增值税专用发票已报税证明单》（附件5），经购买方主管税务机关审核同意后，可作为增值税进项税额的抵扣凭证；如果丢失前未认证的，购买方凭销售方提供的相应专用发票记账联复印件到主管税务机关进行认证，认证相符的凭该专用发票记账联复印件及销售方所在地主管税务机关出具的《丢失增值税专用发票已报税证明单》，经购买方主管税务机关审核同意后，可作为增值税进项税额的抵扣凭证。

五、增值税的申报和缴纳

（一）一般纳税人的纳税申报

1. 必报资料

（1）"增值税纳税申报表（适用于增值税一般纳税人）"及其增值税纳税申报表附列资料。

（2）使用防伪税控系统的纳税人，必须报送记录当期纳税信息的IC卡（明细数据备份在软盘上的纳税人，还须报送备份数据软盘）、"增值税专用发票存根联明细表"及"增值税专用发票抵扣联明细表"。

（3）"资产负债表"和"损益表"。

（4）"成品油购销存情况明细表"（发生成品油零售业务的纳税人填报）。

（5）主管税务机关规定的其他必报资料。

纳税申报实行电子信息采集的纳税人，除向主管税务机关报送上述必报资料的电子数据外，还需报送纸介的"增值税纳税申报表（适用于一般纳税人）"（主表及附表），便于税务大厅征收人员的审核比对。

2. 备查资料

（1）已开具的增值税专用发票和普通发票存根联。

项目二 增值税计算及纳税申报

（2）符合抵扣条件并且在本期申报抵扣的增值税专用发票抵扣联。

（3）海关进口货物完税凭证、运输发票、购进农产品普通发票及购进废旧物资普通发票的存根联原件及复印件。

（4）收购凭证的存根联或报查联。

（5）代扣代缴税款凭证存根联。

（6）主管税务机关规定的其他备查资料。

3. 增值税纳税申报表

增值税一般纳税人增值税申报表分为主表、附列资料及附表。表2-1～表2-4，表中资料来源于增值税纳税申报综合案例（表后）。

表2-1 增值税纳税申报表
（适用于增值税一般纳税人）

根据《中华人民共和国增值税暂行条例》第二十二条和第二十三条的规定制定本表，纳税人不论有无销售额，均应按主管税务机关核定的纳税期限按期填报本表，并于次月一日起十日内，向当地税务机关申报。

税款所属时间：自2011年11月1日至2011年11月30日 填表日期：年 月 日

金额单位：元至角分

纳税人识别号					所属行业		
纳税人名称	（公章）	法定代表人姓名		注册地址		营业地址	
开户银行及账号		企业登记注册类型				电话号码	

	项目	栏次	一般货物及劳务		即征即退货物及劳务	
			本月数	本年累计	本月数	本年累计
销售额	（一）按适用税率征税货物及劳务销售额	1	2 105 000			
	其中：应税货物销售额	2	2 105 000			
	应税劳务销售额	3				
	纳税检查调整的销售额	4				
	（二）按简易征收办法征税货物销售额	5				
	其中：纳税检查调整的销售额	6				
	（三）免、抵、退办法出口货物销售额	7			—	—
	（四）免税货物及劳务销售额	8			—	—
	其中：免税货物销售额	9			—	—
	免税劳务销售额	10			—	—

47

续表

纳税人识别号				所属行业		
纳税人名称	（公章）	法定代表人姓名		注册地址		营业地址
开户银行及账号		企业登记注册类型				电话号码

	项目	栏次	一般货物及劳务		即征即退货物及劳务	
			本月数	本年累计	本月数	本年累计
税款计算	销项税额	11	357 850			
	进项税额	12	222 400			
	上期留抵税额	13	30 000		—	
	进项税额转出	14	850			
	免抵退货物应退税额	15			—	
	按适用税率计算的纳税检查应补缴税额	16				
	应抵扣税额合计	17＝12＋13－14－15＋16	251 550			
	实际抵扣税额	18（如 17＜11，则为 17，否则为 11）	251 550			
	应纳税额	19＝11－18	106 300			
	期末留抵税额	20＝17－18			—	
	简易征收办法计算的应纳税额	21				
	按简易征收办法计算的纳税检查应补缴税额	22			—	
	应纳税额减征额	23				
	应纳税额合计	24＝19＋21－23	106 300			
税款缴纳	期初未缴税额（多缴为负数）	25				
	实收出口开具专用缴款书退税额	26				
	本期已缴税额	27＝28＋29＋30＋31				
	（1）分次预缴税额	28			—	
	（2）出口开具专用缴款书预缴税额	29				
	（3）本期缴纳上期应纳税额	30				
	（4）本期缴纳欠缴税额	31				
	期末未缴税额（多缴为负数）	32＝24＋25＋26－27				
	其中：欠缴税额（≥0）	33＝25＋26－27				
	本期应补（退）税额	34＝24－28－29	106 300			
	即征即退实际退税额	35				
	期初未缴查补税额	36				
	本期入库查补税额	37				
	期末未缴查补税额	38＝16＋22＋36－37			—	

授权声明	如果你已委托代理人申报，请填写以下资料：为代理一切税务事宜，现授权（地址）　　　　为本纳税人的代理申报人，任何与本申报表有关的往来文件，都可寄予此人。授权人签字：	申报人声明	此纳税申报表是根据《中华人民共和国增值税暂行条例》的规定填报的，我相信它是真实的、可靠的、完整的。 声明人签字

项目二 增值税计算及纳税申报

表 2-2 增值税纳税申报表附列资料
（本期销售情况明细）

税款所属时间：2011 年 11 月

纳税人名称：（公章）容达有限责任公司　　　填表日期：　年　月　日　　　金额单位：元至角分

一、按适用税率征收增值税货物及劳务的销售额和销项税额明细

项目	栏次	应税货物 17%税率 份数	销售额	销项税额	13%税率 份数	销售额	销项税额	应税劳务 份数	销售额	销项税额	小计 份数	销售额	销项税额
防伪税控系统开具的增值税专用发票	1	2	2 100 000	357 000							2	2 100 000	357 000
非防伪税控系统开具的增值税专用发票	2												
开具普通发票	3	1	5 000	850								5 000	850
未开具发票	4												
小计	5=1+2+3+4		2 105 000	357 850								2 105 000	357 850
纳税检查调整	6												
合计	7=5+6												

二、简易征收办法征收增值税货物的销售额和应纳税额明细

项目	栏次	6%征收率 份数	销售额	应纳税额	4%征收率 份数	销售额	应纳税额	小计 份数	销售额	应纳税额
防伪税控系统开具的增值税专用发票	8	2								
非防伪税控系统开具的增值税专用发票	9									
开具普通发票	10	1								
未开具发票	11									
小计	12=8+9+10+11									
纳税检查调整	13									
合计	14=12+13									

续表

三、免征增值税货物及劳务销售额明细

项目	栏次	免税货物 份数	免税货物 销售额	免税货物 税额	免税劳务 份数	免税劳务 销售额	免税劳务 税额	小计 份数	小计 销售额	小计 税额
防伪税控系统开具的增值税专用发票	15									
开具普通发票	16									
未开具发票	17									
合计	18=15+16+17									

表 2-3 增值税纳税申报表附列资料
(本期进项税额明细)

税款所属时间：　　年　月

纳税人名称：(公章)　填表日期：　　年　月　日　　　　　　　金额单位：元至角分

一、申报抵扣的进项税额

项目	栏次	份数	金额	税额
(一)认证相符的防伪税控增值税专用发票	1			251 000
其中：本期认证相符且本期申报抵扣	2	2	1 300 000	221 000
前期认证相符且本期申报抵扣	3	1	176 471	30 000
(二)非防伪税控增值税专用发票及其他扣税凭证	4			
其中：海关完税凭证	5			
农产品收购凭证及普通发票	6			
废旧物资发票	7			
运输发票	8	1	20 000	1 400
6%征收率	9			
4%征收率	10			
(三)期初已征税款	11	—	—	
当期申报抵扣进项税额合计	12			252 400

二、进项税额转出额

项目	栏次	税额
本期进项税转出额	13	850
其中：免税货物用	14	
非应税项目用	15	

50

项目二 增值税计算及纳税申报

续表

二、进项税额转出额		
项　　目	栏　次	税　　额
非正常损失	16	850
按简易征收办法征税货物用	17	
免抵退税办法出口货物不得抵扣进项税额	18	
纳税检查调减进项税额	19	
未经认证已抵扣的进项税额	20	
	21	

三、待抵扣进项税额				
项　　目	栏　次	份　数	金　额	税　额
（一）认证相符的防伪税控增值税专用发票	22	—	—	—
期初已认证相符但未申报抵扣	23			
本期认证相符且本期未申报抵扣	24			
期末已认证相符但未申报抵扣	25			
其中：按照税法规定不允许抵扣	26			
（二）非防伪税控增值税专用发票及其他扣税凭证	27			
其中：海关完税凭证	28			
农产品收购凭证及普通发票	29			
废旧物资发票	30			
运输发票	31			
6%征收率	32			
4%征收率	33			
	34			

四、其　他				
项　　目	栏　次	份　数	金　额	税　额
本期认证相符的全部防伪税控增值税专用发票	35	2	1 300 000	221 000
期初已征税款挂账额	36	—	—	
期初已征税款余额	37	—	—	
代扣代缴税额	38	—	—	

表 2-4 增值税纳税申报表

(适用小规模纳税人)

纳税人识别号：☐☐☐☐☐☐☐☐☐☐☐☐☐☐☐

纳税人名称（公章）： 金额单位：元（列至角分）

税款所属期： 年 月 日至 年 月 日 填表日期： 年 月 日

	项 目	栏 次	本月数	本年累计
一、计税依据	（一）应征增值税货物及劳务不含税销售额	1		
	其中：税务机关代开的增值税专用发票不含税销售额	2		
	税控器具开具的普通发票不含税销售额	3		
	（二）销售使用过的应税固定资产不含税销售额	4		
	其中：税控器具开具的普通发票不含税销售额	5		
	（三）免税货物及劳务销售额	6		
	其中：税控器具开具的普通发票销售额	7		
	（四）出口免税货物销售额	8		
	其中：税控器具开具的普通发票销售额	9		
二、税款计算	本期应纳税额	10		
	本期应纳税额减征额	11		
	应纳税额合计	12=10-11		
	本期预缴税额	13		—
	本期应补（退）税额	14=12-13		—

纳税人或代理人声明：此纳税申报表是根据国家税收法律的规定填报的，我确定它是真实的、可靠的、完整的。	如纳税人填报，由纳税人填写以下各栏：
	办税人员（签章）： 财务负责人（签章）：
	法定代表人（签章）： 联系电话：
	如委托代理人填报，由代理人填写以下各栏：
	代理人名称： 经办人（签章）： 联系电话：
	代理人（公章）：

受理人： 受理日期： 年 月 日 受理税务机关（签章）：

（二）增值税纳税申报实例

【案例 2-10】 容达有限责任公司为一般纳税人，2011 年 12 月申报 2011 年 11 月的增值税。该公司 2011 年 11 月发生业务如下（前期留抵税额为 30 000 元）：

（1）8 日，接受 A 公司委托，自行购买材料为 A 公司加工一批产品。购买材料取得增

项目二 增值税计算及纳税申报

值税专用发票上注明金额1 000 000元,税额170 000元。增值税专用发票已到税务机关认证。

10日,向A公司提交所委托的产品,开具的增值税专用发票上注明的金额2 000 000元,税款340 000元。货款尚未收到。

(2) 14日,接受B公司委托加工一批产品,主料由B公司提供,容达公司提供辅料50 000元,收取加工费50 000元,向B公司提交产品时,增值税专用发票上注明金额100 000元,税额17 000元,货款已存入银行。

(3) 销售生产过程中产生的纸张边角废料,取得含税收入5 850元。

(4) 当月购买其他材料,取得的增值税专用发票上注明价款300 000元、税额51 000元(已认证)。提货发生运费20 000元,装卸费3 000元,取得货物运输业自开票纳税人开具货物运输发票。以银行存款支付货款和运输费用。

(5) 月末盘点时发现部分库存材料因保管不善而受潮霉烂,成本为5 000元。

[案例分析]

上述案例可列表2-5。

表2-5 案例2-10解析表

题目号(时间)	发票张数		进项税额	销项税额	买价	销售额
	进项税发票	销项税发票				
(1),8日	1		170 000		1 000 000	
(1),10日		1		340 000		2 000 000
(2),14日		1		17 000		100 000
(3)		1		850		5 000
(4)	1		51 000		300 000	
(4)	1(运输费发票)		1 400			
(5)			−850			
合计	3	3	221 550	357 850	1 300 000	2 105 000

注:①只有主要材料由委托方提供才属于委托加工业务,所以题目中(1)不是委托加工业务,题(2)才是委托加工业务。委托加工业务受托方按提供的辅料和收取的加工费计算销项税额。②在购货过程中发生的运输费用(不含装卸费),按7%的税率计算应抵扣的进项税。具体的申报表见前面表2-1~表2-5。

引入案例分析

根据税收征管理办法的规定,纳税人在取得工商营业执照之日起30天之内进行税务登记,纳税年度按自然年度计算,纳税人可按次纳税或分期纳税,分期纳税没产生业务时,实行零申报。该安尼产品代销人与安尼产品重庆分公司的代销关系产生于2008年11月,在2009年3月前往税务机关申报缴税,无论是税务登记时间,还是纳税的时间都不符合要求,按税法规定,税务机关有权给予其2 000元的罚款,对逾期未缴的税金征收滞纳金。

企业税费计算及纳税申报

任务小结

（1）增值税是对在我国境内销售货物或者提供加工、修理修配劳务，以及进口货物的单位和个人，就其取得的货物或应税劳务销售额，以及进口货物金额计算税款，并实行税款抵扣制度的一种流转税。

（2）增值税纳税人按其经营规模及会计核算健全与否划分为一般纳税人和小规模纳税人。

（3）一般纳税人应纳税额采取税款抵扣的方法，间接计算增值税应纳税额，应纳税额等于当期销项税额减当期进项税额。计算公式为：应纳税额＝销项税额－进项税额

（4）小规模纳税人应纳税额实行按照销售额和征收率计算应纳税额的简易办法，不得抵扣进项税额。其计算公式为：应纳税额＝销售额×征收率

（5）增值税按月纳税的，应在次月15日前纳税；增值税一般纳税人取得2010年1月1日以后开具的增值税专用发票、公路内河货物运输业统一发票和机动车销售统一发票，应在开具之日起180日内到税务机关办理认证，并在认证通过的次月申报期内，向主管税务机关申报抵扣进项税额。

（6）增值税纳税申报表分一般纳税人使用和小规模纳税人使用两种。

学生演练

某粮油加工厂（增值税一般纳税人）主要生产面粉、芝麻油、花生油、菜子油、挂面、方便面等粮油和粮食复制品。该厂2012年某月外购项目如下（假定外购货物均已验收入库，本月取得的相关票据均在本月认证并抵扣，上月留抵税额3 000元）：

（1）从粮管所购进小麦，支付价款140 000元，增值税专用发票注明税额18 200元。

（2）从农民手中收购小麦，收购凭证上注明支付价款70 000元，无进项税额。

（3）从粮油公司购进芝麻，价款20 000元，增值税专用发票注明税额2600元。

（4）从外地粮食部门购进花生，价款18 000元，增值税专用发票注明税额2 340元。

（5）外购低值易耗品4 000元，增值税专用发票注明税额680元。

（6）生产用外购水2 092.30元，增值税专用发票注明税额272元。

（7）支付生产用电费3 000元，增值税专用发票注明税额510元。

要求：

（1）计算本月应纳增值税税额。

（2）填制当月的增值税纳税申报主表。

项目三

消费税计算及纳税申报

项目介绍

消费税项目包含消费税的基本知识和纳税申报两个部分,消费税属于流转税,是价内税,与增值税有着紧密的联系。本项目包含以下任务:

任务一:消费税的基本原理
任务二:消费税的基本要素
任务三:消费税应纳税额计算
任务四:消费税的出口货物退(免)税的计算
任务五:消费税申报缴纳

学习导航

1. 应从消费税设置的基本原理出发,理解消费税类别、范围
2. 注意消费税作为价内税与增值税的区别
3. 特别关注委托加工应税消费品的账务处理
4. 现行消费税的基本规范,是 2008 年 11 月 5 日国务院第 34 次常务会议修订通过,以国务院第 539 号文的形式颁布的《中华人民共和国消费税暂行条例》(以下简称《消费税暂行条例》),2009 年 1 月 1 日起实施

学习目标

1. 了解消费税的概念及消费税的计税方法,消费税的特点、作用
2. 了解消费税的纳税义务人,掌握消费税的征税范围
3. 了解消费税的税目和税率
4. 掌握应纳税额的计算
5. 掌握出口货物退(免)消费税的计算掌握消费税申报表的填写要求和方法

教学准备

(1) 准备消费税纳税申报表,以供教学展示用。
(2) 指导学生预习本项目的内容。设计一个教学引入情景(或案例):如提出为什么绝大多数学生戴的手表不交消费税而 1 万元以上的名表要交消费税?为什么购买宝马 325 与宝马 745 所适用的消费税率不一样?

关 键 词

消费税(Consumption tax)、征收范围(The scope of Taxation)、纳税人(Taxpayer)、税率(Tax rate)、应纳税额(Tax payable)、进口征税(Import tax)、出口退税(Export tax rebate)、纳税申报(Tax declaration)

企业税费计算及纳税申报

任务一 消费税基本原理
Mission one

任务描述

1. 掌握消费税的基本特点
2. 了解消费税计税方法
3. 了解消费税的作用

任务链接

我们学习了增值税是一种价外税，计税依据一定要换算成不含税价格，增值税是一种比例税的基本知识，现在我们需要掌握消费税作为一种价内税进行从价计税、从量计税或从价、从量双重计税的特点。

案例引入

A汽车制造企业（增值税一般纳税人）在2011年8月销售给重庆海容实业公司3辆相同型号的越野车，支付货款（含增值税）550 000元，另支付设计费35 000元。该型号越野车的汽缸容量为3.8升，适用消费税率为25%。

请问：A汽车制造企业销售上述3辆越野车，应纳消费税额为多少？

相关知识

一、消费税的概念

消费税是对在我国境内生产、委托加工和进口应税消费品的单位和个人，就其销售额或销售数量，在特定环节征收的一种税。消费税属于价内税，同时又是一种间接税，消费品中所含的消费税款最终由消费者负担。

二、消费税的计税方法

我国现行消费税既可以实行从价定率征收，也可以实行从量定额征收。对生产销售的卷烟、粮食白酒、薯类白酒，同时采用从价计征和从量计征的复合计税方法。

三、消费税的特点

消费税是我国新税制中的主要税种之一。与其他税种相比，主要有以下特点：

项目三 消费税计算及纳税申报

（一）征收范围具有选择性

开征消费税是为了发挥其特殊的调节作用，所以消费税只是选择部分消费品或消费行为征税，具有选择性。这种选择性能更好地体现国家产业政策和消费政策，对产业结构的调整和消费行为的引导有着积极的作用。

（二）征收方法具有灵活性

为了适应不同应税消费品的情况，在征收方法上，有从价定率征收方法、从量定额征收方法和从价、从量复合征收三种方法。

（三）征税环节具有单一性

为了避免重复征收，在我国，消费税实行单一环节征税，一般只选择在生产、委托加工和进口环节征收（金银首饰在零售环节征收，从2009年5月1日起，卷烟还在批发环节按不含增值税销售额的5%征收消费税），其他环节不再征税。

（四）税率具有差别性

为了充分发挥消费税的特殊调节作用，其税率设计为差别税率，即对不同类别的应税消费品分别设定不同的税率。

（五）一般没有减免税的规定

开征消费税的目的是为了调节经济和筹集财政收入，所以，一般没有减免税的规定。

四、消费税的作用

（一）调节消费结构，优化资源配置

消费税对不可再生和替代的能源产品征税，可以保护稀缺资源的有效利用；对影响人体健康、社会秩序和生态环境的特殊消费品及高能耗、高档消费品征税，可以调节消费结构，从而实现资源的优化配置。

（二）稳定税源，保证财政收入

目前，征收消费税的14类产品，大多数品种使用广泛、消费量大，所以开征消费税，对稳定税源，保证财政收入起到了积极的作用。

（三）在一定程度上缓解了分配不公

消费税通过对某些奢侈品或特殊消费品征收消费税，使高收入者的高消费受到一定的抑制，而低收入者或消费基本生活用品的消费者则不负担消费税，支付能力不受影响。所以，开征消费税有利于缓解分配不公。

企业税费计算及纳税申报

知识拓展

消费税的税收优惠政策类别

消费税的税收优惠政策分为四类。一是消费税减税政策,主要有对符合条件的汽车、护肤护发品、金银首饰、钻石、铂金首饰进行减税;二是消费税免税政策,如自2008年1月1日起,进口石脑油免征消费税;三是进口退(免)税政策,如进口残疾人专用的物品,免征进口税;四是出口退(免)税政策,如纳税人出口应税消费品,除国务院另有规定以外,免征消费税。

引入案例分析

含税销售额 550 000+35 000=585 000(元)

应计消费税的销售额 585 000÷(1+17%)=500 000(元)

应纳消费税税额 500 000×25%=125 000(元)

任务小结

(1) 消费税的概念;

(2) 计税方法:从量计征、从价计征、从价计征和从量计征的复合计税方法;

(3) 特点;

(4) 作用。

任务二 消费税基本要素 Mission two

任务描述

1. 搜索、整理、分析《消费税实施条例》
2. 明确消费税征税范围
3. 明确消费税纳税人
4. 了解消费税税率

任务链接

通过任务一的学习,我们已知我国消费税在生产环节或进口环节征税,是一种价内税,现我们还需进一步明确消费税的征税范围、纳税人、税率才能为下一步正确计税做好准备。

项目三 消费税计算及纳税申报

案例引入

小王大学毕业后即分配到一家日化用品公司工作，该公司的主要产品为化妆品和洗发用品，某一天，小王的领导问他，为什么生产的化妆品在销售时要交纳消费税而洗发用品不交纳呢？若你是小王该如何向领导解释？

相关知识

一、消费税的征收范围

（一）征收范围的确定原则

我国消费税的征收范围的确定原则是：立足我国经济发展的实际情况；保证国家财政收入的稳定增长；适当借鉴国外经验和参考国际通行做法。具体如下：

(1) 流转税格局调整后税收负担下降较多的产品。
(2) 非生活必需品中一些高档、奢侈的消费品。
(3) 从保护身体健康、生态环境等方面需要出发，不提倡也不过度消费的某些消费品。
(4) 一些特殊的资源性消费品，如汽油、煤油等。

（二）征收范围的分类

从消费税的具体征收项目来看，我国选择了五种类型 14 种消费品作为消费税的征收范围。

(1) 过度消费会导致对人体健康、社会秩序、生态环境造成危害的特殊消费品，如烟、酒、鞭炮、焰火、木制一次性筷子、实木地板等。
(2) 非生活必需品中的高档品和奢侈品，如贵重首饰、珠宝玉石、高尔夫球及球具、游艇等。
(3) 高能耗消费品，如摩托车、小汽车等。
(4) 不可再生和替代的稀缺性资源消费品，如汽油、柴油等。
(5) 税基广、消费普通、征税后不影响居民基本生活并且具有一定财政意义的消费品，如汽车轮胎等。

二、消费税的纳税人

根据《消费税暂行条例》的规定，在中华人民共和国境内生产、委托加工和进口应税消费品的单位和个人，以及国务院确定的销售应税消费品的其他单位和个人，为消费税的纳税人。

三、消费税的税目与税率

（一）税目

1. 烟

凡是以烟叶为原料加工生产的产品，不论使用何种辅料，均属于本税目的征收范围。本税目包括卷烟（分为甲类、乙类卷烟）、雪茄烟、烟丝 3 个子项。

2. 酒及酒精

本税目下设白酒、黄酒、啤酒、其他酒、酒精 5 个子项。白酒分为粮食白酒和薯类白酒，啤酒分为甲类啤酒和乙类啤酒。

3. 化妆品

本税目的征收范围包括各类美容、修饰类的化妆品、高档护肤类化妆品和成套化妆品。

4. 贵重首饰及珠宝玉石

本税目的征收范围包括金银首饰、铂金首饰、钻石、钻石首饰、珠宝玉石及其他贵重首饰。

5. 鞭炮、焰火

本税目的征收范围包括各种鞭炮、焰火。体育上用的发令纸，鞭炮药引线，不按照本税目征收。

6. 成品油

本税目的征收范围包括汽油、柴油、航空煤油、石脑油、溶剂油、润滑油、燃料油 7 个子项。汽油分为含铅汽油和无铅汽油。

7. 汽车轮胎

汽车轮胎包括用于各种汽车、挂车、专用车和其他机动车上的内、外胎。不包括农用拖拉机、收割机、手扶拖拉机的专用轮胎。

从 2001 年 1 月 1 日起，子午线轮胎免征消费税，翻新轮胎停止征收消费税。

8. 摩托车

本税目包括轻便摩托车和摩托车。轻便摩托车是指最大设计车速不超过 50 千米/小时、发动机汽缸总工作容积不超过 50 毫升的两轮机动车；摩托车是指最大设计车速超过 50 千米/小时、发动机汽缸总工作容积超过 50 毫升、空车质量不超过 400 千克的两轮和三轮机动车。

9. 小汽车

本税目征收范围包括：含驾驶员座位在内最多不超过 9 个座位的，在设计和技术特性上用于载运乘客和货物的各类乘用车和含驾驶员座位在内的座位数在 10 至 23 座的设计和技术特性上用于载运乘客和货物的各类中轻型商用客车。

电动汽车不属于本税目的征收范围。

10. 高尔夫球及球具

本税目的征收范围包括高尔夫球、高尔夫球杆、高尔夫球包（袋）等。

11. 高档手表

本税目的征收范围包括不含税销售价格在 10 000 元（含 10 000 元）/只以上的各类手表。

12. 游艇

本税目征收范围的游艇是指艇身长度在 8 米（含）以上 90 米（含）以下，内置发动机，可以在水上移动，一般为私人或团体购置，主要用于水上运动和休闲娱乐等非牟利活动的各类机动艇。包括无动力艇、帆艇和机动艇。

13. 木制一次性筷子

本税目征收范围包括各种规格的木制一次性筷子，未经打磨、倒角的木制一次性筷子属于本税目的征收范围。木制一次性筷子是指以木材为原料经过锯断、浸泡、旋切、烘干、筛选、打磨、倒角、包装等工序加工而成的一次性使用的筷子。

14. 实木地板

本税目征收范围包括各类规格的实木地板、实木指接地板、实木复合地板及用于装饰墙壁、天棚的侧端面为榫、槽的实木装饰板。未经涂饰的素板也属于本税目的征收范围。

（二）税率

1. 税率

现行消费税税率采用定额税率和比例税率两种形式。

对供求基本平衡、价格差异不大、计量单位规范的消费品采用定额税率。

对供求矛盾突出、价格差异较大、计量单位不规范的消费品采用比例税率。

对烟、粮食白酒、薯类白酒实行定额税率和比例税率复合的税率。

具体内容见表3-1所示。

表3-1 消费税税目税率表

税目			税率（税额）
烟	卷烟	甲类卷烟（生产环节）	56%加0.003元/支
		乙类卷烟（生产环节）	36%加0.003元/支
		批发环节	5%
	雪茄烟		36%
	烟丝		30%
酒及酒精	白酒		20%加0.5元/500克（或者500毫升）
	黄酒		240元/吨
	啤酒	甲类啤酒	250元/吨
		乙类啤酒	220元/吨
	其他酒		10%
	酒精		5%
化妆品			30%
贵重首饰及珠宝玉石	金银首饰、铂金首饰和钻石及钻石饰品		5%
	其他贵重首饰和珠宝玉石		10%
鞭炮、焰火			15%
成品油	无铅汽油		1元/升
	含铅汽油		1.4元/升
	石脑油		1元/升
	溶剂油		1元/升
	润滑油		1元/升
	燃料油		0.8元/升
	航空煤油		0.8元/升
	柴油		0.8元/升

续表

税　目			税率（税额）
汽车轮胎			3%
摩托车	汽缸容量在250毫升（含）以下		3%
	汽缸容量在250毫升以上		10%
小汽车	乘用车	汽缸容量≤1.0升	1%
		1.0升＜汽缸容量≤1.5升	3%
		1.5升＜汽缸容量≤2.0升	5%
		2.0升＜汽缸容量≤2.5升	9%
		2.5升＜汽缸容量≤3.0升	12%
		3.0升＜汽缸容量≤4.0升	25%
		4.0升＜汽缸容量	40%
	中轻型商用客车		5%
高尔夫球及球具			10%
高档手表			20%
游艇			10%
木制一次性筷子			5%
实木地板			5%

说明：（1）甲类卷烟是指每条（200支）销售价格（不含增值税）在70元（含70元）以上的卷烟。
（2）乙类卷烟是指每条（200支）销售价格（不含增值税）在70元以下的卷烟。
（3）甲类啤酒是指出厂价格在3 000元以上（含包装物及押金，不含增值税）的啤酒。
（4）乙类啤酒是指出厂价格在3 000元以下（含包装物及押金，不含增值税）的啤酒。

2. 税率从高运用的情况

（1）纳税人兼营不同税率的应税消费品应当分别核算不同税率应税消费品的销售额或销售数量，未分别核算的，按兼营应税消费品中适用最高税率的消费品的税率统一计税。

（2）纳税人将应税消费品与非应税消费品，以及适用不同税率的应税消费品组成成套消费品销售的，应当根据成套消费品的销售金额按应税消费品中适用最高税率的消费品的税率计税。

知识拓展

消费税的纳税环节

消费税一般实行单一环节征收，分为以下5种情况：

（1）纳税人生产的应税消费品，由生产者在销售环节纳税；从2009年5月1日起，卷烟在批发环节需征收消费税5%；

（2）纳税人自产自用的消费品，用于连续生产应税消费品的不纳税，用于其他方面的，于移送时纳税；

（3）委托加工应税消费品，由受托方向委托方交货时，代收代缴税款；

(4) 进口应税消费品，于报关时纳税；
(5) 金银首饰在零售环节纳税。

引入案例分析

小王可以这样解释，因为化妆品是非生活必需品中的高档品而洗发用品是生活必需品，所以生产的化妆品在销售时要交纳消费税，而洗发用品不需交纳。

任务小结

(1) 消费税的征收范围：14类应税消费品征税。
(2) 纳税人：在中华人民共和国境内生产、委托加工和进口应税消费品的单位和个人，以及国务院确定的销售应税消费品的其他单位和个人，为消费税的纳税人。
(3) 税目：按征收范围确定14种税目。
(4) 税率：每一种税目对应不同的税率。

任务三 消费税应纳税额计算
Mission three

任务描述

1. 正确确定消费税销售额
2. 正确扣除应税消费品外购应税消费品已纳税额
3. 正确计算委托加工环节应税消费品应纳消费税额
4. 正确计算自产自用应税消费品应纳消费税额
5. 正确计算生产销售应税消费品应纳消费税额
6. 正确计算进口应税商品应纳消费税额
7. 能进行相应税收的会计核算

任务链接

通过任务一、任务二的学习，我们已掌握消费税的征税对象、纳税人、税率。本次任务通过对消费税销售额的分析，掌握了消费税的计税依据和消费税应纳税额的计算。

案例引入

重庆某生产白酒的公司以福利形式发给每位职工新型白酒5千克，共发了1 000千克，该种酒每千克的制造成本为10元，成本利润率为10%。若你是该公司的会计，该如何计算此次福利发放应交纳的消费税？（白酒适用消费税从价定率为20%，定额税率为0.5元/500克）

企业税费计算及纳税申报

> **相关知识**

一、计税依据

(一) 计税销售额或计税价格的确定

1. 自产自销销售额的确定

纳税人生产销售应税消费品,向购买方收取的全部价款和价外费用为销售额。价外费用是指在价格以外向购买方收取的手续费、补贴、基金、集资费、利润返还、违约金、包装费、储备费、优质费、运输装卸费、代收款项、代垫款项及其他各种性质的价外费用。价外费用不包括:销项增值税;受托加工应税消费品所代收代缴的消费税;承运者的运费发票开具给购货方,同时纳税人将该发票转交给购货方的代垫运费。

2. 自产自用销售额的确定

纳税人自产自用应税消费品,用于连续生产应税消费品的不纳税;用于其他方面,应纳消费税。用于其他方面是指将应税消费品用于生产非应税消费品、在建工程、管理部门、其他非生产机构、提供劳务,以及用于馈赠、赞助、集资、广告、样品、职工福利、奖励等非生产方面。

纳税人自产自用应税消费品,销售额按纳税人生产同类消费品的销售价格计算;没有同类价格的,按计税价格计算,其计算公式为:

计税价格=(成本+利润)÷(1-消费税率)=成本×(1+成本利润率)÷(1-消费税率)

纳税人自产的应税消费品用于换取生产资料和消费资料、投资入股和抵偿债务等方面,应当以纳税人同类应税消费品的最高销售价格为计税依据。

3. 委托加工应税消费品计税价格的确定

委托加工应税消费品,按照受托方同类消费品的销售价格作为计税价格;没有同类消费品价格的,按计税价格计算,其计算公式为:

组成计税价格=(材料成本+加工费)÷(1-消费税率)

> **特别提示**:这里的材料成本为委托方提供给受托方的主材成本。

4. 进口应税消费品的计税价格

进口应税消费品,实行从价定率办法计算应纳税额的,按计税价格计算,其计算公式为:

组成计税价格=(关税完税价格+关税)÷(1-消费税率)

(二) 计税数量的确定

(1) 纳税人自产自销应税消费品,以实际销售的数量为计税销售数量。

(2) 纳税人自产自用的应税消费品,以移送使用数量为计税销售数量。

(3) 纳税人通过自设非独立核算的门市部销售应税消费品，以门市部对外销售数量为计税销售数量。

(4) 委托加工应税消费品，以委托方收回数量为计税销售数量。

(5) 进口的应税消费品，以海关核定的数量为计税销售数量。

二、应纳税额的计算

(一) 计算公式

1. 从价定率计算征税

应纳税额＝应税消费品的计税销售额×比例税率

应税消费品的计税销售额＝计税价格×计税数量

2. 从量定额计算征税

应纳税额＝应税消费品的计税数量×单位税额

3. 复合计算征税

应纳税额＝应税消费品的计税销售额×比例税率＋应税消费品的计税数量×单位税额

(二) 具体计算案例

1. 自产自销应税消费品应纳税额的计算

【案例3-1】 重庆海容实业公司（增值税一般纳税人）在2011年8月，生产销售30辆大排量摩托车，每辆销售价格23 400元（含税），适用消费税率为10%。请计算企业销售该批摩托车应纳多少消费税？

[案例分析]

上述企业属于生产销售应税消费品，并且销售摩托车适用从价定率计算征收

应纳税额＝应税消费品的计税销售额×比例税率

应税消费品的计税销售额＝计税价格×计税数量

计算：应纳税额＝30×23 400÷（1＋17%）×10%＝60 000（元）

2. 自产自用应税消费品应纳税额的计算

【案例3-2】 重庆海容实业公司（增值税一般纳税人）在2011年9月，将自产的100辆轻便型摩托车用于职工福利，没有同类产品销售价格。已知该批摩托车的生产成本为194 000元，成本利润率为6%，适用消费税率为3%。请计算该批摩托车应缴纳多少消费税？

[案例分析]

该批摩托车属于自产自用应税消费品，且没有同类产品销售价格，故应按计税价格计算计税依据。计税价格＝成本×（1＋成本利润率）÷（1－消费税率）

计算：应税税额＝194 000×（1＋6%）÷（1－3%）×3%＝6 360（元）

3. 委托加工应税消费品应纳税额的计算

【案例3-3】 重庆海容实业公司（增值税一般纳税人）在2011年10月，委托B企业加工50辆摩托车，并于当月收回。已知B企业没有同类消费品，原材料80 000元由重庆海容实业公司提供，B企业交货时收取加工费10 000元，该类型摩托车适用消费税率为10%。请计算B企业应该代收代缴多少消费税？

[案例分析]

上述情况属于委托加工应税消费品,且受托企业没有同类消费品,故应按组成计税价格作为计税依据。

计算:应税税额=(80 000+10 000)÷(1-10%)×10%=10 000(元)

4. 进口应税消费品应纳税额的计算

【案例3-4】 重庆海容实业公司(增值税一般纳税人)在2011年11月,进口1 000 kg粮食白酒,海关核定的关税完税金额600 000元,关税40 000元,适用消费税从价定率为20%,定额税率为0.5元/500g。请计算进口该批白酒,应该缴纳多少消费税?

[案例分析]

进口消费品按组成计税价格确定计税依据,同时,粮食白酒还须按进口数量计算定额消费税。

计算:应税税额=应税消费品的计税金额×比例税率+应税消费品的计税数量×单位税额
=(600 000+40 000)÷(1-20%)×20%+1 000×2×0.5
=161 000(元)

三、外购应税消费品已纳税款的扣除

以外购应税消费品为原材料生产应税消费品的,在后续销售或自用所生产的消费品时,可扣除外购应税消费品已纳税款。

(一)扣除的范围:

(1)外购已税烟丝生产的卷烟;

(2)外购已税化妆品生产的化妆品;

(3)外购已税珠宝玉石为原料而生产的贵重首饰及珠宝玉石;

(4)外购已税鞭炮、焰火而生产的鞭炮、焰火;

(5)外购已税汽车轮胎(外胎)为原料而生产的汽车轮胎;

(6)外购已税摩托车生产的摩托车;

(7)外购已税杆头、杆身和握把为原料而生产的高尔夫球杆;

(8)外购已税木制一次性筷子为原料生产的木制一次性筷子;

(9)外购已税实木地板为原料而生产的实木地板;

(10)外购已税石脑油为原料而生产的应税消费品;

(11)外购已税润滑油为原料而生产的润滑油。

(二)扣除计算公式

当期准予扣除外购应税消费品已纳税款=当期准予扣除外购应税消费品买价×外购应税消费品适用税率

当期准予扣除外购应税消费品买价=期初库存的外购应税消费品买价+当期购进应税消费品买价-期末库存外购应税消费品买价

项目三 消费税计算及纳税申报

> **特别提示**：当期准予扣除的委托加工应税消费品的已纳税款＝期初库存的委外加工应税消费品已纳消费税＋当期入库的应税消费品已纳消费税－期末库存应税消费品已纳消费税

【案例 3-5】 重庆海容实业公司（增值税一般纳税人）在 2011 年 12 月，购进一批小排量摩托车改造成大排量摩托车，采购金额为 200 000 元并取得增值税发票，期初有库存外购同型号摩托车金额 80 000 元，经本期领用后，期末库存金额为 50 000 元，购进摩托车适用消费率为 3％。请计算该企业在本月缴纳消费税时可扣除多少金额的消费税？

[案例分析]

外购摩托车继续生产摩托车，可以扣除消费税。

计算：本月生产领用的买价＝200 000＋80 000－50 000＝230 000（元）

准予扣除的消费税金额＝230 000×3％＝6 900（元）

知识拓展

消费税的账务处理

1. 核算消费税的账户设置

企业在核算和缴纳消费税时，应在"应交税费"账户下，设置"应交消费税"明细账户，按规定应缴纳的消费税计入贷方，实际缴纳或待扣的消费税计入借方，期末贷方余额，表示未缴的消费税，借方余额，表示多缴的消费税。

2. 账务处理

企业按照应交消费税额，借记"营业税金及附加"账户，贷记"应交税费——应交消费税"账户；按规定期限上缴税金时，借记"应交税费——应交消费税"账户，贷记"银行存款"账户。

【案例 3-6】 重庆海容实业公司（增值税一般纳税人）在 2011 年 8 月，生产销售 30 辆大排量摩托车，每辆销售价格 23 400 元（含税），适用消费税率为 10％。请对计提消费税和缴纳消费税进行账务处理。

[案例分析]

企业应缴纳消费税 60 000 元，具体计算过程见案例 3-1。

计提应纳消费税时：

借：营业税金及附加　　　　　　　　　　　　　　　　60 000
　　贷：应交税费——应交消费税　　　　　　　　　　　　60 000

缴纳消费税时：

借：应交税费——应交消费税　　　　　　　　　　　　60 000
　　贷：银行存款　　　　　　　　　　　　　　　　　　60 000

引入案例分析

本案例属于纳税人自产自用应税消费品，销售额按纳税人生产同类消费品的销售价格计算；没有同类价格的，按计税价格计算，其计算公式为：

组成计税价格＝（成本＋利润）÷（1－消费税率）＝成本×（1＋成本利润率）÷（1－消费税率）

因此，组成计税价格＝1 000×10×（1＋10%）÷（1－20%）＝13 750（元）

应纳的消费税＝13 750×20%＋1 000×0.5×2＝3 750（元）。

【案例3-7】 某酒厂为增值税一般纳税人，主要生产粮食白酒和啤酒。2012年1月"主营业务收入"账户反映销售粮食白酒60 000千克，取得不含税销售额105 000元；销售啤酒150吨，每吨含税售价3 393元。在"其他业务收入"账户反映收取粮食白酒品牌使用费4 000元；"其他应付款"账户反映本月销售粮食白酒收取包装物押金9 360元，销售啤酒收取包装物押金1 170元。

请计算该酒厂本月应纳消费税税额。

[案例分析]

粮食白酒应纳消费税＝60 000×0.5×2＋105 000×20%＋4 000×20%＋9 360÷1.17×20%＝83 400（元）

啤酒应纳消费税＝150×220＝33 000（元）

该酒厂应纳消费税税额＝83 400＋33 000＝116 400（元）。

任务小结

（1）消费税计税依据。四种情况的计税依据：自产自销、自产自用、委托加工、进口应税消费品；

（2）应纳税额的计算。三种方式的计算公式，四种情况的应纳税额的计算。

任务四 消费税的出口货物退（免）税的计算
Mission four

任务描述

1. 了解消费税出口退税范围和退税税率
2. 掌握消费税退税计算公式中"工厂销售额"的内容
3. 区分增值税出口退税与消费税出口退税计算的差异

相关知识

一、出口应税消费品退（免）税政策

根据《消费税暂行条例》出口应税消费品退（免）税政策有以下三种情况。

项目三 消费税计算及纳税申报

1. 出口免税并退税

适用这个政策的是：有出口经营权的外贸企业购进应税消费品直接出口，以及外贸企业委托代理出口应税消费品。

2. 出口免税但不退税

适用这个政策的是：有出口经营权的生产性企业自营出口或生产企业委托外贸企业代理出口自产应税消费品，依据其实际出口数量免征消费税，不予办理退还消费税。

3. 出口不免税也不退税

适用这个政策的是：除生产企业、外贸企业外的其他企业，具体指一般商贸企业，这类企业委托外贸企业出口应税消费品一律不予退（免）税。

二、出口应税消费品退税的范围

有出口经营权的外贸企业购进并直接出口的应税消费品，以及外贸企业受其他外贸企业的委托代理出口的应税消费品，实行出口免税并退税。这类消费品必须同时满足四个条件：一是属于消费税征收范围；二是取得《税收（出口产品专用）缴款书》、增值税专用发票（税款抵扣联）、出口货物报关单（出口退税联）、出口收汇单证；三是报关离境；四是在财务上作出口销售处理。

三、出口应税消费品的退税率

出口应税消费品的退消费税的税率或单位税额，就是税法规定的征税税率或单位税额。

四、出口应税消费品退税额的计算

1. 从价征税计算退税额

适用从价征税消费税的消费品，应依照外贸企业购进货物的不含税金额计算退税额，其计算公式如下：

应退消费税额＝出口货物的不含税购进金额×税率

2. 从量征税计算退税额

适用从量征税消费税的消费品，应依照报关出口的数量和单位税额计算退税额，其计算公式如下：

应退消费税额＝出口数量×单位税额

3. 复合征税计算退税额

适用复合征税消费税的消费品，应依照报关出口的数量和购进的不含税金额计算退税额，其计算公式如下：

应退消费税额＝出口货物的不含税购进金额×税率＋出口数量×单位税额

【案例3-8】 某外贸企业（增值税一般纳税人），在2011年8月，从重庆海容实业公司（增值税一般纳税人）购进50辆摩托车出口，支付货款（含税）175 500元，这批摩托车适用消费税率为10%。该外贸企业已办理完毕出口退税手续，请计算该企业在出口环节应退多少消费税？

[案例分析]

外贸企业从生产企业购进消费品直接出口，享受免税和退税政策。

计算：

应退消费税额＝175 500÷（1＋17%）×10%＝15 000（元）

五、出口应税消费品办理出口退（免）税后的管理

根据《消费税暂行条例实施细则》的规定，出口应税消费品办理退税后，发生退关，或者国外退货进口环节予以免税的，报关出口者必须及时向其机构所在地或居住所在地主管税务机关申报补缴已退的消费税税款。

任务小结

出口货物退免税范围、退税率、退税额以及办理出口退税后的管理。

任务五 消费税的申报缴纳
Mission five

任务描述

1. 掌握消费税纳税义务发生时间、纳税地点、纳税期限
2. 理解消费税纳税申报规定
3. 能掌握消费税纳税申报表结构
4. 能正确填写消费税纳税申报表

相关知识

一、消费税申报缴纳概述

消费税的纳税申报是指消费税纳税人依照税收法律规定或主管税务机关依法确定的申报期限，向主管税务机关办理消费税缴纳的工作。

根据《消费税暂行条例》的规定，消费税由税务机关征收，进口的应税消费品的消费税由海关代征。个人携带或者邮寄进境的应税消费品的消费税，连同关税一并征收。

二、消费税的纳税义务发生时间

（一）生产销售应税消费品的纳税义务发生时间

（1）纳税人采取赊销和分期收款结算方式销售应税消费品的，其纳税义务发生时间为销售合同规定的收款当天，没有规定时间的，为发出应税消费品的当天。

（2）纳税人采取预收货款方式销售应税消费品的，其纳税义务发生时间为发出消费品当天。

(3) 纳税人采取托收承付和委托银行收款方式销售应税消费品的，其纳税义务发生时间为发出消费品并办妥托收手续的当天。

(4) 纳税人采取其他结算方式的，其纳税义务发生时间为收讫货款或者取得索取货款凭据的当天。

（二）其他应税行为的纳税义务发生时间

(1) 纳税人自产自用应税消费品，其纳税义务发生时间为移送使用消费品的当天。

(2) 纳税人委托加工应税消费品，其纳税义务发生时间为提货的当天。

(3) 纳税人进口应税消费品，其纳税义务发生时间为报关进口的当天。

(4) 零售环节征收消费税的消费品，其纳税义务发生时间为收讫货款或取得索取货款凭据的当天。

三、消费税的纳税期限

根据《消费税暂行条例》的规定，消费税的纳税期限为1日、3日、5日、10日、15日或者1个月。纳税人的具体纳税期限，由主管税务机关根据纳税人应纳税额的大小分别核定。不能按期纳税的，可以按次纳税。

以1个月为1期纳税的，自期满之日起15日内申报纳税；以其他期限为1期纳税的，应在纳税期满之日起5日内预缴税款，并于次月1日起至15日内申报纳税并结清上月应纳税款。

进口应税消费品的纳税人，应当自海关填发税款缴纳证的次日起15日内缴纳税款。

四、消费税的纳税地点

(1) 纳税人自产自销和自产自用应税消费品，除国家另有规定以外，应当向纳税人核算地主管税务机关申报纳税。

(2) 纳税人委托加工应税消费品，除受托方为个体经营者外，由受托方向所在地主管税务机关代收代缴消费税税款；纳税人委托个体经营者加工的应税消费品，应于收回消费品后在机构所在地缴纳消费税。

(3) 进口应税消费品，由进口人或者其代理人向报关地海关申报纳税。

(4) 纳税人到外县（市）销售或委托外县（市）代销应税消费品，应于应税消费品销售后，回纳税人核算地或机构所在地缴纳消费税。

(5) 纳税人的总机构与分支机构不在同一县（市）的，应在生产应税消费品的分支机构所在地缴纳消费税，但经国家税务总局及所属省国家税务局批准，纳税人分支机构应纳税款也可由总机构汇总在其所在地缴纳。

(6) 纳税人销售应税消费品，如因产品质量等原因发生销售退货时，经所在地主管税务机关审核批准后，可退还已缴纳的消费税税款，但不能自行直接抵减应纳税款。

五、纳税申报

1. 消费税报缴的方法

纳税人报缴税款的方法，由主管税务机关视具体情况，在下列方法中核定一种：

(1) 纳税人按期向税务机关填报纳税申报表，并填写纳税缴款书，向所在地代理金库的银行缴纳税款。

(2) 纳税人按期向税务机关填报纳税申报表，由税务机关审核后填发缴款书，按期缴纳。

(3) 对会计核算不健全的小型业户，税务机关可根据其产销情况，按季或按年核定其纳税额，分月缴纳。

2. 纳税申报的时间

纳税人应在办理税务登记的次月起向主管税务机关办理纳税申报。如果不能在规定期限内申报的，可向主管税务机关提出书面申请，办理延期申报，经核准后，在核准的期限内申报。

3. 纳税申报表的填写

纳税人在进行消费税纳税申报时，应自行填写《消费税纳税申报表》，见表3-2。

消费税纳税申报表

填报日期：　　年　　月　　日

纳税编码：

纳税人名称（公章）：

纳税人识别号：

税款所属期：　　年　　月　　日至　　年　　月　　日

表3-2　消费税纳税申报表

应税消费品名称	适用税目	应税销售额（数量）	适用税率（单位定额）	当期准予扣除外购应税消费品买价（数量）				外购应税消费品适用税率（单位税额）
^	^	^	^	合计	期初库存外购应税消费品买价（数量）	当期购进外购应税消费品买价（数量）	期末库存外购应税消费品买价（数量）	^
1	2	3	4	5=6+7-8	6	7	8	9
卷烟	烟	50 000	36%					
卷烟	烟	10 标准箱	150元/箱					
烟丝	烟			3 000	1 000	10 000	8 000	30%
果木酒	酒及酒精	60 000	10%					
粮食白酒	酒及酒精	100 000	20%					
粮食白酒	酒及酒精	2 000 斤①	0.5元/斤					
啤酒	酒及酒精	2 吨	220元/吨					
合计								

应纳消费税				当期准予扣除外购应税消费品已纳税款	当期准予扣除委托加工应税消费品已纳税款		
本期		累计		^	合计	期初库存委托加工应税消费品已纳税款	当期收回委托加工应税消费品已纳税款	期末库存委托加工应税消品已纳税款

① 1斤=500克

项目三 消费税计算及纳税申报

续表

应税消费品名称	适用税目	应税销售额（数量）	适用税率（单位定额）	当期准予扣除外购应税消费品买价（数量）					外购应税消费品适用税率（单位税额）
				合　计	期初库存外购应税消费品买价（数量）	当期购进外购应税消费品买价（数量）	期末库存外购应税消费品买价（数量）		
15=3×4－10 或3×4－11 或3×4－10－11		16		10=5×9	11=12+13－14	12	13		14
42 040				900	4 000	2 000	5 000		3 000

已纳消费税		本期应补（退）税金额			
本期	累计	合　计	上期结算税金额	补交本年度欠税	补交以前年度欠税
17	18	19=15－17+20+21+22	20	21	22

截至上年度累计欠税额	本年度新增欠税额		减免税额	预缴税额	多缴税额
	本期	累计			
23	24		25	26=3×4×减征幅度	

如纳税人填报，由纳税人填写以下各栏		如委托代理人填报，由代理人填写以下各栏		备注
会计主管（签章）	纳税人（公章）	代理人名称	代理人（公章）	
		代理人地址		
		经办人	电话	
以下由税务机关填写				
收到申报日期		接收人		

填表说明：

（1）表中第2栏"适用税目"必须按照《中华人民共和国消费税暂行条例》规定的税目填写。

（2）表中第10栏，准予抵扣项目无减免税优惠的按"10=5×9"的勾稽关系填报。准予抵扣项目有减免税优惠的按"10=5×9×（1－减征幅度）"的勾稽关系填报。目前准予抵扣且有减免税优惠项目的为石脑油、润滑油，减征幅度为70%。

（3）表中第26栏，全额免税的应税消费品按"26=3×4"填报，减征税款的应税消费品按"26=3×4×减征幅度"填报，目前有减免税优惠项目的为石脑油、润滑油，减征幅度为70%。

（4）本表一式三份，区（分）局、计征局、纳税人各一份。

企业税费计算及纳税申报

六、消费税纳税申报及综合管理案例

【案例3-9】 重庆某公司2012年9月发生以下业务：

(1) 销售香烟10标准箱，开具增值税专用发票注明价款50 000元，增值税款8 500元。（关于香烟的其他补充资料：该公司外购期初库存烟丝金额为（不含增值税）1 000元，当期外购烟丝金额为（不含增值税）10 000元，本期库存烟丝金额为（不含增值税）8 000元。该公司委外加工库存烟丝期初的已纳消费税金额为2 000元，当期外购烟丝已纳消费税金额为5 000元，本期库存烟丝金额已纳消费税金额为3 000元）

(2) 将特制的果酒作为福利发放给职工，该酒的生产成本为50 000元，成本利润率为8%，消费税率为10%。

(3) 销售白酒1吨，价税合计117 000元，收到现款。

(4) 销售啤酒2吨，含税价共计6 435元，已收到货款。

请根据以上业务，计算该公司当期应交纳的消费税，并填制消费税纳税申报表。

[案例分析]

(1) 销售卷烟10标准箱，每一标准箱为250标准条，因此每条的单价为20元，确定比例税率为36%，另每一标准箱150元的从量税。因此应交纳的消费税=（50 000×36%+150×10）=19 500（元）。

(2) 将自产的应税消费品用于职工福利，没有同类价格，按组成计税价格计算，应交纳的消费税=50 000×（1+8%）×10%÷（1－10%）=6 000（元）。

(3) 销售白酒应交纳的消费税=100 000×20%+0.5×2 000=21 000（元）。

(4) 因此啤酒的不含增值税价低于3 000元，所以税率为220元/吨，应交纳的消费税=220×2=440（元）。

本期领用外购烟丝3 000元，可准予扣除的消费税=（1 000+10 000－8 000）×30%=900（元）。

本期委外加工应税消费品可抵减的消费税=2 000+5 000－3 000=4 000（元）。

本期应纳消费税=19 500+6 000+21 000+440－900－4 000=42 040（元）。

消费税纳税申报表见表3-2。

任务小结

消费税纳税义务发生时间、纳税期限、纳税地点及《消费税纳税申报表》的填报。

学生演练

甲酒厂为增值税一般纳税人，2012年7月发生以下业务：

(1) 从农业生产者手中收购粮食30吨，每吨收购价2 000元，共计支付收购价款60 000元。

(2) 甲酒厂将收购的粮食从收购地直接运往异地乙酒厂生产加工白酒，白酒加工完毕，企业收回白酒8吨，取得乙酒厂开具防伪税控的增值税专用发票，注明加工费25 000元，代垫辅料价值15 000元，加工的白酒当地无同类产品市场价格。

（3）本月内甲酒厂将收回的白酒批发售出7吨，每吨不含税销售额16 000元。
（4）另外支付给运输单位的销货运输费用12 000元，取得普通发票。

要求：①计算乙酒厂应代收代缴的消费税和应纳增值税。
　　　②计算甲酒厂应纳消费税和增值税。
　　　③填制甲酒厂的消费税纳税申报表（只填写表格部分，表头可省略）。

项目四

营业税计算及纳税申报

项目介绍

在掌握增值税基本特点、基本要素的基础上,通过搜索剖析我国《营业税实施细则》《税收征收管理办法》及其相关规定,完成以下工作任务:

任务一:营业税的基本原理与基本要素
任务二:营业税应纳税额的计算
任务三:营业税的征收管理及申报缴纳案例

学习导航

我国从 2009 年 1 月 1 日起实施新的《中华人民共和国营业税暂行条例》(以下简称《营业税暂行条例》)、《中华人民共和国营业税实施细则》(以下简称《营业税实施细则》)。2011 年 11 月 16 日,国务院审核批准了《营业税改征增值税试点方案》(以下简称《试点方案》)。2012 年 1 月 1 日起,营业税改增值税在部分发达地区(上海、北京)试行,2009 年 1 月 1 日起开始实施的《营业税暂行条例》和《营业税实施细则》为主要依据

学习目标

了解营业税改增值税的发展动态,了解营业税的基本原理,掌握营业税的征税对象、计税方法、营业税纳税申报类型,熟悉营业税收优惠政策,能够填制纳税申报表

教学准备

1. 准备营业税纳税申报表及相关材料
2. 指导学生搜索学习营业税相关政策
3. 设计一个教学引入情景(或案例)

关键词

营业税(A business tax)、税目(Tax items)、代扣代缴义务人(Withhold obligor)

企业税费计算及纳税申报

任务一 营业税的基本原理与基本要素
Mission one

任务描述

1. 掌握营业税的征税税目，了解营业税的税率
2. 正确理解我国"境内有偿提供"的意义
3. 掌握营业税征税对象的特殊规定，什么是视同应税行为、什么是混合销售行为、什么是兼营行为
4. 掌握营业税的纳税人和代扣代缴义务人
5. 了解营业税的优惠政策

任务链接

通过对增值税、消费税的学习，我们对正确分析征税对象、税率、纳税人的重要性有了充分的认识，本次我们如前一样分析营业税的三大要素，充分认识"境内有偿提供"对营业税的决定性影响，体会营业税税目分类的特点，掌握营业税的特殊行为规定。

案例引入

重庆海容实业公司于 2012 年 1 月 1 日开业，经营范围包括娱乐、餐饮及其他服务，当年收入情况如下：

（1）门票收入 220 万元，歌舞厅收入 400 万元，游戏厅收入 100 万元（歌厅和游戏厅按 20% 征税）。

（2）保龄球馆自 7 月 1 日开馆，至当年年底取得收入 120 万元。

（3）美容美发、中医按摩收入 150 万元。

（4）非独立核算的小卖部销售收入 60 万元。

（5）餐饮收入 600 万元（其中包括销售自制的 180 吨啤酒所取得的收入）。

（6）与某公司签订租赁协议，将部分空闲的歌舞厅出租，分别取得租金 76 万元、赔偿金 4 万元。

（7）派出 5 名员工赴国外提供中医按摩服务取得收入 70 万元。

（8）经批准从事电脑代销福利彩票业务取得手续费 10 万元。

（注：除税法统一规定的特殊项目外，该公司所在地的省政府规定，其他娱乐业项目的营业税税率为 5%）

要求：计算娱乐业公司当年应缴纳的营业税。

项目四 营业税计算及纳税申报

相关知识

一、营业税的概念

营业税是以在我国境内提供应税劳务、转让无形资产或销售不动产所取得的营业额为课税对象而征收的一种商品劳务税。

营业税属于传统商品劳务税，实行普遍征收，计税依据为营业额全额，税额不受成本、费用高低影响，对于保证财政收入的稳定增长具有十分重要的意义。现行营业税征税范围为增值税征税范围之外的所有经营业务，因而税率设计的总体水平一般较低。但是由于各经营业务盈利水平高低不同，因此，实际赋税设计中，往往采取按不同行业、不同经营业务设立税目、税率的方法，实行同一行业同税率，不同行业不同税率。

二、营业税计税方法

营业税一般以营业收入额全额为计税依据，实行比率税率，税款随营业收入额的实现而实现。因此，计征简便，有利于节约纳税费用。

三、纳税义务人

在中华人民共和国境内提供应税劳务、转让无形资产或者销售不动产的单位和个人，为营业税的纳税义务人。

提示：在此了解"中华人民共和国境内"、营业税征税范围、营业税的应税劳务。

（一）营业税纳税义务人的一般规定

（1）在中华人民共和国境内是指税收行政管辖权的区域。具体情况为：

①提供或者接受应税劳务的单位或者个人在境内。

②所转让的无形资产（不含土地使用权）的接受单位或者个人在境内。

提示：县级以上地方人民政府或自然资源行政主管部门出让、转让或收回自然资源使用权的行为，不征收营业税（财税〔2012〕6号）。

③所转让或者出租土地使用权的土地在境内。

④所销售或者出租的不动产在境内。

（2）上述应税劳务是指属于交通运输业、建筑业、金融保险业、邮电通信业、文化体育业、娱乐业、服务业税目征收范围的劳务。加工和修理修配劳务属于增值税的征税范围，因此不属于营业税的应税劳务。单位或个体工商户聘用的员工为本单位或雇主提供的劳务，也不属于营业税的应税劳务。

上述保险劳务有两个含义：一是指境内保险机构为境内标的物提供的保险，不包括境内保险机构为出口货物提供的保险；二是指境外保险机构以在境内的物品为标的物所提供的保险。

（3）提供应税劳务、转让无形资产或者销售不动产是指有偿提供应税劳务、有偿转让无形资产或者有偿销售不动产的行为。有偿是指取得货币、货物或者其他经济利益。单位是指企业、行政单位、事业单位、军事单位、社会团体及其他单位。个人是指个体工商户以及其他有经营行为的个人。

【案例4-1】 太平洋保险机构2011年6月为海容实业有限公司出口业务提供保险，保险费金额500 000元。太平洋保险机构是否要交纳营业税？

[案例分析]

由于太平洋保险机构提供保险的标的物是出口货物，不在中国境内，所以不纳营业税。

（二）纳税义务人的特殊规定

（1）铁路运输的纳税人：

①中央铁路运营业务的纳税人为铁道部。

②合资铁路运营业务的纳税人为合资铁路公司。

③地方铁路运营业务的纳税人为地方铁路管理机构。

④铁路专用线运营业务的纳税人为企业或其指定的管理机构。

⑤基建临管线铁路运营业务的纳税人为基建临管线管理机构。

（2）从事水路运输、航空运输、管道运输或其他陆路运输业务并负有营业税纳税义务的单位，为从事运输业务并计算盈亏的单位。从事运输业务并计算盈亏的单位是指具备以下条件：一是利用运输工具，从事运输业务，取得运输收入；二是在银行设有结算账户；三是在财务上计算营业收入、营业支出、经营利润。

（3）单位以承包、承租、挂靠方式经营的，承包人、承租人、挂靠人（以下统称承包人）发生应税行为，承包人以发包人、出租人、被挂靠人（以下统称发包人）名义对外经营并由发包人承担相关法律责任的，以发包人为纳税人，否则以承包人为纳税人。

（4）建筑安装业务实行分包或转包的，分包或转包人为纳税人。

（5）金融保险业纳税人是在中华人民共和国境内从事经营金融、保险的业务单位和个人。

四、扣缴义务人

在现实生活中，有些具体情况难以确定纳税人，因此税法规定了扣缴义务人。

营业税的扣缴义务人主要有以下几种：

（1）委托金融机构发放贷款的，其应纳税款以受托发放贷款的金融机构为扣缴义务人。金融机构接受其他单位或个人的委托，为其办理委托贷款业务时，如果将委托方的资金转给经办机构，由经办机构将资金贷给使用单位或个人，由最终将贷款发放给使用单位或个人并取得贷款利息的经办机构代扣委托方应纳的营业税。

（2）纳税人提供建筑业应税劳务时应按照下列规定确定营业税扣缴义务人。

①建筑业工程实行总承包、分包方式的，以总承包人为扣缴义务人。

②纳税人提供建筑业应税劳务，符合以下情形之一的，无论工程是否实行分包，税务机关可以建设单位和个人作为营业税的扣缴义务人：

纳税人从事跨地区（包括省、市、县，下同）工程提供建筑业应税劳务的；

纳税人在劳务发生地没有办理税务登记或临时税务登记的。

（3）境外单位或者个人在境内发生应税行为而在境内未设有机构的，其应纳税款以代理人为扣缴义务人。没有代理人的，以受让者或者购买者为扣缴义务人。

（4）单位或者个人进行演出，由他人售票的，其应纳税款以售票者为扣缴义务人。演出经纪人为个人的,其办理演出业务的应纳税款也以售票者为扣缴义务人。

(5) 分保险业务,其应纳税款以初保人为扣缴义务人。

(6) 个人转让专利权、非专利技术、商标权、著作权、商誉的,其应纳税款以受让者为扣缴义务人。

(7) 财政部规定的其他扣缴义务人。

五、营业税税目及税率

(一) 营业税税目及税率表 (表4-1)

表4-1 营业税税目与税率表

税 目	税 率%
交通运输业	3
建筑业	3
金融保险业	5
邮电通信业	3
文化体育业	3
娱乐业	5~20
服务业	5
转让无形资产	5
销售不动产	5

注:①从2004年7月1日起,台球、保龄球的营业税税率下调为5%。
②娱乐业执行5%~20%的幅度税率,具体适用的税率,由各省、自治区、直辖市人民政府根据当地的实际情况在税法规定的幅度内决定。

(二) 营业税税目的具体规定

营业税按不同行业、不同经营业务对营业税的征税对象分成了9大类(税目)。同一行业实行相同税率,不同行业不同税率。现行营业税共设置了9个税目。

1. 交通运输业

交通运输业包括陆路运输、水路运输、航空运输、管道运输和装卸搬运五大类。

(1) 陆路运输是指通过陆路(地上或地下)运送货物或旅客的运输业务,包括铁路运输、公路运输、缆车运输、索道运输及其他陆路运输。

(2) 水路运输是指通过江、河、湖、川等天然、人工水道或海洋航道运送货物或旅客的运输业务。尽管打捞不是运输业务,但与水路运输有着密切的关系,所以打捞也可以比照水路运输的办法征税。

(3) 航空运输是指通过空中航线运送货物或旅客的运输业务。与航空直接有关的通用航空业务、航空地面服务业务也按照航空运输业务征税。

(4) 管道运输是指通过管道设施输送气体、液体、固体物资的运输业务。

(5) 装卸搬运是指使用装卸搬运工具或人力、畜力将货物在运输工具之间、装卸现场之间或运输工具与装卸现场之间进行装卸和搬运的业务。凡与运营业务有关的各项劳务活动，均属交通运输业的税目征收范围，包括通用航空业务，航空地面服务，打捞，理货，港务局提供的引航、系解缆、搬家、停泊、移泊等劳务及引水员交通费、过闸费、货物港务费等。

(6) 对远洋运输企业从事程租、期租业务和航空运输企业从事湿租业务取得的收入，按"交通运输业"税目征收营业税。

> 提示：(1) 程租业务，是指远洋运输企业为租船人完成某一特定航次的运输任务并收取租赁费的业务。
> (2) 期租业务，是指远洋运输企业将配备有操作人员的船舶承租给他人使用一定期限，承租期内听候承租方调遣，不论是否经营，均按天向承租方收取租赁费，发生的固定费用（如人员工资、维修费用等）均由船东负担的业务。
> (3) 湿租业务，是指航空运输企业将配备有机组人员的飞机承租给他人使用一定期限，承租期内听候承租方调遣，不论是否经营，均按一定标准向承租方收取租赁费，发生的固定费用（如人员工资、维修费用等）均由承租方负担的业务。

2. 建筑业

建筑业是指建筑安装工程作业等，包括建筑、安装、修缮、装饰和其他工程作业等多项内容。

(1) 建筑是指新建、改建、扩建。各种建筑物、构筑物的工程作业，包括与建筑物相连的各种设备或支柱、操作平台的安装或装设的工程作业，以及各种窑炉和金属结构工程作业在内。但自建自用建筑物，其自建行为不是建筑业税目的征税范围。出租或投资入股的自建建筑物，也不是建筑业的征税范围。表4-2是纳税人自建建筑物是否征收营业税应按不同情况处理。

表4-2 纳税人自建建筑物是否征收营业税应按不同情况处理

行为类别	自建环节征税规定	其他环节征税规定
自建自用	不征税	不征税
自建出租	免税	按"服务业"征收营业税
自建对外投资（详见"本节案例赏析"栏目）	免税	参与接受投资方利润分配，共同承担投资风险的行为，不征收营业税；对股权转让不征收营业税
自建销售	建筑环节按"建筑业"征税	按"销售不动产"征收营业税
自建捐赠	建筑环节按"建筑业"征税	按"销售不动产"征收营业税

(2) 安装是指生产设备、动力设备、起重设备、运输设备、传动设备、医疗实验设备及其他各种设备的装配、安置工程作业，包括与设备相连的工作台、梯子、栏杆的装设工程作业和被安装设备的绝缘、防腐、保温、油漆等工程作业。

(3) 修缮是指对建筑物、构筑物进行修补、加固、养护、改善，使之恢复原来的使用价值或延长其使用期限的工程作业。

(4) 装饰是指对建筑物、构筑物进行修饰，使之美观或具有特定用途的工程作业。

（5）其他工程作业是指除建筑、安装、修缮、装饰工程作业以外的各种工程作业，如代办电信工程、水利工程、道路修建、疏浚、钻井（打井）、拆除建筑物、平整土地、搭脚手架、爆破等工程作业。

（6）管道煤气集资费（初装费）业务。管道煤气集资费（初装费），是用于管道煤气工程建设和技术改造，在报装环节一次性向用户收取的费用。

3. 金融保险业

金融保险业是指经营金融、保险的业务。

（1）金融是指经营货币资金融通活动的业务，包括贷款、融资租赁、金融商品转让、金融经纪业和其他金融业务。

贷款是指将资金有偿贷与他人使用（包括以贴现、押汇方式）的业务。以货币资金投资但收取固定利润或保底利润的行为，也属于这里所称的贷款业务。

（2）保险是指将通过契约形式集中起来的资金，用以补偿被保险人的经济利益的业务。

（3）对我国境内外资金融机构从事离岸银行业务，属于在我国境内提供应税劳务的，征收营业税。离岸银行业务是指银行吸收非居民的资金，服务于非居民的金融活动，包括外汇存款、外汇贷款、同业外汇拆借、国际结算、发行大额可转让存证、外汇担保、咨询、鉴证业务以及国家外汇管理局批准的其他业务。

4. 邮电通信业

邮电通信业是指专门办理信息传递的业务，包括邮政、电信。

（1）邮政是指传递实物信息的业务，包括传递函件或包件（含快递业务）、邮汇、报刊发行、邮务物品销售、邮政储蓄及其他邮政业务。

（2）电信是指用各种电传设备传输电信号而传递信息的业务，包括电报、电传、电话、电话机安装、电信物品销售及其他电信业务。

5. 文化体育业

文化体育业是指经营文化、体育活动的业务，包括文化业和体育业。

（1）文化业是指经营文化活动的业务，包括表演、播映、经营游览场所和各种展览、培训活动，举办文学、艺术、科技讲座、讲演、报告会、图书馆的图书和资料的借阅业务等。

（2）体育业是指举办各种体育比赛和为体育比赛或体育活动提供场所的业务。

6. 娱乐业

娱乐业是指为娱乐活动提供场所和服务的业务，包括经营歌厅、舞厅、卡拉OK歌舞厅、音乐茶座、台球、高尔夫球、保龄球场、网吧、游艺场等娱乐场所，以及娱乐场所为顾客进行娱乐活动提供服务的业务。娱乐场所为顾客提供的饮食服务及其他各种服务也按照娱乐业征税。

7. 服务业

（1）服务业是指利用设备、工具、场所、信息或技能为社会提供服务的业务，包括代理业、旅店业、饮食业、旅游业、仓储业、租赁业、广告业和其他服务业。

（2）对远洋运输企业从事光租业务和航空运输企业从事干租业务取得的收入，按"服务业"税目中的"租赁业"项目征收营业税。①

---

① 参考交通运输业第（6）项。

(3) 自 2002 年 1 月 1 日起，福利彩票机构发行销售福利彩票取得的收入不征收营业税。对福利彩票机构以外的代销单位销售福利彩票取得的手续费收入应按规定征收营业税。"福利彩票机构"包括福利彩票销售管理机构和与销售管理机构签有电脑福利彩票投注站代理销售协议书并直接接受福利彩票销售管理机构的监督管理的电脑福利彩票投注站。

(4) 对社保基金投资管理人、社保基金托管人从事社保基金管理活动取得的收入，依照税法的规定征收营业税。

(5) 双方签订承包、租赁合同（协议，下同），将企业或企业部分资产出包、租赁，出包、出租者向承包、承租方收取的承包费、租赁费（承租费，下同）按"服务业"税目征收营业税。出包方收取的承包费凡同时符合以下三个条件的，属于企业内部分配行为，不征收营业税：

①承包方以出包方名义对外经营，由出包方承担相关的法律责任。

②承包方的经营收支全部纳入出包方的财务会计核算。

③出包方与承包方的利益分配是以出包方的利润为基础的。

(6) 单位和个人在旅游景点经营索道取得的收入按"服务业"税目"旅游业"项目征收营业税。

(7) 交通部门有偿转让高速公路收费权行为，属于营业征收范围，应按"服务业"税目中的"租赁"项目征收营业税。

(8) 无船承运业务应按照"服务业——代理业"税目征收营业税。

无船承运业务是指无船承运业务经营者以承运人身份接受托运人的货载，签发自己的提单或其他运输单证，向托运人收取运费，通过国际船舶运输经营者完成国际海上货物运输，承担承运人责任的国际海上运输经营活动。

(9) 酒店产权式经营业主在约定的时间内提供房产使用权与酒店进行合作经营，如房产产权并未归属新的经济实体，业主按照约定取得的固定收入和分红收入均应视为租金收入。根据有关税收法律、行政法规的规定，应按照"服务业——租赁业"征收营业税。

(10) 对港口设施经营人收取的港口设施保安费，应按照"服务业"税目全额征收营业税，同时并入其应纳税所得额中计征企业所得税。缴纳港口设施保安费的外贸进出口货物（含集装箱）的托运人（或其代理人）收货人（或其代理人）等单位不得在其计算缴纳企业所得税时作税前扣除。

(11) 单位和个人受托种植植物、饲养动物的行为，应按照营业税"服务业"税目征收营业税，不征收增值税。上述单位和个人受托种植植物、饲养动物的行为是指，委托方向受托方提供其拥有的植物或动物，受托方提供种植或饲养服务并最终将植物或动物归还给委托方的行为。

8. 转让无形资产

转让无形资产是指转让无形资产的所有权或使用权的行为，包括转让土地使用权、转让商标权、转让专利权、转让非专利技术、出租电影拷贝、转让著作权和转让商誉。

9. 销售不动产

销售不动产是指有偿转让不动产所有权的行为，包括销售建筑物或构筑物和销售其他土地附着物。在销售不动产时连同不动产所占土地的使用权一并转让的行为，比照销售不动产征收营业税。①

单位或者个人将不动产或者土地使用权无偿赠送其他单位或者个人，视同发生应税行为按规定征收营业税。单位或者个人自己新建（以下简称自建）建筑物后销售，其所发生的自建行为，视同发生应税行为按规定征收营业税。

六、营业税的计税依据

（一）计税依据的一般规定

营业税的计税依据是营业额，营业额为纳税人提供应税劳务、转让无形资产或者销售不动产向对方收取的全部价款和价外费用。

价外费用，包括收取的手续费、补贴、基金、集资费、返还利润、奖励费、违约金、滞纳金、延期付款利息、赔偿金、代收款项、代垫款项、罚息及其他各种性质的价外收费，但不包括同时符合以下条件代为收取的政府性基金或者行政事业性收费：

（1）由国务院或者财政部批准设立的政府性基金，由国务院或者省级人民政府及其财政、价格主管部门批准设立的行政事业性收费。

（2）收取时开具省级以上财政部门印制的财政票据。

（3）所收款项全额上缴财政。

（二）营业税计税依据的具体规定

1. 交通运输业

（1）纳税人将承揽的运输业务分给其他单位或者个人的，以其取得的全部价款和价外费用扣除其支付给其他单位或者个人的运输费用后的余额为营业额。

（2）运输企业自中华人民共和国境内运输旅客或者货物出境，在境外改由其他运输企业承运旅客或者货物，以全程运费减去付给该承运企业的运费后的余额为营业额。

（3）运输企业从事联运业务，以实际取得的营业额为计税依据。联运业务是指两个以上运输企业完成旅客或货物从发送地点至到达地点所进行的运输业务，联运的特点是一次购买、一次收费、一票到底。

（4）中国国际航空股份有限公司（简称国航）与中国国际货运航空有限公司（简称货航）开展客运飞机腹舱联运业务时，国航以收到的腹舱收入为营业额，货航以其收到的货运收入扣除支付给国航的腹舱收入的余额为营业额，营业额扣除凭证为国航开具的"航空货运单"。

2. 建筑业

（1）建筑业的总承包人将工程分包给他人，以工程的全部承包额减去付给分包人或者转包人的价款后的余额为营业税。

（2）纳税人提供建筑业务劳务（不含装饰劳务）的，其营业额应当包括工程所用原材料、设备及其他物资和动力价款在内，但不包括建设方提供的设备的价款。从事安装工程作业，安装设备价值作为安装工程产值的，营业额包括设备的价款。

---

① 自2003年1月1日起，以无形资产、不动产投资入股，参与接受投资方利润分配、共同承担投资风险的行为，不征营业税。在投资后转让其股权的也不征收营业税。

(3) 自建行为和单位或个人将不动产无偿赠与他人，由主管税务机关按照相关规定核定营业额，详见表格4-2。

(4) 纳税人采用清包工形式提供的装饰劳务，按照其向客户实际收取的人工费、管理费和辅助材料费等收入（不含客户自行采购的材料价款和设备价款）确认计税营业额。

清包工形式提供的装饰劳务，是指工程所需的主要原材料和设备由客户自行采购，纳税人只向客户收取人工费、管理费及辅助材料费等费用的装饰劳务。

3. 金融保险业

(1) 一般贷款业务的营业额为贷款利息收入（包括各种加息、罚息等）。

(2) 外汇转贷业务营业额包括：

中国银行系统从事的外汇转贷业务，如上级行借入外汇资金后转给下级行贷给国内用户的，在下级行以其向借款方收取的全部利息收入全额为营业额（包括基准利率计算的利息和各种加息、罚息等）。在借人外汇的上级行，以贷款利息收入和其他应纳营业税的收入减去支付给境外的借款利息支出后的余额为营业额。

其他银行从事的外汇转贷业务，如上级行借入外汇资金后转给下级行贷给国内用户的，在下级行以其向借款方收取的全部利息收入减去上级行核定的借款利息支出额后的余额为营业额。上级行核定的借款利息支出额与实际支出额不符的，由上级行从其应纳的营业税中抵补。

(3) 经中国人民银行、外经贸部（现商务部）批准经营融资租赁业务的单位，融资租赁以其向承租者收取的全部价款和价外费用（包括残值）减去出租方承担的出租货物的实际成本后余额，以直线法折算出本期的营业额。计算方法为：

本期营业额＝（应收取的全部价款和价外费用－实际成本）×（本期天数÷总天数）

实际成本＝货物购入原价＋关税＋增值税＋消费税＋运杂费＋安装费＋保险费＋支付给境外的外汇借款利息支出和人民币借款利息

(4) 外汇、有价证券、期货等金融商品买卖业务，以卖出价减去买入价的余额为营业额。即：

营业额＝卖出价－买入价

卖出价是指卖出原价，不得扣除卖出过程中支付的各种费用和税金。买入价是指购进原价，不包括购进过程中支付的各种费用和税金，但买入价应依照财务会计制度规定，以股票、债券的购入价减去股票、债券持有期间取得的股票、债券红利收入。

所称外汇、有价证券、期货等金融商品买卖业务，是指纳税人从事的外汇、有价证券、非货物期货和其他金融商品的买卖业务[①]。

【案例4-2】 2009年5月，海容实业有限公司购入A公司发行的股票。买入价25 000元，其中，2 000元为已宣布未发放的现金股利，另支付手续费及其他费用1 000元。2010年，海容实业因持有该股票又从A公司获取3 000元的现金股利。2010年，海容实业有限公司将此股票卖出，卖出价30 000元，另支付手续费及其他费用1 200元。问海容实业有限公司应缴多少营业税？

[案例分析]

应纳营业税收入额＝30 000－（25 000－2 000－3 000）＝10 000（元）

---

① 货物期货不缴纳营业税，在实物交割时缴纳增值税。

项目四 营业税计算及纳税申报

应纳营业税＝10 000×5％＝500（元）

另：买卖金融商品（包括股票、债券、外汇及其他金融商品，下同），可在同一会计年度末，将不同纳税期出现的正差和负差按同一会计年度汇总的方式计算并缴纳营业税。如果汇总计算应缴的营业税税额小于本年已缴纳的营业税税额，可以向税务机关申请办理退税，但不得将一个会计年度内汇总后仍为负差的部分结转下一会计年度。

（5）金融经纪业务和其他金融业务（中间业务）营业额为手续费（佣金）类的全部收入。

金融企业从事受托收款业务，如代收电话费、水电煤气费、信息费、学杂费、寻呼费、社保统筹费、交通违章罚款、税款等，以全部收入减去支付给委托方价款后的余额为营业额。

（6）保险业务营业额包括：

办理初保业务。营业额为纳税人经营保险业务向对方收取的全部价款，即向被保险人收取的全部保险费。

储金业务。保险公司如采用收取储金方式取得经济利益的（即以被保险人所交保险资金的利息收入作为保费收入，保险期满后将保险资金本金返还被保险人），其"储金业务"的营业额，为纳税人在纳税期内的储金平均余额乘以人民银行公布的1年期存款的月利率，储金平均余额为纳税期期初储金余额与期末余额之和乘以50％。

保险企业已征收过营业税的应收未收保费，凡在财务会计制度规定的核算期限内未收回的，允许从营业额中减除。在会计核算期限以后收回的已冲减的应收未收保费，再并入当期营业额中。

保险企业开展无赔偿奖励业务的，以向投保人实际收取的保费为营业额。

中华人民共和国境内的保险人将其承保的以境内标的物为保险标的的保险业务向境外再保险人办理分保的，以全部保费收入减去分保保费后的余额为营业额。

境外再保险人应就其分保收入承担营业税纳税义务，并由境内保险人扣缴境外再保险人应缴纳的营业税税款。

（7）金融企业贷款利息征收营业税的具体规定。自2003年1月1日起，对金融企业（包括国有、集体、股份制、合资、外资银行以及其他所有制形式的银行，城市信用社和农村信用社，信托投资公司和财务公司），按以下规定征收营业税：

金融企业发放贷款（包括自营贷款和委托贷款，下同）后，凡在规定的应收未收利息核算期内发生的应收利息，均应按规定申报缴纳营业税。贷款应收利息自结息之日起，超过应收未收利息核算期限或贷款本金到期（含展期）超过90天尚未收回的，按照实际收到的利息申报缴纳营业税。

对金融企业2001年1月1日以后发生的已缴纳过营业税的应收未收利息（包括自营贷款和委托贷款利息，下同），若超过应收未收利息核算期限后仍未收回或其贷款本金到期（含展期）尚未收回的，可从以后的营业额中减除。

金融企业在2000年12月31日以前已缴纳过营业税的应收未收利息，原则上应在2005年12月31日前从营业额中减除完毕，但已移交给中国华融、长城、东方和信达资产管理公司的应收未收利息不得从营业额中减除。

税务机关对金融企业营业税征收管理时，负责核对从营业额中减除的应收未收利息是否已征收过营业税,该项从营业额中减除的应收未收利息是否符合财政部或国家税务总局制定的财务会计制度以及税法规定。

金融企业从营业额中减除的应收未收利息的额度和年限以该金融企业确定的额度和年限确定,各级地方政府及其财政、税务机关不得规定金融企业应收未收利息从营业额中减除的年限和比例。

(8)外币折合成人民币。金融保险业以外汇结算营业额的,应将外币折合成人民币后计算营业税。原则上金融业按其收到的外汇的当天或当季季末中国人民银行公布的基准汇价折合营业额,保险业按其收到的外汇的当天或当月最后一天中国人民银行公布的基准汇价折合营业额,报经省级税务机关批准后,允许按照财务制度规定的其他基准汇价折合营业额。

4. 邮电通信业

电信部门以集中受理方式为集团客户提供跨省的出租电路业务,由受理地区的电信部门按取得的全部价款减除分割给参与提供跨省电信业务的电信部门的价款后的差额为营业额计征营业税。对参与提供跨省电信业务的电信部门,按各自取得的全部价款为营业额计征营业税。

集中受理是指电信部门应一些集团客户的要求,为该集团所属的众多客户提供跨地区的出租电信线路业务,以便该集团所属众多客户在全国范围内保持特定通信联络。

邮政电信单位与其他单位合作,共同为用户提供邮政电信业务及其他服务并由邮政电信单位统一收取价款的,以全部收入减去支付给合作方价款后的余额为营业额。

中国移动通信集团公司通过手机短信公益特服号"8858"为中国儿童少年基金会接受捐款业务,以全部收入减去支付给中国儿童少年基金会的价款后的余额为营业额。

5. 文化体育业

单位或个人进行演出,以全部票价收入或者包场收入减去付给提供演出场所的单位、演出公司或者经纪人的费用后的余额为营业额。

6. 娱乐业

娱乐业的营业额为经营娱乐业收取的全部价款和价外费用,包括门票收费、台位费、点歌费、烟酒、饮料、茶水、鲜花、小吃等收费及经营娱乐业的其他各项收费。

> **社会现象展示**:娱乐公司为回避20%的高额营业税税率,往往另成立一家小规模的零售企业,由零售企业销售酒、烟、水果及其他小吃(注:娱乐公司与零售企业的受益人或人群是一体的,但在法律上各自独立核算)。娱乐公司对收取的服务费用记入娱乐公司的账上,按20%缴纳营业税;对销售的酒、烟、水果及其他小吃而取得的收入记入零售企业,由零售企业按3%的适用税率缴纳增值税。

7. 服务业

(1)代理业以纳税人从事代理业务向委托方实际收取的报酬为营业额。

(2)电脑福利彩票投注点代销福利彩票取得的任何形式的手续费收入,应照章征收营业税。

(3)广告代理业的营业额为代理者向委托方收取的全部价款和价外费用减去付给广告发布者的广告发布费后的余额。

（4）对拍卖行向委托方收取的手续费应征收营业税。

（5）旅游企业组织旅游团到中华人民共和国境外旅游，在境外改由其他旅游企业接团，以全程旅游费减去付给该接团企业的旅游费后的余额为营业额。

【案例4-3】 重庆青年旅行社接待一批出境游客。每位游客缴费3 500元，其中代收的保险费100元，付给境外旅游公司3 000元。此批游客共计20人。

［案例分析］

重庆青年旅行社实际从游客处取得的收入：

（3 500－3 000－100）×20＝8 000（元）

应缴营业税＝8 000×5‰＝400（元）

（6）纳税人从事旅游业务的，以其取得的全部价款和价外费用扣除替旅游者支付给其他单位或者个人的住宿费、餐费、交通费、旅游景点门票和支付给其他接团旅游企业的旅游费后的余额为营业额。

（7）对单位和个人在旅游景区经营旅游游船、观光电梯、观光电车、景区环保客运车所取得的收入应按"服务业——旅游业"征收营业税。

注：单位和个人在旅游景区兼有不同税目应税行为并采取"一票制"收费方式的，应当分别核算不同税目的营业额；未分别核算或核算不清的，从高确定适用税率。

（8）对经过国家版权局注册登记，在销售时一并转让著作权、所有权的计算机软件征收营业税。计算机软件产品是指记载有计算机程序及其有关文档的存储介质（包括软盘、硬盘、光盘等）。

（9）境内单位派出本单位的员工赴境外，为境外企业提供劳务服务，不属于在境内提供应税劳务。对境内企业外派本单位员工赴境外从事劳务服务取得的各项收入，不征营业税。

（10）从事物业管理的单位，以与物业管理有关的全部收入减去代业主支付的水、电、燃气以及代承租者支付的水、电、燃气、房屋租金的价款后的余额为营业额。

（11）纳税人从事无船承运业务，以其向委托人收取的全部价款和价外费用扣除其支付的海运费以及报关、港杂、装卸费用后的余额为计税营业额申报缴纳营业税。

纳税人从事无船承运业务，应按照其从事无船承运业务取得的全部价款和价外费用向委托人开具发票，同时应凭其取得的开具给本纳税人的发票或其他合法有效凭证作为差额缴纳营业税的扣除凭证。

8. 销售不动产或受让土地使用权

（1）单位和个人销售或转让其购置的不动产或受让的土地使用权，以全部收入减去不动产或土地使用权的购置或受让原价后的余额为营业额。

（2）单位和个人销售或转让抵债所得的不动产、土地使用权的，以全部收入减去抵债时该项不动产或土地使用权作价后的余额为营业额。

（三）核定营业额

对于纳税人提供劳务、转让无形资产或销售不动产价格明显偏低而无正当理由的，或者视同发生应税行为而无营业额的，税务机关可按下列顺序确定其营业额：

（1）按纳税人最近时期发生同类应税行为的平均价格核定；

（2）按其他纳税人最近时期发生同类应税行为的平均价格核定；

(3) 按下列公式核定：
营业额＝营业成本或者工程成本×（1＋成本利润率）÷（1－营业税税率）
公式中的成本利润率，由省、自治区、直辖市税务局确定。

（四）营业额的其他规定

（1）纳税人的营业额计算缴纳营业税后因发生退款减除营业额的，应当退还已缴纳营业税税款或者从纳税人以后的应缴纳营业税税额中减除。

（2）纳税人发生应税行为，如果将价款与折扣额在同一张发票上注明的，以折扣后的价款为营业额。如果将折扣额另开发票的，不论其在财务上如何处理，均不得从营业额中扣除。

电信单位销售的各种有价电话卡，由于其计费系统只能按有价电话卡面值出账并按有价电话卡面值确认收入，不能直接在销售发票上注明折扣折让额，以按面值确认的收入减去当期财务会计上体现的销售折扣折让后的余额为营业额。

（3）单位和个人提供应税劳务、转让无形资产和销售不动产时，因受让方违约而从受让方取得的赔偿金收入，应并入营业额中征收营业税。

（4）单位和个人因财务会计核算办法改变，将已缴纳过营业税的预收性质的价款逐期转为营业收入时，允许从营业额中减除。

（5）劳务公司接受用工单位的委托，为其安排劳动力，凡用工单位将其应支付给劳动力的工资和为劳动力上缴的社会保险（包括养老保险金、医疗保险、失业保险、工伤保险等，下同）以及住房公积金统一交给劳务公司代为发放或办理的，以劳务公司从用工单位收取的全部价款减去代收转付给劳动力的工资和为劳动力办理社会保险及住房公积金后的余额为营业额。

（6）通信线路工程和输送管道工程所使用的电缆、光缆和构成管道工程主体的防腐管段、管件（弯头、三通、冷弯管、绝缘接头）清管器、收发球筒、机泵、加热炉、金属容器等物品均属于设备，其价值不包括在工程的计税营业额中。

其他建筑安装工程的计税营业额也不应包括设备价值，具体设备名单可由省级地方税务机关根据各自实际情况列举。

（7）中国石油化工集团公司土地租金收入征收营业税的规定。

为了支持石化集团公司调整优化产业结构，又不影响土地所在地营业税收入的转移，自2004年1月1日起，石化集团公司总部直接集中收取的土地租金收入按以下规定缴纳营业税：

石化集团公司在全国各地取得的土地租金收入向其土地使用地主管税务机关申报缴纳营业税。

石化集团公司可根据实际收取的土地租金，向支付土地租金的石化股份公司有关分（子）公司开具由北京市地方税务局监制的发票。所开发票票面必须载明付款单位全称、土地租用面积、单价、总价金额、开票日期等内容。

石化集团公司总部集中收取的土地租金，减除在各省市已缴纳营业税（凭各省市地方税务局开具的完税凭证）后的租金的余额，作为其在北京计算缴纳营业税的营业额，向北京市地方税务局申报缴纳营业税。

项目四 营业税计算及纳税申报

（8）自 2004 年 12 月 1 日起，营业税纳税人购置税控收款机，经主管税务机关审核批准后，可凭购进税控收款机取得的增值税专用发票，按照发票上注明的增值税税额，抵免当期应纳营业税税额，或者按照购进税控收款机取得的普通发票上注明的价款，依下列公式计算可抵免税额：

可抵免税额＝价款÷（1＋17％）×17％

当期应纳税额不足抵免的，未抵免部分可在下期继续抵免。

（9）纳税人提供应税劳务向对方收取的全部价款和价外费用，按相关规定可以扣除部分金额后确定营业额的，其扣除的金额应提供下列相关的合法有效凭证：

支付给境内单位或者个人的款项，且该单位或者个人发生的行为属于营业税或者增值税征收范围的，以该单位或者个人开具的发票为合法有效凭证。

支付的行政事业性收费或者政府性基金，以开具的财政票据为合法有效凭证。

支付给境外单位或者个人的款项，以该单位或者个人的签收单据为合法有效凭证，税务机关对签收单据有疑义的，可以要求其提供境外公证机构的确认证明。

国家税务总局规定的其他合法有效凭证。

知识拓展

营业税改增值税政策介绍

财税〔2011〕110 号财政部国家税务总局关于印发《营业税改征增值税试点方案》的通知中对营业税改增值税在税率和计税方法上作了相应的规定（此规定目前只在试点地区适用）：

1. 税率

在现行增值税 17％标准税率和 13％低税率基础上，新增 11％和 6％两档低税率。租赁有形动产等适用 17％税率，交通运输业、建筑业等适用 11％税率，其他部分现代服务业适用 6％税率。

2. 计税方式

交通运输业、建筑业、邮电通信业、现代服务业、文化体育业、销售不动产和转让无形资产，原则上适用增值税一般计税方法。金融保险业和生活性服务业，原则上适用增值税简易计税方法。

3. 计税依据

纳税人计税依据原则上为发生应税交易取得的全部收入。对一些存在大量代收转付或代垫资金的行业，其代收代垫金额可予以合理扣除。

引入案例分析

在引入案例中，除了派出 5 名员工赴国外提供中医按摩服务取得收入 70 万元，因劳务发生在境外，不征营业税外，其他的照章征税。

营业税＝220×5％＋（400＋100）×20％＋120×5％＋150×5％＋60×5％＋600×5％＋（76＋4）×5％＋10×5％＝162（万元）

【案例 4-4】 "无形资产不动产"投资免税政策在房地产行业中的运用自 2003 年 1 月 1 日起，以无形资产、不动产投资入股，参与接受投资方利润分配、共同承担投资风险的行为，不征营业税。在投资后转让其股权的也不征收营业税。因此，社会上常见一方以拥有土地使用权自建的房屋与另一方进行合作，以达到合理利用税收优惠政策降低税负的目的。根据双方合作的形式不同，合作双方缴税的情况也不同。

案例：A公司为一家投资公司，其市场开发部门看好B公司一块目前利用率较低的土地，经过初步市场调研认为其进行房地产开发的潜力极大，同时了解到B公司是一家经营困难的小型国有企业，因而企业和主管部门都愿意在条件较为优惠的前提下，拿出一部分规划用途为综合用地的土地进行房地产开发。A公司市场部人员经过多方调研，在进行了可行性论证后提出如下方案：

方案一，A、B公司合作建造普通住宅，设计方案确定后，由A公司出资金，B公司出土地，共同建设完成后按一定方式分配房地产，各自处置。

方案二，A、B公司联合C房地产公司共同开发高档商住小区项目，设计方案确定后，由A公司出若干资金，B公司出若干亩土地，C公司报建并组织实施建设项目，不足资金由C公司筹集，建成的商住楼由三家企业按一定方式分配，经调查，方案所涉及行政审批事项均得到妥善解决，合作可顺利进行。

方案三，将方案一进一步细化为A、B公司协议成立合营企业，A公司以资金、材料物资或以设备出资，B公司以土地使用权出资，合营企业以B公司投入的土地开发房地产，房屋建成后各方风险共担、利润共享的分配方式。

方案四，修订方案一的约定条件，房屋建成后B公司不是按照合营公司的经营成果分享合营利润，而是采取按销售收入的一定比例提成的方式参与分配，或提取固定利润。

说明：合作建设房地产可能涉及多个税种，主要包括营业税、土地增值税、企业所得税（或个人所得税）、契税、印花税、城市维护建设税及教育费附加等。通常只要前三个税种的征免情况和税基明确后，契税、印花税、城市维护建设税及教育费附加等的计算就比较简单、明晰，故本文主要就前三个税种加以分析。

[案例分析]

方案一和方案二是纯粹的"以物易物"，即双方以各自拥有的土地使用权和房屋所有权相互交换。

方案一，协议由A公司负责开发后分房，则A、B公司实质上是以土地使用权和房屋所有权相互交换，双方都取得了部分房屋的所有权。在这一合作过程中，B公司以转让部分土地使用权为代价，换取部分房屋的所有权，发生了转让土地使用权的行为。A公司则以转让部分房屋的所有权为代价，换取部分土地的使用权，发生了销售不动产的行为。因而合作建房的双方都发生了营业税的应税行为。对B公司应按"转让无形资产"税目中的"转让土地使用权"子目征税，对A公司应按"销售不动产"税目征税。由于双方没有进行货币结算，应当按照《中华人民共和国营业税暂行条例实施细则》第十五条的规定分别核定双方各自的营业额。如果合作建房的双方（或任何一方）将分得的房屋销售出去，则又发生了销售不动产行为，应对其销售收入再按"销售不动产"税目征收营业税。

方案二，以C公司为主体开发后分房自用，A公司只是提供资金的话，其未发生营业税应税行为，如果其另外提供了设备、劳务或者材料物资等，属于视同销售行为，另行按相关规定确定是否征收营业税或其他税，而B、C公司应该分别按转让土地使用权和转让房屋建筑物计征营业税，三公司分房后再转让，属于独立的经济行为，应该单独计征营业税。

项目四 营业税计算及纳税申报

方案三，A、B公司协议成立合营企业，A公司以资金、材料物资或以设备出资，B公司以土地使用权出资，合营企业以B公司投入的土地开发房地产，房屋建成后各方风险共担、利润共享的分配方式。即合营双方分享合营企业利润而不是分配房产，则按照营业税"以无形资产投资入股，参与接受投资方的利润分配、共同承担投资风险的行为，不征营业税"的规定，对B公司向合营企业提供的土地使用权，视为投资入股，对其不征营业税，只对合营企业销售房屋取得的收入按销售不动产征营业税，对双方分得的利润不征营业税。

方案四，房屋建成后B公司不是按照合营公司的经营成果分享合营利润，而是采取按销售收入的一定比例提成的方式参与分配，或提取固定利润。则不属营业税所称的投资入股不征营业税的行为，而属于B公司将土地使用权转让给合营企业的行为，那么，对B公司取得的固定利润或从销售收入按比例提取的收入按"转让无形资产"征税，对合营企业则按全部房屋的销售收入依"销售不动产"税目征收营业税。

任务小结

（1）营业税的计税依据是营业额，营业额为纳税人提供应税劳务、转让无形资产或者销售、不动产向对方收取的全部价款和价外费用。

（2）营业税是价内税。在核定营业额时，若采取成本利润率计算方法，计算公式为：
营业额＝营业成本或者工程成本×（1＋成本）÷（1－营业税税率）

（3）营业税税目有9大类，分别按不同税目计算营业税。

任务二 营业税应纳税额计算
Mission two

任务描述

1. 营业税的一般计算方法
2. 几种特殊经营行为的税务处理

任务链接

在任务一中，我们对营业税的特点和三大基本要素进行了认真分析，了解了各行中应税营业额的具体规定，本次任务主要依据营业税的规定进行营业税计算。

案例引入

某照相馆在照结婚纪念照的同时，附带也提供镜框、相册等货物。对照相馆的经营行为，税务机关应如何征税？

企业税费计算及纳税申报

> **相关知识**

一、营业税税款的一般计算

营业税税款的计算比较简单。纳税人提供应税劳务、转让无形资产或者销售不动产，按照营业额和规定的适用税率计算应纳税额。计算公式为：

应纳税额＝营业额×税率

下面通过两个例子，说明应纳税额的计算方法。

【案例4-5】 重庆海容实业公司某月运营售票收入总额为600万元，从中支付联运业务的金额为100万元，能够提供合法有效凭证。请计算该运输公司应缴纳的营业税税额。

［案例分析］

应纳税额＝（售票收入总额－联运业务支出）×适用税率
　　　　＝（600－100）×3％
　　　　＝15（万元）

【案例4-6】 某卡拉OK歌舞厅某月取得门票收入为60万元，台位费收入30万元，相关的烟酒和饮料费收入20万元，鲜花和小吃收入10万元，适用的税率为20％。请计算该歌舞厅应缴纳的营业税税额。

［案例分析］

应纳税额＝营业额×适用税率＝（60＋30＋20＋10）×20％＝24（万元）

应纳税额以人民币为计算单位，如果纳税人以外汇结算营业额的，须按外汇市场价格折合成人民币计算。人民币的折合率可选择营业额发生的当天或者当月1日的人民币汇率中间价。纳税人应当在事先确定采用何种折合率，确定后1年内不得变更。

金融保险业以外汇结算营业额的，金融业按其收到外汇的当天或当季季末中国人民银行公布的基准汇价折合营业额。保险业按其收到外汇的当天或当月月末中国人民银行公布的基准汇价折合营业额，并计算营业税。纳税人选择何种折合率，确定后1年之内不得变动。

二、几种特殊经营行为的税务处理

（一）兼营不同税目的应税行为

税法规定，纳税人兼营不同税目应税行为的，应当分别核算不同税目的营业额、转让额、销售额，然后按各自的适用税率计算应纳税额。未分别核算的，从高确定适用税率。

（二）兼营应税劳务与货物或非应税劳务行为

纳税人兼营应税行为和货物或者非应税劳务的，应当分别核算应税行为的营业额和货物或者非应税劳务的销售额，其应税行为营业额缴纳营业税，货物或者非应税劳务销售额不缴纳营业税。未分别核算的，由主管税务机关核定其应税行为营业额。

纳税人兼营免税、减税项目的，应当单独核算免税、减税项目的营业额。未单独核算营业额的，不得免税、减税。

（三）混合销售行为

一项销售行为如果既涉及应税劳务又涉及货物的，为混合销售行为。从事货物的生产、批发或零售的企业、企业性单位及个体经营者的混合销售行为，视为销售货物，不征收营业税。其他单位和个人的混合销售行为，视为提供应税劳务，应当征收营业税。表4-3是兼营行为和混合销售行为案例展示（饮食行业）。

表4-3 兼营行为和混合销售行为案例展示（饮食行业）

兼营行为	混合销售
自制食品，既可对内又可对外销售。如某饭店在大门口设一独立核算的柜台，既对店内的顾客提供自制食品（如月饼、生日蛋糕、快餐等），又对外销售。	在提供饮食的同时，附带也提供香烟等货物，就应按饮食业征收营业税。

知识拓展

营业税优惠政策

（一）起征点

对于经营营业税应税项目的个人，营业税规定了起征点。营业额达到或超过起征点即照章全额计算纳税，营业额低于起征点则免予征收营业税。税法规定的起征点如下：

（1）按期纳税的（除另有规定外）为月营业额1 000~5 000元；

（2）按次纳税的（除另有规定外）为每次（日）营业额100元。

各省、自治区、直辖市人民政府所属地方税务机关可以在规定的幅度内，根据当地实际情况确定本地区适用的起征点，并报财政部、国家税务总局备案。

（二）税收优惠规定

1. 根据《营业税暂行条例》的规定，下列项目免征营业税：

（1）托儿所、幼儿园、养老院、残疾人福利机构提供的育养服务、婚姻介绍、殡葬服务。

（2）残疾人员个人为社会提供的劳务。

（3）学校和其他教育机构提供的教育劳务，学生勤工俭学提供的劳务。学校和其他教育机构是指普通学校以及经地、市级以上人民政府或者同级政府的教育行政部门批准成立、国家承认其学员学历的各类学校。

（4）农业机耕、排灌、病虫害防治、植保、农牧保险以及相关技术培训业务，家禽、牲畜、水生动物的配种和疾病防治。

（5）纪念馆、博物馆、文化馆、美术馆、展览馆、书画院、图书馆、文物保护单位举办文化活动的门票收入，宗教场所举办文化、宗教活动的门票收入。

2. 根据国家的其他规定，下列项目减征或免征营业税：

（1）保险公司开展的1年期以上返还性人身保险业务的保费收入免征营业税。

返还性人身保险业务是指保期1年以上（包括1年期），到期返还本利的普通人寿保险、养老金保险、健康保险。

对保险公司开办的普通人寿保险、养老金保险、健康保险的具体险种，凡经财政部、国家税务总局审核并列入免税名单的可免征营业税，未列入免税名单的一律征收营业税。

（2）对单位和个人（包括外商投资企业、外商投资设立的研究开发中心、外国企业和外籍个人）从事技术转让、技术开发业务和与之相关的技术咨询、技术服务业务取得的收入，免征营业税。

（3）个人转让著作权，免征营业税。

（4）将土地使用权转让给农业生产者用于农业生产，免征营业税。

（5）工会疗养院（所）可视为"其他医疗机构"，免征营业税。

（6）凡经中央及省级财政部门批准纳入预算管理或财政专户管理的行政事业性收费、基金，无论是行政单位收取的，还是由事业单位收取的，均不征收营业税。

（7）社会团体按财政部门或民政部门规定标准收取的会费，不征收营业税。

（8）对按政府规定价格出租的公有住房和廉租住房暂免征收营业税，对个人按市场价格出租的居民住房，暂按3%的税率征收营业税。

（9）对于从事国际航空运输业务的外国企业或我国香港、澳门、台湾地区的企业从我国大陆运载旅客、货物、邮件的运输收入，在国家另有规定之前，应按4.65%的综合计征率计算征税。

（10）中国人民保险公司和中国进出口银行办理的出口信用保险业务，不作为境内提供保险，为非应税劳务，不征收营业税。

（11）对非营利性医疗机构按照国家规定的价格取得的医疗服务收入，免征营业税。

（12）根据《中华人民共和国营业税暂行条例》及其实施细则的规定，营业税的征收范围为有偿提供应税劳务，转让无形资产或者销售不动产的行为。转让企业产权是整体转让企业资产、债权、债务及劳动力的行为；其转让价格不仅仅是由资产价值决定的，与企业销售不动产、转让无形资产的行为完全不同。因此，转让企业产权的行为不属于营业税征收范围，不应征收营业税。

（13）保险企业取得的追偿款不征收营业税。所称追偿款，是指发生保险事故后，保险公司按照保险合同的约定向被保险人支付赔款，并从被保险人处取得对保险标的价款进行追偿的权利而追回的价款。

（14）单位和个人提供的垃圾处置劳务不属于营业税应税劳务，对其处置垃圾取得的垃圾处置费，不征收营业税。

（15）个人向他人无偿赠与不动产，包括继承、遗产处分及其他无偿赠与不动产等三种情况可以免征营业税。

（16）自2008年12月15日起，对台湾航运公司从事海峡两岸海上直航业务在大陆取得的运输收入，免征营业税。

（17）自2010年1月1日起，个人将购买不足5年的非普通住房对外销售的，全额征收营业税；个人将购买超过5年（含5年）的非普通住房或者不足5年的普通住房对外销售的，按照其销售收入减去购买房屋的价款后的差额征收营业税；个人将购买超过5年（含5年）的普通且唯一的住房对外销售的，免征营业税。

项目四 营业税计算及纳税申报

引入案例分析

某照相馆在照结婚纪念照的同时,附带也提供镜框、相册等货物。此种行为属于混合销售行为。根据税法规定:从事货物的生产、批发或零售的企业、企业性单位及个体经营者的混合销售行为,视为销售货物,不征收营业税;其他单位和个人的混合销售行为,视为提供应税劳务,应当征收营业税。因此,照相馆以提供服务业劳务为主,同时附带销售货物,这种情况下的混合销售行为,应当征收营业税。

【案例4-7】 (代购代销行为税收分析)

重庆海容实业公司委托金属材料公司代购钢材,事先预付一笔周转金50万元,该金属材料公司代购钢材后按实际购进价格向工厂结算,并将销货方开具给委托方的增值税专用发票原票转交,共计支付价税合计金额46万元,另扣5%的手续费2.3万元,并单独开具发票收取,收取的2.3万元手续费即为营业税征收范围。

[案例分析]

若金属材料公司将增值税专用发票不转交海容公司,先购进钢材,增值税专用发票自留,并照原购进发票的原价,另外用本公司的增值税专用发票填开给海容公司,同时再按原协议收取手续费。这种情况下,金属材料公司的所谓代购钢材行为,变成了自营钢材行为,所收取的手续费属于销售货物时所收取的价外费用,应当并入货物的销售额征收增值税。

由此可见,代购货物行为,凡同时具备以下条件的,不论企业的财务和会计账务如何处理,均应征收营业税:第一,受托方不垫付资金;第二,销货方将增值税专用发票开具给委托方,并由受托方将该项发票转交给委托方;第三,受托方按代购实际发生的销售额和增值税税额与委托方结算货款,并另收取手续费。

所谓代销,是指受托方按委托方的要求销售委托方的货物,并收取手续费的经营活动。仅就销售货物环节而言,它与代购一样也属增值税的征收范围。但受托方提供了劳务,就要取得一定的报酬,因而,要收取一定的手续费。营业税是对受托方提供代销货物业务的劳务所取得的手续费征税。掌握代销货物的关键,是受托方以委托方的名义,从事销售委托方的货物的活动,对代销货物发生的质量问题以及法律责任,都由委托方负责。

任务小结

(1) 应缴营业税=计税依据×税率;

(2) 营业税兼营行为应分开核算,不分开核算的,纳税人兼营不同税目应税行为的,从高适用税率;兼营应税劳务与货物或非应税劳务行为,由税务机关核定;

(3) 营业税与增值税之间发生的混合销售行为,从事货物的生产、批发或零售的企业、企业性单位及个体经营者的混合销售行为,视为销售货物,不征收营业税;其他单位和个人的混合销售行为,视为提供应税劳务,应当征收营业税。

企业税费计算及纳税申报

任务三 营业税的征收管理及申报缴纳案例
Mission three

任务描述

1. 了解营业税纳税义务发生时间
2. 了解营业税的纳税期限
3. 了解营业税的纳税地点
4. 掌握营业税的纳税申报流程，完成营业税计税、申报能力的结合

相关知识

一、纳税义务发生时间

营业税的纳税义务发生时间为纳税人收讫营业收入款项或者取得索取营业收入款项凭据的当天。签订书面合同的为书面合同确定的付款日期的当天；未签订书面合同或者书面合同未确定付款日期的，为应税行为完成的当天。收讫营业收入款项，是指纳税人应税行为发生过程中或者完成后收取的款项。对某些具体项目进一步明确如下：

（1）转让土地使用权或者销售不动产，采用预收款方式的，其纳税义务发生时间为收到预收款的当天。

纳税人提供建筑业或者租赁业劳务，采取预收款方式的，其纳税义务发生时间为收到预收款的当天。

（2）单位或者个人自己新建建筑物后销售，其自建行为的纳税义务发生时间，为其销售自建建筑物并收讫营业额或者取得索取营业额凭据的当天。

（3）纳税人将不动产或者土地使用权无偿赠送其他单位或者个人的，其纳税义务发生时间为不动产所有权、土地使用权转移的当天。

（4）会员费、席位费和资格保证金纳税义务发生时间为会员组织收讫会员费、席位费、资格保证金和其他类似费用款项或者取得索取这些款项凭据的当天。

（5）扣缴税款义务发生时间为扣缴义务人代纳税人收讫营业收入款项或者取得索取营业收入款项凭据的当天。

（6）建筑业纳税人及扣缴义务人应按照下列规定确定建筑业营业税的纳税义务发生时间和扣缴义务发生时间：

①纳税义务发生时间。

• 纳税人提供建筑业应税劳务，施工单位与发包单位签订书面合同，如合同明确规定付款（包括提供原材料、动力及其他物资，收取预收工程价款）日期的，按合同规定的付款日期为纳税义务发生时间；合同未明确付款（同上）日期的，其纳税义务发生时间为纳税人收讫营业收入款项或者取得索取营业收入款项凭据的当天。

上述预收工程价款是指工程项目尚未开工时收到的款项。对预收工程价款，其纳税义务发生时间为工程开工后，主管税务机关根据工程形象进度按月确定的纳税义务发生时间。

• 纳税人提供建筑业应税劳务，施工单位与发包单位未签订书面合同的，其纳税义务发生时间为纳税人收讫营业收入款项或者取得索取营业收入款项凭据的当天。

• 纳税人自建建筑物，其建筑业应税劳务的纳税义务发生时间为纳税人销售自建建筑物并收讫营业收入款项或取得索取营业收入款项凭证的当天。

纳税人将自建建筑物对外赠与，其建筑业应税劳务的纳税义务发生时间为该建筑物产权转移的当天。

②扣缴义务发生时间。

建设方为扣缴义务人的，其扣缴义务发生时间为扣缴义务人支付工程款的当天；总承包人为扣缴义务人的，其扣缴义务发生时间为扣缴义务人代纳税人收讫营业收入款项或者取得索取营业收入款项凭证的当天。

（7）融资租赁业务，纳税义务发生时间为取得租金收入或取得索取租金收入价款凭据的当天。

（8）金融商品转让业务，纳税义务发生时间为金融商品所有权转移之日。

（9）金融经纪业和其他金融业务，纳税义务发生时间为取得营业收入或取得索取营业收入价款凭据的当天。

（10）保险业务，纳税义务发生时间为取得保费收入或取得索取保费收入价款凭据的当天。

（11）金融企业承办委托贷款业务营业税的扣缴义务发生时间，为受托发放贷款的金融机构代委托人收讫贷款利息的当天。

（12）电信部门销售有价电话卡的纳税义务发生时间，为售出电话卡并取得售卡收入或取得索取售卡收入凭据的当天。

（13）单位和个人提供应税劳务、转让专利权、非专利技术、商标权、著作权和商誉时，向对方收取的预收性质的价款（包括预收款、预付款、预存费用、预收定金等，下同），其营业税纳税义务发生时间以按照财务会计制度的规定，该项预收性质的价款被确认为收入的时间为准。

二、纳税期限

（1）营业税的纳税期限，分别为 5 日、10 日、15 日、1 个月或者 1 个季度。纳税人的具体纳税期限，由主管税务机关根据纳税人应纳税额的大小分别核定；不能按照固定期限纳税的，可以按次纳税。

纳税人以 1 个月或 1 个季度为一期纳税的，自期满之日起 15 日内申报纳税；以 5 日、10 日或者 15 日为一期纳税的，自期满之日起 5 日内预缴税款，于次月 1 日起 15 日内申报纳税并结清上月应纳税款。

（2）扣缴义务人的解缴税款期限，比照上述规定执行。

（3）银行、财务公司、信托投资公司、信用社、外国企业常驻代表机构的纳税期限为 1 个季度。自纳税期满之日起 15 日内申报纳税。

（4）保险业的纳税期限为 1 个月。

三、纳税地点

营业税的纳税地点原则上采取属地征收的方法，就是纳税人在经营行为发生地缴纳应纳税款。具体规定如下：

（1）纳税人提供应税劳务，应当向应税劳务发生地的主管税务机关申报纳税。纳税人从事运输业务的，应当向其机构所在地主管税务机关申报纳税。

（2）纳税人转让土地使用权，应当向土地所在地主管税务机关申报纳税。纳税人转让其他无形资产，应当向其机构所在地的主管税务机关申报纳税。

（3）单位和个人出租土地使用权、不动产的营业税纳税地点为土地、不动产所在地；单位和个人出租物品、设备等动产的营业税纳税地点为出租单位机构所在地或个人居住地。

（4）纳税人销售不动产，应当向不动产所在地主管税务机关申报纳税。

（5）纳税人提供的应税劳务发生在外县（市），应向应税劳务发生地的主管税务机关申报纳税；如未向应税劳务发生地申报纳税的，由其机构所在地或者居住地主管税务机关补征税款。

（6）纳税人承包的工程跨省、自治区、直辖市的，向其机构所在地主管税务机关申报纳税。

（7）各航空公司所属分公司，无论是否单独计算盈亏，均应作为纳税人向分公司所在地主管税务机关缴纳营业税。

（8）纳税人在本省、自治区、直辖市范围内发生应税行为，其纳税地点需要调整的，由省、自治区、直辖市人民政府所属税务机关确定。

（9）建筑业纳税人及扣缴义务人应按照下列规定确定建筑业营业税的纳税地点：

①纳税人提供建筑业应税劳务，其营业税纳税地点为建筑业应税劳务的发生地。

②纳税人从事跨省工程的，应向其机构所在地主管地方税务机关申报纳税。

③纳税人在本省、自治区、直辖市和计划单列市范围内提供建筑业应税劳务的，其营业税纳税地点需要调整的，由省、自治区、直辖市和计划单列市税务机关确定。

④扣缴义务人代扣代缴的建筑业营业税税款的解缴地点为该工程建筑业应税劳务发生地。

⑤扣缴义务人代扣代缴跨省工程的，其建筑业营业税税款的解缴地点为被扣缴纳税人的机构所在地。

⑥纳税人提供建筑业劳务，应按月就其本地和异地提供建筑业应税劳务取得的全部收入向其机构所在地主管税务机关进行纳税申报，就其本地提供建筑业应税劳务取得的收入缴纳营业税；同时，自应申报之月（含当月）起6个月内向机构所在地主管税务机关提供其异地建筑业应税劳务收入的完税凭证，否则，应就其异地提供建筑业应税劳务取得的收入向其机构所在地主管税务机关缴纳营业税。

⑦上述本地提供的建筑业应税劳务是指独立核算纳税人在其机构所在地主管税务机关税收管辖范围内提供的建筑业应税劳务；上述异地提供的建筑业应税劳务是指独立核算纳税人在其机构所在地主管税务机关税收管辖范围以外提供的建筑业应税劳务。

（10）在中华人民共和国境内的电信单位提供电信业务的营业税纳税地点为电信单位机构所在地。

(11) 在中华人民共和国境内的单位提供的设计（包括在开展设计时进行的勘探、测量等业务，下同）、工程监理、调试和咨询等应税劳务的，其营业税纳税地点为单位机构所在地。

(12) 在中华人民共和国境内的单位通过网络为其他单位和个人提供培训、信息和远程调试、检测等服务的，其营业税纳税地点为单位机构所在地。

四、纳税申报

纳税人应按《营业税暂行条例》有关规定及时办理纳税申报，并如实填写营业税纳税申报表（表4-4）。

表4-4 营业税纳税申报表

填表日期： 年 月 日
纳税人识别号：

金额单位：元（列至角分）

纳税人名称							税款所属时期				
		营业额						本 期			
税目	经营项目	全部收入	不征税项目	减除项目	减免税项目	应税营业额	税率	应纳税额	减免税额	已纳税额	应补（退）税额
1	2	3	4	5	6	7=3-4-5-6	8	9=7*8	10=6*8	11	12
合 计											
如纳税人填报，由纳税人填写以下各栏					如委托代理人填报，由代理人填写，由代理人填写以下各栏				备注		
会计主管（签章）		纳税人（签章）			代理人名称			代理人（签章）			
					地址						
					经办人		电话				
以下由税务机关填写											
收到申报表日期					接收人						

填表说明：

(1) 本表适用于营业税纳税义务人填报。

(2) "全部收入"，系指纳税人的全部收入。

(3) "不征税项目"，系指税法规定的不属于营业税征税范围的营业额。

(4) "减除项目"，系指税法规定允许从营业收入中扣除的项目的营业额。

(5)"减免税项目",系指税法规定的减免税项目的营业额。

任务小结

完成营业税纳税申报表的步骤：根据业务、根据不同税率计算应交的营业税总额，根据表格的要求填表。

学生演练

某专门从事房地产开发业务企业，2012年有关经营情况如下：

到12月31日为止对外销售写字楼50 000平方米，全部签了售房合同，每平方米售价0.32万元，共计收入16 000万元，按售房合同规定全部款项于12月31日均可收回，有关土地权证和房产证次年为客户办理。

其余的10 000平方米中，7 000平方米用于先租后售，11月30日签订租赁合同约定出租时间先定一年，租金从2月1日起计算，每月收租金21万元，合同共记载租金252万元，租金月收一次；另外3 000平方米转为本企业固定资产作办公用。

11月30日用于出租和自用的房屋面积已全部办好相关出租、资产转账手续，于当日全部交付并从12月1日起使用。

要求：计算销售和出租的房屋应缴纳的营业税。

项目五

关税计算及纳税申报

项目介绍

关税项目包含关税的基本知识和征收管理两个部分，关税属于流转税，是一种价内税，是国家海关对进出我国关境的货物或物品征收的一种税。本项目包含以下任务：

任务一：关税的基本原理
任务二：关税的基本要素
任务三：关税应纳税额计算
任务四：关税的征收管理

学习导航

1. 关税是一个历史悠久的税种，随着国际贸易的不断发展而产生和逐渐发展的
2. 关税作为流转税之一，是对进出关境征收的一种税
3. 以征收对象、纳税人、税率、应纳税额作为主线进行对比分析学习

学习目标

1. 通过本项目学习，了解关税的概念和分类
2. 熟知关税的征税对象及纳税人、能够查阅关税税目及税率表
3. 掌握关税应纳税额的计算
4. 熟悉关税税收优惠政策
5. 了解关税的征收管理
6. 掌握关税的缴纳

教学准备

1. 收集有关进口货物的发票，以便学生对关税完税价格的计算有感性认识
2. 收集海关填发的关税缴款书复印件，让学生相互传阅，让学生认识关税
3. 指导学生预习本项目的内容

关键词

关税（Customs duties）、征税对象（Object of taxation）、纳税人（Taxpayer）、税率（Tax rate）、应纳税额（Tax payable）、税收优惠（Preferential tax）

企业税费计算及纳税申报

任务一 关税的基本原理
Mission one

任务描述

了解关税概念和分类

任务链接

我们学习了进口货物计算进口增值税和消费税都是以关税加上关税完税价格作为基础的，关税的计算正确与否直接关系到进口货物增值税与消费税的计算以及进出口货物成本的计算。

案例引入

重庆海容实业公司 2012 年 1 月从美国进口 2 台电视摄像机，从德国进口中厚钢板 20 000 千克，从美国进口"蓝带"啤酒 700 箱，购买重庆某公司（中外合资，厂址在中国重庆）生产的发动机 5 台。

要求：分析以上物品哪些需征收关税？

相关知识

一、关税的概念

关税是由海关根据国家制定的有关法律，以进出关境的货物和物品为征税对象而征收的一种商品税。关税作为独特的税种，除了具有一般税收的特点以外，还具有以下特点：

（一）进出境

征收的对象是进出境的货物和物品，不进出关境的不征关税。这里所指的"境"是指"关境"。

（二）价外税

关税是单一环节的价外税。关税的完税价格中不包括关税。但海关代为征收增值税、消费税时，其计税依据包括关税在内。

（三）涉外性

关税税则的制定、税率的高低，直接会影响到国际贸易的开展，贸易关系不仅反映简单经济关系，而且成为一种政治关系。

二、关税的分类

（一）按征税对象进行分类，可将关税分为进口税、出口税和过境税

1. 进口税

进口税是海关对进口货物和物品所征收的关税，它是关税中最主要一种征税形式。

2. 出口税

出口税是海关对出口货物和物品所征收的关税。征收出口税增加了出口货物的成本，会提高本国产品在国外的售价，降低了同别国产品的市场竞争能力，不利于本国生产和经济发展，因此各发达国家一般都取消了出口税，我国也只对少数产品征收出口税。

3. 过境税

过境货物是指由境外启运，通过境内继续运往境外的货物。对过境货物所征的关税叫做过境税。过境税的前身是使用费。如果允许过境货物自由通过本国，则不仅有利于国际贸易的开展，而且可以增加本国运输相关行业的收入，因此各国相继取消过境税。

（二）按征税标准分类，可将关税分为从量税、从价税。此外，各国常用的征税标准还有复合税、选择税、差价税、滑准税

1. 从量税

按货物的计量单位（重量、长度、面积、容积、数量等）作为征税标准，以每一计量单位应纳的关税金额作为税率，称为从量税。

2. 从价税

以货物的价格作为征税标准而征收的税称为从价税，从价税的税率表现为货物价格的百分值。

3. 复合税

又称混合税，在税则的同一科目中订有从价和从量两种税率，征税时既采用从量又采用从价两种税率计征税款的，被称为复合税。

4. 滑准税

又称滑动税，是在税则中预先按产品的价格高低分档制定若干不同的税率，然后根据进出口商品价格的变动而增减进出口税率的一种关税。

（三）按征税的目的不同，关税可以分为财政关税和保护关税

1. 财政关税

即以增加财政收入为主要目的的关税。财政关税的税率比保护关税低，因为过高的关税会阻碍进出口贸易的发展，达不到增加财政收入的目的。随着世界经济的发展，财政关税的意义逐渐减低，而被保护关税所代替。

2. 保护关税

即为保护本国工农业生产而征收的关税。保护关税政策始于重商主义。现代各国关税保护的重点则有所不同。发达国家所要保护的通常是国际间竞争性很强的商品，发展中国家则

重在保护本国幼稚工业的发展。

(四) 按征税性质不同, 可分为普通关税、优惠关税和差别关税三种, 它们主要适用于进口关税

1. 普通关税

普通关税又称一般关税, 是对与本国没有签署贸易或经济互惠等友好协定的国家原产的货物征收的非优惠性关税。普通关税与优惠关税的税率差别一般较大。

2. 优惠关税

优惠关税一般是互惠关税, 即优惠协定的双方互相给对方优惠关税待遇, 但也有单向优惠关税, 即只对受惠国给予优惠待遇, 而没有反向优惠。优惠关税一般有特定优惠关税、普遍优惠关税和最惠国待遇三种。

3. 差别关税

差别关税实际上是保护主义政策的产物, 是保护一国产业所采取的特别手段。主要有加重关税、抵消关税、报复关税、反倾销关税等。其中反倾销关税即对外国的反倾销商品, 在征收正常进口关税的同时附加征收的一种关税, 它是差别关税的一种重要形式。

(五) 按保护形式和程度分类, 可分为关税壁垒和非关税壁垒

1. 关税壁垒

关税壁垒是指一国政府以提高关税的办法限制外国商品进口的措施。

2. 非关税壁垒

非关税壁垒是指除关税以外的一切限制进口的措施, 有直接非关税壁垒和间接非关税壁垒之分。

知识拓展

反倾销关税的相关案例了解

案例: 欧盟反倾销调查对我国陶瓷业造成大冲击

事件: 2012年2月16日, 中国陶瓷工业协会佛山办事处最新透露, 最近欧盟再次对中国的陶瓷厨房餐具发起了反倾销调查, 并已经知会中国驻欧盟使团, 很可能正式立案。

后果: 如果这次真的立案, 表明欧盟对我国陶瓷, 包括瓷砖、马赛克以及陶瓷餐具, 都将进行反倾销调查, 进而征收反倾销关税。

分析: 中国日用陶瓷在欧盟有很好的市场, 口碑也相当好。这次欧盟如果立案, 涉案的企业将超过2 000家。2011年, 中国出口欧盟陶瓷餐具累计金额超过7亿美元, 一旦征收反倾销税, 将对中国陶瓷出口产生最严重的影响。

影响一: 陶瓷产品出口数量骤降。

欧盟一直是中国佛山陶瓷出口的重要市场, 口碑也相当好, 根据统计, 2001年到2010年的十年间, 佛山陶瓷出口欧盟的数量年平均增长率达到78.6%, 出口价值年平均增长率达到84%。2007年到2009年, 欧盟更是成为佛山第二大陶瓷出口市场。然而, 受到反倾销的影响, 2011年1月到10月, 佛山对欧盟出口陶瓷数量骤降。

项目五 关税计算及纳税申报

影响二：陶瓷产品在欧盟市场成本增加，不具竞争优势。

如果瓷砖类的营销达到70%的惩罚性关税这样的税率，确实对我们大多数的企业来说几乎是一个限制性、禁止性关税，我们出口肯定会在一段时间内有比较大幅度的下降，它们的企业会得到一个所谓的喘息之机。

案例揭示：对中国实行陶瓷反倾销不是欧盟解决相关问题的根本途径，这个时间是很短的，更重要的是它们自己国内面临的问题，包括成本过高。实际上还是要从自身去找问题来解决面临的困难。限制中国产品的出口，实际上对他们的帮助是有限的，或者说是很短的一个效果。

从背景来看，可能也跟欧洲现在面临的经济形势有关系，因为欧洲陶瓷行业主要集中在南欧国家，就是我们戏称的所谓"欧洲四国"：葡萄牙、西班牙、意大利、希腊。这些国家现在面临最困难的一个形势，近几年它们在营销反补贴的应用上会比较积极一些。陶瓷行业也是一个相对来说比较劳动密集型的行业，所以它们贸易保护主义的心态也会更强烈一些。去年9月份发起的瓷砖的反倾销对我们国家的瓷砖已经造成很大影响，现在如果这次陶瓷餐具再次发起反倾销，应该说对我们国家相关的行业、相关的企业就会有比较大的负面冲击。

发动反倾销不利欧洲企业发展，实际上反倾销对一个行业的救济效果是很有限的，也是很短暂的效果。可能在一段时间内，在一定程度上会限制中国向它们的出口，但是因为它们的价格非常高，即使中国出不去，其他国家也会替代进入这个市场。另外还有一个问题，实际上它们对中国的陶瓷产品发起反倾销，也会影响到欧盟的消费者上下游的企业，比如现在它对中国的陶瓷发起反倾销之后，实际上影响到了欧盟的瓷砖机械企业，因为它们本来要向中国出口瓷砖机械，但是因为中国向欧洲的瓷砖出口下降，导致对欧洲的瓷砖机械的需求也在下降。所以说在这种相互依存度非常高的情况下，发起这些贸易保护主义措施并不是一个很有利的方式。

引入案例分析

（1）明确关税的征税对象：以进出关境的货物或物品为征税对象。

（2）确定本案例货物的进出口情况：从美国进口电视摄像机、德国进口中厚钢板、美国进口"蓝带"啤酒，三样货物都属由国外进入我国关境，应征收进口关税。购买重庆某公司（中外合资，厂址在中国重庆）生产的发动机5台，没有进出关境，不征收关税。

延伸思考：5台发动机应征收什么流转税？

任务小结

在掌握关税概念时，核心词在"进出关境"上。了解众多关税分类时，重点掌握按征税对象及征税标准的分类，这对后续关税的计算起重要作用。

企业税费计算及纳税申报

任务二 关税的基本要素 Mission two

任务描述

1. 熟知关税的征税对象及纳税人
2. 了解关税税则和税率

任务链接

通过任务一的学习，我们已知我国关税在出口环节或进口环节征税，是一种流转税，现我们还需进一步明确关税的征税范围、纳税人、税率才能为下一步正确计税做好准备。

案例引入

海容实业公司 2012 年 1 月从法国进口红酒 500 箱拟在国内销售，意大利爱华公司馈赠给海容公司的数字照相机 3 台。

要求：分析以上物品需征收什么关税？纳税人是谁？对应税率为多少？

相关知识

一、关税的征税对象

凡是国家允许，属于《进出口税则》规定应征税的进出口货物和物品，都是关税的课税对象。货物是指贸易性商品，物品指入境旅客随身携带的行李物品、个人邮递物品、各种运输工具上的服务人员携带进口的自用物品、馈赠物品以及其他方式进境的个人物品。

二、关税的纳税人

进口货物的收货人、出口货物的发货人、进境货物的所有人，都是关税的纳税义务人。

三、关税税则

又称海关税则，是根据国家关税政策和经济政策，通过一定的方法程序制定和公布实施的，对进出口的应税商品和免税商品加以系统分类的一览表。表内包括各项征税或免税货物的详细名称、税率、征税标准（从价或从量），计税单位等。

四、关税税率

(一) 进口关税税率 (表 5-1)

表 5-1 进口关税税率设置与适用一览表

税率种类	适用情形	特别规定
最惠国税率	根据《关税条例》第十条的规定，适用于原产于共同适用最惠国待遇条款的世界贸易组织成员的进口货物，原产于与中华人民共和国签订含有相互给予最惠国待遇条款的双边贸易协定的国家或者地区的进口货物，以及原产于中华人民共和国境内的进口货物	根据《关税条例》第十一条的规定，适用最惠国税率的进口货物有暂定税率的，应当适用暂定税率；适用协定税率、特惠税率的进口货物有暂定税率的，应当从低适用税率；适用普通税率的进口货物，不适用暂定税率
协定税率	根据《关税条例》第十条的规定，适用于原产于与中华人民共和国签订含有关税优惠条款的区域性贸易协定的国家或者地区的进口货物	
特惠税率	根据《关税条例》第十条的规定，适用于原产于与中华人民共和国签订含有特殊关税优惠条款的贸易协定的国家或者地区的进口货物	
普通税率	根据《关税条例》第十条的规定，适用于原产于《中华人民共和国进出口关税条例》第十条第一款、第二款和第三款所列以外国家或者地区的进口货物，以及原产地不明的进口货物	
暂定税率	根据《关税条例》第十一条的规定，适用最惠国税率的进口货物有暂定税率的，应当适用暂定税率；适用协定税率、特惠税率的进口货物有暂定税率的，应当从低适用税率；适用普通税率的进口货物，不适用暂定税率	
关税配额税率	根据《关税条例》第十二条的规定，按照国家规定实行关税配额管理的进口货物，关税配额内的，适用关税配额税率	根据《关税条例》第十二条，按照国家规定实行关税配额管理的进口货物，关税配额内的，适用关税配额税率；关税配额外的，其税率的适用按照本条例第十条、第十一条的规定执行
报复性关税税率	根据《关税条例》第十四条的规定，任何国家或者地区违反与中华人民共和国签订或者共同参加的贸易协定及相关协定，对中华人民共和国在贸易方面采取禁止、限制、加征关税或者其他影响正常贸易的措施的，对原产于该国家或者地区的进口货物可以征收报复性关税，适用报复性关税税率	

根据国务院关税税则委员会〔2011〕3 号文件，进境物品关税调整方案自 2011 年 1 月 27 日起开始实施。调整后的《中华人民共和国进境物品进口税率表》见表 5-2。

表5-2　中华人民共和国进境物品进口税率表

税　号	税率/%	物品名称
1	10	书报、刊物、教育专用电影片、幻灯片、原版录音带、录像带、金、银及其制品、计算机、视频摄录一体机、数字照相机等信息技术产品、照相机、食品、饮料、本表税号2、3、4及备注不包含的其他商品
2	20	纺织品结及其制成品，电视摄像机及其他电器用具、自行车、手表、钟表（含配件、附件）
3	30	高尔夫球及球具，高档手表
4	50	烟、酒、化妆品

（二）出口关税税率

我国出口税则为一栏税率，即出口税率。国家仅对少数资源性产品及易于竞相杀价、盲目进口、需要规范出口秩序的半制成品征收出口关税。现行税则对36种商品计征出口关税，主要是鳗鱼苗、部分有色金属矿砂及其精矿、生锑、磷、氟钽酸钾、苯、山羊板皮、部分铁合金、钢铁废碎料、铜和铝原料及其制品、镍锭、锌锭、锑锭。出口商品税则税率一直未予调整。但对上述范围内的23种商品实行0%～20%的暂定税率，其中16种商品为零关税，6种商品税率为1%及以下。与进口暂定税率一样，出口暂定税率优先适用于出口税则中规定的出口税率，因此，我国真正征收出口关税的商品只是20种，税率也较低。

知识拓展

国家对进口货物及物品征收关税对本国经济的作用

一、维护国家主权和经济利益

对进出口货物征收关税，表面上看似乎只是一个与对外贸易相联系的税收问题，其实一国采取什么样的关税政策直接关系到国与国之间的主权和经济利益。历史发展到今天，关税已成为各国政府维护本国政治、经济权益，乃至进行国际经济斗争的一个重要武器。我国根据平等互利和对等原则，通过关税复式税则的运用等方式，争取国际间的关税互惠并反对他国对我国进行关税歧视，促进对外经济技术交往，扩大对外经济合作。

二、保护和促进本国工农业生产的发展

一个国家采取什么样的关税政策，是实行自由贸易，还是采用保护关税政策，是由该国的经济发展水平、产业结构状况、国际贸易收支状况以及参与国际经济竞争的能力等多种因素决定的。国际上许多发展经济学家认为，自由贸易政策不适合发展中国家的情况。相反，这些国家为了顺利地发展民族经济，实现工业化，必须实行保护关税政策。我国作为发展中国家，一直十分重视利用关税保护本国的"幼稚工业"，促进进口替代工业发展，关税在保护和促进本国工农业生产的发展方面发挥了重要作用。

项目五 关税计算及纳税申报

三、调节国民经济和对外贸易

关税是国家的重要经济杠杆，通过税率的高低和关税的减免，可以影响进出口规模，调节国民经济活动。如调节出口产品和出口产品生产企业的利润水平，有意识地引导各类产品的生产，调节进出口商品数量和结构，可促进国内市场商品的供需平衡，保护国内市场的物价稳定等等。

四、筹集国家财政收入

从世界大多数国家尤其是发达国家的税制结构分析，关税收入在整个财政收入中的比重不大，并呈下降趋势。但是，一些发展中国家，其中主要是那些国内工业不发达、工商税源有限、国民经济主要依赖于某种或某几种初级资源产品出口，以及国内许多消费品主要依赖于进口的国家，征收进出口关税仍然是他们取得财政收入的重要渠道之一。我国关税收入是财政收入的重要组成部分，新中国成立以来，关税为经济建设提供了可观的财政资金。目前，发挥关税在筹集建设资金方面的作用，仍然是我国关税政策的一项重要内容。

引入案例分析

（1）确定红酒在进口环节应征收进口关税，查询《进口税率表》，得知关税税率为50%。

（2）确定馈赠数字照相机应征收进口关税，查询《进口税率表》，得知关税税率为10%。

以上纳税人均为重庆海容实业公司。

任务小结

在了解什么是关税税则后，依据税则规定，即可确定关税的征税对象、纳税人及税率。

任务三 关税应纳税额计算
Mission three

任务描述

1. 掌握关税完税价格的确定
2. 掌握关税应纳税额的计算，能独立计算关税的应纳税额
3. 了解关税的税收优惠

任务链接

通过任务一、任务二的学习，我们已掌握关税的概念、作用、征税对象、纳税人、税率。本次任务是通过公式计算关税税额。

企业税费计算及纳税申报

案例引入

重庆海容实业有限公司2012年1月进口从加拿大进口了一批货物,该批货物的价格为10 000美元,运抵我国口岸起卸前发生的运费、保险费等费用折合人民币26 000元。当日的中国人民银行外汇牌价为1:6,关税税率为20%。

若你是该公司会计,该如何计算进口货物应纳的关税?

相关知识

一、关税完税价格的确定

(一)进口货物关税完税价格的确定

关税完税价格是进口关税的计税依据。税法规定,进口货物以海关审定的成交价格为基础的到岸价格(CIF价)作为完税价格。CIF到岸价格,包括货价,加上货物运抵我国关境内输入地点起卸前的包装费、运费、保险费和其他劳务费等费用组成的一种价格。

进口货物的成交价格,是指卖方向中华人民共和国境内销售该货物时,买方为进口该货物向卖方实付、应付的并按照规定调整后的价款总额,包括直接支付的价款和间接支付的价款。

1. 成交价格应符合的条件

(1)对买方处置或者使用进口货物不予限制时的成交价格。

(2)进口货物的成交价格不得受到使该货物成交价格无法确定的条件或因素的影响。

(3)卖方不得直接或者间接获得因买方销售、处置或者使用进口货物而产生的任何收益,或者虽有收益但能够按照规定进行调整。

(4)买卖双方没有特殊关系,或者虽有特殊关系但未对成交价格产生影响。

2. 当进口货物成交价格不能确定时,在客观上无法采用货物的实际成交价格时,依次估定该货物的完税价格

(1)相同货物的成交价格估价方法。

(2)类似货物的成交价格估价方法。

(3)倒扣价格估价方法:它是指海关以进口货物相同或者类似进口货物在境内的销售价格为基础,扣除境内发生的有关费用后,审查确定进口货物完税价格的估价方法。

(4)计算价格估价方法:总和计算生产该货物所使用的料件成本和加工费用,向中华人民共和国境内销售同等级或者同种类货物通常的利润和一般费用,该货物运抵境内输入地点起卸前的运输及其相关费用、保险费。

(5)合理估价方法:灵活采用上述方法中最便于计算完税价格的方法。

3. 成交价格的调整项目

以下各项应计入关税成交价格:

(1)未包括在进口货物的实付或者应付价格中的费用,应计入完税价格。

由买方负担的除购货佣金外的佣金和经纪费、与货物视为一体的容器费用、包装材料与包装劳务费。

（2）与进口货物的生产和向中华人民共和国境内销售有关的，由买方以免费或者以低于成本的方式提供，并可以按适当比例分摊的货物或者服务的价值。

（3）买方需向卖方或者有关方直接或者间接支付的特许权使用费。

（4）卖方直接或者间接从买方对该货物进口后销售、处置或者使用所得中获得的收益。

（5）与进口货物有关的特许权使用费。

以下各项进口货物的价款中单独列明的税收、费用、不计入该货物的完税价格：

（1）厂房、机械或者设备等货物进口后发生的建设、安装、装配，维修或者技术援助费用，但是保修费用除外。

（2）进口货物运抵中华人民共和国境内输入地点起卸后发生的运输及其相关费用、保险费。

（3）进口关税、进口环节海关代征税及其他国内税。

（4）为在境内复制进口货物而支付的费用。

（5）境内、外技术培训及境外考察费用。

（二）出口货物关税完税价格的确定

出口货物的完税价格由海关以该货物的成交价格为基础审查确定，包括货物运至中华人民共和国境内输出地点装载前的运输及其相关费用、保险费。

1. 以成交价格为基础的完税价格

出口货物的成交价格，是指货物出口销售时，卖方为出口该货物应当向买方直接收取和间接收取的价款总和。

2. 下列税收、费用不计入出口货物的完税价格

（1）出口关税。

（2）在货物价款中单独列明的货物运至中华人民共和国境内输出地点装载后的运输及其相关费用、保险费。

（3）在货物价款中单独列明由卖方承担的佣金。

3. 出口货物完税价格海关估定方法

出口货物的成交价格不能确定的，海关经了解有关情况，并与纳税义务人进行价格磋商后，依次以下列价格审查确定该货物的完税价格：

（1）同时或者大约同时向同一国家或者地区出口的相同货物的成交价格。

（2）同时或者大约同时向同一国家或者地区出口的类似货物的成交价格。

（3）根据境内生产相同或者类似货物的成本、利润和一般费用（包括直接费用和间接费用）、境内发生的运输及其相关费用、保险费计算所得的价格。

（4）按照合理方法估定的价格。

二、关税应纳税额的计算

（一）从价应纳税额的计算

关税税额＝应税进（出）口货物数量×单位完税价格×税率

（进口货物的成交价格，因有不同的成交条件而有不同的价格形式，常用的价格条款，有 FOB 离岸价、CFR 离岸加运费价、CIF 到岸价三种。）

【案例 5-1】 重庆海容实业公司 2012 年 1 月从德国进口产中厚钢板 20 000 千克，成交价为 FOB 德国 3 马克/千克，单位运费为 1 马克，保险费率为 0.5%，求应征关税税款是多少？（中厚钢板的关税税率为 10%，海关填发缴款书时的外汇牌价为 1 马克＝4 元人民币）

[案例分析]

单位完税价格＝（FOB＋运费）×（1＋保险费率）＝（3＋1）×（1＋0.5%）＝4.02（马克）
＝4.02×4＝16.08（元人民币）

关税税额＝16.08×20 000×10%＝32 160（元人民币）

（二）从量应纳税额的计算

关税税额＝应税进（出）口货物数量×单位货物税额

【案例 5-2】 重庆海容实业公司 2012 年 1 月从美国进口"蓝带"啤酒 700 箱，每箱 24 瓶，每瓶容积 500 毫升，价格为 CIF 2 500 美元，计算应纳关税（征税日外汇牌价为 1 美元＝6 元人民币，啤酒关税税率为 3 元/升）。

[案例分析]

应纳关税税款＝700×24×500/1 000×3＝25 200（元人民币）

（三）复合税应纳税额的计算

复合税都是先计征从量税，再计征从价税。

关税税额＝应税进（出）口货物数量×单位货物税额＋应税进（出）口货物数量×单位完税价格×税率

【案例 5-3】 重庆海容实业公司 2012 年 1 月从美国进口 2 台电视摄像机，价格共为 CIF 12 000 美元，计算应纳关税（征税日外汇牌价为 1 美元＝6 元人民币，每台完税价格高于 5 000 美元的，从量税为每台 12 500 元人民币，再征从价税 3%）。

[案例分析]

应纳关税税款＝2×12 500＋12 000×6×3%＝27 160（元人民币）

（四）滑准税应纳税额的计算

关税税额＝应税进（出）口货物数量×单位完税价格×滑准税税率

三、关税的税收优惠

（一）法定减免税

1. 下列进出口货物，免征关税

（1）关税税额在人民币 50 元以下的货物；
（2）无商业价值的广告品和货样；
（3）外国政府、国际组织无偿赠送的物资；
（4）在海关放行前损失的货物；

（5）进出境运输工具装载的途中必需的燃料、物料和饮食用品。

2. 下列进出口货物，可以暂不缴纳关税

（1）在展览会、交易会、会议及类似活动中展示或者使用的货物；
（2）文化、体育交流活动中使用的表演、比赛用品；
（3）进行新闻报道或者摄制电影、电视节目使用的仪器、设备及用品；
（4）开展科研，教学、医疗活动使用的仪器、设备及用品；
（5）在第（1）项至第（4）项所列活动中使用的交通工具及特种车辆；
（6）货样；
（7）供安装、调试、检测设备时使用的仪器、工具；
（8）盛装货物的容器；
（9）其他用于非商业目的的货物。

3. 有下列情形之一的，纳税义务人自缴纳税款之日起 1 年内，可以申请退还关税，并应当以书面形式向海关说明理由，提供原缴款凭证及相关资料

（1）已征进口关税的货物，因品质或者规格原因，原状退货复运出境的。
（2）已征出口关税的货物，因品质或者规格原因，原状退货复运进境，并已重新缴纳因出口而退还的国内环节有关税收的。
（3）已征出口关税的货物，因故未装运出口，申报退关的。

（二）特定减免税

也称政策性减免税。有如下项目：
（1）科教用品；
（2）残疾人专用品；
（3）扶贫、慈善性捐赠物资；
（4）加工贸易产品；
（5）边境贸易进口物资；
（6）保税区进出口货物；
（7）出口加工区进出口货物；
（8）进口设备；
（9）特定行业或用途的减免税政策；
（10）特定地区的减免税政策。

（三）临时减免税

临时减免税是指以上法定和特定减免税以外的其他减免税，即由国务院根据《海关法》对某个单位、某类商品、某个项目或某批进出口货物的特殊情况，给予特别照顾，一案一批，专文下达的减免税。

（四）个人邮寄物品的减免税

自 2010 年 9 月 1 日起，个人邮寄物品，应征进口税额在人民币 50 元（含 50 元）以下的，海关予以免征。

企业税费计算及纳税申报

> **知识拓展**

关于进口货物在进口环节税负的全面计算

进口货物按相关规定应征收关税的,并按国家规定属于同时应计征消费税与增值税,进口货物关税的正确计算,决定着其进口环节消费税、增值税的计算,其计算的步骤为:

1. 确定关税完税价格＝直接支付价款＋间接支付价款＝海关审定的 CIF 价
   ＝FOB 价＋到岸前的间接性支出

FOB 离岸价应加到境前的运费、保险费等间接支付价款,作为关税完税价格。保险费的计算一般以 FOB 离岸价加运费作为计算基础。

2. 确定关税税额＝关税完税价格×关税税率
3. 确定组成计税价格＝(关税完税价格＋关税)÷(1－消费税税率)

组成计税价格＝关税完税价格＋关税＋消费税

组成计税价格是计算消费税与增值税的基础,因消费税是价内税,即计算货物消费税的组成计税价格中应含有消费税;增值税是价外税,其组成计税价格中不含增值税,其计税基数中含关税与消费税。

4. 消费税税额＝组成计税价格×消费税税率
5. 增值税税额＝组成计税价格×增值税税率

> **引入案例分析**

(1) 确定关税完税价格为海关审定后的完税价格,完税价格一般为 FOB 到岸价,即货物离岸价(有时就是国外的成交价)加上到岸前的运输、保险费等相关间接性支出 100 000×6＋26 000＝626 000(元)

(2) 确定关税税率为 20%。

(3) 计算应纳税额：

应纳税额＝(100 000×6＋26 000)×20%＝125 200(元)

【案例 5-4】 重庆窖藏酒业有限公司 2012 年 1 月从法国进口红酒 3 000 箱,经海关核定一箱红酒的关税完税价格为 100 元,红酒关税税率为 14%,消费税税率为 10%,增值税税率为 17%。

要求：计算该公司红酒在进口环节一共征收的税负是多少。

[案例分析]

关税＝3 000×100×14%＝42 000(元)

组成计税价格＝(3 000×100＋42 000)÷(1－10%)＝380 000(元)

进口环节应纳消费税＝380 000×10%＝38 000(元)

进口环节应纳增值税＝380 000×17%＝64 600(元)

进口环节税负＝42 000＋38 000＋64 600＝144 600(元)

> **任务小结**

在计算关税应纳税额时,先确定货物计征方式,从价、从量还是复合计征,然后确定完

项目五 关税计算及纳税申报

税价格，依据相应税率计算出该批货物应纳的关税。

任务四 关税的征收管理 Mission four

任务描述

1. 掌握关税的申报缴纳
2. 了解关税的强制执行
3. 了解关税的退还
4. 了解关税的补征和追征

任务链接

通过任务三的学习，我们知道怎样计算关税，本节学习是计算后怎样向海关缴纳以及其他相关的申报后事项。

案例引入

重庆海容实业有限公司于2012年1月1日进口机械设备一套，完税价格为人民币100万元，进口关税税率为10%，海关于1月1日填发税款缴纳证，公司于2012年1月28日才缴纳税款，该公司应缴纳多少滞纳金？

相关知识

一、关税的申报缴纳

进口货物的纳税人应当自运输工具申报进境之日起14日内，出口货物的纳税人除海关特准的外，应当在货物运抵海关监管区后、装货的24小时以前，向货物的进出境地海关申报。纳税人应在海关填发税款缴纳证之日起15日内，向指定银行缴纳税款。

二、关税的强制执行

1. 征收关税滞纳金

关税缴纳期限届满之日起，至纳税义务人缴纳关税之日止，按滞纳税款万分之五的比例按日征收，周末或法定节假日不予扣除，滞纳金的起征点为50元。

2. 强制征收

如纳税义务人应缴关税税额达3个月未缴纳，经海关关长批准，海关可以采取强制措施，如从纳税义务人在开户银行或者其他金融机构的存款中直接扣缴税款、变价抵缴等方式。

117

三、关税的退还

关税退还是关税纳税义务人按海关核定的税额缴纳关税后,因某种原因的出现,海关将实际征收多于应当征收的税额(称为溢征关税)退还给原纳税义务人的一种行政行为。

四、关税的补征和追征

由海关原因造成的少交关税叫补征,由纳税人造成的少交关税叫追征。

知识拓展

为保护纳税人合法权益,《海关法》和《关税条例》规定了纳税义务人对海关确定进出口货物的征税、减税、补税或者退税等有异议时,有提出申诉的权利,海关申请复议,但同时应在规定期限内先行缴纳税款再行处理。

引入案例分析

(1)明确关税税款的缴纳期限:
应于海关填发税款缴纳证之日起 15 日内缴纳,1 月 1 日至 15 日为缴纳期限之内。
(2)1 月 16 日至 28 日,13 天应按 0.5‰缴纳滞纳金。
(3)应缴纳滞纳金=1 000 000×10%×0.5‰×13=650(元)

任务小结

1. 关税征收管理应明确纳税人向海关申报时间、缴款时间
2. 滞纳金的计算方法

学生演练

某市大型商贸公司为增值税一般纳税人,兼营商品加工、批发、零售和进出口业务,2012 年 12 月相关经营业务如下:

进口化妆品一批,支付国外的买价 220 万元、国外的经纪费 4 万元。
支付运抵我国海关地前的运输费用 20 万元、装卸费用和保险费用 11 万元。
支付海关地再运往商贸公司的运输费用 8 万元、装卸费用和保险费用 3 万元。
(假设:关税税率为 20%,消费税税率 30%)
要求:
(1)计算该公司进口环节应缴纳的关税。
(2)计算该公司进口环节应缴纳的消费税。
(3)计算该公司进口环节应缴纳的增值税。

项目六

企业所得税计算及纳税申报

项目介绍

在掌握企业所得税基本原理、基本要素的基础上，通过搜索剖析我国《企业所得税实施条例》《税收征收管理办法》及其相关规定，完成以下工作任务：

任务一：企业所得税的基本原理
任务二：企业所得税的基本要素
任务三：企业所得税应纳税额计算
任务四：企业所得税的税收优惠
任务五：企业所得税的征收管理、纳税申报

学习导航

1. 本项目系统学习的企业所得税法，是非常重要的一单元
2. 以征收对象、纳税人、税率、应纳税额、纳税申报作为主线进行对比分析学习
3. 学习应纳税额计算时，应结合利润表的相关项目、企业所得税纳税申报表相关栏目进行学习
4. 本项目的法律依据

中华人民共和国主席令第63号，2008年1月1日开始实施的《中华人民共和国企业所得税法》；中华人民共和国国务院令513号，2008年1月1日开始实施的《中华人民共和国企业所得税法实施条例》；财政部 国家税务总局［财税（2011）117号］《关于小型微利企业所得税优惠政策有关问题的通知》等。网络资源：中国税务网：http://www.ctax.org.cn/

学习目标

1. 了解企业所得税概念、征税对象及纳税人、税率
2. 熟悉资产的税务处理
3. 掌握应纳税额的计算
4. 熟悉税收优惠
5. 了解征收管理
6. 掌握纳税申报

教学准备

1. 收集企业所得税纳税申报表，以备教学使用
2. 设计一个教学引入情景
3. 引导学生预习本单元内容

关键词

企业所得税（Corporate income tax）、征税范围（The scope of axation）、纳税人（Taxpayer）、应纳税额（Taxable income）、税收优惠（Preferential tax）、纳税申报（Tax declaration）

企业税费计算及纳税申报

任务一 企业所得税的基本原理
Mission one

任务描述

通过学习，完成以下具体任务：了解企业所得税概念和作用

任务链接

企业所得税属于所得税类，在计算企业所得税前，企业所纳的所有税费（除企业所得税）都需要计算准确。在与其他流转税进行比较学习中，本次任务主要了解企业所得税的特点及作用。

案例引入

甲公司和乙公司都是同行业的生产经营型企业，甲公司在 2011 年的营业收入为 1 000 万元，会计净利润为 10 万元，而乙公司在 2011 年的营业收入为 2 000 万元，会计利润为 50 万元，甲公司中没有相应的调整事项，乙公司有 100 万元的国债利息收入。甲公司会计根据税法规定交纳所得税，乙公司没有交纳。

甲公司部分股东不明白，为什么该公司的收入比乙公司少，会计净利润也比乙公司少，而还要多交企业所得税呢？

如果你是甲公司的会计，该如何向股东解释？

相关知识

一、企业所得税的概念和特点

（一）企业所得税的概念

企业所得税是指对我国境内的企业和其他取得收入的组织就其生产经营所得和其他所得征收的一种税。

（二）企业所得税的特点

1. 征税范围广

从范围上看，来源于中国境内和境外的所得；从内容上看来源于生产经营所得额和其他所得。因此，企业所得税具有征收上的广泛性。

2. 税负公平

企业所得税对企业，不分所有制，不分地区、行业和层次，实行统一的比例税率，"所

项目六 企业所得税计算及纳税申报

得多的多征,所得少的少征,无所得的不征"。因此企业所得税能够较好体现公平税负和税收中性的一个良性税种。

3. 税基约束力强

企业所得税的税基是应纳税所得额,即以纳税人每一纳税年度的收入总额减去准予扣除项目金额后的余额。为了保护税基,企业所得税法明确了收入总额、扣除项目金额的确定以及资产的税务处理等内容,使得应纳税所得额的计算相对独立于企业的会计核算,体现了税法的强制性与统一性。

4. 纳税人与负税人一致

纳税人缴纳的企业所得税一般不易转嫁,而由纳税人自己负担。

二、企业所得税的作用

(一)促进改善经营管理活动,提升企业的盈利能力

由于只对企业应纳税所得额征税,且采用比例税率,因此对大多数企业来说承担的税负水平相同。相对于累进税率,企业所得税采用比例税率更有利于促进企业改善经营管理,努力降低成本,提高盈利能力和水平。

(二)调整产业结构,促进经济发展

所得税的调节作用在于公平税负、量能负担。虽然世界各国的法人所得税往往采用比例税率的形式,在一定程度上削弱了所得税的调控功能,但在税制设计中,世界各国往往通过各项税收优惠的实施,发挥政府在对纳税人投资、产业结构调整、环境治理等方面的调控作用。

(三)增加财政收入

税收的首要职能就是筹集财政收入。随着我国收入向企业和居民分配的倾斜,企业所得税占全部税收收入的比重越来越高。

> **知识拓展**
>
> 各国对企业所得税征税的一般性做法:
> (1)纳税人为法人。
> (2)以应纳税所得额为计税依据。
> (3)税率:累进及比例。
> (4)税收优惠。
> ①税收抵免:投资抵免、国外税收抵免。
> ②税收豁免:豁免期、豁免项目。
> ③加速折旧。
> 税收优惠的各国共同特点:淡化区域,突出行业。

企业税费计算及纳税申报

引入案例分析

企业所得税的税基是应纳税所得额，即以纳税人每一纳税年度的收入总额减去准予扣除项目金额后的余额，而不是企业的会计净利润。一般情况下是在会计利润总额的基础上进行相应的调整后得到应纳税所得额。因甲公司中没有相应的调整事项，乙公司有100万元的国债利息收入（属于企业所得税的免税收入）。所以甲公司会计根据税法规定要交纳所得税，乙公司没有交纳。

任务小结

会计利润与企业应纳税所得额并不完全一致。

任务二 企业所得税的基本要素
Mission two

任务描述

1. 了解企业所得税的纳税义务人和征税对象
2. 熟悉企业所得税的税率

任务链接

通过任务一的学习，我们已知我国企业所得税的概念，现还需进一步明确该税的征税范围、纳税人、税率才能为下一步正确计税做好准备。

案例引入

小王的表哥经营一家合伙的鲜花店，成立之初，表哥打电话问小王，这家合伙的鲜花店是否交纳企业所得税？为什么？

请你想想，小王该如何回答？

相关知识

一、企业所得税的纳税义务人

企业所得税的纳税人，是指在中华人民共和国境内的企业和其他取得收入的组织，《企业所得税法》规定，个人独资企业、合伙企业不适用企业所得税法。

企业所得税的纳税人分为居民企业和非居民企业。

项目六 企业所得税计算及纳税申报

（一）居民企业

居民企业，是指依法在中国境内成立，或者依照外国（地区）法律成立但实际管理机构在中国境内的企业。

这里的企业包括国有企业、集体企业、私营企业、联营企业、股份制企业、外商投资企业、外国企业以及有生产、经营所得和其他所得的其他组织。其中，有生产经营所得和其他所得的其他组织，是指经国家有关部门批准，依法注册登记的事业单位、社会团体等组织。实际管理机构，是指对企业的生产经营、人员、账务、财产等实施实质性全面管理和控制的机构。

（二）非居民企业

非居民企业，是指依照外国（地区）法律成立且实际管理机构不在中国境内，但在中国境内设立机构、场所的，或者在中国境内未设立机构、场所，但有来源于中国境内所得的企业。

所称机构、场所，是指在中国境内从事生产经营活动的机构、场所，包括：
(1) 管理机构、营业机构、办事机构。
(2) 工厂、农场、开采自然资源的场所。
(3) 提供劳务的场所。
(4) 从事建筑、安装、装配、修理、勘探等工程作业的场所。
(5) 其他从事生产经营活动的场所。

二、企业所得税的征税对象

企业所得税的征税对象是纳税人每一纳税年度取得的生产、经营所得、清算所得以及其他所得。

（一）居民企业的征税对象

居民企业应就来源于中国境内、境外的所得作为征税对象。所得包括：
(1) 销售货物所得；
(2) 提供劳务所得；
(3) 转让财产所得；
(4) 股息红利等权益性投资所得；
(5) 利息所得；
(6) 租金所得；
(7) 特许权使用费所得；
(8) 接受捐赠所得；
(9) 其他所得。

（二）非居民企业的征税对象

非居民企业在中国境内设立机构、场所的，应当就其所设机构、场所取得的来源于中国境内的所得，以及发生在中国境外但与其所设机构、场所有实际联系的所得，缴纳企业所得税。

非居民企业在中国境内未设立机构、场所的，或者虽设立机构、场所但取得的所得与其所设机构、场所没有实际联系的，应当就其来源于中国境内的所得缴纳企业所得税。

（三）所得来源的确定

(1) 销售货物所得，按照交易活动发生地确定。
(2) 提供劳务所得，按照劳务发生地确定。
(3) 转让财产所得。
①不动产转让所得按照不动产所在地确定。
②动产转让所得按照转让动产的企业或者机构、场所所在地确定。
③权益性投资资产转让所得按照被投资企业所在地确定。
(4) 股息、红利等权益性投资所得，按照分配所得的企业所在地确定。
(5) 利息所得、租金所得、特许权使用费所得，按照负担、支付所得的企业或者机构、场所所在地确定，或者按照负担、支付所得的个人的住所地确定。
(6) 其他所得，由国务院财政、税务主管部门确定。

三、企业所得税的税率

（一）基本税率 25%

基本税率适用于居民企业和在中国境内设有机构、场所且所得与机构场所有关联的非居民企业。

（二）低税率 20%

低税率适用于非居民企业在中国境内未设立机构、场所的，或者虽设立机构、场所但取得的所得与其所设机构、场所没有实际联系的非居民企业，其来源于中国境内的所得。但实际征税时适用 10% 的税率。

合条件的小型微利企业，减按 20% 的税率征收企业所得税。国家需要重点扶持的高新技术企业，减按 15% 的税率征收企业所得税。

> 提示：自 2012 年 1 月 1 日至 2015 年 12 月 31 日，对年应纳税所得额低于 6 万元（含 6 万元）的小型微利企业，其所得减按 50% 计入应纳税所得额，按 20% 的税率缴纳企业所得税。

知识拓展

1. 世界企业所得税情况介绍

现行企业所得税的基本税率设定为 25%，从世界各国比较而言还是偏低的。据有关资料介绍，世界上近 160 个实行企业所得税的国家（地区）平均税率为 28.6%，我国周边 18

国家（地区）的平均税率为 26.7%。现行税率的确定，即考虑了我国财政承受能力，又考虑了企业的负担水平。

2. 小型微利企业的条件

企业所得税法第二十八条第一款所称符合条件的小型微利企业，是指从事国家非限制和禁止行业，并符合下列条件的企业：

（1）工业企业，年度应纳税所得额不超过 30 万元，从业人数不超过 100 人，资产总额不超过 3 000 万元。

（2）其他企业，年度应纳税所得额不超过 30 万元，从业人数不超过 80 人，资产总额不超过 1 000 万元。

引入案例分析

小王应这样回答：不交企业所得税。因为企业所得税的纳税人，是指在中华人民共和国境内的企业和其他取得收入的组织，《企业所得税法》规定，个人独资企业、合伙企业不适用企业所得税法。表哥的鲜花店是合伙企业。

任务小结

（1）企业所得税的纳税人有居民企业和非居民企业之分，居民企业就来源于境内外的所得缴纳所得税，非居民企业应只对来源于中国境内的所得缴纳所得税。企业所得税纳税人不包括合伙企业、个人独资企业。

（2）企业所得税以纳税人每一纳税年度取得的生产、经营所得、清算所得以及其他所得为征税对象。

（3）企业所得税的基本税率为 25%。

任务三 企业所得税应纳税额计算
Mission three

任务描述

1. 了解企业所得税的计税依据及应纳税所得额计算公式，掌握收入总额的确定
2. 掌握税前扣除范围
3. 掌握亏损的弥补，熟悉资产的税务处理
4. 掌握居民企业应纳税额的计算和非居民企业的应纳税额的计算

任务链接

通过任务一、任务二的学习，我们已掌握企业所得税的概念、作用、征税对象、纳税人、税率。本次任务是通过公式计算企业所得税应纳税所得额和应纳税额。

企业税费计算及纳税申报

> **案例引入**
>
> 重庆海容实业公司（居民企业）为增值税的一般纳税人，某年度发生经济业务如下（企业所得税税率为25%）：
> (1) 取得产品销售收入4 000万元。
> (2) 发生产品销售成本2 600万元。
> (3) 发生销售费用770万元（其中广告费650万元）。
> (4) 管理费用480万元（其中业务招待费25万元）。
> (5) 财务费用60万元。
> (6) 销售税金160万元（含增值税120万元）。
> (7) 营业外收入80万元。
> (8) 营业外支出50万元（含通过公益性社会团体向贫困山区捐款30万元，支付税收滞纳金6万元）。
> (9) 国债利息收入共计20万元。
> (10) 已预交所得税10万元。
> 如果你是该公司涉税会计人员，你如何计算该年度应缴纳的企业所得税？

> **相关知识**

一、企业所得税的计税依据及应纳税所得额计算公式

企业所得税的计税依据是应纳税所得额。

应纳税所得额是企业每一纳税年度的收入总额，减除不征税收入、免税收入、各项扣除以及允许弥补的以前年度亏损后的余额。

基本公式为：

应纳税所得额＝收入总额－不征税收入－免税收入－各项扣除－以前年度亏损

企业的应纳税所得额是根据税法规定计算出来的，它在数额上与依据财务会计制度计算的利润总额往往不一致。

企业应纳税所得额的计算，以权责发生制为原则，属于当期的收入和费用，不论款项是否收付，均作为当期的收入和费用；不属于当期的收入和费用，即使款项已经在当期收付，均不作为当期的收入和费用，但企业所得税实施条例和国务院财政、税务主管部门另有规定的除外。

二、收入总额的确定

（一）一般收入的确定

企业以货币形式和非货币形式从各种来源取得的收入为收入总额。具体包括：

1. 销售货物收入

销售货物收入指企业销售商品、产品、原材料、包装物、低值易耗品以及其他存货取得的收入。

2. 提供劳务收入

提供劳务收入指企业从事建筑安装、修理修配、交通运输、仓储租赁、金融保险、邮电通信、咨询经纪、文化、体育、科学研究、技术服务、教育培训、餐饮住宿、中介代理、卫生保健、社区服务、旅游、娱乐、加工以及其他劳务服务活动取得的收入。

3. 转让财产收入

转让财产收入是指企业转让固定资产、生物资产、无形资产、股权、债权等财产取得的收入。

4. 股息、红利等权益性投资收益

股息、红利等权益性投资收益是指企业因权益性投资从被投资方取得的收入。按照被投资方做出利润分配决定的日期确认收入的实现。

5. 利息收入

利息收入是指企业将资金提供他人使用但不构成权益性投资,或者因他人占用本企业资金取得的收入,包括存款利息、贷款利息、债券利息、欠款利息等收入。按照合同约定的债务人应付利息的日期确认收入的实现。

6. 租金收入

租金收入是指企业提供固定资产、包装物或者其他有形资产的使用权取得的收入。按照合同约定的承租人应付租金的日期确认收入的实现。

7. 特许权使用费收入

特许权使用费收入是指企业提供专利权、非专利技术、商标权、著作权以及其他特许权的使用权取得的收入。按照合同约定的特许权使用人应付特许权使用费的日期确认收入的实现。

8. 接受捐赠收入

接受捐赠收入是指企业接受的来自其他企业、组织或者个人无偿给予的货币性资产、非货币性资产。按照实际收到捐赠资产的日期确认收入的实现。

9. 其他收入

其他收入是指企业取得的除以上第1项至第8项规定的收入外的其他收入,包括企业资产溢余收入、逾期未退包装物押金收入、确实无法偿付的应付款项、已作坏账损失处理后又收回的应收款项、债务重组收入、补贴收入、违约金收入、汇兑收益等。

(二)特殊收入的确定

(1)以分期收款方式销售货物的,按照合同约定的收款日期确定收入的实现。

(2)企业受托加工制造大型机械设备、船舶、飞机以及从事建筑、安装、装配工程业务或者提供其他劳务等,持续时间超过12个月的,按照纳税年度内完工进度或者完成的工作量确认收入的实现。

(3)采取产品分成方式取得收入的,按照企业分得产品的日期确认收入的实现,其收入额需按照产品的公允价值确定。

(4)企业发生非货币性资产交换,以及将货物、财产、劳务用于捐赠、偿债、赞助、集资、产品、样品、职工福利或者利润分配等用途的,应当视为销售货物、转让财产或者提供劳务,但国务院财政、税务主管部门另有规定的除外。

(三) 不征税和免税收入

1. 不征税收入

(1) 财政拨款。

财政拨款是指各级人民政府对纳入预算管理的事业单位、社会团体等组织拨付的财政资金，但国务院和国务院财政、税务主管部门另有规定的除外。

(2) 依法收取并纳入财政管理的行政事业性收费、政府性基金。

行政事业性收费是指依照法律法规等有关规定，按照国务院规定程序批准，在实施社会公共管理，以及在向公民、法人或者其他组织提供特定公共服务过程中，向特定对象收取并纳入财政管理的费用。政府性基金是指企业依照法律、行政法规等有关规定，代政府收取的具有专项用途的财政资金。

(3) 国务院规定的其他不征税收入。

国务院规定的其他不征税收入是指企业取得的，由国务院财政、税务主管部门规定专项用途并经国务院批准的财政性资金。

2. 免税收入

(1) 国债利息收入。

(2) 符合条件的居民企业之间的股息、红利等权益性收益。

指居民企业直接投资于其他居民企业取得的投资收益。

(3) 在中国境内设立机构、场所的非居民企业从居民企业取得的与该机构、场所有实际联系的股息、红利等权益性投资收益。

该收益都不包括连续持有居民企业公开发行并上市流通有股票不足12个月取得的投资收益。

(4) 符合条件的非营利组织的收入。

三、扣除项目的范围

(一) 税前扣除项目的范围

(1) 成本是纳税人为生产、经营商品和提供劳务等所发生的各项直接耗费和各项间接费用。

(2) 费用是指纳税人为生产经营商品和提供劳务等所发生的销售费用、管理费用和财务费用。

(3) 损失是指企业在生产、经营活动中发生的固定资产和存货的盘亏、毁损、报废损失，转让财产损失，呆账损失，坏账损失，自然灾害等不可抗力因素造成的损失以及其他损失。

除此以外，在计算企业应纳税所得额时，对纳税人的财务会计处理和税收规定不一致的，应按照税收规定予以调整。

(4) 除成本、费用、税金和损失外，企业在生产经营过程中发生的与生产经营活动有关的、合理的支出，准予在计算应纳税所得额时扣除。

(二) 扣除项目及标准

需按税收规定进行纳税调整的扣除项目主要包括以下内容:

1. 工资、薪金支出

企业发生的合理的工资、薪金支出准予据实扣除。工资、薪金支出是企业每一纳税年度支付给本企业任职或与其有雇佣关系的员工的所有现金或非现金形式的劳动报酬,包括基本工资、奖金、津贴、补贴、年终加薪、加班工资,以及与任职或者是受雇有关的其他支出。

实际工作中应注意区分:工资已计入成本费用,不作纳税调整;工资未计入成本费用,可以作为调整事项。

2. 职工福利费、职工工会经费、职工教育经费

纳税人按照计税工资标准计提的职工福利费、职工工会经费、职工教育经费(提取比例分别为14%、2%、2.5%),可以在计算企业应纳税所得额时予以扣除。纳税人超过按计税工资标准计提的职工工会经费、职工福利费、职工教育经费,则不得扣除。纳税人发放工资低于计税工资标准的,按其实际发放数计提三项经费。

> **特别提示**:三项经费的计算超过当年标准的,超过部分准予结转以后纳税年度扣除(前提是以后年度未超过标准)。这里应当注意的是:软件生产企业发生的职工教育经费中的职工培训费,可以全额扣除;计算三项经费的"工资薪金总额",是指企业实际发放的工资薪金总和,不包括企业的职工福利费、职工教育经费、工会经费以及养老保险费、医疗保险费、失业保险费、工伤保险费、生育保险费等社会保险费和住房公积金。

【案例6-1】 重庆海容实业公司某年全年实发工资总额为500万元,其职工福利费、职工工会经费、职工教育经费分别列支为30万元、15万元、20万元,试计算其该年计算所得税时可其可扣除的三项经费的金额是多少?不能扣除的金额是多少?

[案例分析]

(1) 职工福利费能扣除的金额=500×14%=70(万元)。60万元>30万元,可全部扣除。

(2) 职工工会经费能扣除的金额=500×2%=10(万元)。只能扣除10万元,15-10=5(万元),5万元不能扣除。

(3) 职工教育经费能扣除的金额=500×2.5%=12.5(万元)。只能扣除12.5万元,20-12.5=7.5(万元),7.5万元不能扣除。

3. 社会保险费和住房公积金

企业依照国务院有关主管部门或者省级人民政府规定的范围和标准为职工缴纳"五险一金"的基本养老保险费、基本医疗保险费、失业保险费、工伤保险费、生育保险费等基本社会保险费和住房公积金,准予扣除。

> **特别提示**:企业为投资者或者职工支付的补充养老保险费、补充医疗保险费,在国务院财政、税务主管部门规定的范围和标准内,准予扣除。企业依照国家有关规定为特殊工种职工支付的人身安全保险费和符合国务院财政、税务主管部门规定可以扣除的商业保险费准予扣除;企业参加财产保险,按照规定缴纳的保险费,准予扣除;企业为投资者或者职工支付的商业保险费,不得扣除。

4. 借款费用、利息支出

企业在生产、经营活动中发生的合理的不需要资本化的借款费用，准予扣除。企业在生产经营活动中发生的下列利息支出，准予扣除：

（1）非金融企业向金融企业借款的利息支出、金融企业的各项存款利息支出和同业拆借利息支出、企业经批准发行债券的利息支出。

（2）非金融企业向非金融企业借款的利息支出，不超过按照金融企业同期同类贷款利率计算的数额的部分。

【案例6-2】 重庆海容实业公司某年向非金融机构融资200万元，支付得利息20万元，该年同期银行贷款利率为5％，试计算其该年计算所得税时可其可扣除的利息的金额是多少？不得扣除的金额是多少？

[案例分析]

该公司向非金融机构融资200万元，可扣除的利息的金额是200×5％＝10（万元）。

不得扣除的金额为20－10＝10（万元）。

5. 汇兑损失

企业在货币交易中，以及纳税年度终了时将人民币以外的货币性资产、负债按照期末即期人民币汇率中间价折算为人民币时产生的汇兑损失，除已经计入有关资产成本以及已向所有者进行利润分配相关的部分外，准予扣除。

6. 业务招待费

业务招待费，是指纳税人为生产、经营业务的合理需要而发生的业务招待支出。按照发生额的60％扣除，但最高不得超过当年销售（营业）收入的0.5％。当年销售（营业）收入还包括《中华人民共和国企业所得税法实施条例》第25条规定的视同销售（营业）收入额。

【案例6-3】 重庆海容实业公司某年全年的营业收入为4 000万元，全年发生的业务招待费为25万元，则重庆海容实业公司当年汇算所得税时能扣除的业务招待费的金额是多少？

[案例分析]

（1）重庆海容实业公司全年的收入为4 000万元，扣除标准按收入的0.5％计算为20万元；

（2）按实际发生25万元的60％计算的扣除标准为15万元。

比例分析（1）和（2）的计算结果，孰小者为扣除标准，因此只能扣除15万元。而25－15＝10（万元）不能扣除。

7. 广告费和业务宣传费

企业发生的符合条件的广告费和业务宣传费支出，除国务院财政、税务主管部门另有规定外，不超过当年销售（营业）收入15％的部分，准予扣除；超过部分，准予在以后纳税年度结转扣除。

【案例6-4】 重庆海容实业公司某年全年的营业收入为4 000万元，全年发生的广告费为100万元，则重庆海容实业公司当年汇算所得税时能扣除的广告费用的金额是多少？

[案例分析]

重庆海容实业公司的全年收入为4 000万元，当年能扣除的广告费标准为4 000×15％＝60（万元）。

当年支付的广告费用 100－60＝40（万元）不能当年扣除，只能留在该年度以后结转扣除。

8. 环境保护专项资金

企业依照法律、行政法规有关规定提取的用于环境保护、生态恢复等方面的专项资金，准予扣除。上述专项资金提取后改变用途的，不得扣除。

9. 保险费

企业参加财产保险，按照规定缴纳的保险费，准予扣除。

10. 租赁费

企业根据生产经营活动的需要租入固定资产支付的租赁费，按照以下方法扣除：

（1）以经营租赁方式租入固定资产发生的租赁费支出，按照租赁期限均匀扣除。

（2）以融资租赁方式租入固定资产发生的租赁费支出，按照规定构成融资租入固定资产价值的部分应当提取折旧费用，分期扣除。

11. 劳动保护费

企业发生的合理的劳动保护支出，准予扣除。

12. 公益性捐赠

企业发生的公益性捐赠支出，在年度利润总额12％以内的部分，准予扣除。公益性捐赠是指企业通过公益性社会团体或者县级以上人民政府及其部门，用于《中华人民共和国公益事业捐赠法》规定的公益事业的捐赠。年度利润总额，是指企业依照国家统一会计制度的规定计算的年度会计利润总额。

【案例6-5】 重庆海容实业公司某年全年会计利润总额为100万元，通过公益性社会团体向贫困山区捐款30万元，重庆海容实业公司当年汇算所得税时能扣除的公益性捐赠的金额是多少？

[案例分析]

该公司全年利润总额为100万元，年度利润总额的12％为12万元，因此能扣除12万元。30－12＝18（万元）不得扣除。

13. 有关资产的费用

企业转让各类固定资产发生的费用，准予扣除。企业按规定计算的固定资产折旧费、无形资产和递延资产的摊销费，准予扣除。

14. 总机构分摊的费用

非居民企业在中国境内设立的机构、场所，就其中国境外总机构发生的与该机构、场所生产经营有关的费用，能够提供总机构出具的费用汇集范围、定额、分配依据和方法等证明文件，并合理分摊的，准予扣除。

15. 资产损失

企业发生的固定资产和流动资产盘亏、毁损净损失，有其提供清查盘存资料经主管税务机关审核后，准予扣除；企业因存货盘亏、毁损、报废等原因不得从销项税额中抵扣的进项税额，应视为企业资产损失，准予与存货一起在所得税前按规定扣除。

16. 其他项目

依照有关法律、行政法规和国家有关税法规定准予扣除的其他项目。如会员费、合理的会议费、差旅费、违约金、诉讼费用等。

（三）不得扣除的项目

不得扣除的项目，是企业在计算应纳税所得额时不得扣除的项目。

企业在计算应纳税所得额时，不得从收入总额中扣除的项目有：

（1）向投资者支付的股息、红利等权益性投资收益款项。

（2）企业所得税税款。

（3）税收滞纳金，是指纳税人违反税收法规，被税务机关处以的滞纳金。

（4）罚金、罚款和被没收财物的损失。

（5）公益、救济性捐赠以外的捐赠支出。

（6）赞助支出，是指企业发生的与生产经营活动无关的各种非广告性质支出。

（7）未经核定的准备金支出，是指不符合国务院财政、税务主管部门规定的各项资产减值准备、风险准备等准备金支出。

（8）企业之间支付的管理费、企业内营业机构之间支付的租金和特许权使用费，以及非银行企业内营业机构之间支付的利息。

（9）与取得收入无关的其他支出。

企业对外投资期间，投资资产的成本在计算应纳税所得额时不得扣除。

四、亏损弥补

亏损，是指企业依照《中华人民共和国企业所得税法》及其暂行条例的规定，将每一纳税年度的收入总额减除不征税收入、免税收入和各项扣除后小于零的数额。

> **特别注意**：税法规定，企业某一纳税年度发生的亏损可以用下一年度的所得弥补，下一年度的所得不足以弥补的，可以逐年延续弥补，但最长不得超过5年。而且，企业在汇总计算缴纳企业所得税时，其境外营业机构的亏损不得抵减境内营业机构的盈利。

五、资产的税务处理

资产是由于资本投资而形成的财产，对于资本性支出以及无形资产受让、开办、开发费用，不允许作为成本、费用从纳税人的收入总额中作一次性扣除，只能采取分次计提折旧或分次摊销的方式予以扣除。即纳税人经营活动中使用的固定资产折旧费用、无形资产和长期待摊费用的摊销费用可以扣除。

企业的各项资产，包括固定资产、生物资产、无形资产、长期待摊费用、投资资产、存货等，以历史成本为计税基础。历史成本是指企业取得该项资产时实际发生的支出。

企业持有各项资产期间增值或减值，除国务院财政、税务主管部门规定可以确认损益外，不得调整该资产的计税基础。

（一）固定资产的税务处理

固定资产，是指企业为生产产品、提供劳务、出租或者经营管理而持有的、使用时间超过12个月的非货币性资产，包括房屋、建筑物、机器、机械、运输工具以及其他与生产经营活动有关的设备、器具、工具等。

1. 固定资产按照以下方法确定计税基础

（1）外购的固定资产，以购买价款和支付的相关税费以及直接归属于使该资产达到预定用途发生的其他支出为计税基础。

（2）自行建造的固定资产，以竣工结算前发生的支出为计税基础。

（3）融资租入的固定资产，以租赁合同约定的付款总额和承租人在签订租赁合同过程中发生的相关费用为计税基础，租赁合同未约定付款总额的，以该资产的公允价值和承租人在签订租赁合同过程中发生的相关费用为计税基础。

（4）盘盈的固定资产，以同类固定资产的重置完全价值为计税基础。

（5）通过捐赠、投资、非货币性资产交换、债务重组等方式取得的固定资产，以该资产的公允价值和支付的相关税费为计税基础。

（6）改建的固定资产，以改建过程中发生的改建支出增加计税基础。

固定资产的改建支出，是指改变房屋或者建筑物结构、延长使用年限等发生的支出。

固定资产的大修理支出，是指同时符合下列条件的支出：

①修理支出达到取得固定资产时的计税基础50%以上。

②修理后固定资产的使用年限延长2年以上。

2. 固定资产的折旧范围

在计算应纳税所得额时，企业按照规定计算的固定资产折旧，准予扣除，下列固定资产不得计算折旧扣除：

（1）房屋、建筑物以外未投入使用的固定资产。

（2）以经营租赁方式租入的固定资产。

（3）以融资租赁方式租出的固定资产。

（4）已足额提取折旧后继续使用的固定资产。

（5）与经营活动无关的固定资产。

（6）单独估价作为固定资产入账的土地。

（7）其他不得计算折旧扣除的固定资产。

3. 固定资产折旧的计提方法

（1）企业应当自固定资产投入使用月份的次月起计算折旧；停止使用的固定资产，应当自停止使用月份的次月起停止计算折旧。

（2）企业应当根据固定资产的性质和使用情况，合理确定固定资产的预计净残值。固定资产的预计净残值一经确定，不得变更。

（3）固定资产按照直线法计算的折旧，准予扣除。

4. 固定资产折旧的计提年限

除国务院财政、税务主管部门另有规定外，固定资产计算折旧的最低年限如下：

（1）房屋、建筑物，为20年。

（2）飞机、火车、轮船、机器、机械和其他生产设备，为10年。

（3）与生产经营活动有关的器具、工具、家具等，为5年。

（4）飞机、火车、轮船以外的运输工具，为4年。

（5）电子设备，为3年。

从事开采石油、天然气等矿产资源的企业，在开始商业性生产前发生的费用和有关固定资产的折耗、折旧方法，由国务院财政、税务主管部门另行规定。

（二）生物资产的税务处理

生物资产是指有生命的动物和植物。生物资产分为消耗性生物资产、生产性生物资产和公益性生物资产。生产性生物资产，是指企业为生产农产品、提供劳务或者出租等而持有的生物资产，包括经济林、薪炭林、产畜和役畜等。

1. 生产性生物资产得按照以下方法确定计税基础

（1）外购的生产性生物资产，以购买价款和支付的相关税费为计税基础；

（2）通过捐赠、投资、非货币性资产交换、债务重组等方式取得的生产性生物资产，以该资产的公允价值和支付的相关税费为计税基础。

2. 生产性生物资产的折旧方法及年限

生产性生物资产按照直线法计算的折旧，准予扣除。

企业应当自生产性生物资产投入使用月份的次月起计算折旧；停止使用的生产性生物资产，应当自停止使用月份的次月起停止计算折旧。

企业应当根据生产性生物资产的性质和使用情况，合理确定生产性生物资产的预计净残值。生产性生物资产的预计净残值一经确定，不得变更。

生产性生物资产计算折旧的最低年限如下：

（1）林木类生产性生物资产，为10年。

（2）畜类生产性生物资产，为3年。

（三）无形资产的税务处理

无形资产，指企业长期使用，但没有实物形态的资产。包括专利权、商标权、著作权、土地使用权、非专利技术、商誉等。

1. 无形资产按照以下方法确定计税基础

（1）外购的无形资产，以购买价款和支付的相关税费以及直接归属于使该资产达到预定用途发生的其他支出为计税基础。

（2）自行开发的无形资产，以开发过程中该资产符合资本化条件后至达到预定用途前发生的支出为计税基础。

（3）通过捐赠、投资、非货币性资产交换、债务重组等方式取得的无形资产，以该资产的公允价值和支付的相关税费为计税基础。

2. 无形资产的摊销范围

在计算应纳税所得额时，企业按照规定计算的无形资产摊销费用，准予扣除。下列的无形资产不得计算摊销费用扣除。

（1）自行开发的支出已在计算应纳税所得额时扣除的无形资产。

（2）自创商誉。

（3）与经营活动无关的无形资产。

（4）其他不得计算摊销费用扣除的无形资产。

项目六 企业所得税计算及纳税申报

3. 无形资产的摊销方法及年限

无形资产按照直线法计算的摊销费用,准予扣除。

无形资产的摊销年限不得低于10年。

作为投资或者受让的无形资产,有关法律规定或者合同约定了使用年限的,可以按照规定或者约定的使用年限分期摊销。

外购商誉的支出,在企业整体转让或者清算时,准予扣除。

(四) 长期待摊费用的税务处理

长期待摊费用是指企业发生的在一个年度以上或几个年度进行摊销的费用。

企业发生的下列支出作为长期待摊费用,按照规定摊销的,准予扣除:

(1) 已足额提取折旧的固定资产的改建支出。

(2) 租入固定资产的改建支出。

(3) 固定资产的大修理支出。

(4) 其他应当作为长期待摊费用的支出。

长期待摊费用的支出,自支出发生月份的次月起分期摊销,摊销年限不得低于3年。

(五) 投资资产的税务处理

投资资产,是指企业对外进行权益性投资和债权性投资形成的资产。

企业在转让或者处置投资资产时,投资资产的成本,准予扣除。

1. 投资资产的成本

投资资产按照以下方法确定成本:

(1) 通过支付现金方式取得的投资资产,以购买价款为成本;

(2) 通过支付现金以外的方式取得的投资资产,以该资产的公允价值和支付的相关税费为成本。

2. 投资资产成本的扣除方法

企业对外投资期间,投资资产的成本在计算应纳税所得额时不得扣除,企业转让或者处置投资资产时,投资资产的成本准予扣除。

(六) 存货的税务处理

存货,是指企业持有以备出售的产品或者商品、处在生产过程中的在产品、在生产或者提供劳务过程中耗用的材料和物料等。

1. 存货的计税基础

存货按照以下方法确定成本:

(1) 通过支付现金方式取得的存货,以购买价款和支付的相关税费为成本;

(2) 通过支付现金以外的方式取得的存货,以该存货的公允价值和支付的相关税费为成本;

(3) 生产性生物资产收获的农产品,以产出或者采收过程中发生的材料费、人工费和分摊的间接费用等必要支出为成本。

2. 存货的成本计算方法

企业使用或者销售的存货的成本计算方法，可以从先进先出法、加权平均法、个别计价法中选用一种。

计价方法一经选用，不得随意变更。

企业转让以上资产，在计算企业应纳税所得额时，资产的净值允许扣除。其中，资产的净值是指有关资产、财产的计税基础减除已经按照规定扣除的折旧、折耗、摊销、准备金后的余额。

除国务院财政、税务主管部门另有规定外，企业在重组过程中，应当在交易发生时确认有关资产的转让所得或者损失，相关资产应当按照交易价格重新确定计税基础。

（七）税法规定与会计规定差异的处理

税法规定与会计规定差异的处理是指在计算应纳税所得额时，企业财务、会计处理办法与税收法律、行政法规的规定不一致的，应当依照税收法律、行政法规的规定计算。即企业在平时进行会计核算时，可以按会计制度的有关规定进行账务处理，但在计算应纳税所得额和申报纳税时，对税法规定和会计制度规定有差异的，要按照税法规定进行纳税调整。

（1）企业不能提供完整、准确的收入及成本、费用的凭证，不能正确计算应纳税所得额的，由税务机关核定其应纳税所得额。

（2）企业依法清算时，以其清算终了后的清算所得为应纳税所得额，按规定缴纳企业所得税。所谓清算所得，是指企业的全部资产可变现价值或者交易价格减除资产净值、清算费用以及相关税费后等的余额。

（3）企业应纳税所得额是根据税收法规计算出来的，它在数额上与依据财务会计制度计算的利润总额往往不一致。

> 税法规定：对企业按照有关财务会计规定计算的利润总额，要依照税法的规定进行必要调整后，才能作为应纳税所得额计算缴纳所得税。

六、居民企业应纳税额的计算

居民企业应缴纳所得税额等于应纳税所得额乘以适用税率，基本计算公式为：

应纳税额＝应纳税所得额×适用税率－减免税额－抵免税额。

根据计算公式可以看出，应纳税额的多少，取决于应纳税所得额和适用税率两个因素，在实际工作中，应纳税所得额的计算一般有两种方法。

（一）直接计算法

应纳税所得额＝收入总额－不征税收入－免税收入－各项扣除金额－弥补亏损

（二）间接计算法

应纳税所得额＝会计利润总额±纳税调整项目金额

税收调整项目金额包括两方面内容：

项目六 企业所得税计算及纳税申报

一是企业的财务会计处理和税收规定不一致的应予以调整的金额；

二是企业按照税法规定准予扣除的税收金额。

【案例6-6】 重庆海容实业公司为居民企业，2012年经营业务如下：

(1) 取得销售收入4 000万元。

(2) 销售成本2 000万元。

(3) 发生销售费用800万元（其中广告费700万元）。

(4) 发生管理费用300万元（其中业务招待费50万元）。

(5) 发生财务费用100万元（其中向其他企业拆借资金200万元使用1年，支付借款利息20万元，银行同期同类贷款年利率为5%）。

(6) 缴纳税金300万元；（其中增值税200万元）。

(7) 营业外支出200万元（其中公益性的捐赠100万元，税收滞纳金10万元）。

(8) 计入成本、费用中的实发工资总额500万元。

(9) 拨缴职工工会经费20万元，支付职工福利费80万元、职工教育经费32.5万元。

该企业适用企业所得税税率为25%，计算该企业当年应纳企业所得税税额。

[案例分析]

本案例可用间接计算法：

(1) 会计利润总额＝4 000－2 000－800－300－100－100－200＝500（万元）

(2) 列支的广告费有误，应调整：

广告费调增所得额＝700－4 000×15%＝100（万元）

因此，允许扣除的广告费为600万元，应调增所得额100万元。

(3) 列支的业务招待费有误，应调整：

业务招待费调增所得额＝50－4 000×5‰＝30（万元）

4 000×5‰＝20（万元）＜50×60%＝30（万元）

因此，允许扣除的业务招待费为20万元，应调增所得额30万元。

(4) 列支的借款利息有误，应按银行同期同类贷款利率调整：

借款利息调整所得额＝20－200×5%＝10（万元）

因此允许扣除10万元，应调增应纳税所得额10万元。

(5) 列支的公益性捐赠有误，应调整：

公益性捐赠调增所得额＝100－500×12%＝100－60＝40（万元）

(6) 税收滞纳金不得在税前扣除：

税收滞纳金调增所得额为10万元。

(7) 拨缴、支付的三项经费有误，应调整：

工会经费调整所得额＝20－500×2%＝10（万元）

职工福利费调整所得额＝80－500×14%＝10（万元）

职工教育经费调整所得额＝32.5－500×2.5%＝20（万元）

经调整计算如下：

应纳税所得额＝500＋100＋30＋10＋40＋10＋10＋10＋20＝730（万元）

应纳所得税税额＝730×25%＝182.5（万元）

【案例6-7】 重庆海容实业公司是居民企业，某年主要经营情况如下：

(1) 产品销售收入 3 000 万元。

(2) 销售成本 1 500 万元。

(3) 销售税金及附加 10 万元。

(4) 销售费用 200 万元（含广告费 100 万元）。

(5) 管理费用 500 万元（含招待费 20 万元，办公室房租 36 万元【房屋当年 9 月起租，总价 36 万，租期 2 年】，存货跌价准备 2 万元，支付关联企业的管理费 10 万元，投资者家庭财产险 15 万元）。

(6) 财务费用为 20 万元。

(7) 营业外支出 15 万元。

(8) 营业外收入 80 万元是取得符合不征税条件的财政拨款。

请计算重庆海容实业公司该年度的应纳税所得额（企业所得税税率为 25％）。

[案例分析]

本案例可以用直接计算法：

1. 该企业所得税前可扣除的销售费用 200 万元

广告费限额＝3 000×15％＝450（万元）（按税法规定，税前扣除的广告费用不能超过销售收入 15％）

因此，广告费没有超支。

2. 该企业所得税前可扣除的管理费用

可扣除的管理费用：500－（20－12）－（36－6）－2－10－15＝435（万元）（按税法规定，业务招待费按照发生额的 60％扣除，但最高不得超过销售收入 5‰）

(1) 业务招待费限额计算：

3 000×5‰＝15（万元）

20×60％＝12（万元）；可扣除 12 万元。

(2) 当年应计入成本费用的房租＝36÷24×4＝6（万元）（按税法规定，经营性租入固定资产的费用应按受益时间均匀扣除）。

(3) 存货跌价准备 2 万元属于在企业所得税税前不允许扣除的支出。

(4) 支付关联企业的管理费 10 万元，税前不得扣除。

(5) 投资者家庭财产险 15 万元，税前不得扣除。

3. 取得符合不征税条件的财政拨款 80 万元，计入营业外收入，可以作为免税收入，不计入应纳税所得额

该公司的应纳税所得额＝3 000－1 500－10－200－435－20－15＝820（万元）

当期应纳的所得税＝820×25％＝205（万元）。

（三）境外所得的扣除

纳税人来源于境外的所得，已在境外缴纳的所得税税额，可以从其当期应纳税额中抵免，但扣除抵免限额不得超过其境外所得依照企业所得税法规定计算的应纳税额；超过抵免限额的部分，可以在以后 5 个年度内，用每年度抵免限额抵免当年应抵税额后的余额进行抵补。

项目六 企业所得税计算及纳税申报

1. 可抵免的境外税收范围

企业取得的下列所得已在境外缴纳的所得税税额,可以从当期应纳税额中抵免。

(1) 居民企业来源于中国境外的应税所得;

(2) 非居民企业在中国境内设立机构、场所,取得发生在中国境外但与该机构、场所有实际联系的应税所得。

居民企业从其直接或者间接控制的外国企业分得的来源于中国境外的股息、红利等权益性投资收益,外国企业在境外实际缴纳的所得税税额中属于该项所得负担的部分,可以作为该居民企业的可抵免境外所得税税额,在企业所得税规定的抵免限额内抵免。

2. 税收抵免限额的计算

抵免限额,是指企业来源于中国境外的所得依照企业所得税法和企业所得税实施条例的规定计算的应纳税额。

除国务院财政、税务主管部门另有规定外,该抵免限额应当分国(地区)不分项计算,计算公式如下:

抵免限额＝中国境内境外所得依照企业所得税法及实施条例的规定计算的应纳税总额×来源于某国(地区)的应纳税所得额÷中国境内境外应纳税所得总额。

【案例6-8】 重庆海容实业公司某年度境内取得应纳税所得额2 300万元,其在A、B两国设有分支机构。

(1) A国分支机构该年应纳税所得额为700万元,其中生产经营所得为500万元,A国规定税率为30%;特许权使用费所得200万元,A国规定的税率是20%。

(2) B国分支机构该年应纳税所得额为500万元,其中生产、经营所得为400万元,B国规定税率为20%;租金所得100万元,B国规定税率为10%。

已知该企业适用企业所得税税率为25%。计算该公司当年度境内外所得汇总缴纳的所得税税额。

[案例分析]

(1) 公司境内外所得汇总应纳所得税税额:

(2 300＋700＋500)×25%＝3 500×25%＝875(万元)

(2) A国分支机构在境外已纳税额:

500×30%＋200×20%＝150＋40＝190(万元)

(3) B国分支机构在境外已纳税额:

400×20%＋100×10%＝80＋10＝90(万元)

(4) A国分支机构税额抵扣限额:

875×[700÷(2 300＋700＋500)]＝875×(700÷3 500)＝175(万元)

因此,在A国已缴纳的所得税税额190万元,超过计算出的A国境外所得税税款扣除限额175万元,应按计算出的扣除限额进行扣除,其超过部分当年不能扣除。

(5) B国分支机构税额抵扣限额:

875×[500÷(2 300＋700＋500)]＝875×(500÷3 500)＝125(万元)

因此,在B国已缴纳的所得税税额90万元,低于计算出的B国境外所得税税款扣除限额125万元,应按实际缴纳的所得税税款扣除。

(6) 该公司当年度境内外所得汇总后缴纳所得税税额:

875－175－90＝610（万元）

【案例6-9】 某企业2011年度境内应纳税所得额为100万元，适用25％的企业所得税税率。另外，该企业分别在A、B两国设有分支机构（我国与A、B两国已经缔结避免双重征税协定），在A国分支机构的应纳税所得额为50万元，A国税率为20％；在B国的分支机构的应纳税所得额为30万元，B国税率为30％。假设该企业在A、B两国所得按我国税法计算的应纳税所得额和按A、B两国税法计算的应纳所得额一致，两个分支机构在A、B两国分别缴纳了10万元和9万元的企业所得税。

请计算该企业汇总时在我国应缴纳的企业所得税税额。

[案例分析]

（1）该企业按我国税法计算的境内、境外所得的应纳税额：

应纳税额＝（100＋50＋30）×25％＝45（万元）

（2）A、B两国的扣除限额：

A国扣除限额＝50×25％＝12.5（万元）

B国扣除限额＝30×25％＝7.5（万元）

在A国缴纳的所得税为10万元，低于扣除限额12.5万元，可全额扣除。

在B国缴纳的所得税为9万元，高于扣除限额7.5万元，其超过扣除限额的部分1.5万元当年不能扣除。

（3）汇总时在我国应缴纳的所得税＝45－10－7.5＝27.5（万元）

特别注意：企业依照企业所得税法的规定抵免企业所得税税额时，应当提供中国境外税务机关出具的税款所属年度的有关纳税凭证。

七、非居民企业应纳税额的计算

对于未在中国境内设立机构、场所的，或者虽设立机构、场所但取得的所得与其所设立机构、场所没有实际联系的非居民企业的所得，按照下列方法计算应纳税所得额：

（1）股息、红利等权益性投资收益和利息、租金、特许权使用费所得，以收入全额为应纳税所得额。

（2）转让财产所得，以收入全额减除财产净值后的余额为应纳税所得额。

（3）其他所得，参照前两项规定的方法计算应纳税所得额。

应纳税额＝应纳税所得额×适用税率－减免税额－抵免税额

（4）源泉扣缴。

1. 扣缴义务人

对非居民企业取得本法第三条第三款规定的所得应缴纳的所得税，实行源泉扣缴，以支付人为扣缴义务人。支付人，是指依照有关法律规定或者合同约定对非居民企业直接负有支付相关款项义务的单位或者个人。

2. 指定扣缴义务人

（1）对非居民企业在中国境内取得工程作业和劳务所得应缴纳的所得税，税务机关可以指定工程价款或者劳务费的支付人为扣缴义务人。

(2) 可以指定扣缴义务人的情形，包括：

①预计工程作业或者提供劳务期限不足一个纳税年度，且有证据表明不履行纳税义务的。

②没有办理税务登记或者临时税务登记，且未委托中国境内的代理人履行纳税义务的。

③未按照规定期限办理企业所得税纳税申报或者预缴申报的。

前款规定的扣缴义务人，由县级以上税务机关指定，并同时告知扣缴义务人所扣税款的计算依据、计算方法、扣缴期限和扣缴方式。

(3) 扣缴方法：税款由扣缴义务人在每次支付或者到期应支付时，从支付或者到期应支付的款项中扣缴。支付，包括现金支付、汇拨支付、转账支付和权益兑价支付等货币支付和非货币支付方式。到期应支付的款项，是指支付人按照权责发生制原则应当计入相关成本、费用的应付款项。

知识拓展

采取核定征收方式征收企业所得税的情形及办法

（一）核定征收企业所得税的情形

居民企业纳税人具有下列之一的，核定征收企业所得税：

(1) 依照税收法律法规规定可以不设账簿的或按照税收法律法规规定应设置但未设置账簿的。

(2) 只能准确核算收入总额或收入部分额度能够查实，但其成本费用支出不能准确核算的。

(3) 只能准确核算成本费用支出或成本费用支出能够查实，但其收入总额不能准确核算的。

(4) 收入总额及成本费用支出均不能正确核算，不能向主管税务机关提供真实、准确、完整纳税资料，难以查实的。

(5) 账目设置和核算虽然符合规定，但并未按规定保存有关账簿、凭证及有关纳税资料的。

(6) 发生纳税义务，未按照税收法律法规规定的期限办理纳税申报，经税务机关责令限期申报，逾期仍不申报的。

（二）核定征收的办法

(1) 定额征收，是指税务机关按照一定的标准、程序和办法，直接核定纳税人年度应纳企业所得税额，由纳税人按规定进行申报缴纳的办法。

(2) 核定应税所得率征收，是指税务机关按照一定的标准、程序和方法，预先核定纳税人的应税所得率，由纳税人根据纳税年度内的收入总额或成本费用等项目的实际发生额，按预先核定的应税所得率计算缴纳企业所得税的办法。实行核定应税所得率征收办法的，应纳所得税额的计算公式如下：应纳所得税额＝应纳税所得税×适用税率；应纳税所得额＝收入总额×应税所得率或＝成本（费用）支出额÷（1－应税所得率）×应税所得率。税务部门会给出一份应税所得率表，比如工业、交通运输业、商业7‰~20％；建筑业、房地产开发业10％~20％；饮食服务业10％~25％；娱乐业10％~25％；其他行业10％~30％。

查账征收和核定征收是对征收所得税的两种方式，查账征收是依据财务核算的利润计算税金的，它对财务的要求要高，要规范，账务上要能正确核算收入、成本、费用等，一般的企业都是采用这种方式。相反不能准确核算收入、成本、费用等的企业多采用核定征收方式（当然现在规模较小的企业税务也简单化处理采用这种方式征收），这种方式计算税金更简单，税务核定毛利率，以此计算出利润，然后套所得税税率计算出最终应交的所得税额。

引入案例分析

用间接计算法：

(1) 会计利润总额＝4 000－2 600－770－480－60－40＋80－50＋20＝100（万元）

(2) 列支的广告费有误，应调整：

广告费调增所得额＝650－4 000×15％＝650－600＝50（万元）

因此，允许扣除的广告费为600万元，应调增所得额50万元。

(3) 列支的业务招待费有误，应调整：

业务招待费调增所得额＝25－25×60％＝10（万元）

4 000×5‰＝20（万元）＞25×60％＝15（万元）

因此，允许扣除的业务招待费为15万元，应调增所得额10万元。

(4) 列支的税收滞纳金不得税前扣除，应调整：

税收滞纳金应调增应纳税所得额为6万元

(5) 通过公益性社会团体向贫困山区捐款30万元，应调增应纳税所得额：

30－100×12％＝18（万元）

(5) 国债利息是免税收入，应调减应纳税所得额为20万元。

经调整计算如下：

应纳税所得额＝100＋50＋10＋6＋18－20＝164（万元）

应纳所得税税额＝164×25％＝41（万元）

本期应补交税额＝41－10＝31（万元）

任务小结

关于企业所得税的计算步骤，用直接计算法可以分为以下几个步骤：

(1) 根据已知条件计算企业当期的会计利润总额；

(2) 根据所学的税法知识对当期的项目进行相应的分析，确定调整增加或减少的应纳税所得额；

(3) 计算当期的应纳税所得额：当期的应纳税所得额＝会计利润总额＋调整增加的应纳税所得额－调整减少的应纳税所得额；

(4) 当期的应纳所得税额＝当期的应纳税所得额×税率。

任务四 企业所得税的税收优惠 Mission four

任务描述

熟悉税收的各种优惠方式

任务链接

通过对任务三的学习，我们知道如何计算企业所得税，本任务将介绍企业所得税的各种优惠政策，为学生在以后的职业生涯中如何进行纳税筹划打下理论基础。

相关知识

税收优惠政策是指税法对某些纳税人和征税对象给予鼓励和照顾的一种特殊规定。税收优惠政策是国家利用税收调节经济的具体手段之一，国家通过税收优惠政策可以扶持某些特殊地区、产业、企业和产品的发展，促进产业结构的调整和社会经济的协调发展。

企业同时从事适用不同企业所得税待遇的项目的，其优惠项目应当单独计算所得，并合理分摊企业的期间费用；没有单独计算的，不得享受企业所得税优惠。

一、免税收入

（1）国债利息收入。
（2）符合条件的居民企业之间的股息、红利等权益性投资收益。
（3）在中国境内设立机构、场所的非居民企业从居民企业取得与该机构、场所有实际联系的股息、红利等权益性投资收益。
（4）符合条件的非营利组织的收入。

二、免征、减征企业所得税的所得

（一）农林牧渔所得

1. 免征企业所得税

（1）根据企业所得税实施条例规定，企业从事蔬菜、谷物、薯类、油料、豆类、棉花、麻类、糖料、水果、坚果的种植。
（2）农作物新品种的选育。
（3）中药材的种植。
（4）林木的培育和种植。
（5）牲畜、家禽的饲养。

(6) 林产品的采集。

(7) 灌溉、农产品初加工、兽医、农技推广、农技作业和维修等农、林、牧、渔服务业项目。

(8) 远洋捕捞的所得。

2. 减半征收企业所得税

(1) 企业从事花卉、茶以及其他饮料作物和香料作物的种植。

(2) 海水养殖、内陆养殖的所得,减半征收企业所得税。

(二) 重点扶持的公共基础设施

国家重点扶持的公共基础设施项目是指《公共基础设施项目企业所得税优惠目录》规定的港口码头、机场、铁路、公路、城市公共交通、电力、水利等项目。

根据企业所得税实施条例规定,企业从事上述规定的国家重点扶持的公共基础设施项目的投资经营的所得,自项目取得第一笔生产、经营收入所属纳税年度起,第一年至第三年免征企业所得税,第四年至第六年减半征收企业所得税。

企业承包经营、承包建设和内部自建自用上述规定的项目,不得享受上述规定的企业所得税优惠。

(三) 环保节能节水

企业从事符合条件的环境保护、节能节水项目的所得,自项目取得第一笔生产、经营收入所属纳税年度起,第一年至第三年免征企业所得税,第四年至第六年减半征收企业所得税。

(四) 技术转让所得

符合条件的技术转让所得免征、减征企业所得税,是指一个纳税年度内,居民企业技术转让所得不超过500万元的部分,免征企业所得税;超过500万元的部分,减半征收企业所得税。

(五) 非居民企业在中国境内未设立机构场所的,或者虽设立机构、场所但取得的所得与其所设机构、场所没有实际联系的来源于中国境内的所得(减半)

下列所得可以免征企业所得税:

(1) 外国政府向中国政府提供贷款取得的利息所得。

(2) 国际金融组织向中国政府和居民企业提供优惠贷款取得的利息所得。

(3) 经国务院批准的其他所得。

三、其他优惠政策

(一) 对小型微利企业

对符合条件的小型微利企业,减按20%的税率征收企业所得税。

小型微利企业是指从事国家非限制和禁止行业,并符合下列条件的企业:

(1) 工业企业,年度应纳税所得额不超过30万元,从业人数不超过100人,资产总额不超过 3 000 万元。

（2）其他企业，年度应纳税所得额不超过 30 万元，从业人数不超过 80 人，资产总额不超过 1 000 万元。

（二）高新技术企业的税收优惠

对国家需要重点扶持的高新技术企业，减按 15% 的税率征收企业所得税。

国家需要重点扶持的高新技术企业，是指拥有核心自主知识产权，并同时符合下列条件的企业：

（1）产品（服务）属于《国家重点支持的高新技术领域》规定的范围。
（2）研究开发费用占销售收入的比例不低于规定比例。
（3）高新技术产品（服务）收入占企业总收入的比例不低于规定比例。
（4）科技人员占企业职工总数的比例不低于规定比例。
（5）高新技术企业认定管理办法规定的其他条件。

（三）民族自治地方的优惠

民族自治地方的自治机关对本民族自治地方的企业应缴纳的企业所得税中属于地方分享的部分，可以决定减征或免征。自治州、自治县决定减征或免征的，须报省、自治区、直辖市人民政府批准。

对民族自治地方内国家限制和禁止行业的企业，不得减征或者免征企业所得税

（四）加计扣除的支出项目

企业的下列支出，可以在计算应纳税所得额时加计扣除：

1. 开发新技术、新产品、新工艺发生的研究开发费用

根据企业所得税实施条例规定，企业为开发新技术、新产品、新工艺发生的研究开发费用，未形成无形资产计入当期损益的，在按照规定据实扣除的基础上，按照研究开发费用的 50% 加计扣除；形成无形资产的，按照无形资产成本的 150% 摊销。

2. 安置残疾人员及国家鼓励安置的其他就业人员所支付的工资

根据企业所得税实施条例规定，企业安置残疾人员的，在按照支付给残疾职工工资据实扣除的基础上，按照支付给残疾职工工资的 100% 加计扣除。

（五）对企业投资企业的税收优惠

创业投资企业采取股权投资方式投资于未上市的中小高新技术企业 2 年以上的，可按照其投资额的 70% 在股权持有满 2 年的当年抵扣该创业投资企业的应纳税所得额；当年不足抵扣的，可以在以后纳税年度结转抵扣。

（六）鼓励企业技术进步的税收优惠

加速折旧可缩短折旧年限。

（七）鼓励企业综合利用资源的税收优惠

企业综合利用资源，生产符合国家产业政策规定的产品所取得的收入，可以在计算应纳

税所得额时减计收入。

（八）鼓励企业保护环境、节能节水、安全生产的税收优惠

可以在计算应纳税所得额时减计收入。

（九）由于突发事件等原因对企业经营活动产生重大影响的税收优惠

国务院可以制定企业所得税专项优惠政策，报全国人民代表大会常务委员会备案。

（十）其他

知识拓展

企业所得税附表：税收优惠明细表（表6-1）将所有的税收优惠项目都列入其中。

表6-1 企业所得税年度纳税申报表
税收优惠明细表

填报时间： 年 月 日 　　　　　　　金额单位：元（列至角分）

行次	项目	金额
1	一、免税收入（2+3+4+5）	
2	1.国债利息收入	
3	2.符合条件的居民企业之间的股息、红利等权益性投资收益	
4	3.符合条件的非营利组织的收入	
5	4.其他	
6	二、减计收入（7+8）	
7	1.企业综合利用资源，生产符合国家产业政策规定的产品所取得的收入	
8	2.其他	
9	三、加计扣除额合计（10+11+12+13）	
10	1.开发新技术、新产品、新工艺发生的研究开发费用	
11	2.安置残疾人员所支付的工资	
12	3.国家鼓励安置的其他就业人员支付的工资	
13	4.其他	
14	四、减免所得额合计（15+25+29+30+31+32）	
15	（一）免税所得（16+17+…+24）	
16	1.蔬菜、谷物、薯类、油料、豆类、棉花、麻类、糖料、水果、坚果的种植	
17	2.农作物新品种的选育	
18	3.中药材的种植	

项目六　企业所得税计算及纳税申报

续表

行次	项目	金额
19	4. 林木的培育和种植	
20	5. 牲畜、家禽的饲养	
21	6. 林产品的采集	
22	7. 灌溉、农产品初加工、兽医、农技推广、农机作业和维修等农、林、牧、渔服务业项目	
23	8. 远洋捕捞	
24	9. 其他	
25	（二）减税所得（26＋27＋28）	
26	1. 花卉、茶以及其他饮料作物和香料作物的种植	
27	2. 海水养殖、内陆养殖	
28	3. 其他	
29	（三）从事国家重点扶持的公共基础设施项目投资经营的所得	
30	（四）从事符合条件的环境保护、节能节水项目的所得	
31	（五）符合条件的技术转让所得	
32	（六）其他	
33	五、减免税合计（34＋35＋36＋37＋38）	
34	（一）符合条件的小型微利企业	
35	（二）国家需要重点扶持的高新技术企业	
36	（三）民族自治地方的企业应缴纳的企业所得税中属于地方分享的部分	
37	（四）过渡期税收优惠	
38	（五）其他	
39	六、创业投资企业抵扣的应纳税所得额	
40	七、抵免所得税额合计（41＋42＋43＋44）	
41	（一）企业购置用于环境保护专用设备的投资额抵免的税额	
42	（二）企业购置用于节能节水专用设备的投资额抵免的税额	
43	（三）企业购置用于安全生产专用设备的投资额抵免的税额	
44	（四）其他	
45	企业从业人数（全年平均人数）	
46	资产总额（全年平均数）	
47	所属行业（工业企业　　其他企业　　）	

经办人（签章）：　　　　　　　　　　　法定代表人（签章）：

企业税费计算及纳税申报

任务小结

免税收入包含的内容、减征或免征企业所得税包含的内容、其他优惠政策包含的内容。

任务五 企业所得税的征收管理、纳税申报
Mission five

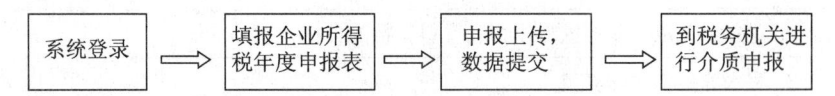

申报流程图

系统登录 ⇒ 填报企业所得税年度申报表 ⇒ 申报上传，数据提交 ⇒ 到税务机关进行介质申报

任务描述

1. 了解企业所得税的征收管理
2. 掌握企业所得税的纳税申报

任务链接

通过对任务三、四的学习，我们知道怎样计算企业所得税，有哪些税收优惠，本任务学习计算企业应交纳的所得税和纳税申报。

案例引入

重庆海容实业公司（居民企业）为增值税的一般纳税人，某年度发生经营业务如下（企业所得税税率为 25%）：

（1）取得产品销售收入 1 000 万元。
（2）发生产品销售成本 500 万元。
（3）发生销售费用 200 万元（其中广告费 160 万元）。
（4）管理费用 100 万元（其中业务招待费 20 万元，符合税收优惠的新技术支出 2 万元）。
（5）财务费用 50 万元。
（6）销售税金 150 万元（含增值税 120 万元）。
（7）营业外收入 80 万元。
（8）营业外支出 50 万元（含通过公益性社会团体向贫困山区捐款 10 万元，支付税收滞纳金 6 万元）。
（9）已预交所得税 5 万元。

如果你是该公司涉税会计人员，你如何填制该企业该年度应缴纳的企业所得税申报表？

项目六 企业所得税计算及纳税申报

相关知识

一、企业所得税的征收管理

(一)纳税期限

企业所得税实行按年计算、分月或分季预交、年度汇算清缴、多退少补的征纳方法。具体纳税期限由主管税务机关根据纳税人应纳税额的大小,予以核定。

1. 企业所得税纳税年度

企业所得税的纳税年度,自公历1月1日起到12月31日止。企业在一个年度中间开业,或者由于合并、关闭等原因,使纳税年度的实际经营期不足12个月的,应当以其实际经营期为一个纳税年度。纳税人清算时,应当以清算期间作为一个纳税年度。纳税人来源于境外的所得,不论是否汇回,均应按照《条例》及其《实施细则》的规定,即每年1月1日至12月31日作为一个纳税年度。

2. 纳税申报的期限

(1)纳税人预缴所得税时,应当按纳税期限的实际数预缴。按实际数预缴有困难的,可以按上一年度应纳税所得额的1/12或1/4,或者经当地税务机关认可的其他方法分期预缴所得税。纳税人应当在月份或者季度终了后15日内,向其机构所在地主管税务机关报送会计报表和预缴所得税申报表,并在规定期限内预缴所得税。预缴方法一经确定,不得随意变更。

(2)企业所得税的年终汇算清缴,在年终后5个月内进行。纳税人应在年度终了后45天内,向其机构所在地主管税务机关报送会计决算报表和所得税申报表,办理年终汇算。少交的所得税税款,应在下一个年度内补交;多预缴的所得税税款,可在下一个年度抵缴;抵缴后仍有余额,或下一年度发生亏损的,应及时办理退库。

(3)对于纳税人的境外投资所得,可以在年终汇算时清缴。纳税人在纳税年度内,无论是盈利或亏损,均应按规定的期限办理纳税申报。

(4)扣缴义务人每次代扣的税款,应当自代扣之日起7日内缴入国库,并向所在地的税务机关报送扣缴企业所得税报告表。

(5)纳税人进行清算时,应当在进行工商注销登记之前,向当地主管税务机关进行所得税申报。纳税人在年度中间合并、分立、终止时,应当在终止生产、经营之日起60日内,向当地主管税务机关办理当期所得税汇算清缴。

(二)纳税地点

(1)除税收法律、行政法规另有规定外,居民企业以企业登记注册地为纳税地点;但登记注册地在境外的,以实际管理机构所在地为纳税地点。居民企业在中国境内设立不具有法人资格的营业机构的,应当汇总计算并缴纳企业所得税。

(2)非居民企业在中国境内设立机构、场所的,应当就其所设机构、场所取得的来源于中国境内的所得,以及发生在中国境外但与其所设机构、场所有实际联系的所得,以机构、场所所在地为纳税地点。非居民企业在中国境内设立两个或者两个以上机构、场所的,经税务机关审核批准，可以选择由其主要机构、场所汇总缴纳企业所得税。

（3）非居民企业在中国境内未设立机构、场所的，或者虽设立机构、场所但取得的所得与其所设机构、场所没有实际联系的所得，以扣缴义务人所在地为纳税地点。

（4）除国务院另有规定外，企业之间不得合并缴纳企业所得税。

二、企业所得税的纳税申报

新的企业所得税法于2008年1月1日实施，国家税务总局印发了新的企业所得税季（月）度预缴纳税申报表和企业所得税年度纳税申报表。

（一）企业所得税预缴纳税申报表

查账征收企业所得税的居民纳税人及在中国境内设立机构的非居民纳税人在月（季）度预缴企业所得税时应填制"中华人民共和国企业所得税月（季）度预缴纳税申报表（A类）"（表6-2）；实行核定征收管理办法（包括可定应税所得率和核定税额征收方式）缴纳企业所得税的纳税人在月（季）度申报缴纳企业所得税时应填制"中华人民共和国企业所得税月（季）度缴纳税申报表（B类）"。

表6-2　中华人民共和国企业所得税月（季）度预缴纳税申报表（A类）

税款所属期间：　年　月　日至　年　月　日

纳税人识别号：□□□□□□□□□□□□□□□

纳税人名称：　　　　　　　　　　　　　金额单位：元（列至角分）

行　次	项　目	本期金额	累计金额
1	一、据实预缴		
2	营业收入		
3	营业成本		
4	会计利润总额		
5	加：房地产开发企业本期预售收入的预计利润		
6	减：房地产开发企业本期转销售收入的预计利润		
7	利润总额（4行＋5行－6行）		
8	减：不征税收入		
9	减：免税收入		
10	减：免税项目所得（农林牧渔业项目所得）		
11	减：弥补以前年度亏损		
12	应纳税所得额（7行－8行－9行－10行－11行）		
13	税率（25％）		
14	应纳所得税额（12行×13行）		
15	减免所得税额		
16	其中：高新技术企业		

续表

行次	项目	本期金额	累计金额
17	软件企业		
18	小型微利企业		
19	其他享受外资过渡优惠企业		
20	实际已缴所得税额		—
21	应补（退）的所得税额（14行－15行－20行）		—
22	二、按照上一纳税年度应纳税所得额的平均额预缴		
23	上一纳税年度应纳税所得额		
24	本月（季）应纳税所得额（23行÷12或23行÷4）		
25	税率（25%）	—	—
26	本月（季）应纳所得税额（24行×25行）		
27	三、按照税务机关确定的其他方法预缴		
28	本月（季）确定预缴的所得税额		
29	总分机构纳税人		
30	总机构 / 总机构应分摊的所得税额（21行或26行或28行×25%）		
31	总机构 / 中央财政集中分配的所得税额（21行或26行或28行×25%）		
32	总机构 / 分支机构分摊的所得税额（21行或26行或28行×50%）		
33	分支机构 / 分配比例		
34	分支机构 / 分配的所得税额（32行×33行）		

谨声明：此纳税申报表是根据《中华人民共和国企业所得税法》、《中华人民共和国企业所得税法实施条例》和国家有关税收规定填报的，是真实的、可靠的、完整的。

法定代表人（签字）：　　年　月　日

纳税人公章：	代理申报中介机构公章：	主管税务机关受理专用章：
	经办人：	
会计主管：	经办人执业证件号码：	受理人：
填表日期：　年　月　日	代理申报日期：　年　月　日	受理日期：　年　月　日

国家税务总局监制

> 提示：实行季度预征企业所得税的企业，季度预缴时，按其会计利润总额乘以所得税税率进行预征，年终按全年的应纳税所得额进行年度所得税的汇算清缴。

【案例6-10】　某企业经税务同意，每个季度按实际利润数预缴所得税。2008年第一季度实现利润150万元，第二季度实现利润180万元，第三季度实现利润200万元，第四季度实现利润100万元，2008年全年应纳税所得额为800万元。

请你计算该企业2008年应纳的企业所得税税额。

[案例分析]

（1）第一季度预缴的所得税税额＝150×25％＝37.5（万元）。

（2）第一季度预缴的企业所得税税额＝180×25％＝45（万元）。

（3）第三季度预缴的企业所得税税额＝200×25％＝50（万元）。

（4）第四季度预缴的企业所得税税额＝100×25％＝25（万元）。

（5）年终汇算清缴：

全年应纳税＝800×25％＝200（万元）。

全年已预缴的企业所得税＝37.5＋45＋50＋25＝157.5（万元）。

应补缴的所得税税额＝200－157.5＝42.5（万元）。

（二）企业所得年度纳税申报表

查账征收企业所得税的纳税人在年度汇算清缴时，无论赢利或亏损，都必须在规定期限进行纳税申报，填写企业所得税纳税申报表。纳税申报表分为主表（见表6-3）。

（三）企业所得税的纳税申报表填写案例。

【案例6-11】

1. 企业概况

企业名称：重庆海容实业公司

企业性质：民营企业（一般纳税人）

企业地址：重庆市海容路1号

经办电话：88998899

企业所属行业：工业企业

法定代表人：海容

办税人：莫二

开户银行：××银行海容路分理处

账号：01091078121222050021012

纳税人识别号：1101108104789529

纳税人编码：000015036

2. 基本资料

重庆海容实业公司某年发生以下经济业务（企业所得税率为25％）。

（1）产品销售收入为6 600万元。

（2）产品销售成本6 340万元。

（3）营业税金及附加60万元。

（4）当期发生的管理费用60万元，其中招待费50万元。

（5）当期发生的销售费用40万元，其中广告费10万元。

（6）财务费用20万元（假设全部为向非金融机构的借款利息，按同期银行计算利息应为10万元）

项目六 企业所得税计算及纳税申报

(7) 营业外收入 50 万元。

(8) 营业外支出 30 万元。(其中含公益捐赠 17 万元,税收滞纳金 5 万元)。

(9) 本期已预交所得税 10 万元。

3. 相关要求

(1) 根据上述资料计算甲股份有限公司该年应缴纳的企业所得税。

(2) 填制企业所得税年度纳税申报表。(所有附表已省略)

4. 案例分析

计算该年应缴纳的企业所得税

(1) 会计利润总额＝6 600－6 340－60－60－40－20＋50－30＝100(万元)

(2) 列支的业务招待费有误,应调整:

业务招待费调增所得额＝50－50×60％＝20(万元)

6 600×5‰＝33(万元)＞50×60％＝30(万元)

因此,允许扣除的业务招待费为 30 万元,应调增所得额 20 万元。

(3) 财务费用调增应纳税所得额为 10 万元

(4) 列支的公益性捐赠有误,应调整:

公益性捐赠调增所得额＝17－100×12％＝5(万元)

(5) 税收滞纳金不得在税前扣除。

税收滞纳金调增所得额为 5 万元。

经调整计算如下:

应纳税所得额＝100＋20＋5＋5＋10＝140(万元)

应纳所得税税额＝140×25％＝35(万元)

已预缴所得税额＝10 万元

本期应补缴的所得税额＝25 万元。

纳税申报表的填制

表 6-3　中华人民共和国企业所得税年度纳税申报表(A 类)

税款所属期间:　20××年 1 月 1 日至 20××年 12 月 31 日

纳税人名称:　重庆海容实业公司

纳税人识别号:1101108104789529　　　　　　　　　　金额单位:元(列至角分)

类 别	行 次	项　　目	金　　额
利润总额计算	1	一、营业收入(填附表一)	66 000 000
	2	减:营业成本(填附表二)	63 400 000
	3	营业税金及附加	600 000
	4	销售费用(填附表二)	400 000
	5	管理费用(填附表二)	600 000
	6	财务费用(填附表二)	200 000
	7	资产减值损失	

续表

类别	行次	项目	金额
	8	加：公允价值变动收益	
	9	投资收益	
	10	二、营业利润	800 000
	11	加：营业外收入（填附表一）	500 000
	12	减：营业外支出（填附表二）	300 000
	13	三、利润总额（10＋11－12）	1 000 000
应纳税所得额计算	14	加：纳税调整增加额（填附表三）	400 000
	15	减：纳税调整减少额（填附表三）	
	16	其中：不征税收入	
	17	免税收入	
	18	减计收入	
	19	减、免税项目所得	
	20	加计扣除	
	21	抵扣应纳税所得额	
	22	加：境外应税所得弥补境内亏损	
	23	纳税调整后所得（13＋14－15＋22）	1 400 000
	24	减：弥补以前年度亏损（填附表四）	
	25	应纳税所得额（23－24）	1 400 000
应纳税额计算	26	税率（25％）	
	27	应纳所得税额（25×26）	350 000
	28	减：减免所得税额（填附表五）	
	29	减：抵免所得税额（填附表五）	
	30	应纳税额（27－28－29）	350 000
	31	加：境外所得应纳所得税额（填附表六）	
	32	减：境外所得抵免所得税额（填附表六）	
	33	实际应纳所得税额（30＋31－32）	350 000
	34	减：本年累计实际已预缴的所得税额	100 000
	35	其中：汇总纳税的总机构分摊预缴的税额	
	36	汇总纳税的总机构财政调库预缴的税额	
	37	汇总纳税的总机构所属分支机构分摊的预缴税额	
	38	合并纳税（母子体制）成员企业就地预缴比例	
	39	合并纳税企业就地预缴的所得税额	
	40	本年应补（退）的所得税额（33－34）	250 000

项目六 企业所得税计算及纳税申报

续表

类别	行次	项目	金额
附列资料	41	以前年度多缴的所得税额在本年抵减额	
	42	以前年度应缴未缴在本年入库所得税额	
纳税人公章： 经办人： 申报日期：年 月 日		代理申报中介机构公章： 经办人及执业证件号码： 代理申报日期：年 月 日	主管税务机关受理专用章： 受理人： 受理日期：年 月 日

知识拓展

企业所得税纳税申报表主表及附表明细：

企业所得税年度纳税申报表（主表）

附表一（1）：附表一（1）《收入明细表》

附表一（2）：《金融企业收入明细表》

附表一（3）：事业单位、社会团体、民办非企业单位收入明细表

附表二（1）：成本费用明细表

附表二（2）：《金融企业成本费用明细表》

附表二（3）：事业单位、社会团体、民办非企业单位支出项目明细表

附表三：《纳税调整项目明细表》

附表四：《企业所得税弥补亏损明细表》

附表五：《税收优惠明细表》

附表六：《境外所得税抵免计算明细表》

附表七：《以公允价值计量资产纳税调整表》

附表八：《广告费和业务宣传费跨年度纳税调整表》

附表九：《资产折旧、摊销纳税调整表》

附表十：《资产减值准备项目调整明细表》

附表十一：《长期股权投资所得（损失）明细表》

引入案例分析

重庆海容实业公司（居民企业）为增值税的一般纳税人，某年发生经营业务如下（企业所得税税率为25%）。

(1) 取得产品销售收入1 000万元。

(2) 发生产品销售成本500万元。

(3) 发生销售费用200万元（其中广告费160万元）。

(4) 管理费用100万元（其中业务招待费20万元，符合税收优惠的新技术支出2万元）。

(5) 财务费用50万元。

(6) 销售税金150万元（含增值税120万元）。

(7) 营业外收入80万元。

(8) 营业外支出50万元（含通过公益性社会团体向贫困山区捐款10万元，支付税收滞纳金6万元）。

(9) 已预交所得税5万元。

如果你是该公司涉税会计人员，你如何填制该企业该年度应缴纳的企业所得税申报表？

先计算该公司的应纳税额：

该公司的利润总额＝1 000－500－200－100－50－30＋80－50＝150（万元）。

该公司纳税调整增加额为31万元，具体如下：

广告费调增10万元［160－1 000×15％＝10（万元）］

业务招待费调增15万元［1 000×0.5％＝5（万元）＜20×60％＝12（万元），因此应调增20－5＝15（万元）］。

支付的税收滞纳金调增6万元。

该公司调减应纳税所得额为1万元，即为符合条件的新技术支出加计50％扣除。

调整后的应纳税所得额＝150＋31－1＝180（万元）。

中华人民共和国企业所得税年度纳税申报表（A类）

税款所属期间：　20××年1月1日至20××年12月31日

纳税人名称：重庆海容实业公司

纳税人识别号：1101108104789529　　　　　　　　　金额单位：元（列至角分）

类别	行次	项目	金额
利润总额计算	1	一、营业收入（填附表一）	10 000 000
	2	减：营业成本（填附表二）	5 000 000
	3	营业税金及附加	300 000
	4	销售费用（填附表二）	2 000 000
	5	管理费用（填附表二）	1 000 000
	6	财务费用（填附表二）	500 000
	7	资产减值损失	
	8	加：公允价值变动收益	
	9	投资收益	
	10	二、营业利润	1 200 000
	11	加：营业外收入（填附表一）	800 000
	12	减：营业外支出（填附表二）	500 000
	13	三、利润总额（10＋11－12）	1 500 000
应纳税所得额计算	14	加：纳税调整增加额（填附表三）	310 000
	15	减：纳税调整减少额（填附表三）	10 000
	16	其中：不征税收入	
	17	免税收入	

项目六 企业所得税计算及纳税申报

续表

类别	行次	项　目	金　额
	18	减计收入	
	19	减、免税项目所得	
	20	加计扣除	10 000
	21	抵扣应纳税所得额	
	22	加：境外应税所得弥补境内亏损	
	23	纳税调整后所得（13＋14－15＋22）	1 800 000
	24	减：弥补以前年度亏损（填附表四）	
	25	应纳税所得额（23－24）	1 800 000
应纳税额计算	26	税率（25%）	
	27	应纳所得税额（25×26）	450 000
	28	减：减免所得税额（填附表五）	
	29	减：抵免所得税额（填附表五）	
	30	应纳税额（27－28－29）	450 000
	31	加：境外所得应纳所得税额（填附表六）	
	32	减：境外所得抵免所得税额（填附表六）	
	33	实际应纳所得税额（30＋31－32）	450 000
	34	减：本年累计实际已预缴的所得税额	50 000
	35	其中：汇总纳税的总机构分摊预缴的税额	
	36	汇总纳税的总机构财政调库预缴的税额	
	37	汇总纳税的总机构所属分支机构分摊的预缴税额	
	38	合并纳税（母子体制）成员企业就地预缴比例	
	39	合并纳税企业就地预缴的所得税额	
	40	本年应补（退）的所得税额（33－34）	400 000
附列资料	41	以前年度多缴的所得税额在本年抵减额	
	42	以前年度应缴未缴在本年入库所得税额	

纳税人公章：	代理申报中介机构公章：	主管税务机关受理专用章：
经办人：	经办人及执业证件号码：	受理人：
申报日期：年　月　日	代理申报日期：年　月　日	受理日期：年　月　日

企业税费计算及纳税申报

任务小结

填写企业所得税纳税申报表的步骤：
（1）根据已知条件，填写和计算企业所得税纳税申报主表的1～13行；
（2）计算分析调整增加额，并填写企业所得税纳税申报表的14行；
（3）计算分析调整减少额，并填写纳税申报表的15～21行；
（4）根据已知条件计算分析填写余下的行次。

学生演练

1. 企业概况

企业名称：重庆A公司

企业性质：民营企业（一般纳税人）

企业地址：重庆市光大路1号

经办电话：66886688

企业所属行业：工业企业

法定代表人：明明

办税人：小明

开户银行：××银行光大分理处

账号：11091056131222050021059

纳税人识别号：5101100454789528

纳税人编码：000011128

2. 会计资料

2012年度某企业会计报表上的利润总额为100万元，其中：

营业收入1 500万元；

营业成本1 200万元；

营业税金及附加50万元；

管理费用50万元；

营业费用50万元；

营业外支出50万元。

已累计预缴企业所得税25万元。该企业2012年度其他有关情况如下：

（1）发生的公益性捐赠支出18万元。

（2）开发新技术的研究开发费用20万元（已计入管理费用），假定税法规定研发费用可实行150%加计扣除政策。

（3）支付在建办公楼工程款20万元，已列入当期费用。

（4）直接向某足球队捐款15万元，已列入当期费用。

（5）支付诉讼费2.3万元，已列入当期费用。

（6）支付违反交通法规罚款0.8万元，已列入当期费用。

假设该公司除以上调整事项外没其他调事项。

已知：该企业适用所得税税率为25%；

要求：

(1) 计算该企业公益性捐赠支出所得税前纳税调整额。

(2) 计算该企业研究开发费用所得税前扣除数额。

(3) 计算该企业2012年度应纳税所得额。

(4) 计算该企业2012年度应纳所得税税额。

(5) 计算该企业2012年度应汇算清缴的所得税税额。

(6) 填制企业所得税纳税申报表。

项目七

个人所得税计算及纳税申报

项目介绍

在掌握个人所得税基本原理、基本要素的基础上，通过搜索剖析我国《个人所得税实施条例》《税收征收管理办法》及其相关规定，完成以下工作任务：

任务一：个人所得税的基本原理
任务二：个人所得税的基本要素
任务三：个人所得税应纳税额计算
任务四：个人所得税的税收优惠
任务五：个人所得税的征收管理、纳税申报

学习导航

1950年，政务院发布了新中国税制建设的纲领性文件《全国税政实施要则》，其中主要涉及个人薪酬所得税和存款利息所得税，但由于种种原因，一直没有开征。1980年9月10日我国正式颁布了《中华人民共和国个人所得税法》，以下简称《个人所得税法》。该法的征税对象包括中国公民和中国境内的外籍人员，但由于规定的免征额较高（每月或每次800元），而国内居民工资收入普遍很低，因此绝大多数国内居民不在征税范围之内。之后，《个人所得税法》先后修正了六次，从2011年9月1日开始，依据2011年6月30日第十一届全国人民代表大会常务委员会第二十一次会议修正的《中华人民共和国个人所得税法》实施个人所得税征收。2011年7月9日，国务院公布了《国务院关于修改〈中华人民共和国个人所得税法实施条例〉的决定》

学习目标

1. 了解个人所得税的概念、征税范围、纳税人、税率等
2. 掌握个人所得税应纳税额的计算
3. 了解个人所得税的税收优惠政策
4. 掌握个人所得税的纳税申报

教学准备

1. 收集个人所得税的纳税申报表（本章纳税申报部分）
2. 中国税务总局网，政策文件栏目搜索《个人所得税法》《个人所得税法实施条例》
3. 学生预习本单元内容

关键词

个人所得税（Personal/Individual income tax）、工资薪金（Wages and salaries）、劳务报酬（Labor remuneration）、自行申报（Self declaration）

企业税费计算及纳税申报

任务一 个人所得税的基本原理
Mission one

任务描述

了解个人所得税的概念和特点

任务链接

现行税法所得税分为企业所得税和个人所得税,而个人所得税可与其他流转税与企业所得税进行比较分析学习。

案例引入

2001—2004年,演艺界刘晓庆个人所得税涉税案成为媒体的热门话题,百度网及其他相关网站报道,刘晓庆为支付个人偷逃的税款及其罚款,将自己分散在北京、深圳等地的19套房产已被拍卖,并受刑法处罚。据来自北京税务部门的消息,在刘晓庆税案曝光之后的2002年7月份一个月,就收到各类补缴税款1.38亿元。

思考:(1)刘晓庆税案说明哪些收入来源渠道较多,收入较高的人在纳税方式上应注意什么?

(2)以次取得收入的人,在签订劳务合同时应注意什么问题才会避免漏税给自己带来麻烦?

(3)演出收入、广告收入所属的个人所得税征税范围?劳务报酬个人所得税适用什么样的税率?

相关知识

一、个人所得税的概念

个人所得税是以自然人取得的各类应税所得为征税对象而征收的一种所得税,是政府利用税收对个人收入进行调节的一种手段。个人所得税的纳税对象不仅包括个人还包括具有自然人性质的企业。我国个人所得税是指在中国境内有住所,或者无住所而在境内居住满一年的个人(即居民纳税人),从中国境内和境外取得的所得;在中国境内无住所又不居住或者无住所而在境内居住不满一年的个人(非居民纳税人),从中国境内取得的所得征收的一种税。

二、个人所得税的特点

1. 在征收制度上实行分类征收制

我国个人所得税将征税对象划分为：工资薪金所得；个体工商户的生产经营所得；对企事业单位的承包经营、承租经营得所得；劳务报酬所得；稿酬所得；特许权使用费所得；利息、股息、红利所得；财产租赁所得；财产转让所得；偶然所得；其他所得等十一大类。

2. 在费用扣除上定额、定率扣除并用

费用定额扣除也称为税收免征额。免于征收部分是指"为取得收入所必需的费用"和"为了维持生计所必需的费用"。我国个人工资薪金所得的扣除标准由最初的每月 800 元上升到目前每月扣除 3 500 元。个人工资薪金所得、个体工商户生产、经营所得实行费用定额扣除，也就是个人所得税额按征税对象（收入总额）扣除一定费用额后的差额后的余额计税，征税对象不足扣除的，不征税。定额、定率并用是指个人劳务报酬、稿酬、财产租赁所得收入每次在一定收入水平之下的，实行定额扣除后，按扣除后的差额征税，收入超过规定标准时，按收入总额的一定比例扣除的余额征税。

【案例 7-1】 2011 年 10 月，李倩获取稿酬收入 3 000 元；林书一获取稿酬收入 5 000 元。请问李倩和林书一应分别交纳个人所得税时准予扣除多少金额？

[案例分析]

根据税法规定，每次稿酬收入在 4 000 元以下，准予扣除费用 800 元，每次稿酬收入超过 4 000 元，扣除总收入的 20% 费用。李倩获取稿酬收入 3 000 元低于 4 000 元，准予扣除 800 元，林书一稿酬收入 5 000 元超过 4 000 元，准予扣除 5 000×20%＝1 000（元）。

3. 在税率上累进税率、比例税率并用

我国个人所得实行累进税率、比例税率并用体制，其中累进税率采用"超额累进税率"。"超额累进税率"是指对不同等级征税对象的数额每超过一个级距的部分，按照与之相适应的税率分别计算税额。其特点是同一个征税对象适用几个等级的税率，每超过一个等级，超过部分就按高一级的税率征收，各级税额相加之和，为纳税人应纳税总额。如我国个人所得工资薪金、个体工商户生产、经营所得实行"超额累进税率"，其他的个人所得税项目实行比例税率。

"全额累进税率"是把征税对象划分为若干等级，每一个等级规定一个税率，征税对象超过某个级距时，征税对象的全部数额按提高级距后对应的税率征税。

4. 在申报缴纳上采用自行申报和代扣代缴方法并用

知识拓展

个人所得税法最早起源于英国。18 世纪末英国由于与法国交战导致财政吃紧，为解决财政问题，有人提议对高收入者征税。战争一结束，有人认为个人所得税侵犯了个人隐私，因此个人所得税被迫停征。1982 年，英国财政部又一次提议了个人所得税征收的必要性，英国个人所得税才得以重征。此时个人所得税的作用除解决财政收入外，还增加了调节个人收入差距的功能。

企业税费计算及纳税申报

引入案例分析

（1）依法纳税是每个公民应尽的义务，取得应税所得没有扣缴义务人的应自行申报纳税。

（2）以次取得收入纳税人，应按次纳税，应在取得所得的次月15日内向主管机关申报纳税。

（3）在签订劳务合同时应注意收入是税后收入还是税前收入，避免漏税给自己带来麻烦。

（4）演出收入、广告收入属于劳务报酬性质，适用20%的基本税率，收入畸高的加成征收。

任务小结

（1）个人所得税实行分类征收；

（2）个人所得税征税对象共分为工资、薪金所得；个体工商户的生产、经营所得；对企事业单位的承包经营、承租经营所得；劳务报酬所得；稿酬所得；特许权使用费所得；利息、股息、红利所得；财产租赁所得；财产转让所得；偶然所得；经国务院财政部门确定征税的其他所得等十一大类；

（3）在征税上有固定比率征收和超额累进征收两种税率形式；

（4）个人所得收入有税前扣除标准规定。

任务二 个人所得税基本要素
Mission two

任务描述

1. 了解个人所得税的居民纳税义务人和非居民纳税义务人规定
2. 熟悉个人所得税的征税范围
3. 熟悉超额累进税率和比例税率

任务链接

通过对任务一的学习，我们已经知道我国个人所得税的概念，现我们还需进一步明确该税的征税范围、纳税人、税率才能为下一步正确计税做好准备。

案例引入

重庆海容实业有限公司新任总经理安尼尔为英国公民，任期二年，2010年于3月来华与赵某交接工作，当月在企业工作22天，企业按日工资（含节假日）3 000元计算其在华

项目七 个人所得税计算及纳税申报

工资。

思考：（1）安尼尔是居民纳税人还是非居民纳税人？

（2）有认为安尼尔本次收入3 000元未能达到工资薪金征税起点，可以不进行纳税申报。你认为这种说法对吗？

相关知识

一、个人所得税的纳税义务人

个人所得税的纳税义务人，包括中国公民、个体工商户以及在中国有所得的外籍人员（包括无国籍人员，下同）和香港、澳门、台湾地区同胞。上述纳税义务人依据住所和居住时间两个标准，区分为居民和非居民，分别承担不同的纳税义务。

（一）居民纳税义务人

居民纳税义务人是指在中国境内有住所或者无住所而在境内居住满一年的个人。居民纳税义务人承担无限纳税义务，即就其来源于中国境内和境外取得的应纳税所得依法缴纳个人所得税。

所谓在中国境内有住所的个人，是指因户籍、家庭、经济利益关系而在中国境内习惯性居住的个人。如因学习、工作、探亲、旅游等在中国境外居住，其原因消除以后，必须回到中国境内居住的个人，中国即为该纳税人的习惯性居住地。

所谓在中国境内居住满一年的人，是指在一个纳税年度内在中国境内居住满365天。在居住期间临时离境的，即在一个纳税年度中一次离境不超过30天或者多次离境累计不超过90日的，应视为在华居住，在计算居住天数时，不得扣减其在华居住的天数。

（二）非居民纳税义务人

非居民纳税义务人是指在中国境内无住所又不居住，或者无住所而在境内居住不满一年的个人。非居民纳税义务人承担有限纳税义务，即仅就其来源于中国境内的所得，依法向中国缴纳个人所得税。

自2000年1月1日起，个人独资企业和合伙企业投资者也为个人所得税的纳税义务人。

【案例7-2】 李双2008年9月1日出国留学至2010年4月5日返回国内，请问李双在此期间是否为居民纳税人？为什么？

[案例分析]

根据税法规定："所谓在中国境内有住所的个人，是指因户籍、家庭、经济利益关系而在中国境内习惯性居住的个人。"所以尽管李双2008年9月1日出国留学至2010年4月5日期间不在国内，但由于他留学完毕以后得返回国内，李双个人纳税人的身份仍然属于居民纳税人，应就从国内国外取得的收入向中国申报缴纳个人所得税。

【案例7-3】 一个外籍人员史密斯从2010年9月起到中国境内任职，在2011年度内，曾于4月8—20日，11月3—15日离境述职，离境度假。请问史密斯是否为居民纳税人？为什么？

[案例分析]

由于10月1—7日斯密斯享受的是在职期间的国家公休假,视同在境内,另两次离境日期相加之和少于90天,因此判定史密斯为居民纳税人。

> 提示:《个人所得税实施条例》第六条规定,"在中国境内无住所,但居住1年以上5年以下的个人,其来源于中国境外的所得,经主管税务机关批准,可以只就由中国境内公司、企业以及经济组织或者个人支付的部分缴纳个人所得税;居住超过5年的个人,从第6年起,应当就其来源于中国境内外的全部缴纳个人所得税。"第七条规定"在中国境内无住所,但是在一个纳税年度中在中国境内连续或者累计居住不超过90日的个人,其来源于中国境内的所得,由境外雇主支付并且不由该雇主在中国境内的机构、场所负担的部分,免予缴纳个人所得税。"

二、个人所得税的征税范围

我国《个人所得税法》将个人所得税征税范围划分为:工资薪金所得;个体工商户的生产经营所得;对企事业单位的承包经营、承租经营得所得;劳务报酬所得;稿酬所得;特许权使用费所得;利息、股息、红利所得;财产租赁所得;财产转让所得;偶然所得;其他所得等十一大类。

(一)工资、薪金所得

工资、薪金所得,是指个人因任职或者受雇而取得的工资、薪金、奖金、年终加薪、劳动分红、津贴、补贴以及任职或受雇有关的其他所得。

不属于工资、薪金性质的补贴、津贴或者不属于纳税人本人工资、薪金所得项目的收入不征税。这些项目包括:

(1) 独生子女补贴。

(2) 执行公务员工资制度未纳入基本工资总额的补贴、津贴差额和家属成员的副食品补贴。

(3) 托儿补助费。

(4) 差旅费津贴、误餐补助。其中,误餐补助是指按财政部门规定,个人因公在城区、郊区工作,不能在工作单位或返回就餐,确实需要在外就餐的,根据实际误餐顿数,按规定的标准领取的误餐费。单位以误餐补助名义发给职工的补贴、津贴不包括在内,应当征税。

讨论:(1) 李某退休之时,根据国家规定,一次性给予独生子女之女补助4 500元,请问李某应不应针对这部分收入缴纳个人所得税?

(2) 单位给职工每人补助10元的餐费给食堂,请问这部分支出,支付单位应不应该记入职工工资收入代扣代缴个人所得税?请书写讨论结果。

(二)个体工商户的生产、经营所得

个体工商户的生产、经营所得,包括以下方面。

(1) 个体工商户从事工业、手工业、建筑业、交通运输业、商业、饮食业、服务业、修

理业以及其他行业生产、经营取得的所得。

(2) 个人经政府有关部门批准,取得执照,从事办学、医疗、咨询以及其他有偿服务活动取得的所得。

(3) 其他个人从事个体工商业生产、经营取得的所得;

(4) 上述个体工商户和个人取得的与生产、经营有关的各项应纳税所得。

> 提示:个人独资企业和合伙企业按个体工商户的生产、经营所得征收个人所得税。

(三) 对企事业单位的承包经营、承租经营所得

对企事业单位的承包、承租经营所得,是指个人承包经营或承租经营以及转包、转租取得的所得,还包括个人按月或者按次取得的工资、薪金性质的所得。

(四) 劳务报酬所得,是指个人独立从事各种非雇佣的劳务所取得的所得

劳务报酬所得包括:设计、装潢、安装、制图、化验、测试、医疗、法律、会计、咨询、讲学、新闻、广播、翻译、审稿、书画、雕刻、影视、录音、录像、演出、表演、广告、展览、技术服务、介绍服务、经纪服务、代办服务以及其他劳务。

> 提示:
> (1) 国税发〔1994〕089号文件第八条的规定:个人由于担任董事职务所取得的董事费收入,属于劳务报酬所得性质,按照劳务报酬所得项目征收个人所得税。
> (2) 保险企业营销员(非雇员)取得的收入应按劳务报酬所得项目计征个人所得税。
> (3) 区分劳务报酬所得与工资、薪金所得主要看是否存在雇佣与被雇佣的关系。劳务报酬所得一般属于个人独立从事自由职业取得的所得或属于个人劳动所得,一般不存在雇佣关系;工资、薪金所得是个人从事非独立劳动,从所在单位(雇主)领取的报酬,存在雇佣和被雇佣关系。

(五) 稿酬所得

稿酬所得,是指个人因其作品以图书、报刊形式出版、发表而取得的所得。这里所说的作品,包括文学作品、书画作品、摄影作品以及其他作品。作者去世后,对取得其遗作稿酬的个人,也应按稿酬所得征收个人所得税。从事与职务相关而取得的收入,并入工资、薪金计算个人所得税。

国税函〔2002〕146号补充规定:①任职、受雇于报刊、杂志等单位的记者、编辑等专业人员,因在本单位的报刊、杂志上发表作品取得的所得,属于因任职、受雇而取得的所得,应与其当月工资收入合并,按"工资、薪金所得"项目征收个人所得税。除上述专业人员以外,其他人员在本单位的报刊、杂志上发表作品取得的所得,应按"稿酬所得"项目征

收个人所得税。②出版社的专业作者撰写、编写或翻译的作品，由本社以图书形式出版而取得的稿费收入，应按"稿酬所得"项目计算缴纳个人所得税。③关于在校学生参与勤工俭学活动取得的收入征收个人所得税的问题，在校学生因参与勤工俭学活动（包括参与学校组织的勤工俭学活动）而取得属于个人所得税法规定的应税所得项目的所得，应依法缴纳个人所得税。

（六）特许权使用费所得

特许权使用费所得，是指个人提供专利权、商标权、著作权、非专利技术以及其他特许权的使用权取得的所得。根据税法规定，提供著作权的使用权取得的所得，不包括稿酬所得。但是，对于作者将自己的文字作品手稿原件或复印件公开拍卖（竞价）取得的所得，应按特许权使用费所得项目征收个人所得税。

（七）利息、股息、红利所得

利息、股息、红利所得，是指个人拥有债权、股权而取得的利息、股息、红利所得。其中，利息是指个人拥有债权而取得的利息，包括存款利息、贷款利息和各种债券的利息。股息、红利是指个人拥有股权取得的股息、红利。按照一定的比例派发的每股息金，称为股息；根据公司、企业应分配的、超过股息部分的利润，按股派发的分红，称为红利。个人取得的上述所得，除另有规定外，均应缴纳个人所得税。

> 提示：除个人独资企业、合伙企业外的其他企业的个人投资者，以企业资金为个人、家庭成员及其相关人员支付与企业生产经营无关的消费性支出及购买汽车、住房等财产性支出，视为企业对个人投资者的红利分配，按照"利息、股息、红利所得"项目计征个人所得税。

（八）财产租赁所得

财产租赁所得，是指个人出租建筑物、土地使用权、机器设备、车船以及其他财产取得的所得，包括个人取得的财产转租收入。确认财产租赁所得的纳税人，应以产权凭证为依据；无产权凭证的，由主管税务机关根据实际情况确定。产权所有人死亡，在未办理产权继承手续期间，该财产出租而有租金收入的，以领取租金的个人为纳税人。

（九）财产转让所得

财产转让所得，是指个人转让有价证券、股权、建筑物、土地使用权、机器设备、车船以及其他财产取得的所得。

国税函〔2005〕655号《国家税务总局关于个人因购买和处置债权取得所得征收个人所得税问题的批复》规定：根据《中华人民共和国个人所得税法》及有关规定，个人通过招标、竞拍或其他方式购置债权以后，通过相关司法或行政程序主张债权而取得的所得，应按照"财产转让所得"项目缴纳个人所得税。

（十）偶然所得

偶然所得，是指个人得奖、中奖、中彩以及其他偶然性质的所得。得奖是指参加各种有将竞赛活动，取得名次得到奖金；中奖、中彩是指参加各种有奖活动，如有奖销售、有将储蓄或者购买彩票，经过规定程序，抽中、摇中号码而取得的奖金。偶然所得应缴纳的个人所得税得款，一律由发奖单位或机构代扣代缴。

（十一）其他所得

除上述 10 项应税项目外，其他所得应确定征税的，由国务院财政部门确定。个人取得的所得，难以界定应税所得项目的，由主管税务机关确定。

> 提示：财税〔2007〕34号规定：个人取得单张有奖发票奖金所得不超过800元（含800元）的，暂免征收个人所得税；个人取得单张有奖发票奖金所得超过800元的，应全额按照个人所得税法规定的"偶然所得"项目征收个人所得税。

三、个人所得税税率

（一）超额累进税税率，适用于工资、薪金所得；个体工商户的生产、经营所得

（1）工资、薪金所得，从 2011 年 9 月 1 日起适用七级超额累进税率表（表 7-1）。

表 7-1　工资、薪金所得适用税率表

级数	全月应纳税所得额	税率/%	速算扣除数
1	不超过 1 500 元的	3	0
2	超过 1 500～4 500 元的部分	10	105
3	超过 4 500～9 000 元的部分	20	555
4	超过 9 000～35 000 元的部分	25	1 005
5	超过 35 000～55 000 元的部分	30	2 755
6	超过 55 000～80 000 元的部分	35	5 505
7	超过 80 000 元的部分	45	13 505

（2）个体工商户的生产、经营所得和对企事业单位的承包经营、承租经营所得，适用五级超额累进税率（表 7-2）。

企业税费计算及纳税申报

表7-2 个体工商户生产经营所得适用税率表

级数	全年应纳税所得额	税率/%	速算扣除数
1	不超过15 000元的	5	0
2	超过15 000~30 000元的部分	10	750
3	超过30 000~60 000元的部分	20	3 750
4	超过60 000~100 000元的部分	30	9 750
5	超过100 000元的部分	35	14 750

注：个人独资企业和合伙企业的生产经营所得，也适用5%~35%的五级超额累进税率。

> 提示：国税发〔1994〕179号规定：承包、承租人对企业经营成果不拥有所有权，仅是按合同（协议）规定取得一定所得的，其所得按工资、薪金所得项目征税；承包、承租人按合同（协议）的规定只向发包、出租方交纳一定费用后，企业经营成果归其所有的，承包、承租人取得的所得，按对企事业单位的承包经营、承租经营所得项目征税。

（二）定率比例税率，适用于以次征收的劳务报酬所得；稿酬所得；特许权使用费所得；利息、股息、红利所得；产租赁所得；财产转让所得；偶然所得；其他所得，适用税率为20%

（1）劳务报酬。劳务报酬的适用税率为20%，劳务报酬所得一次收入畸高的，可以实行加成征收。其应纳税所得额超过20 000元，对应纳税所得额超过20 000元至50 000元的部分，依照税法规定计算应纳税额后再按照应纳税额加征五成；超过50 000元的部分，加征十成。因此，劳务报酬所得实际上适用20%~40%的三级超额累进税率（见表7-3）。

表7-3 劳务报酬所得适用税率

级数	含税级距/次	税率/%	速算扣除数
1	不超过20 000元的	20	0
2	超过20 000~50 000元的部分	30	2 000
3	超过50 000元的部分	40	7 000

注：①表中的含税级距是指扣除税法规定的有关费用后的所得额
②劳务报酬的扣除标准为800元（每次收入额不超过4 000元时）或者减除收入的20%的费用（每次收入额超过4 000元时）。

（2）稿酬所得，适用比例税率，税率为20%，并按应纳税额减征30%。因此实际税率为14%。

项目七 个人所得税计算及纳税申报

（3）特许权使用费所得，利息、股息、红利所得，财产租赁所得，财产转让所得，偶然所得和其他所得，适用比例税率，税率为20%。

> 提示：
> （1）自2001年起，个人出租房取得的所得暂减按10%的税率征收个人所得税。
> （2）利息税要分段计算征免，居民储蓄存款利息，在1999年10月31日前不征个人所得税；1999年11月1日至2007年8月14日按照20%的税率征税；2007年8月15日至2008年10月8日按照5%的税率征税；2008年10月9日起暂免征收个人所得税。
> （3）财税〔2010〕70号规定2010年对个人转让上市公司限售股取得的所得征收个人所得税。
> （4）对个人投资者从上市公司取得股息红利所得，自2005年6月13日起暂减按50%计入个人应纳税所得额，依照现行税法规定计征个人所得税。
> （5）对证券投资基金从上市公司分配取得的股息红利所得，扣缴义务人在代扣代缴个人所得税时，减按50%计算应纳税所得额。
> （6）劳务报酬、稿酬、特许权使用费、财产租赁所得，财产转让所得在计算个人所得税时，应按规定从所得中扣除规定的费用后的差额计算个人所得税。

知识拓展

1. 纳税人身份的纳税筹划

个人所得税的纳税义务人，包括居民纳税义务人和非居民纳税义务人两种。居民纳税义务人就其来源于中国境内或境外的全部所得缴纳个人所得税；而非居民纳税义务人仅就其来源于中国境内的所得，向中国缴纳个人所得税。很明显，非居民纳税义务人将会承担较轻的税负。

居住在中国境内的外国人、海外侨胞和香港、澳门、台湾同胞，如果在一个纳税年度内，一次离境超过30日或多次离境累计超过90日的，简称"90天规则"，将不视为全年在中国境内居住。牢牢把握这一尺度就会避免成为个人所得税的居民纳税义务人，而仅就其来源于中国境内的所得缴纳个人所得税。

2. 个人所得税来源确定

所得来源地，是确定该项所得是否应该征收个人所得税的重要依据。下列所得不论支付地点是否在中国境内，均来源于中国境内的所得：

（1）在中国境内的公司、企业、事业单位、机关、社会团体、部队、学校等单位或经济组织中任职、受雇而取得的工资、薪金所得。

（2）在中国境内提供的各种劳务而取得的劳务报酬所得。

（3）在中国境内从事生产、经营活动而取得的所得。

（4）个人出租的财产，被承租人在中国境内使用而取得的财产租赁所得。

（5）转让中国境内的房屋、建筑物、土地使用权，以及在中国境内转让其他财产而取得的财产转让所得。

(6) 提供在中国境内使用的专利权、专有技术、商标权、著作权,以及其他特许权而取得的特许权使用费所得。

(7) 因持有中国的各种债券、股票、股权而从中国境内的公司、企业或其他经济组织以及个人取得的利息、股息、红利所得。

(8) 在中国境内参加各种竞赛活动取得名次的奖金所得;参加中国境内有关部门和单位组织的有奖活动而取得的中奖所得;购买中国境内有关部门和单位发行的彩票取得的中彩所得。

(9) 在中国境内以图书、报刊方式出版、发行作品,取得的稿酬所得。

引入案例分析

(1) 安尼尔在中国境内任职,且当年在中国居住时间超过90天,所以他是居民纳税人。

(2) 根据税收征管条例规定,纳税人无论收入高低,有无收入,都应按规定时间向当地税务机关申报纳税。所以认为安尼尔当月收入低于个人所得税法起征点就可以不进行纳税申报是不正确的。

【案例7-4】 秦森在2010年取得了连续公开发表连载小说,稿酬收入每集700元,按集支付,小说共50集,共收入35 000元人民币。之后小说又整理出书,出书稿酬收入20 000元。有人认为,秦森连载小说收入应按次征税,因每次收入低于扣除标准(每次收入低于4 000元的,扣除800元,收入高于4 000元时,扣除收入总额的20%),所以小说连载收入不应纳税,只应针对聘书收入征税。

[案例分析]

劳务报酬和稿酬都是按次征税,连载小说,以小说连载完毕为一次,小说再版、整理出书另算一次,所以秦森2010年的连载小说收入总额35 000元已超过费用扣除标准,应缴纳个人所得税,整理出书也应缴个人所得税。

任务小结

(1) "30"天、"90"天是个人所得税纳税人身份判断的关键。

(2) 个人所得税纳税人包括个体工商户、合伙企业、个人独资企业。

(3) 劳务报酬、稿酬、财产租赁收入以"次"征收,"次"在税法中有专门的规定,具体情况见任务三。

(4) 个人所得税率有累进税率和定率比例税率计算两种。工资、薪金收入、个体工商户生产经营所得实行累进税率;其他实行20%的定率税率(劳务报酬的实质还是累进税率)。

(5) 个人所得税来源地是正确计算个人体制改革得税的重要依据。

项目七 个人所得税计算及纳税申报

任务三 个人所得税应纳税额计算
Mission three

任务描述

1. 了解个人所得税的计税依据
2. 掌握应纳税额的计算

任务链接

通过任务一、任务二的学习，我们已掌握个人所得税的概念、作用、征税对象、纳税人、税率。本次任务主要掌握各项个人所得税前扣除项目和标准，计算公式。

案例引入

中国公民孙某 2011 年年收入情况如下：

（1）出版中篇小说一部，取得稿酬 50 000 元，后因小说加印和报刊连载，分别取得出版社稿酬 10 000 元和报社稿酬 3 800 元。

（2）2011 年 9 月，因职务需要翻译文件，从单位取得收入 1 000 元的报酬。

（3）孙某每月工资收入 5 500 元。

（4）外出境外讲学收入 4 000 元，在国外已纳个人所得税 800 元。

相关知识

个人所得税的计税依据为纳税人取得的应纳税所得额，即纳税人取得的收入总额扣除税法规定的费用扣除项目额后的余额。

依照税法规定的适用税率和费用扣除标准，各项所得的应纳税额应分别计算如下：

一、工资、薪金个人所得税计算

工资、薪金个人所得税计算公式：

应纳税额＝应纳税所得额×适用税率－速算扣除数
　　　　＝（月工资、薪金收入－3 500 或 4 800）×适用税率－速算扣除数

【案例 7-5】 某居民纳税人李清 2011 年 9 月工资 5 500 元，计算其应纳个人所得税税额。

［案例分析］

应纳税所得额＝5 500－3 500＝2 000（元）

应纳税额＝2 000×10％－105＝95（元）

173

若李清为一外籍人士，则应纳税额＝（5 500－4 800）×3％－0＝21（元）

二、个体工商户生产、经营所得应纳税额的计算

个体工商户的生产、经营所得应纳税额的计算公式为：

应纳税额＝应纳税所得额×适用税率－速算扣除数
　　　　＝[全年收入－（成本＋费用＋损失＋准予扣除的税金）]×适用税率－速算扣除数

> 提示：允许个体工商户生产、经营所得税前扣除的成本费用、损失、准予扣除的税金是指其在从事生产、经营的过程中发生的各项直接支出和分配计入成本的间接费用以及期间费用，损失是指其在生产、经营的过程发生的各项营业外支出，包括固定资产盘亏、报废和损毁的净损失、公益和救济性捐赠、赔偿金和违约金；税金是指由企业负担的税金。个体工商业主允许扣除的个人费用从2011年9月1日起为3 500元。
>
> 不允许扣除的部分包括：①资本性支出；②被没收的财产、支付的罚款；③缴纳的个人所得税、税收滞纳金、罚款和罚金；④分配给投资者的股利；⑤各种赞助性支出；⑥自然灾害或意外事故损失有赔偿的部分；⑦用于个人和家庭的支出；⑧个体工商业户业主的工资性支出；⑨与生产经营无关的支出；⑩税收法规规定的不允许扣除的其他支出。
>
> 参考文献：国税发〔1997〕43号、财税〔2008〕65号

【案例7-6】　某个体工商户经营印刷加工厂，账证齐全，假定2012年12月营业额共计28 000元，购进小纸张等材料费共计5 000元，共缴纳水电费等1 500元，员工福利支出500元，其他税费合计1 000元，支付给雇工工资共计6 500元。1—11月累计应纳税所得额为32 000元，计算该个体工商户2012年应纳税额。

[案例分析]

员工的福利支出按工资支出14％以内的实际支出扣除，500元＜6 500×14％＝9 100元，可允许全额扣除。允许扣除的个人费用每月3 500元。

12月份的应纳税所得额＝28 000－5 000－1 500－500－1 000－65 00－3 500＝10 000（元）
全年应纳税所得额＝32 000＋10 000＝42 000（元）
全年应纳税所得额＝42 000×20％－3 750＝4 650（元）

三、对企事业单位的承包、承租经营所得应纳税额的计算

企事业单位的承包、承租经营所得是以每一纳税年度的收入总额，减除必要的费用后的余额作为应纳税所得额。

如果企业实行个人承包经营、承租经营后，承租人按合同的规定只向发包方交纳一定的费用后，企业的经营成果归其所有的，企事业单位的承包、承租经营所得应纳税额比照"个体工商户生产、经营所得"的确认方法，扣除必要费用，按照五级累进税率计算承包、承租经营所得应纳税额。

如果企业实行个人承包经营、承租经营后，承租人对企业的经营成果不拥有所有权，仅

项目七 个人所得税计算及纳税申报

仅是按合同规定取得一定的所得，"必要费用"扣除标准为每月3 500元，按照"工资、薪金"个人所得税计算办法计税。

【案例7-7】 20××年，李某与某事业单位签订承包合同经营招待所，承包期为3年。按合同，20××年分得承包经营利润65 000元，本年的经营时期是3月5日至12月31日。计算李某本年度应纳个人所得税税额。

［案例分析］

按合同，李某对企业的经营成果拥有所有权，所以李某按年计算应纳税额：

应纳税所得额=65 000－3 500×10=30 000（元）

适用税率10%，速算扣除数750元。

应纳税额=30 000×10%－750=2 250（元）

假设上例中，合同约定，李某对企业经营成果没有所有权，按固定工资加奖金方式获取报酬，则李某按月以"工资、薪金"方式计算个人所得税。

【案例7-8】 20××年，李某与某事业单位签订承包合同经营招待所，承包期为3年。按合同，每月固定工资4 300元，另按经营情况取得奖金收入，假设该年的3月取得奖金200元，则3月份李某应纳税额为多少？

［案例分析］

应纳税所得额=4 300＋200－3 500=1 000（元）

应纳税额=1 000×3%=30（元）

四、劳务报酬个人所得税的计算

> 提示：劳务报酬所得、稿酬所得、特许权使用费所得、利息、股息、红利所得、财产租赁所得、财产转让所得、偶然所得和其他所得，采用20%的比例税率，均实行按次计征办法。（劳务报酬实行加成征收，实质上是一种累进税率）

劳务报酬以每次取得的收入，定额或定率减除规定的费用后的余额为应纳税所得额，每次收入在4 000元以下的，定额减除费用800元，每次收入在4 000元以上时，全部收入的20%作为定率减除费用。

一个项目发生连续性收入的，以一个月内取得的收入为一次，据以确定应纳税所得额（当月跨地区的劳务报酬所得应分别计算）。

【案例7-9】 王某在一家歌舞厅兼职，2011年8月份每星期到歌舞厅演奏钢琴三次，每次取得报酬500元，8月份共演唱12次，共收入6 000元，其应纳个人所得税税额为多少？

［案例分析］

由于王某的兼职行为是一种连续提供劳务的行为，按规定，王某应按月计算该项劳务报酬所得税。王某8月份的收入6 000元，在4 000元以上，应定率扣除费用。

应纳税所得额=500×12×（1－20%）=4 800（元）＜20 000元，税率20%；

应纳税所得额=4 800×20%=960（元）

提示：如果单位和个人为纳税人负担税款的，应当将纳税人取得的不含税收入换算成应纳税所得额，再计算税款。计算公式如下：

(1) 不含税收入在 3 360 元（即含税收入额为 4 000 元）以下的：

应纳税所得额＝（不含税收入－800）÷（1－税率）

(2) 不含税收入在 3 360 元以上的：

应纳税所得额＝（不含税收入－速算扣除数）×（1－20%）÷[1－税率×（1－20%）] 公式中的"税率"指不含税收入按不含税级距对应的税率。

五、稿酬所得应纳税额的计算

稿酬所得以个人每次取得的收入，定额或定率减除规定的费用后的余额为应纳税所得额，费用扣除标准与劳务报酬的规定相同。稿酬所得适用 20% 的税率，并按规定减征 30%，即实际税率 14%。

1. 每次收入在 4 000 元以下的：

应纳税额＝（每次收入额－800）×20%×（1－30%）

2. 每次收入在 4 000 元以上的：

应纳税额＝每次收入额×（1－20%）×20%×（1－30%）

"稿酬每次取得的收入"是指以每次出版、发表作品取得的收入为一次，具体规定如下：

(1) 个人出版图书、报刊方式出版同一作品，不论出版单位是预付还是分次支付稿酬，或加印该作品后再付稿酬，均应合并为一次征税。

(2) 在两处以上出版、发表同一作品而取得的稿酬，则可分别以各处取得的所得或再版所得分次征税。

(3) 个人的同一作品在报刊连载，应合并其连载所得为一次。连载后又出书取得稿酬的，或先出书后连载取得稿酬的，应视同再版稿酬分别纳税。

【案例 7‐10】 某作家的一篇小说在某晚报上连载半年，每月取得稿酬 4 000 元，然后送交出版社出版，一次取得稿费 20 000 元。则该作家应如何计算应纳个人所得税税额？

[案例分析]

小说连载所得应纳税所得额＝4 000×6×（1－20%）＝19 200（元）

小说连载所得应纳税所得额＝19 200×20%×（1－30%）＝2 688（元）

小说出版所得应纳税所得额＝20 000×（1－20%）＝16 000（元）

小说出版所得应纳税所得额＝16 000×20%×（1－30%）＝2 240（元）

两次稿酬应纳税额＝2 240＋2 688＝4 928（元）

六、特许权使用费所得应纳税额的计算

特许权使用费所得以个人每次取得的收入，定额或定率减除规定的费用后的余额为应纳税所得额，费用扣除标准与劳务报酬的规定相同。同时税法规定，对个人从事技术转让所支付的中介费，若能提供有效合法凭证，允许从其所得中扣除。特许权使用费所得适用 20% 的比例税率。

应纳税额＝应纳税所得额×20%

【案例 7‐11】 王某为一大学教授，为境内某企业提供一项专利技术的使用权，一次取得特许权使用费 50 500 元，有合法凭证证明发生中介费用 500 元，则王某应纳个人所得税

税额。

[案例分析]

应纳税额＝（50 500－500）×（1－20%）×20%＝8 000（元）

七、财产租赁所得应纳税额的计算

财产租赁所得以纳税人一个月取得的收入为一次，适用20%的所得税税率。应纳税额计算公式如下：

按以下顺序扣除相关费用后作为应纳税所得额：

(1) 每次收入在4 000元以下的：

应纳税额＝［每次（月）收入－财产租赁相关费用－修缮费用－800］×20%

(2) 每次收入在4 000元以上的：

应纳税额＝［每次（月）收入－财产租赁相关费用－修缮费用］(1－20%)×20%

上述公式中相关费用是：

(1) 纳税人在出租财产的过程中缴纳的税金和教育费附加。

(2) 能够提供有效凭据，证明该纳税人负担的该出租财产实际开支的修缮费（以每次800元为限，一次扣不完的，准予在下一次连续扣除，直至扣完为止）。

(3) 税法规定的费用扣除的定额和定率标准与劳务报酬相同。

【案例7－12】 李某于2011年1月将其自有的商业用房屋出租给某公司经营用房，租期五年，全年租金42 000元。李某每月缴纳营业税等税合计192.5元。并于5月份支付修缮费用1 500元（有发票收据）。计算王某每月应交个人所得税。

[案例分析]

每次收入额＝42 000÷12＝3 500（元），扣除税费192.5元，扣除定额费用800元，修缮费用5月扣除800元，6月扣除700元，则：

5月份应纳税额＝（3 500－192.5－800－800）×20%＝341.5（元）

6月份应纳税额＝（3 500－192.5－800－700）×20%＝361.5（元）

其他月份应纳税额＝（3 500－192.5－800）×20%＝501.5（元）

全年应纳税额＝501.5×10＋361.5＋341.5＝5 718（元）

注意：对于个人出租的居民住房取得的所得，暂减按10%的税率征税。

【案例7－13】 刘某于2010年2月份将其自有的房屋出租给他人居住，租期两年，全年租金14 400元。计算王某每月应交个人所得税。

[案例分析]

每次（月）收入额＝14 400÷12＝1 200（元）

每月应纳税额＝（1 200－800）×10%＝40（元）

全年应纳税额＝40×12＝480（元）

本例在计算个人所得税时未考虑其他税费。如果对租金收入计征营业税、城建税、教育费附加和房产税等，还应从其税前收入中扣除才可计算应纳的个人所得税。

八、财产转让所得应纳税额的计算

财产转让所得以纳税人每次转让财产取得的收入额减除财产原值和转让财产所发生的相

关费用后的余额为应纳税所得额。适用20%的所得税税率。其中,"每次"是指财产所有权转让一次。

应纳税额计算公式如下:

应纳税额＝应纳税所得额×适用的税率

＝(每次收入－财产原值－合理税费)×20%

【案例7-14】 某人建房一幢,造价36 000元,支付费用2 000元。该人转让房屋,售价60 000元,在买房过程中按规定支付交易费等有关费用2 500元,计算其应纳个人所得税税额。

[案例分析]

应纳税所得额＝60 000－(36 000＋2 000)－2 500＝19 500(元)

应纳税额＝19 500×20%＝3 900(元)

九、利息、股息、红利所得,偶然所得和其他所得应纳税额的计算

> 提示:利息、股息、红利所得,偶然所得的优惠规定。

应纳税额＝应纳税所得额×适用的税率

【案例7-15】 陈伍在商场参加有奖销售过程中,分别中奖20 000元,问请按照规定计算商场代扣代缴个人所得税后,陈伍实际可得中奖金额。

[案例分析]、

(1) 应纳税额＝20 000×20%＝4 000(元)

(2) 陈某实际可得金额＝20 000－4 000＝16 000(元)

知识拓展

(一)纳税人取得全年一次性奖金等计算方法

纳税人取得全年一次性奖金、年终加薪或劳动分红,单独作为一个月工资、薪金所得计算纳税,并按以下方法计算,由扣缴义务人发放时代扣代缴。

(1) 先将当月取得的全年一次性奖金,除以12个月,按其商数确定税率和速算扣除数。如果在发放年终一次性奖金的当月,雇员当月工资、薪金所得低于税法规定的费用扣除额,应将全年一次性奖金减除"雇员当月工资、薪金所得与费用扣除数的差额"后的余额,按上述办法确定全年一次性奖金的适用税率和速算扣除数。

(2) 当雇员当月内取得的全年一次性奖金,按确定的适用税率和速算扣除数计算征税。计算公式如下:

①雇员当月工资、薪金所得高于或等于税法规定的费用扣除额的,适用公式为:

应纳税额＝雇员当月取得全年一次性奖金×适用税率－速算扣除数

②雇员当月工资、薪金所得低于税法规定的费用扣除额的,适用公式为:

应纳税额＝［雇员当月取得全年一次性奖金－（3 500－工资）］×适用税率－速算扣除数

【案例7－16】 公司员工李清在2012年1月份取得公司发放的全年一次性奖金14 400元，当月工资5 500元。试计算李清2012年1月份应纳个人所得税。

［案例分析］

1月份工资应纳税额＝（5 500－3 500）×10％－105＝95（元）

奖金商数＝14 400÷12＝1 200，适用工资、薪金3％的税率。

全年一次性奖金应纳税额＝14 400×3％－0＝432（元）

李清1月份应纳税额＝95＋432＝527（元）

（二）雇主为其雇员负担个人所得税应纳税额计算

在实际工作中，有的雇主常常为纳税人负担税款，即支付给纳税人的报酬为税后净所得，此时雇主应将纳税人的收入先换算成含税的应纳税所得额，再据以计算纳税人应纳税额。

应纳税所得额＝（不含税收入－扣除费用标准－速算扣除数×雇主负担税额比例）÷（1－适用税率）

提示：这里的适用税率不含税收入级距对应的适应税率，速算扣除数为不含税收入级距对应的速算扣除数。

（三）公益救济性的捐赠

个人将其所得通过中国境内的社会团体、国家机关向教育和其他社会公益事业以及遭受严重自然灾害地区、贫困地区的捐赠，捐赠额未超过纳税义务人申报的应纳税所得额的30％的部分，可以从其应纳税所得额中扣除。其计算公式为：

捐赠扣除限额＝应纳税所得额×30％

应纳税额＝（应纳税所得额－允许扣除的捐赠额）×适用税率－速算扣除数

【案例7－17】 某歌星参加一次演唱会，取得出场收入80 000元，将其中40 000元通过民政局捐给了福利院。计算该歌星应纳个人所得税。

［案例分析］

（1）未扣除捐赠的应纳税所得额＝80 000×（1－20％）＝64 000（元）

（2）捐赠扣除限额＝64 000×30％＝19 200（元）（实际捐赠额大于捐赠的扣除限额）

（3）应纳个人所得税＝（64 000－19 200）×30％－2 000＝11 440（元）

（四）境外所得的税款扣除

税法规定，纳税义务人从中国境外取得的所得，准予其在应纳税额中扣除已在境外缴纳的个人所得税税额。但扣除额不得超过该纳税义务人境外所得依照我国税法规定计算的应纳税额。

纳税义务人在中国境外一个国家或地区实际缴纳的个人所得税税额，低于依照我国税法计算的应纳税额时，应当在中国缴纳差额部分；若境外已纳税额超过依照我国税法计算的应纳税额时，其超过部分当年不得扣除，但可以在以后纳税年度的该国家或地区扣除限额的余额中补扣。补扣期限最长不得超过5年。

纳税义务人依照税法规定申请扣除已在境外缴纳的个人所得税额时，应当提供境外机关填发的完税凭证原件。

【案例7-18】 某中国居民纳税人2011年，分别从A、B两国取得应税收入，其中在A国一公司任职，工资收入72 000元（平均每月工资6 000元），提供一项专利技术，收入30 000元，两项收入已在A国纳税5 200元；B国出版著作获得稿费收入15 000元，在B国纳税1 720元。

［案例分析］

（1）A国已纳税额的扣减：

工资全年应纳税额＝［(6 000－3 500)×10％－105］×12＝1 740（元）

特许权应纳税额＝30 000×（1－20％）×20％＝4 800（元）

因此，抵免限额为6 540元（1 740＋4 800），已纳税额5 200元，应补6 540－5 200＝1 340（元）。

（2）B国已纳税额的扣减：

15 000×（1－20％）×20％×（1－30％）＝1 680（元）

即其抵免限额为1 680元，已纳税额1 720元，超出抵减限额40元，不能在本年扣除，但可以在以后5个纳税年度的该国家扣除限额的余额中补减。

（五）两个或两个以上纳税人共同取得一项所得

两个或两个以上纳税人共同取得一项所得的，可以对每个人分得的收入分别减除费用，并计算各自的应纳税款。

【案例7-19】 A和B两人合著一本书，共取得稿费所得10 000元，其中，A分得4 500元，B分得5 500元。分别计算两人的个人所得税税款。

［案例分析］

A应纳税款＝4 500×（1－20％）×20％×（1－30％）＝504（元）

B应纳税额＝5 500×（1－20％）×20％×（1－30％）＝616（元）

（六）不满一个月的工资、薪金所得

在中国境内无住所的个人，凡是在中国居住未满一个月并仅就一个月期间的工资、薪金所得申报纳税的，均应以全月工资、薪金所得为依据计算实际应纳税额。其计算公式为：

应纳税额＝（当月工资、薪金应纳税所得额×适用税率－速算扣除数）×当月实际在中国境内的天数÷当月的天数

如果属于上述情况的个人取得的是日工资、薪金，应以日工资、薪金以当月天数换算成当月工资、薪金后，在按上述公式计算应纳税额。

【案例7-20】 某外国公民2011年9月1日受公司委派到中国境内某企业安装一种设备，9月20日回国，期间从中国境内企业领取工资6 000元，计算该人的个人所得税税额。

［案例分析］

应纳税额＝［(6 000÷20×30－4 800)×10％－105］×20÷30＝210（元）

项目七 个人所得税计算及纳税申报

引入案例分析

中国公民孙某2011年年收入情况如下：

(1) 出版中篇小说一部，取得稿酬50 000元，后因小说加印和报刊连载，分别取得出版社稿酬10 000元和报社稿酬3 800元。

分析：税法规定，个人的同一作品在报刊连载，应合并其连载所得为一次。连载后又出书取得稿酬的，或先出书后连载取得稿酬的，应视同再版稿酬分别纳税。所以孙某应分三次计算稿酬应纳税额。

第一次和第二次，取得的稿酬收入都在4 000元以上，定率扣除20%，减征30%。则：

第一次：应纳税额=50 000×(1−20%)×20%×(1−30%)=5 600（元）

第二次：应纳税额=10 000×(1−20%)×20%×(1−30%)=1 120（元）

第三次取得的稿酬收入在4 000元以下，定额扣除费用800元，减征30%，则：

第三次：应纳税额=(3 800−800)×20%×(1−30%)=420（元）

(2) 2011年9月，孙某因职务需要翻译文件，从单位取得收入1 000元的报酬；

分析：税法规定，个人因职务发生的从单位取得的稿酬应并入当月工资、薪金计算，所以放在小题(3)一并计算。

(3) 孙某每月工资收入5 500元。

分析：税法规定，2011年9月以后，工资、薪金允许扣除费用3 500元/月，2011年9月1日前，允许扣除2 000/月。

1~8月应纳税额=[(5 500−2 000)×15%−125]×8=3 200（元）

9月应纳税额=(5 500+1 000−3 500)×10%−105=195（元）

10~12月应纳税额=[(5 500−3 500)×10%−105]×3=285（元）

孙某2011年工资、薪金共应缴纳个人所得税=3 200+195+285=3 680（元）

(4) 孙某2011年10月外出境外讲学收入4 000元，在国外已纳个人所得税800元。

分析：外出讲学属于劳务报酬，劳务报酬按次征收，若提供的劳务具有连续性，应按月征收。所以，孙某10月外出讲学，以本月收入为一次。税法规定，劳务报酬每次收入在4 000元以下的，费用定额扣除800元。纳税义务人在中国境外已纳税额超过依照我国税法计算的应纳税额时，其超过部分当年不得扣除，但可以在以后纳税年度的该国家或地区扣除限额的余额中补扣。补扣期限最长不得超过5年。

应纳税所得额=4 000−800=3 200（元）　　（适用税率20%）

应纳税额=3 200×20%=640（元），低于国外已纳税款800元，所以本年度不缴。

【案例7-21】 高级工程师叶凡2011年12月取得工资、薪金所得4 000元，同时取得全年一次性奖金6 000元；为某装饰公司装饰设计，取得设计费10 000元；取得股利收入2 000元；取得特许权使用费2 500元。则计算叶凡12月份应纳个人所得税。

请同学们讨论计算出纳税人叶凡在2011年12月应纳的个人所得税。

[案例分析]

(1) 叶凡2011年12月个人工资应纳个人所得税额4 000−3 500=500（元）

工资应纳个人所得税=500×3%=15（元）

奖金：6 000÷12＝500（元），适用税率3％，则奖金应纳个人所得税：6 000×3％＝180（元）

（2）设计费收入为劳务报酬，应纳税所得额＝10 000×（1－20％）＝8 000（元）

设计费收入应纳个人所得税＝8 000×20％＝1 600（元）

（3）对个人投资者从上市公司取得股息红利所得，自2005年6月13日起暂减按50％计入个人应纳税所得额，依照现行税法规定计征个人所得税。则叶凡取得的股利收入应纳个人所得税：

2 000×20％×50％＝200（元）

（4）特许权使用费取得过程中未发生其他费用，所以应纳税所得额＝2 500－800＝1 700（元）

特许权使用费收入应纳个人所得税＝1 700×20％＝340（元）

叶凡2011年12月共应纳个人所得税＝15＋180＋1 600＋200＋340＝2 335（元）

任务小结

个人所得税计算，一般按以下步骤进行分析：
（1）判断纳税人的纳税身份，确定纳税人收入来源渠道；
（2）判断收入所属纳税项目，确定该项目是累进税率还是固定比例税率；
（3）确定税前费用扣除项目、标准，计算出应纳税所得额；
（4）确定适用的税率，速算扣除数，计算应纳税额；
（5）分析境外已纳税款，确定可抵扣的已纳税额；
（6）计算纳税人应缴（或补缴）的税款。

任务四 个人所得税的税收优惠
Mission four

任务描述

1. 熟悉免征个人所得税的优惠
2. 减征个人所得税的优惠
3. 其他优惠

任务链接

通过任务三的学习，我们知道怎样计算个人所得税，本任务学习个人所得税的各种优惠政策。本项目的参考法律文件：财税字〔1994〕20号、国税函〔1994〕89号、国税发〔1994〕148号、财税字〔1995〕25号、国税函〔1997〕87号、国税函〔1997〕198号、财税字〔1998〕61号、财税字〔1998〕55号、国税发〔1999〕43号、国税发〔1999〕180号、

项目七 个人所得税计算及纳税申报

国税发〔1999〕125号、财税字〔1998〕278号、财税字〔1999〕267号、国税发〔2000〕60号、财税〔2001〕51号、国税发〔2000〕77号、财税〔2006〕10号、国税发〔2001〕31号、国税函〔2006〕692号、国税函〔2006〕1087号、国税函〔2003〕1294号等。

案例引入

张一其去世后，留下遗嘱将自有房屋遗赠给其直接赡养人王某，房屋公允价值200 000元，问王某应不应缴个人所得税？

2012年2月，吴某当地的县政府颁奖给特殊贡献奖20 000元，吴某认为他所得收入属于政府奖金，应不纳税。他的看法是否正确？

相关知识

（一）免征个人所得税的优惠

1. 下列各项个人所得，免征个人所得税

（1）省级人民政府、国务院部委和中国人民解放军以上单位，以及外国组织、国际组织颁发的科学、教育、技术、文化、卫生、体育、环境保护等方面的奖金。

（2）国债和国家发行的金融债券利息。

其中，国债利息是指个人持有中华人民共和国财政部发行的债券的利息；国家发行的金融债券利息，是指个人持有经国务院批准发行的金融债券而取得的利息。

（3）按照国家统一规定发给的补贴、津贴。

这里指按照国务院规定发给的政府特殊津贴（指国家对为社会各项事业的发展作出突出贡献的人员颁发的一项特定津贴，并非泛指国务院批准发放的其他各项补贴、津贴）和国务院规定免税的补贴、津贴（目前仅限于中国科学院和工程院院士津贴、资深院院士津贴），免征个人所得税。

（4）福利费、抚恤金、救济金。

（5）保险赔款。

（6）军人的转业费、复员费。

（7）按照国家统一规定发给干部、职工的安家费、退职费、退休费、离休工资、离休生活补助费。

（8）按照有关法律规定应予免征的各国驻华使馆、领事馆的外交代表、领事官员和其他人员所得。

（9）中国政府参加的国际公约、签订的协议中规定免税所得。

（10）企业和个人按规定比例提取并缴付的住房公积金、医疗保险金、基本养老保险金、失业保险基金（简称"三险一金"），免予征收个人所得税。

个人领取原提存的住房公积金、医疗保险金、基本养老保险金、失业保险基金时，免予征收个人所得税。

（11）对个人取得的教育储蓄利息所得以及财政部门确定的其他专项储蓄存款或者储蓄性专项基金存款的利息所得。

(12) 生育妇女按照县级以上人民政府根据国家规定制定的生育保险办法，提取的生育津贴、生育医疗费或者他属于生育保险性质的津贴、补贴，免征个人所得税。

(13) 乡镇以上（含乡、镇）人民政府或经县以上（含县）人民政府主管部门批准成立的机构、有章程的见义勇为基金会或类似组织，奖励见义勇为者的奖金或者奖品，经主管税务机关批准，免征个人所得税。

(14) 按照国家有关城镇房屋搬迁管理办法规定的标准，被拆迁人取得的拆迁补偿款。

(15) 其他经国务院财政部门批准免税的所得。

2. 减征项目

(1) 残疾、孤老人员和烈属的所得。

(2) 因严重自然灾害造成重大损失的。

(3) 其他经国务院财政部门批准减免的项目。

以上减免项目的减征幅度和期限由各省、自治区、直辖市人民政府决定。

3. 暂免征税项目

(1) 外籍个人以非现金形式或者实报实销形式取得的合理的住房补贴、伙食补贴、搬迁费、洗衣费。

(2) 个人举报、协查各种违法、犯罪行为而得到的奖金。

(3) 个人办理代扣代缴税款手续，按规定取得的扣缴手续费。

(4) 个人转让自用达5年以上、并且是唯一家庭生活用房取得的所得。

(5) 个人购买社会福利有奖募捐奖券、体育彩票，凡一次中奖收入不超过1万元的暂免征收个人所得税，超过1万元的应按规定征收个人所得税。

(6) 对个人转让上市公司股票（限售股除外）取得的所得，暂免征收个人所得税。

(7) 外籍个人按合理标准取得的境内、境外出差补贴。

(8) 外籍个人取得的探亲费、语言训练费、子女教育费等，经当地税务机关审核批准为合理的部分。

(9) 外籍个人从外商投资企业取得的股息、红利所得。

(10) 达到离休、退休年龄，但确因工作需要，适当延长离休期间的工资、薪金所得，视同退休工资、离休工资免征个人所得税。

(11) 凡符合下列条件之一的外籍专家的工资、薪金所得，暂免征收个人所得税：

①根据世界银行专项贷款协议由世界银行直接派往我国工作的外国专家。

②联合国组织直接派往我国工作的专家。

③为联合国援助项目来华工作的专家。

④援助国派往我国专为该国无偿援助项目工作的专家。

⑤根据两国政府签订的文化交流项目来华两年以内的文教专家，其工资、薪金所得由该国负担的。

⑥根据我国大专院校国际交流项目来华工作的专家，其工资、薪金所得由该国负担的，对其工资、薪金所得。

⑦通过民间科研协定来华工作的专家，其工资、薪金所得由该国政府负担的，对其工资、薪金所得。

(12) 自2009年5月25日起，以下情形的房屋产权无偿赠与，对当事人双方不征个人

项目七 个人所得税计算及纳税申报

所得税：①房屋产权所有人将房屋无偿赠与配偶、子女、祖父母、外祖父母、孙子女、外孙子女、兄弟姐妹；②房屋产权所有人死亡、依法取得房屋产权的法定继承人、遗嘱继承人或受遗赠人；③房屋产权所有人将房屋无偿赠与对其直接承担扶养或者赡养义务的扶养人或者赡养人。

引入案例分析

张一其去世后，留下遗嘱将自有房屋遗赠给对其直接承担赡养义务的王某，房屋公允价值200 000元，问王某应不应缴个人所得税？

税法规定：房屋产权所有人将房屋无偿赠与对其直接承担扶养或者赡养义务的扶养人或者赡养人。王某是对张一其直接承担赡养义务的人，所以无偿受赠的房屋不缴个人所得税。

2012年2月，吴某当地的县政府颁奖给特殊贡献奖20 000元，吴某认为他所得收入属于政府奖金，应不纳税。他的看法是否正确？

《中华人民共和国个人所得税法》第四条规定：省级人民政府、国务院部委和中国人民解放军以上单位，以及外国组织、国际组织颁发的科学、教育、技术、文化、卫生、体育、环境保护等方面的奖金免征个人所得税。吴某所得奖金20 000元属于县政府颁发的，所以应按偶然所得征收个人所得税，应纳个人所得税20 000×20％＝4 000（元）。

【案例7-22】 李珏2012年3月工资总收入6 000元，缴纳三险一金共计扣除1 380元，另缴商业险100元。问：李珏3月应缴个人所得税额是多少？

[案例分析]

根据税法规定社会保险不计入个人所得税应纳税所得额，但商业保险则不能从工薪收入作税前扣除，所以李珏3月应缴个人所得税额：

6 000－1 380－3 500＝1 120（元）

1 120×3％＝33.6（元）

任务小结

（1）个税优惠政策并不是一成不变。
（2）各地方在优惠政策方面也有一些补充规定。

任务五 个人所得税的征收管理、纳税申报
Mission five

任务描述

1. 了解个人所得税的申报方式和纳税期限、申报地点
2. 掌握个人所得税的纳税申报

企业税费计算及纳税申报

任务链接

通过任务三、四的学习，我们知道怎样计算个人所得税，有哪些税收优惠，本任务计算企业应交纳的所得税和纳税申报。

案例引入

任务三引入案例中的孙某认为个人的工资收入年总额未超过12万元，不应单独申报纳税；同时他认为自己的工资、薪金个人所得支付单位已代扣代缴税款，其他收入在年底前已缴税也可不申报纳税，税收征管部门针对他的说法给予解释，你想知道税务征管部门是怎样解释的吗？

相关知识

一、个人所得税的申报方式

我国个人所得税的纳税办法有自行申报纳税和代扣代缴（支付源泉扣缴）两种。

（一）自行申报纳税

自行申报纳税，是指在税法规定的纳税期限内，由纳税人自行向税务机关申报取得的应税所得额项目和数额，如实填写个人所得税纳税申报表，并按税法规定计算应纳税额的一种纳税方法。

1. 自行申报纳税项目

凡有下列情形之一的，纳税人必须自行向税务机关申报所得并缴纳税款：

(1) 年所得12万元以上的。
(2) 从中国境内两处或两处以上取得工资、薪金所得的。
(3) 从中国境外取得所得的。
(4) 取得应纳税所得，没有扣缴义务人的。
(5) 国务院规定的其他情形。

上述第(1)项称"年所得12万元以上的"，无论取得的各项所得是否已经足额缴纳了个人所得税，均应在纳税年度终了后向主管税务机关办理纳税申报；其他情形的纳税人，均应按照自行申报管理办法规定，向主管税务机关办理纳税申报。

"年所得12万元以上"的纳税人，不包括在中国境内无住所，且在一个纳税年度中在中国境内居住不满1年的个人；在中国境外取得所得的纳税人，是指在中国境内有住所，或无住所而在一个纳税年度中在中国境内居住满1年的纳税人。收入指免税收入以外的所有收入在没有减除税法规定允许扣除的各项费用。

2. 自行申报纳税的申报期限

(1) 年所得12万元以上的纳税人，在纳税年度终了后3个月向主管税务机关办理纳税申报。

项目七 个人所得税计算及纳税申报

（2）个体工商户和个人独资、合伙企业投资者取得的生产、经营所得缴纳的税款的期限按年计算，分月预缴的，由纳税义务人在次月15日办理纳税申报；分季预缴的，由纳税义务人在每个季度终了后15日内预缴。纳税年度终了后，纳税人在3个月内汇算清缴。

（3）对企事业单位的承包经营、承租经营者在年终一次性取得承包经营、承租经营所得的纳税义务人，自取得收入之日起30日内将应纳的税款缴入国库。纳税义务人在1年内分次取得承包经营、承租经营所得的，应当在取得每次所得后的15日内预缴，年度终了后三个月内汇算清缴，多退少补。

（4）从中国境外取得所得的纳税义务人，应当在年度终了后30日内向中国主管税务机关办理纳税申报。

（5）除以上规定的情形外，纳税人取得其他各项须申报纳税的，在取得所得的次月15日内向主管税务机关办理纳税申报。

各项所得的计算，以人民币为单位。所得为外国货币的，按照国家外汇管理机关规定的外汇牌价折合成人民币缴纳税款。

3. 自行申报纳税的纳税地点

（1）申报地点一般为收入来源地的主管税务机关。

（2）纳税人从两处或两处以上取得工资、薪金所得的，可选择并固定其中一地税务机关申报纳税。

（3）从境外取得所得的，应向境内户籍所在地或经常居住地税务机关申报纳税。

（4）在中国境内无任职、受雇单位，年所得中有个体工商户的生产、经营所得或对企事业单位的承包经营所得的，向其中一处实际经营所在地主管税务机关申报。

（5）个人独资、合伙企业投资者兴办两个或两个以上企业的，区分不同情形确定纳税申报地点。

①举办企业全部是个人独资的，分别向各企业的实际经营管理所在地主管税务机关申报。

②兴办的企业中有合伙性质的，向经常居住地税务机关申报。

③兴办的企业中有合伙性质，个人居住地与其兴办企业的经营管理地不一致的，选择固定向其参与兴办的某一合伙企业的经营管理地主管税务机关申报。

（6）纳税人要求变更申报地点的，须经原主管税务机关批准。

（二）代扣代缴纳税方式

代扣代缴，是指按税法规定负有扣缴税款义务的单位或个人，在向个人支付应纳税所得时，应计算应纳税额，从其所得中扣减并缴入国库，同时向税务机关报送扣缴个人所得税报告表的一种纳税方法。这种方法有利于控制税源、防止漏税和逃税。

1. 扣缴义务人

凡是支付个人应纳税所得的企业（公司）、事业单位、机关单位、社团组织、军队、驻华机构、个体户等单位或者个人，均为个人所得税的扣缴义务人。税务机关应根据扣缴义务人所扣缴的税款，支付2%的手续费，用于开支和奖励代扣代缴工作做得较好的办税人员。

2. 扣缴义务人的义务及应承担的责任

扣缴义务人在向个人支付应纳税所得（包括现金、实物和有价证券）时，不论纳税人是否属于本单位人员，均应代扣代缴其应纳的个人所得税税款。扣缴义务人依法履行代扣代缴义务时，纳税人不得拒绝。纳税人拒绝的，扣缴义务人应及时报告税务机关处理，并暂时停止支付其应税所得。否则，纳税人应缴纳的税款由扣缴义务人负担。

3. 代扣代缴期限

扣缴义务人每月所扣的税款，应当在次月15日以内缴入国库，并向主管税务机关报送《扣缴个人所得税报告表》、代扣代收税款凭证和包括每一纳税人姓名、单位、职务、收入、税款等内容的支付收入明细表（见表7-4）以及税务机关要求报送的其他有关资料。

4. 代扣代缴的纳税地点

代扣代缴的纳税地点为支付个人应纳税所得额的企业、事业单位、机关、社会组织、军队、驻华机构、个体户等单位或个人的主管税务机关所在地。

二、个人所得税的纳税申报实务

个人所得税申报表主要设置了七类九种，其中常用的有六种：个人所得税纳税申报表、个人所得税纳税申报表（适用于年所得12万元以上的纳税申报）、扣缴个人所得税报告表、个人独资企业和合伙企业投资者个人所得税申报表、特定行业个人所得税月份申报表、特定行业个人所得税年度申报表、个体工商户所得税年度申报表等。扣缴个人所得税报告表和个人所得税纳税申报表（适用于年所得12万元以上的纳税申报）。

（一）个人所得税代扣代缴所得税税申报（表7-4、表7-5）

【案例7-23】 鑫源公司2011年11月的工资计算表如下：请做扣缴个人所得税报告表

表7-4 鑫源公司2011年11月工资表

鑫源公司工资计算表

2011年11月　　　　　　　　　　　　　　　　　　　　　　　　　　　　　　　元

姓 名	基本工资	岗位工资	奖金	应发工资	公积金	医保	养保	个人所得税	实发工资
李珏	2 500	3 000	1 000	6 500	1 105	520	520	25.65	4 329.35
张强	2 300	2 800	1 000	6 100	1 037	488	488	17.61	4 069.39
吴其	1 800	1 500	500	3 800	646	304	304	0	2 546
刘析	1 200	1 000	500	2 700	189	216	216	0	2 079
顾琳	1 200	1 000	500	2 700	189	216	216	0	2 079
张敏	1 200	1 000	500	2 700	189	216	216	0	2 079

表7-5 扣缴个人所得税报告表

扣缴义务人税务登记证件号码：□□□□□□□□□□□□□□□

扣缴义务人名称：鑫源公司　所属时期：2011年11月1日至2011年11月30日

管理代码：□□□□□□□□□□

金额单位：元（列至角分）

序号	纳税人姓名	身份证照类型	身份证照号码	国籍	所得项目	所得期间	收入额	免税收入额	允许扣除税费	费用扣除标准	准予扣除的捐赠额	应纳税所得额 13=8-9-10-11-12	税率(%)	速算扣除数	应扣税额 16=13*14-15	已扣税额	备注
1	2	3	4	5	6	7	8	9	10	11	12	13	14	15	16	17	18
1	李压	×××	×××	中国	工资	2011.11	6 500		2 145	3 500		855	3%	0	25.65		
2	张强	×××	×××	中国	工资	2011.11	6 100		2 013	3 500		587	3%	0	17.61		
3	吴其	×××	×××	中国	工资	2011.11	3 800		1 254	3 500		0					
4	刘析	×××	×××	中国	工资	2011.11	2 700		621	3 500		0					
5	顾琳	×××	×××	中国	工资	2011.11	2 700		621	3 500		0					
6	张敏	×××	×××	中国	工资	2011.11	2 700		621	3 500		0					
合计							24 500		7 275			1 442			43.26		

扣缴义务人或代理人声明：
此纳税申报表是根据国家税收法律规定填报的，我确定它是真实的、可靠的、完整的。

如扣缴义务人填报，由扣缴义务人填写以下各栏：			
办税人员(签章)	财务负责人(签章)	法定代表人(签章)	

如委托代理人填报，由代理人填写以下各栏：	
经办人(签章)	联系电话
代理人名称	代理人(公章)

受理机关(签章)
受理日期: 年 月 日

本表一式二份，一份扣缴义务人留存，一份报主管税务机关　　国家税务总局监制

企业税费计算及纳税申报

(二) 个人所得税纳税自行申报纳税 (适用于年所得12万元以上的纳税申报,表7-6)

【案例7-24】 中国公民孙某2011年年收入情况如下:

(1) 出版中篇小说一部,取得稿酬50 000元,后因小说加印和报刊连载,分别取得出版社稿酬10 000元和报社稿酬3 800元。

(2) 2011年9月,因职务需要翻译文件,从单位取得收入1 000元的报酬。

(3) 孙某每月工资收入5 500元。

(4) 外出境外讲学收入4 000元,在国外已纳个人所得税800元。

要求:孙某自行申报个人所得税,填写个人所得税纳税申报表(表7-6)。

注:计算过程在本项目任务三的引入案例分析中。

知识拓展

财政部3月12日发布数据显示,今年1—2月全国财政收入累计20 918.28亿元,比去年同期增加2 423.89亿元,增长13.1%。分析人士称,按照这样的趋势,今年财政收入仍将超预算,减税余地较大。(人民网 2012.3.13 财经报)

引入案例分析

税法规定:"年所得12万元以上的"纳税人是指年内各项总收入之和的居民纳税人,无论取得的各项所得是否已经足额缴纳了个人所得税,均应在纳税年度终了后向主管税务机关办理纳税申报。孙某2011年的总收入大于12万元,应在2011年3月底前申报纳税。

【案例7-25】 A公司认为职工个人所得税是个人应该缴纳的事情,于是该公司至2011年3月成立之日起从未履行过对职工工资、薪金代扣代缴的义务,2011年年底税务部门进行税务检查时发现了此问题,通知公司更正,并要求其补缴2011年3—12月的职工个人所得税。

[案例分析]

税法规定:凡是支付个人应纳税所得的企业(公司)、事业单位、机关单位、社团组织、军队、驻华机构、个体户等单位或者个人,均为个人所得税的扣缴义务人。A公司有义务代扣代缴该公司的职工个人所得税,所以A公司应扣回该公司2011年3—12月的职工个人所得税税款,若由公司补缴,由应按雇主为其雇员负担个人所得税应纳税额计算方法计算应补缴的税款,公式为:应纳税所得额=(不含税收入-扣除费用标准-速算扣除数×雇主负担税额比例)÷(1-适用税率)(这里的适用税率不含税收入级距对应的适应税率,速算扣除数为不含税收入级距对应的速算扣除数)。

项目七 个人所得税计算及纳税申报

表7-6 个人所得税纳税申报表
（适用于年所得12万元以上的纳税人申报）
INDIVIDUAL INCOME TAX RETURN
(For individuals with an annual income of over 120,000 RMB Yuan)

纳税人识别号：
Taxpayer's ID number

纳税人姓名 Taxpayer's name	孙某	国籍 Nationality	中国	身份证照类型 ID Type	居民身份证	身份证照号码 ID number	××××××××××××
抵华日期 Date of arrival in China		职业 Profession	教师	任职、受雇单位 Employer		经常居住地 Place of residence	
中国境内有效联系地址 Address in China				邮编 Post code		联系电话 Tel. number	

税款所属期：2011年 填表日期：2011年2月10日
Income year　　　　　　　Date of filing:　　date　　month　　year

纳税人名称（签字或盖章）：
Taxpayer's name（signature/stamp）
金额单位：元（列至角分）
Monetary unit：RMB Yuan

所得项目 Categories of income	年所得额 Annual Income		合计 Total	应纳税额 Tax payable	已缴（扣）税额 Tax pre-paid and withheld	抵扣税额 Foreign tax credit	应补（退）税额 Tax owed or overpaid
	境内 Income from within China	境外 Income from outside China					
1. 工资、薪金所得 Wages and salaries	67 000			3 680			3 680
2. 个体工商户的生产、经营所得 Income from production or business operation conducted by self-employed industrial and commercial households							
3. 对企事业单位的承包经营、承租经营所得 Income from contracted or leased operation of enterprises or social service providers partly or wholly funded by state assets							
4. 劳务报酬所得 Remuneration for providing services	4 000			640	800	640	0

191

续表

纳税人姓名 Taxpayer's name	张民	国籍 Nationality	中国	身份证照类型 ID Type	居民身份证	身份证照号码 ID number	××××××××××××
抵华日期 Date of arrival in China		职业 Profession	教师	任职、受雇单位 Employer		经常居住地 Place of residence	
中国境内有效联系地址 Address in China				邮编 Post code		联系电话 Tel. number	

所得项目 Categories of income	年所得额 Annual Income			应纳税额 Tax payable	已缴（扣）税额 Tax pre-paid and withheld	抵扣税额 Foreign tax credit	应补（退）税额 Tax owed or overpaid
	境内 Income from within China	境外 Income from outside China	合计 Total				
5. 稿酬所得 Author's remuneration	63 800			7 140			7 140
6. 特许权使用费所得 Royalties							
7. 利息、股息、红利所得 Interest, dividends and bonuses							
8. 财产租赁所得 Income from lease of property							
9. 财产转让所得 Income from transfer of property							
10. 偶然所得 Incidental income							
11. 其他所得 other income							
合计 Total	130 800	4 000		11 460	800	640	10 820

我声明，此纳税申报表是根据《中华人民共和国个人所得税法》的规定填报的，我确信它是真实的、可靠的、完整的。
Under penalties of perjury, I declare that this return has been filed according to the provisions of THE INDIVIDUAL INCOME TAX LAW OF THE PEOPLE'S REPUBLIC OF CHINA, and to the best of my knowledge and belief, the information provided is true, correct and complete.

纳税人（签字）
Taxpayer's signature

代理人名称（Firm's name）:
代理人（公章）（Firm's stamp）:

经办人（签章）(Preparer's signature):
联系电话 (Phone number):

受理时间: 年 月 日
(Time: Date/Month/Year)

受理申报机关:
(Responsible tax office)

受理人:
(Responsible tax officer)

192

项目七 个人所得税计算及纳税申报

任务小结

个人所得税是以自然人取得的各类应税所得为征税对象而征收的一种所得税，是政府利用税收对个人收入进行调节的一种手段。

个人所得税的纳税义务人是个人，还包括具有自然人性质的企业。依据住所和居住时间两个标准，纳税人分为居民纳税人和非居民纳税人，分别承担不同的纳税义务。

个人所得税的征税对象是个人取得的各项应税所得，我国现行税法中列举的应纳税所得共有11项。具体包括工资、薪金所得，个体工商户生产、经营所得，对企事业单位的承包、承租经营所得，劳务报酬所得，稿酬所得，财产租赁所得，特许权使用费所得，财产转让所得，利息、股息、红利所得，偶然所得和其他所得。

我国现行个人所得税税率主要有超额累进税率和比例税率两种形式。

个人所得税以应纳税所得额为计税依据，应纳税所得额为个人所得税取得的各项收入减去税法规定的扣除项目或者扣除金额后的余额。由于个人所得税的应税项目不同，扣除费用标准也不同，需要按不同应税项目分项计算。

我国个人所得税的纳税办法有自行申报纳税和代扣代缴两种。个人所得税涉税业务会计处理。

学生演练

2012年3月，某企业当月发生下列与个人收入有关的事项：

(1) 对总经理李某（中国公民）采用年薪制，年薪600 000元，平时每月支付其工资10 000元，每年视其履职状况支付其余薪金。3月，赵总经理任期到期，董事会决定不再聘用，当月支付其薪金10 000元，并根据考核状况支付其其余年薪450 000元。

(2) 新任安查克为法国公民，任期三年，于3月来华与李某交接工作，当月在企业工作22天，企业按日工资（含节假日）1 000元/天计算其在华工资。

(3) 支付退休人员吴某再任职收入5 000元，当期钱某从有关方面领取退休金1 500元。

(4) 支付兼职设计人员孙某不含税兼职收入5 000元。

(5) 承诺给新员工张某（中国公民）股票期权，2年后将以每股1元的价格给李某本企业（境内上市）股票20 000股，李某本月工资6 000元。

已在公司工作两年的员工周某（港、澳同胞）的股票期权到期，行权按每股1元取得市价每股3元的本公司股票30 000股，周某本月工资8 000元。

要求：
①计算李某当月应纳的个人所得税合计数。
②计算安查克当月应纳的个人所得税合计数。
③计算吴某当月应纳的个人所得税。
④计算孙某当月应纳的个人所得税。
⑤计算张某当月应纳的个人所得税。
⑥计算周某当月应纳的个人所得税。

项目八

销售类税计算及纳税申报

项目介绍

本项目涉及的税种与企业的经营收入（或销售数量）有直接或间接的关系，但不属于流转税类，包括以下内容：

任务一：资源税计算及纳税申报

任务二：土地增值税计算及纳税申报

任务三：城市维护建设税及教育费附加计算与纳税申报

学习导航

本项目学习的主要依据有：《中华人民共和国资源税条例》、《中华人民共和国土地增值税条例》、《中华人民共和国土地增值税实施细则》、《中华人民共和国城市维护建设税暂行条例》、《国务院关于统一内外资企业和个人城市维护建设税和教育费附加制度的通知》（国发〔2010〕35号）和《财政部国家税务总局关于对外资企业征收城市维护建设税和教育费附加有关问题的通知》（财税〔2010〕103号）。网络政策学习：中国税务网 http://www.ctax.org.cn/

学习目标

掌握资源税的计税方法，掌握城市维护建设税、教育费附加与流转税之间的关系和计税方法，了解相关税种的纳税申报要求，掌握相关的税收政策

教学准备

1. 指导学生搜索学习相关政策
2. 设计一个教学引入情景（或案例）

关 键 词

资源税（Resource tax）、土地增值税（Increment tax on land value）、城市维护建设税（Increment tax on land value）、教育费附加（Education surcharge）

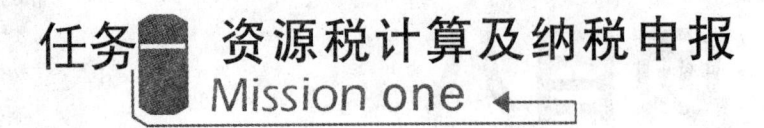

企业税费计算及纳税申报

任务一 资源税计算及纳税申报
Mission one

任务描述

1. 了解资源税的性质
2. 掌握征税范围和计算方法
3. 掌握资源税纳税义务产生时间
4. 了解纳税申报特点

任务链接

本次任务从资源税的性质、征税对象、税率、计税依据等入手,学习资源税的计税方法和申报要求。

案例引入

某矿产公司5月份开采铁矿石10 000吨,销售8 000吨,每吨售价3 510元(含税价),资源税单位税额为每吨14元(假设没有税收优惠)。则该矿产公司5月应纳资源税是多少?应纳增值税是多少?

相关知识

资源税是以各种应税自然资源为课税对象、为了调节资源级差收入并体现国有资源有偿使用而征收的一种税。资源税在理论上可区分为对绝对矿租课征的一般资源税和对级差矿租课征的级差资源税,体现在税收政策上就叫做"普遍征收,级差调节",即:所有开采者开采的所有应税资源都应缴纳资源税;同时,开采中、优等资源的纳税人还要相应多缴纳一部分资源税。1984年,为了逐步建立和健全我国的资源税体系,我国开始征收资源税。鉴于当时的一些客观原因,资源税税目只有煤炭、石油和天然气三种,后来又扩大到对铁矿石征税。国务院于1993年12月25日重新修订颁布了《中华人民共和国资源税暂行条例》,财政部同年还发布了资源税实施细则,自1994年1月1日起执行包括盐资源在内的资源税。2011年9月30日,国务院发布《关于修改〈中华人民共和国资源税暂行条例〉的决定》,自2011年11月1日起施行新的暂行条例。

项目八 销售类税计算及纳税申报

一、资源税的基本原理

(一) 资源税的特点

资源税是对在我国境内从事应税矿产品开采以及生产盐的单位和个人课征的一种税，属于对自然资源占用课税。具有以下特点：

1. 征税范围较窄

自然资源是生产资料或生活资料的天然来源，它包括的范围很广，如矿产资源、土地资源、水资源、动植物资源等。目前我国的资源税征税范围较窄，仅选择了部分级差收入差异较大，资源税较为普遍，易于征收管理的矿产品和盐列为征税范围。中国资源税目前的征税范围包括矿产品和盐两大类。

2. 实行差别税额从量征收或从价征收

我国资源税按照"资源条件好、收入多的多征；资源条件差、收入少的少征"的原则，根据矿产资源等级实行从量定额征收，对原油、天然气实行从价征收。

3. 实行源泉课征

不论采掘或生产单位是否属于独立核算，资源税均规定在采掘或生产地源泉控制征收，这样既照顾了采掘地的利益，又避免了税款的流失。这与其他税种由独立核算的单位统一缴纳不同。

(二) 资源税的作用

(1) 调节资源级差收入，有利于企业在同一水平上竞争。
(2) 加强资源管理，有利于促进企业合理开发、利用。
(3) 与其他税种配合，有利于发挥税收杠杆的整体功能。
(4) 以国家矿产资源的开采和利用为对象所课征的税。

二、资源税的三大基本要素

(一) 资源税的征税对象

资源税税法将资源税课税对象划分为7个大类，即：原油、天然气、煤炭、其他非金属矿原矿、黑色金属矿原矿、有色金属矿原矿和盐。在各大类的基础上，各科目又分成了若干细目。原油、天然气税目是按开采企业设置细目的。煤炭税目具体又分为统配矿和非统配矿细目或子目。煤炭中的统配矿子目又按开采企业设置更细的品目，非统配矿子目进一步又按省区细划。其他矿产品主要是按品种划分子目，量大的矿产品，如铁矿石、铜矿石、铅锌矿石等等又按资源的等级再细划。而授权由各省开征的品目则划分得比较粗。盐的税目也划分得比较粗，主要按盐的形态及其大的产区划分子目。

(1) 原油。指专门开采的天然原油，不包括人造石油。
(2) 天然气。指专门开采或与原油同时开采的天然气，暂不包括煤矿生产的天然气。
(3) 煤炭。指原煤，不包括洗煤、选煤及其他煤炭制品。
(4) 其他非金属矿原矿。是指上列产品和井矿盐以外的非金属矿原矿。

(5) 黑色金属矿原矿、有色金属矿原矿。是指纳税人开采后自用、销售的,用于直接入炉冶炼或作为主产品先入选精矿、制造人工矿、再最终入炉冶炼的金属矿石原矿。

有色金属矿原矿,包括铜矿石、铅锌矿石、铝土矿石、钨矿石、锡矿石、锑矿石、铝矿石、镍矿石、黄金矿石、钒矿石(含石煤矿)等。

(6) 盐。包括固体盐和液体盐。固体盐是指海盐原盐、湖盐原盐和井矿盐。液体盐(俗称卤水)是指氯化钠含量达到一定浓度的溶液,是用于生产碱和其他产品的原料。

(二) 资源税的纳税人与扣缴义务人

1. 纳税义务人

在中华人民共和国领域及管辖海域开采应税矿产品或者生产盐(以下称开采或者生产应税产品)的单位和个人,为资源税的纳税人。

单位是指国有企业、集体企业、私营企业、股份制企业、其他企业和行政单位、事业单位、军事单位、社会团体及其他单位(包括外商投资企业、外国企业);个人是指个体经营者和其他个人(包括中国公民和外籍人员)。

2. 代扣代缴义务人

独立矿山、联合企业收购未税矿产品的单位,按照本单位应税产品税额标准,依据收购的数量代扣代缴资源税。其他收购单位收购的未税矿产品,按税务机关核定的应税产品税额标准,依据收购的数量代扣代缴资源税。

(三) 资源税的税率

资源税采取从量定额或从价定率的办法征收,实施"普遍征收,级差调节"的原则,见表 8-1。

表 8-1 2011 年 11 月 1 日资源税的税目税率表

税 目		税 率
一、原油		销售额的 5%～10%
二、天然气		销售额的 5%～10%
三、煤炭	焦煤	每吨 8～20 元
	其他煤炭	每吨 0.3～5 元
四、其他非金属矿原矿	普通非金属矿原矿	每吨或者每立方米 0.5～20 元
	贵重非金属矿原矿	每千克或者每克拉 0.5～20 元
五、黑色金属矿原矿		每吨 2～30 元
六、有色金属矿原矿	稀土矿	每吨 0.4～60 元
	其他有色金属矿原矿	每吨 0.4～30 元
七、盐	固体盐	每吨 10～60 元
	液体盐	每吨 2～10 元

项目八 销售类税计算及纳税申报

三、资源税应纳税额的计算

资源税的应纳税额，按照从价定率或者从量定额的办法，分别以应税产品的销售额乘以纳税人具体适用的比例税率或者以应税产品的销售数量乘以纳税人具体适用的定额税率计算。

（一）确定资源税课税数量（或销售额）的基本办法

（1）纳税人开采或者生产应税产品销售的，以销售数量（或销售额）为课税数量（或课税金额）。

（2）纳税人开采或者生产应税产品，自用于连续生产应税产品的，不缴纳资源税；自用于其他方面的，视同销售，缴纳资源税。

> 特别注意的是：上述的销售额为纳税人销售应税产品向购买方收取的全部价款和价外费用，但不包括增值税销项税额（此条规定与增值税销售额的规定完全一致）。销售数量包括纳税人开采或者生产应税产品的实际销售数量和视同销售的自用数量。

（二）特殊情况课税数量的确定方法

（1）纳税人不能准确提供应税产品销售数量或移送使用数量的，以应税产品的产量或税务机关确定的折算比，换算成的数量为课税数量。

（2）原油中的稠油、高凝油与稀油划分不清或不易划分的，一律按原油的数量课税。

（3）对于连续加工前无法正确计算原煤移送使用量的煤炭，可按加工产品的综合回收率，将加工产品实际销量和自用量折算成原煤数量，以此作为课税数量。

（4）金属和非金属矿产品原矿，因无法准确掌握纳税人移送使用原矿数量的，可将其精矿按选矿比折算成原矿数量，以此作为课税数量，其计算公式为：选矿比＝精矿数量÷耗用原矿数量。

（5）纳税人以自产的液体盐加工固体盐，按固体盐税额征税，以加工的固体盐数量为课税数量。纳税人以外购的液体盐加工成固体盐，其加工固体盐所耗用液体盐的已纳税额准予抵扣。

（6）纳税人开采或者生产不同税目应税产品的，应当分别核算不同税目应税产品的销售额或者销售数量；未分别核算或者不能准确提供不同税目应税产品的销售额或者销售数量的，从高适用税率。

（三）特殊情况下销售额的确定

纳税人申报的应税产品销售额明显偏低并且无正当理由的、有视同销售应税产品行为而无销售额的，除财政部、国家税务总局另有规定外，按下列顺序确定销售额：

（1）按纳税人最近时期同类产品的平均销售价格确定。
（2）按其他纳税人最近时期同类产品的平均销售价格确定。
（3）按组成计税价格确定。

组成计税价格＝成本×（1＋成本利润率）÷（1－税率）

公式中的成本是指应税产品的实际生产成本。公式中的成本利润率由省、市、自治区、直辖市税务机关确定。

(四) 计算公式

(1) 应纳税额＝课税数量×单位税额（或销售额×比例税率）

(2) 代扣代缴应纳税额＝收购未税矿产品的数量×适用的单位税额（或销售额×比例税率）

【案例8-1】 重庆海容实业公司5月份销售原油40 000元（不含增值税），销售油田伴生天然气20 000元（不含增值税）。重庆海容实业公司原油适用的单位税额为10％，天然气为5％元，重庆海容实业公司当月应纳资源税是多少？

[案例分析]

因为按税法规定，原油和天然气适用比例税率，

其应纳税额＝销售额×比例税率，

当月应纳资源税为＝40 000×10％＋20 000×5％＝5 000（元）。

【案例8-2】 重庆海容实业公司某月生产销售情况如下：

(1) 对外直接销售原盐150吨；

(2) 用生产的原盐加工成粉洗盐80吨销售；

(3) 用生产的原盐加工成粉精盐30吨销售；

(4) 用生产的原盐加工成精制盐20吨销售。说明：原盐可加工成0.8吨粉洗盐、0.65吨粉精盐、0.5吨精制盐，已知当地原盐的资源税单位税额为25元/吨，则重庆海容实业公司当月应纳资源税是多少？

[案例分析]

上述案例中，需要对所有的加工盐折合成原盐，按原盐适用的税率计算应交纳的消费税。

因此，当月应纳资源税＝150×25＋（80/0.8＋30/0.65＋20/0.5）×25＝8 403.75（元）。

【案例8-3】 重庆海容实业公司6月份外购液体盐100吨，加工成固体盐，当月销售固体盐80吨。已知液体盐的单位税额为10元/吨，固体盐的单位税额为30元/吨。则重庆海容实业公司当月应纳资源税额为多少元？

[案例分析]

根据税法规定：纳税人以外购的液体盐加工成固体盐，其加工固体盐所耗用液体盐的已纳税额准予抵扣。

因此，当月应纳资源税额＝80×30－100×10＝1 400（元）。

如果将上例中的"外购"改为"自产"，则该盐厂当月应纳资源税额为80×30＝2 400（元）。

四、资源税的征收管理及纳税申报

(一) 纳税义务发生时间

(1) 纳税人销售应税产品，其纳税义务发生时间为：

①纳税人采取分期收款结算方式的，其纳税义务发生时间，为销售合同规定的收款日期的当天。

②纳税人采取预收货款结算方式的，其纳税义务发生时间，为发出应税产品的当天。

项目八 销售类税计算及纳税申报

③纳税人采取其他结算方式的，其纳税义务发生时间，为收讫销售款或者取得索取销售款凭据的当天。

（2）纳税人自产自用应税产品的纳税义务发生时间，为移送使用应税产品的当天。

（3）扣缴义务人代扣代缴税款的纳税义务发生时间，为支付首笔货款或者开具应支付货款凭据的当天。

（二）纳税期限

资源税的纳税期限为1日、3日、5日、10日、15日或者1个月，纳税人的纳税期限由主管税务机关根据实际情况具体核定。不能按固定期限计算纳税的，可以按次计算纳税。

纳税人以1个月为一期纳税的，自期满之日起10日内申报纳税；以1日、3日、5日、10日或者15日为一期纳税的，自期满之日起5日内预缴税款，于次月1日起10日内申报纳税并结清上月税款。

（三）纳税地点

（1）凡是缴纳资源税的纳税人，都应当向应税产品的开采或者生产所在地主管税务机关缴纳税款。

（2）如果纳税人在本省、自治区、直辖市范围内开采或者生产应税产品，其纳税地点需要调整的，由所在地省、自治区、直辖市税务机关决定。

（3）如果纳税人应纳的资源税属于跨省开采，其下属生产单位与核算单位不在同一省、自治区、直辖市的，对其开采的矿产品一律在开采地或生产地纳税，其应纳税款由独立核算的单位，按照每个开采地或者生产地的销售数量及适用税率计算划拨；实行从价计征的应税产品，其应纳税款一律由独立核算的单位，按照每个开采地或者生产地的销售数量、销售单价及适用税率计算划拨。

（4）扣缴义务人代扣代缴的资源税，也应当向收购地主管税务机关缴纳。

（四）资源税的申报缴纳

1. 资源税纳税申报表（表8-2）

表8-2 资源税纳税申报表

纳税人识别号：390105930859486

纳税人名称：（公章）某公司

税款所属期限：自2012年7月1日至2012年7月31日

填表日期：2012年8月5日　　　　　　　　　　　金额单位：元（列至角分）

产品名称		课税单位	课税数量	单位税额	本期应纳税额	本期已纳税额	本期应补（退）税额	备注
1		2	3	4	5=3×4	6	7=5-6	
应纳税项目	铜矿石原矿	吨	30 000	1.2	36 000		36 000	
	铜矿石精矿	吨	20 000	1.2	24 000		24 000	

201

续表

产品名称	课税单位	课税数量	单位税额	本期应纳税额	本期已纳税额	本期应补（退）税额	备注
1	2	3	4	5=3×4	6	7=5-6	
减免税项目							

纳税人或代理人声明． 此纳税申报表是根据国家税收法律的规定填报的，我确信它是真实的、可靠的、完整的。	如纳税人填报，由纳税人填写以下各栏			
	经办人（签章）		会计主管（签章）	法定代表人（签章）
	如委托代理人填报，由代理人填写以下各栏			
	代理人名称			代理人（公章）
	经办人（签章）			
	联系电话			

以下由税务机关填写

受理人		受理日期		受理税务机关（签章）	

填表说明：

本表适用于资源税纳税人填报。

本表有关内容按以下要求填写：

(1) 纳税人识别号：填写办理税务登记时，由税务机关确定的税务登记号。

(2) 纳税人名称：填写企业全称或业户字号，无字号的填业主姓名，并要填写工商登记或主管部门批准的名称。

(3) "课税单位"栏，填写课税数量的单位，如：吨、立方米、千立方米等。

2. 资源税纳税申报案例

【案例8-4】 某铜矿（纳税人识别号390105930859486）2012年7月销售铜矿石原矿30 000吨，移送选精矿4 000吨，选矿比为20%，该铜矿适用1.2元/吨单位税额，计算该矿本月应纳的资源税并填制纳税申报表（该企业申报日期为2012年8月5日）。

[案例分析]

(1) 外销的铜矿石原矿应纳的税额＝课税数量×单位税额＝30 000×1.2＝36 000（元）。

(2) 移送精矿可按选矿比计算应纳税额：应纳税额＝入选精矿÷选矿比×单位税额＝4 000÷20%×1.2＝24 000（元）。

(3) 铜矿本月应纳资源税＝36 000＋24 000＝60 000（元）。

该企业纳税申报表见表8-2。

项目八 销售类税计算及纳税申报

知识拓展

税收优惠

(一) 开采原油过程中用于加热、修井的原油，免税。

(二) 纳税人开采或者生产应税产品过程中，因意外事故或者自然灾害等原因遭受重大损失的，由省、自治区、直辖市人民政府酌情决定减税或者免税。

(三) 国务院规定的其他减税、免税项目。

引入案例分析

(1) 该矿产公司 5 月应纳资源税为 8 000×14＝112 000（元）。

(2) 该矿产公司 5 月应纳增值税为 8 000×3 510÷（1＋17%）×17%＝4 080 000（元）。

任务小结

(1) 我国资源税的纳税义务人是指在中华人民共和国境内开采应税资源的矿产品或者生产盐的单位和个人；

(2) 我国资源税的征税环节是生产者销售矿产品或者盐的环节；

(3) 我国资源税实行从量定额征税与从价定率征税两种计税方法，采取级差税率制。

任务二 土地增值税计算及纳税申报
Mission two

任务描述

1. 了解土地增值税的基本特点
2. 掌握其征税范围、税率、纳税人
3. 确定有偿转让国有土地使用权及地上建筑物和其他附着物产权的收入内容
4. 计算土地增值税应纳税增值额时的扣除内容和标准
5. 知道土地增值税纳税时间和纳税方法。

任务链接

土地增值税是对有偿转让国有土地使用权及地上建筑物和其他附着物产权，取得增值收入的单位和个人征收的一种税。与有偿转让国有土地使用权及地上建筑物和其他附着物产权相关的税种有营业税、契税、企业所得税。本次我们从有偿转让国有土地使用权及地上建筑物和其他附着物产权所得增值额计算、增值率确定、土地增值税征税管理入手来完成土地增值税的计算和申报工作。

企业税费计算及纳税申报

案例引入

某房地产公司建造一住宅出售，取得销售收入 2 000 万元（城建税税率 7%，教育费附加 3%）。建此住宅支付地价款和相关过户手续费 200 万元，开发成本 400 万元，其利息支出无法准确计算分摊，我省政府规定的费用扣除比例为 10%。计算其应纳的土地增值税。

相关知识

一、土地增值税的基本原理

土地增值税是对有偿转让国有土地使用权及地上建筑物和其他附着物产权，取得增值收入的单位和个人征收的一种税（资源税类）。土地价格增值额是指转让房地产取得的收入减除规定的房地产开发成本、费用等支出后的余额。

（一）土地增值税的特点

1. 以转让房地产的增值额为计税依据
2. 征税面比较广
3. 实行超率累进税率

土地增值税实行四级超额累进税率，例如增值额未超过 50% 的部分，税率为 30%，增值额超过 200% 的部分，税率为 60%。

4. 实行按次征收

（二）土地增值税的作用

（1）增强国家对房地产开发和房地产交易市场的调控。
（2）有利于国家抑制炒买炒卖土地获取暴利的行为。
（3）增加国家财政收入，为经济建设积累资金。

（三）土地增值税的征收范围

土地增值税的征收范围包括以出售方式转让国有土地使用权、地上的建筑物及附着物以及取得国有土地使用权后进行房屋开发建造然后出售。不包括出售集体土地（违法行为），出让国有土地。

提示：下列行为不征或免征土地增值税：

1. 以继承、赠与方式转让房地产的

房产所有人、土地使用权所有人将房屋产权、土地使用权赠与直系亲属或承担直接赡养义务人的，不属于土地增值税的征税范围。

房产所有人、土地使用权所有人通过中国境内非营利的社会团体、国家机关将房屋产权、土地使用权赠与教育、民政和其他社会福利、公益事业的，不属于土地增值税的征税范围。

2. 房地产的出租

3. 房地产的抵押

（1）对房地产的抵押，在抵押期间不征收土地增值税。

（2）待抵押期满后，视该房地产是否转移占有而确定是否征收土地增值税。

（3）对于以房地产抵债而发生房地产权属转让的，应列入土地增值税的征税范围。

4. 房地产的交换

对个人之间互换自有居住用房地产的，经当地税务机关核实，可以免征土地增值税。其余情形属于土地增值税的征税范围。

5. 以房地产进行投资、联营

对于以房地产进行投资、联营的，暂免征收土地增值税。对投资、联营企业将上述房地产再转让的，应征收土地增值税。

6. 合作建房

对于一方出地，一方出资金，双方合作建房，建成后按比例分房自用的，暂免征收土地增值税；建成后转让的，应征收土地增值税。

7. 企业兼并转让房地产

在企业兼并中，对被兼并企业将房地产转让到兼并企业中的，暂免征收土地增值税。

8. 房地产的代建房行为

9. 房地产的重新评估

二、土地增值税的三大基本要素

（一）土地增值税的纳税人

土地增值税的纳税义务人为转让国有土地使用权、地上的建筑及其附着物并取得收入的单位和个人。包括法人与自然人，内资企业与外资企业，中国公民与外籍个人。

（二）土地增值税的征税对象

以纳税人转让房地产所取得的收入减除规定扣除项目金额后的余额即增值额为征税对象。

（三）土地增值税的税率（表8-3）

表8-3　土地增值税实行超率累进税率

级　数	土地增值额	税率/%	速算扣除系数
1	增值额未超过扣除项目金额50%的部分	30	0
2	增值额超过扣除项目金额50%未超过100%的	40	5%
3	增值额超过扣除项目金额100%未超过200%的	50	15%
4	增值额超过扣除项目金额200%的部分	60	35%

三、土地增值税应纳税额的计算

（一）土地增值税的计算公式

应纳土地增值税税额＝增值额×税率－扣除项目金额×速算扣除系数
增值额＝收入总额－扣除项目金额
增值率＝增值额÷扣除项目金额×100％
转让房地产取得的应税收入，包括货币收入、实物收入、其他收入。

（二）允许扣除项目

1. 取得土地使用权所支付的地价款

纳税人为取得土地使用权所支付的地价款和按国家统一规定交纳的有关费用，含按国家统一规定缴纳的有关登记、过户手续费。

2. 房地产开发成本

开发土地和新建房及配套设施（以下简称房地产开发）的成本，是指纳税人房地产开发项目实际发生的成本（以下简称房地产开发成本），包括土地征用及拆迁补偿费、前期工程费、建筑安装工程费、基础设施费、公共配套设施费、开发间接费用。

（1）土地征用及拆迁补偿费。包括土地征用费、耕地占用税、劳动力安置费及有关地上、地下附着物拆迁补偿的净支出、安置动迁用房支出等。

（2）前期工程费。包括规划、设计、项目可行性研究和水文、地质、勘察、测绘、"三通一平"等支出。

（3）建筑安装工程费。是指以出包方式支付给承包单位的建筑安装工程费，以自营方式发生的建筑安装工程费。

（4）基础设施费。包括开发小区内道路、供水、供电、供气、排污、排洪、通讯、照明、环卫、绿化等工程发生的支出。

（5）公共配套设施费。包括不能有偿转让的开发小区内公共配套设施发生的支出。

（6）开发间接费用。是指直接组织、管理开发项目发生的费用，包括工资、职工福利费、折旧费、修理费、办公费、水电费、劳动保护费、周转房摊销等。

3. 房地产开发费用

开发土地和新建房及配套设施的费用（以下简称房地产开发费用），是指与房地产开发项目有关的销售费用、管理费用、财务费用。

财务费用中的利息支出，凡能够按转让房地产项目计算分摊并提供金融机构证明的，允许据实扣除，但最高不能超过按商业银行同类同期贷款利率计算的金额。其他房地产开发费用，按第1和第2扣除项目规定计算的金额之和的百分之五以内计算扣除。

凡不能按转让房地产项目计算分摊利息支出或不能提供金融机构证明的，房地产开发费用按第1和第2扣除项目规定计算的金额之和的百分之十以内计算扣除。

上述计算扣除的具体比例，由各省、自治区、直辖市人民政府规定。

4. 旧房及建筑物的评估价格

旧房及建筑物的评估价格是指在转让已使用的房屋及建筑物时，由政府批准设立的房地产评估机构评定的重置成本价乘以成新度折扣率后的价格。

5. 与转让房地产有关的税金

与转让房地产有关的税金是指在转让房地产时缴纳的营业税、城市维护建设税、印花税。因转让房地产交纳的教育费附加,也可视同税金予以扣除。

> 提示:营业税:销售收入×5%;城建税:营业税×(7%或5%或1%);教育费附加:营业税×3%;印花税:销售收入×0.5‰(房地产开发企业不扣,其他企业扣除0.5‰)。

6. 加扣费用

对从事房地产开发的纳税人可按第1和第2扣除项目规定计算的金额之和,加计百分之二十的扣除(仅限于房地产开发企业并开发房地产的情形)。

加扣费用=(第1项+第2项)×20%

【案例8-5】 某房地产开发企业出售房地产,取得收入4 000万元,扣除项目金额1 000万元。要求:计算应缴纳的土地增值税税额。

[案例分析]

计算步骤和方法:

(1) 收入总额=4 000(万元)
(2) 扣除项目金额=1 000(万元)
(3) 增值额=4 000-1 000=3 000(万元)
(4) 增值率(增值额÷扣除项目金额×100%)=3 000÷1 000=300%

找税率→第四级税率60%;速算扣数系数35%

(5) 应纳土地增值税税额=3 000×60%-1 000×35%=1 450(万元)

【案例8-6】 重庆海容实业公司从事房地产开发项目,取得土地使用权支付200万元,房地产开发成本为360万元,开发费用的扣除比例为8%。计算土地增值税时,允许扣除的金额是多少?

[案例分析]

允许扣除金额=200+360+(200+360)×8%+(200+360)×20%
=(200+360)×(1+8%+20%)=716.8(万元)

四、土地增值税的征收管理及纳税申报

(一)纳税地点

(1) 纳税人是法人的。当转让的房地产坐落地与其机构所在地或经营所在地一致时,则在办理税务登记的原管辖税务机关申报纳税即可;如果转让的房地产坐落地与其机构所在地或经营所在地不一致时,则应在房地产坐落地所管辖的税务机关申报纳税。

(2) 纳税人是自然人的。当转让的房地产坐落地与其居住所在地一致时,则在住所所在地税务机关申报纳税;当转让的房地产坐落地与其居住所在地不一致时,在办理过户手续所在地的税务机关申报纳税。

（二）土地增值税的纳税时间和缴纳方法

（1）以一次交割、付清价款方式转让房地产的，主管税务机关可在纳税人办理纳税申报后，根据其应纳税额的大小及向有关部门办理过户、登记手续的期限等，规定其在办理过户、登记手续前数日内一次性缴纳全部土地增值税。

（2）以分期收款方式转让房地产的，主管税务机关可根据合同规定的收款日期来确定具体的纳税期限。

（3）项目全部竣工结算前转让房地产的，可以预征土地增值税，待该项目全部竣工、办理结算后再进行清算，多退少补。凡采用预征办法征收土地增值税的，在该项目全部竣工办理清算时，都需要对土地增值税进行清算，根据应征税额和已征税额进行结算，多退少补。

（三）土地增值税的申报缴纳

【案例8-7】 2012年6月，某房地产开发公司（纳税人识别号为140108703351378，注册地为重庆A区，注册类型为房地产开发企业）建一住宅出售，取得销售收入1 600万元（设城建税率7%，教育费附加征收率3%）。建此住宅支付的地价款100万元（其中含有关手续费0.8万元），开发成本300万元贷款利息支出无法准确分摊。该省政府规定的费用计提比例为10%。计算上述业务应缴纳的土地增值税和填制该公司土地增值税纳税申报表。

[案例分析]

1. 计算应纳税额

（1）实现收入总额：1 600万元

（2）扣除项目金额：①支付地价款：100万元 ②支付开发成本：300万元 ③计提的三项费用：(100+300)×10%=40（万元）④扣除的税金：1 600×5%×(1+7%+3%)=88（万元）⑤加计扣除费用：(100+300)×20%=80（万元）⑥扣除费用的总额：100+300+40+88+80=608（万元）

（3）确定增值额：1 600-608=992（万元）

（4）确定增值比率：992÷608≈163% 所以适用第三档税率：50%，扣除系数：15%

（5）计算应纳税额：992×50%-608×15%=404.8（万元）

2. 填制土地增值税纳税申报表（表8-4）

表8-4 土地增值税纳税申报表

填报日期：2012年7月6日

纳税人税务登记号：140108703351378 税款所属期：2012年6月1日至2012年6月30日

正常申报□ 自行补报□ 稽查自查申报□ 延期申报预缴□　　　　　单位：元（列至角分）

纳税人名称（盖章）	某房地产开发公司	注册地址	重庆A区	注册类型	房地产开发企业
开户银行	省略	账号	省略	联系电话	省略	邮政编码	省略
项目名称	省略	项目代码	省略	项目地址	省略
本栏由从事房地产开发的纳税人填写			本栏由非从事房地产开发的纳税人填写		

项目八 销售类税计算及纳税申报

续表

纳税人名称（盖章）	某房地产开发公司	注册地址	重庆A区	注册类型	房地产开发企业
土地使用证号	省略	土地使用证号		房地产证号	

行号	项目	金额	项目	金额
1	一、转让房地产收入总额 1＝2＋3	16 000 000	一、转让房地产收入总额 1＝2＋3	
2	其中 货币收入	16 000 000	其中 货币收入	
3	其中 实物收入及其他收入	0	其中 实物收入及其他收入	
4	二、扣除项目金额合计 4＝5＋6＋13＋16＋20	6 080 000	二、扣除项目金额合计 4＝5＋6＋9	
5	1.取得土地使用权所支付的金额	1 000 000	1.取得土地使用权所支付的金额	
6	2.房地产开发成本 6＝7＋8＋9＋10＋11＋12	3 000 000	2.旧房及建筑物的评估价格 6＝7×8	
7	其中 土地征用及拆迁补偿费		其中 旧房及建筑物的重置成本价	
8	其中 前期工程费		其中 成新度折扣率	
9	其中 建筑安装工程费		其中 3.与转让房地产有关的税金等 9＝10＋11＋12＋13	
10	其中 基础设施费		其中 营业税	
11	其中 公共配套实施费		其中 城市维护税	
12	其中 开发间接费用		其中 印花税	
13	3.房地产开发费用 13＝14＋15	400 000	教育费附加	
14	其中 利息支出		三、增值额 14＝1－4	
15	其中 其他房地产开发费用		四、增值额与扣除项目金额之比（％）15＝14÷4	
16	4.与转让房地产有关的税金等 16＝17＋18＋19	880 000	五、适用税率或预征率（％）	
17	其中 营业税	800 000	六、速算扣除系数（％）	
18	其中 城市维护税	56 000	其中 七、应缴土地增值税税额 18＝14×16－4×14	
19	其中 教育费附加	24 000	八、已缴土地增值税税额	
20	5.财政部规定的其他扣除项目	800 000	九、批准抵缴税额缴额	
21	三、增值额 21＝1－4	9 920 000	十、应补（退）土地增值税税额 21＝18－19－20	
22	四、增值额与扣除项目金额之比（％）22＝21÷4	163.15％		
23	五、适用税率或预征率（％）	50％		

企业税费计算及纳税申报

续表

纳税人名称（盖章）	某房地产开发公司	注册地址	重庆A区	注册类型	房地产开发企业
土地使用证号	省略	土地使用证号		房地产证号	

行号	项目	金额	项目	金额
24	六、速算扣除系数（％）	15％		
25	七、应缴土地增值税税额 25＝21×23－4×24	4 048 000		
26	八、已缴土地增值税税额			
27	九、批准抵缴税额缴额			
28	十、应补（退）土地增值税税额 28＝25－26－27	4 048 000		

如纳税人填报，由纳税人列以下各栏	如委托代理人填报，由代理人填写以下栏
纳税人声明：此纳税申报表是根据国家税收法律的规定填报的，我确定它是真实的、可靠的、完整的。 声明人签名：	代理人声明：此纳税申报表是根据国家税收法律的规定填报的，我确定它是真实的、可靠的、完整的。 声明人签名：
主管会计　　　　经办人	税务代理机构名称　　　税务代理机构地址　　　经办人
由税务机关填写　受理人签名：　年　月　日	审核人签名：　年　月　日　　录入人签名：　年　月　日

知识拓展

税收优惠

（1）纳税人建造普通标准住宅出售，增值额未超过扣除项目金额20％的，免征土地增值税。

（2）因国家建设需要依法征用、收回的房地产，免征土地增值税。因城市实施规划、国家建设的需要而搬迁，由纳税人自行转让原房地产的，比照有关规定免征土地增值税。

（3）个人因工作调动或改善居住条件而转让原自用住房，经向税务机关申报核准，凡居住满5年或5年以上的，免予征收土地增值税；居住满3年未满5年的，减半征收土地增值税。

引入案例分析

（1）确定收入总额：收入总额为2 000万元。

（2）确定扣除项目金额：支付地价款200万元，房地产开发成本400万元，开发费用＝(200＋400)×10％＝60（万元），与转让房地产有关的税金中：营业税2 000×5％＝100（万元），城建税和教育费附加100×(7％＋3％)＝10（万元），加扣费用(200＋400)×20％＝120（万元），扣除费用总计200＋400＋60＋100＋10＋120＝890（万元）。

（3）确定增值额：2 000－890＝1 110（万元）。

(4) 确定增值率：1 110÷890＝124.72%，适用50%税率，速算扣除系数15%。
(5) 计算应纳税额：1 110×50%－890×15%＝421.5（万元）。

任务小结

(1) 土地增值税的征收范围包括以出售方式转让国有土地使用权、地上的建筑物及附着物以及取得国有土地使用权后进行房屋开发建造然后出售。不包括出售集体土地（违法行为），出让国有土地。

(2) 应纳土地增值税税额＝增值额×税率－扣除项目金额×速算扣除系数

任务三 城市维护建设税及教育附加计算与纳税申报
Mission three

任务描述

城市维护建设税（以下简称城建税）是1984年工商税制全面改革中设置的一个新税种，是对从事工商经营，缴纳消费税、增值税、营业税的单位和个人征收的一种税。

任务链接

城建税以"增值税、营业税、消费税"的一定比例缴纳，所以要正确计算城市维护建设税，必先确定"三税"的正确性，在此基础上，我们了解该税的优惠政策和纳税管理。本任务的主要法律依据《中华人民共和国城市维护建设税暂行条例》进行。

案例引入

某企业设在市区，2007年10月缴纳增值税100万元，消费税15万元，补缴上月应纳消费税5万元。另外，因违反税法规定被加收滞纳金和被处以罚款合计10万元。该企业本月应缴纳的城建税为多少？

相关知识

一、城市维护税的特点

城市维护建设税是国家对缴纳"三税"（即增值税、消费税和营业税，下同）的单位和个就其实际缴纳的"三税"税额为依据而征收的一种税种。具有以下特点：

1. 税款专款专用，具有特定目的

城市维护建设税专款专用，用来保证城市的公共事业和公共设施的维护和建设，就是一种具有受益税性质的税种。

2. 属于一种附加税

城市维护建设税与其他税种不同，没有独立的征税对象或税基，而是以增值税、消费税、营业税"三税"实际缴纳的税额之和为计税依据，随"三税"同时附征，本质上属于一种附加税。

3. 根据城建规模设计税率

城建税根据纳税人所在地城镇规模大小，设立了三级税率。纳税人所在地为城市市区的，税率为7%；纳税人所在地为县城、镇的，税率为5%；纳税人所在地不在城市市区、县城或镇的，税率为1%。这种根据城镇规模不同，差别设置税率的办法，较好地照顾了城市建设的不同需要。

4. 征收范围较广

增值税、消费税、营业税在我国现行税制中属于主体税种，而城建税又是其附加税，除了减免税等特殊情况以外，任何从事生产经营活动的企业单位和个人都要缴纳城市维护建设税。

二、城市维护建设税的征税范围、纳税人

1. 城市维护建设税的征税范围

城市维护建设税的征税范围包括城市、县城、镇以及税法规定征税的其他地区。城市、县城、镇的范围应根据行政区划作为划分标准，不得随意扩大或缩小各行政区域的管辖范围。

2. 城市维护建设税的纳税人

按照现行税法的规定，城市维护建设税的纳税人是在征税范围内从事工商经营，缴纳"三税"（即增值税、消费税和营业税，下同）的单位和个人。任何单位或个人，只要缴纳"三税"中的一种，就必须同时缴纳城市维护建设税。施工企业从事建筑、安装、修缮、装饰等业务，是营业税的纳税人，而施工企业从事工业生产，其所属预制构件厂、车间将预制构件用于企业所承包的工程等，按规定应当缴纳增值税，为增值税的纳税人。自然，施工企业也是城市维护建设税的纳税人。也就是说，只要缴纳了"三税"，就必须缴纳城建税。

注：①代扣代缴"三税"的，也应代扣代缴城建税。
②自2010年12月1日起，对外商投资企业和外国企业和外国人员开始征收城建税。

三、城市维护建设税的税率

城建税采用地区差别比例税率，纳税人所在地区不同，适用税率的档次也不同。具体规定是：

纳税人所在地在城市市区的，税率为7%；
纳税人所在地在县城、镇的，税率为5%；
纳税人所在地不在城市市区、县城、镇的，税率为1%。

提示：

(1) 由受托方代扣代缴、代收代缴"三税"的单位和个人，其代扣代缴、代收代缴的城建税按受托方所在地适用税率执行。

(2) 流动经营等无固定纳税地点的单位和个人，在经营地缴纳"三税"的，其城建税的

缴纳按经营地适用税率执行。

四、城市维护建设税应纳税额的计算

(一)税收优惠

(1) 城建税按减免后实际缴纳的"三税"税额计征,即随"三税"的减免而减免。
(2) 对于因减免税而需进行"三税"退库的,城建税也可同时退库。
(3) 海关对进口产品代征的增值税、消费税,不征收城建税。
(4) "三税"实行先征后返、先征后退、即征即退办法的,除另有规定外,对随"三税"附征的城市维护建设税和教育费附加,一律不予退(返)还。

(二)城市维护建设税的计税依据

(1) 城建税的计税依据,是指纳税人实际缴纳的"三税"税额。不包括"三税"违反税收规定而加收的滞纳金和罚款。
(2) 税人被查补"三税"的同时就应该对其偷漏的城建税进行补税和处滞纳金、罚款。
(3) 如果免征或者减征"三税",同时也免征或者减征城建税。
(4) 对出口产品退还增值税、消费税的,不退还已缴纳的城建税。
(5) 自2005年1月1日起,经国家税务局正式审核批准的当期免抵的增值税税额应纳入城市维护建设税和教育费附加的计征范围,分别按规定的税(费)率征收城市维护建设税和教育费附加。2005年1月1日前,已按免抵的增值税税额征收的城市维护建设税和教育费附加不再退还,未征的不再补征。

【案例8-8】 2010年,重庆海容实业有限公司在接受税务部门检查时,发现因计算错误而漏缴50 000元增值税,滞纳天数200天。重庆海容实业公司该补缴多少城建税及滞纳金?

[案例分析]

应以50 000元的增值税为基础,计算出应补缴50 000×7%=3 500(元)的城建税,城建税应纳滞纳金3 500×0.5‰×200=350(元)。

(三)应纳税额的计算

城建税纳税人的应纳税额大小是由纳税人实际缴纳的,"三税"税额决定的,其计算公式是:应纳税额=(实纳增值税税额+实纳消费税税额+实纳营业税税额)×适用税率

五、城市维护建设税的征收管理及纳税申报

(一)纳税环节

纳税人只要发生"三税"的纳税义务,就要在同样的环节,分别计算缴纳城建税。

(二)纳税地点

(1) 代扣代缴、代收代缴"三税"的单位和个人,同时也是城市维护建设税的代扣代

缴、代收代缴义务人，其城建税的纳税地点在代扣代收地。

（2）跨省开采的油田，下属生产单位与核算单位不在一个省内的，其生产的原油，在油井所在地缴纳增值税，其应纳税款由核算单位按照各油井的产量和规定税率，计算汇拨各油井缴纳。所以，各油井应纳的城建税，应由核算单位计算，随同增值税一并汇拨油井所在地，由油井在缴纳增值税的同时，一并缴纳城建税。

（3）对管道局输油部分的收入，由取得收入的各管道局于所在地缴纳营业税。所以，其应纳的城建税，也应由取得收入的各管道局于所在地缴纳营业税时一并缴纳。

（4）对流动经营等无固定纳税地点的单位和个人，应随同"三税"在经营地按适用税率缴纳。

（三）纳税申报表（表8-5）

表8-5 城市维护建设税申报表
（适用于增值税、消费税、营业税纳税人）

填表日期：　年　　月　　日

纳税人识别号：　　　　　　　　　　　纳税人名称：

申报所属期起：　　　　　　　　　　　申报所属期止：

单位：元（列至角分）

税（费种）	计税（费）依据			税（费）率	应纳税（费）额	减免税（费）额	应缴纳税（费）额
	增值税额	消费税额	营业税额				
1	2	3	4	5	6＝(2+3+4)×5	7	8＝6－7
城市维护建设税							

如纳税人填报，由纳税人填写以下各栏		如委托税务代理机构填报，由税务代理机构填写以下各栏	
会计主管（签章）	经办人（签章）	税务代理机构名称	税务代理机构（公章）
		税务代理机构地址	
		代理人（签章）	
申报声明	此纳税申报表是根据国家税收法律的规定填报的，我确信它是真实的、可靠的、完整的。 申明人： 法定代表人（负责人）签字或盖章（公章）	以下由税务机关填写	
		受理日期	受理人
		审核日期	审核人
		审核记录	

引入案例分析

城建税的计税依据是纳税人实际缴纳的增值税、消费税和营业税税额，包括补交税款，但不包括加收的滞纳金和罚款。所以该企业本月应缴纳的城建税＝(100+15+5)×7％＝8.4（万元）。

项目八 销售类税计算及纳税申报

知识拓展

教育费附加计算及申报

（1）性质。属于行政规费，专款专用。

（2）纳费人。缴纳增值税、消费税、营业税的单位和个人，均为教育费附加的纳费义务人（与城建税相同）。农业、乡镇企业，由乡镇人民政府征收农村教育事业附加，不再征收教育费附加费。

（3）税率。目前为3％。各地方税务局在此基础上根据地方情况，有的还征收地方教育费附加，税率一般1％～2％。

（4）优惠政策。与城建税相同。

（5）纳税时间。缴"三税"时同时缴纳。

任务小结

城建税和教育费附加都以"三税"为基础，两者在纳税人、计税（费）基础、优惠政策、缴纳期限方面基本相同。

学生演练

某房地产开发公司转让一块已开发的土地使用权，取得转让收入400万元，为取得土地使用权所支付金额40万元，开发土地成本160万元，可以土地增值税前扣除的开发费用（含其他税费）10万元。请计算该公司应交纳的土地增值税？

项目九
期间费用类税计算及纳税申报

项目介绍

有的小税种在发生时直接计入期间费用管理费用中，会直接影响企业损益，本项目包含以下任务：

任务一：印花税计算及纳税申报
任务二：房产税计算及纳税申报
任务三：城镇土地使用税计算及纳税申报
任务四：车船税计算及纳税申报

学习导航

（1）本项目介绍的是对企业同等重要的小税种，如印花税、车船税等，这些税在企业生产经营中都要发生，但往往会被忽略

（2）以征收对象、纳税人、税率、应纳税额、纳税申报作为主线进行对比分析学习

学习目标

了解印花税、房产税、城镇土地使用税、车船税的基本原理及要素

掌握印花税、房产税、城镇土地使用税、车船税应纳税（费）额的计算

掌握其申报。

教学准备

1. 教学案例引入

重庆海容实业公司开业之初发生以下事项：启用1本资金账簿，4本营业账簿；拥有轿车两辆和货车一辆；拥有办公楼房产。试问以上情况要交哪些税？交多少税？怎样交税

2. 指导学生预习本项目单元的内容

关键词

印花税（Stamp tax）、房产税（Property tax）、城镇土地使用税（Urban land use tax）、车船税（Travel tax）、纳税人（The taxpayers）、税率（Tax rates）、应纳税额（Tax）、申报（Declare）

企业税费计算及纳税申报

任务一 印花税计算及纳税申报
Mission one

任务描述

1. 了解印花税的概念、纳税人、征税范围、税率
2. 掌握印花税应纳税额的计算
3. 掌握印花税的纳税申报填写

任务链接

现行的生产经营企业都离不开印花税。印花税的交纳影响企业的利润，进而影响企业所得税。

案例引入

重庆海容实业公司2008年12签订产品购销合同一份，金额为530 000元，签订借款合同一份，金额为200 000元。

要求：计算公司该月应纳印花税税额为多少？

相关知识

一、印花税的基本原理及要素

（一）印花税的概念

印花税是对经济活动和经济交往中书立、使用、领受各种应税凭证而征收的一种税。因纳税人通过在应税凭证上粘贴印花税票的方式完成纳税义务，故称为"印花税"。

印花税是一种古老的税种，历史悠久，最早开始于1624年的荷兰，长期以来被西方经济学家誉为税负轻微、税源畅旺、手续简便、成本低廉的良税。我国北洋军阀政府曾颁布过《印花税法》，并于1913年正式开征印花税。新中国成立后，中央人民政府政务院于1950年1月发布《全国税政实施要则》，规定印花税为全国统一开征的14个税种之一。1958年简化税制时，将印花税并入工商统一税，印花税不再单独征收。

党的十一届三中全会以来，随着改革开放政策的贯彻实施，我国国民经济得到迅速发展，经济活动中依法书立各种凭证已成为普遍现象。为了在税法上适应多变的客观经济情况，广泛筹集财政资金，维护经济凭证书立、领受人的合法权益，1988年8月，国务院公

布了《中华人民共和国印花税暂行条例》，于同年10月1日起恢复征收印花税。

(二) 印花税的征税范围及纳税人、税率

1. 征税范围、计税依据和税率

印花税纳税人是按税法规定，在我国境内书立、使用、领受应税凭证的单位和个人。共13个税目，施行五档比率税率和定额税率，详见表9-1。

表9-1 印花税税目税率表（2011年）

	税目	范围	税率	纳税人
1	购销合同	包括供应、预购、采购、购销、结合及协作、调剂、补偿、易货等合同	按购销金额0.3‰贴花	立合同人
2	加工承揽合同	包括加工、定作、修缮、修理、印刷广告、测绘、测试等合同	按加工或承揽收入0.5‰贴花	立合同人
3	建设工程勘察设计合同	包括勘察、设计合同	按收取费用0.5‰贴花	立合同人
4	建筑安装工程承包合同	包括建筑、安装工程承包合同	按承包金额0.3‰贴花	立合同人
5	财产租赁合同	包括租赁房屋、船舶、飞机、机动车辆、机械、器具、设备等合同	按租赁金额1‰贴花。税额不足1元，按1元贴花	立合同人
6	货物运输合同	包括民用航空运输、铁路运输、海上运输、内河运输、公路运输和联运合同	按运输费用0.5‰贴花	立合同人
7	仓储保管合同	包括仓储、保管合同	按仓储保管费用1‰贴花	立合同人
8	借款合同	银行及其他金融组织和借款人（不包括银行同业拆借）所签订的借款合同	按借款金额0.05‰贴花	立合同人
9	财产保险合同	包括财产、责任、保证、信用等保险合同	按保险费收入1‰贴花	立合同人
10	技术合同	包括技术开发、转让、咨询、服务等合同	按所载金额0.3‰贴花	立合同人
11	产权转移书据	包括财产所有权和版权、商标专用权、专利权、专有技术使用权等转移书据、土地使用权出让合同、土地使用权转让合同、商品房销售合同	按所载金额0.5‰贴花	立据人
12	营业账簿	生产、经营用账册	记载资金的账簿，按实收资本和资本公积的合计金额0.5‰贴花。其他账簿按件贴花5元	立账簿人
13	权利、许可证照	包括政府部门发给的房屋产权证、工商营业执照、商标注册证、专利证、土地使用证	按件贴花5元	领受人

2. 纳税人

印花税的纳税人，是指在我国境内书立、领受、使用印花税征税范围所列举的凭证，并依法履行纳税义务的单位和个人。

所谓"单位和个人",是指国内各类企业、事业、机关、团体、部队,以及中外合资企业、中外合作企业、外资企业、外国公司企业和其他经济组织及其在华机构等单位和个人,可分别确定立合同人、立据人、立账簿人、领受人、使用人和各类电子应税凭证的签订人六种。

(1) 立合同人。

各类经济合同的纳税人为立合同人。立合同人是指合同的当事人,即对合同有直接权利义务关系的单位和个人,但不包括合同的担保人、证人、鉴定人。当事人有两方或两方以上的,各方均为纳税人。当事人的代理人有代理纳税的义务,与纳税人负有同等的税收法律义务和责任。

(2) 立据人。

各种产权转移书据的纳税人为立据人。所立书据以合同方式签订的,应由持有书据的各方分别按全额贴花。立据人是指土地、房屋权属转移过程中买卖双方的当事人。

(3) 立账簿人。

营业账簿的纳税人是立账簿人。立账簿人,是指设立并使用营业账簿的单位和个人。

(4) 领受人。

权利、许可证照的领受人。领受人是指领取或接受并持有该凭证的单位和个人。

(5) 使用人。

在国外书立、领受、但在国内使用的应税凭证,其纳税人是使用人。

(6) 各类电子应税凭证的签订人。

以电子形式签订的各类应税凭证的签订人。

二、印花税应纳税额的计算

(一) 税收优惠

下列凭证免纳印花税:

(1) 已纳印花税的凭证的副本或抄本。但副本或抄本作为正本使用的,另贴印花。

(2) 财产所有人将财产赠给政府、社会福利单位、学校所立的书据。

(3) 国家指定的收购部门与村民委员会、农民个人书立的农业产品收购合同。

(4) 无息、贴息贷款合同。

(5) 外国政府或者国际金融组织向我国政府及国家金融机构提供优惠贷款所书立的合同。

(6) 房地产管理部门与个人订立的租房合同,凡房屋用于生活居住的,暂免贴花。

(7) 军事物资运输、抢险救灾物资运输,以及新建铁路临管线运输等的特殊货运凭证。

(8) 对国家邮政局及所属各级邮政企业,从1999年1月1日起独立运营新设立的资金账簿凡属在邮电管理局分营前已贴花的资金免征印花税,1999年1月1日以后增加的资金按规贴花。

(9) 对经国务院和省级人民政府决定或批准进行的国有(含国有控股)企业改组改制而发生上市公司国有股权无偿转让行为,暂不征收证券(股票)交易印花税。对不属于上述情况的上市公司国有股权无偿转让行为,仍应收证券(股票)交易印花税。

（10）经县级以上人民政府及企业主管部门批准改制的企业改制前签订但尚未履行完的各类应税合同，改制后需要变更执行主体的，对仅改变执行主体，其余条款未作变动且改制前已贴花的，不再贴花。

（11）经县级以上人民政府及企业主管部门批准改制的企业因改制签订的产权转移书据免予贴花。

（12）对投资者买卖封闭式证券投资基金免征印花税。

（13）对国家石油储备第一期项目建设过程中涉及的印花税予以免征。

（14）证券投资者保护基金有限责任公司发生的凭证和产权转移书据享受印花税的优惠政策。与保护基金有限责任公司签订的合同或产权转移书据，只是对保护基金有限责任公司免征印花税，而对其他的当事人应该照章征收印花税。

（15）对廉租住房、经济适用住房经营管理单位与廉租住房、经济适用住房相关的印花税，以及廉租住房承租人、经济适用住房购买人涉及的印花税予以免征。

（16）对公租房经营管理单位建造公租房涉及的印花税予以免征。在其他住房项目中配套建设公租房，依据政府部门出具的相关材料，可按公租房建筑面积占总建筑面积的比例免征建造、管理公租房涉及的印花税。对公租房经营管理单位购买住房作为公租房，免征契税、印花税；对公租房租赁双方签订租赁协议涉及的印花税予以免征。

（二）应纳税额的计算

1. 合同和具有合同性质的凭证所载金额

应纳税额＝计税金额×适用税率

【案例9-1】 重庆海容实业公司与重庆南华有限公司签订一份购销合同，购销金额为800万元，印花税适用税率为0.3‰。

要求：两家公司分别应纳印花税税额为多少？

[案例分析]

应纳税额＝800×0.3‰＝0.24（万元）

【案例9-2】 重庆海容实业公司与某水运公司签订了两份运输保管合同：第一份合同载明的金额合计50万元（运费和保管费并未分别记载）；第二份合同中注明运费30万元、保管费10万元。要求：分别计算永兴电厂第一份、第二份合同应缴纳的印花税税额。

[案例分析]

（1）第一份合同应缴纳印花税税额＝500 000×1‰＝500（元）

（2）第二份合同应缴纳印花税税额＝300 000×0.5‰＋100 000×1‰＝250（元）

2. 资金账簿

应纳税额＝（实收资本＋资本公积）×适用税率

【案例9-3】 重庆海容实业公司2009年启用记载资金的账簿1本，记载实收资本300万元，资本公积200万元。

要求：公司应纳印花税为多少？

[案例分析]

应纳税额＝（300＋200）×0.5‰＝0.25（万元）

3. 权利、许可证照和其他账簿

应纳税额＝应税凭证件数×单位税额

【案例9-4】 重庆海容实业公司2009年启用除资金账簿以外的其他生产、经营账簿12件，领取权利、许可证照共26件。

请计算应纳的印花税。

［案例分析］

应纳税额＝（12＋26）×5＝190（元）

三、印花税的征收管理及纳税申报

（一）纳税环节

印花税应当在书立或领受凭证时贴花，具体在合同签订时、账簿启用时和证照领受时贴花。如果合同是在国外签订，且不便在国外贴花的，应在将合同带入境时办理贴花纳税手续。

（二）纳税地点

印花税一般实行就地纳税。对于全国性商品物资订货会、展销会、交易会上所签订合同应纳的印花税，由纳税人回其所在地后及时办理贴花完税手续；对地方主办、不涉及省级关系的订货会、展销会上所签订合同的印花税，其纳税地点由各省、自治区、直辖市人民政府自行确定。

（三）纳税办法

印花税属于中央与地方共享税，证券交易印花税收入94％归中央政府，其余6％和其他印花税收入归地方政府。证券交易印花税由国家税务局征收管理，其他印花税由地方税务局征收管理。

印花税的纳税办法根据税额大小、贴花次数以及税收征收管理的需要，分别采用以下三种纳税方法：

1. 自行贴花

纳税人在书立、领受应税凭证时，自行计算应纳印花税额，向当地纳税机关或印花税票代售点购买印花税票，自行在应税凭证上一次贴足印花并自行注销。这是缴纳印花税的基本方法。

已贴用的印花税票不得重用；已贴花的凭证，修改后所载金额有增加的，其增加部分应当补贴足印花。

2. 汇贴汇缴

为简化手续，应纳税额较大或者贴花次数频繁的，纳税人可向税务机关提出申请，采取以缴款书代替贴花或者按期汇总缴纳的办法。

一份凭证应纳税额超过500元的，纳税人应当向当地税务机关申请填写缴款书或完税证；同一类应纳税凭证，需频繁贴花的，纳税人应向当地税务机关申请按期汇总缴纳印花税，但最长期限不得超过1个月。

项目九 期间费用类税计算及纳税申报

3. 委托代征

税务机关可以委托发放或者办理应纳税凭证的单位代为征收印花税税款。税务机关应与代征单位签订委托书。发放或者办理应纳税凭证的单位是指发放权利、许可证照的单位和办理凭证的签证、公证及其他有关事项的单位。

发放或者办理应纳税凭证的单位，负有监督纳税人依法纳税的义务，应对以下纳税事项进行监督：

(1) 应纳税凭证是否已经粘贴印花。

(2) 粘贴的印花是否足额。

(3) 粘贴的印花是否按规定注销。

对未完成以上纳税手续的，应监督纳税人当场贴花。纳税人对纳税凭证应妥善保存。凭证的保存期限，凡国家已有明确规定的，按规定办；其余凭证均在履行完毕后保存1年。

(四) 纳税申报案例

【案例9-5】 资料：重庆某公司于2008年2月开业，纳税人识别号为440105178375902。单位地址为重庆市南岸区茶园工业园区18#，该公司2月份发生如下交易和事项：领受工商营业执照正副本各1件，税务登记证国税、地税各1件，房屋产权证1件，商标注册证2件；记载资金的账簿1本，记载实收资本200万元，资本公积100万元，除记载资金的账簿外，还建有4本营业账簿；签订财产保险合同一份，投保金额120万元，交纳保险费2万元；签订货物买卖合同一份，所载金额100万元。

要求：计算填列公司2008年2月印花税纳税申报表。

[案例分析]

1. 计算应纳印花税

领受权利许可证照应纳印花税额＝(1+2+1+2)×5＝30(元) 资金账簿应纳印花税额＝(2 000 000+1 000 000)×0.5‰＝1 500(元) 其他账簿应纳印花税额＝4×5＝20(元)

财产保险合同应纳印花税额＝1 200 000×1‰＝1 200(元)

购销合同应纳印花税额＝1 000 000×0.3‰＝300(元)

共计应纳印花税额＝30+1 500+20+1 200+300＝3 050(元)

2. 填制印花税纳税申报表 (表9-2)

表9-2 印花税纳税申报表

纳税人识别号 ☐☐☐☐☐☐☐☐☐☐☐☐☐☐☐

填表日期：2008年12月31日　　　　　　　　　　　金额单位：元(列至角分)

纳税人名称		重庆某公司		地 址		重庆南岸区茶园工业园区18#		
电话			开户行			账号		
税目(1)	应税凭证名称(2)	件数(3)	计税金额(4)	税率(5)	应纳税额(6)	已纳税额(7)	应补(退)税额(8)	备注
合同	财产保险合同		200 000	1‰	1 200		1 200	
	购销合同		1 000 000	0.3‰	300		300	

223

续表

纳税人名称		重庆某公司			地址	重庆南岸区茶园工业园区 18#		
电话			开户行				账号	
税目(1)	应税凭证名称(2)	件数(3)	计税金额(4)	税率(5)	应纳税额(6)	已纳税额(7)	应补（退）税额(8)	备注
书据				0.5‰				
				0.5‰				
账簿	资金类		3 000 000	0.5‰	1 500		1500	
	其他类			5元/本	20		20	
证照	许可证照			5元/本	15		15	
	权利证照			5元/本	15		15	
合计							3 050	

印花税票购买贴花情况

上期库存	本期购买	本期贴花	本期库存
0	3 050	3 050	0

纳税人声明本表所填写数据真实、完整、愿意承担法律责任			如委托代理填报，由代理人填写以下各栏		
会计主管（签章）	办税人员（签章）	纳税单位（人）签章 年 月 日	代理人名称		代理人（签章）年 月 日
			代理人地址		
			经办人	电话	

以下由税务机关填写

收到申请表日期		接收人	

说明：本表按月申请，一式三份，一联纳税人保存，二联上报税务机关

知识拓展

印花税纳税范围拓展理解：
（1）具有合同性质的凭证应视同合同征税。

对于企业集团内具有平等法律地位的主体之间自愿订立、明确双方购销关系、据以供货和结算、具有合同性质的凭证，应按规定征收印花税。对于企业集团内部执行计划使用的、不具有合同性质的凭证，不征收印花税。

（2）未按期兑现合同亦应贴花。
（3）同时书立合同和开立单据的不重复贴花。

引入案例分析

（1）确定购销合同的适用税率为 0.3‰；
（2）确定借款合同的适用税率为 0.05‰；
（3）计算应纳税额；

应纳税额＝计税金额×适用税率

项目九 期间费用类税计算及纳税申报

=530 000×0.3‰+200 000×0.05‰
=169（元）

【案例9-6】 重庆荣发汽车修配厂与机械进出口公司签订购买价值为2 000万元的测试设备合同，为购买此设备与工商银行签订借款2 000万元的借款合同。后因故购销合同作废，改签融资租赁合同，租赁费1 000万元。

要求：根据上述情况，该厂一共应缴纳印花税为多少万元？

［案例分析］

购销合同应缴纳印花税=2 000×0.3‰=0.6（万元）
借款合同应缴纳印花税=2 000×0.05‰=0.1（万元）
融资租赁合同应缴纳印花税=1 000×0.05‰=0.05（万元）
应缴纳印花税合计=0.6+0.1+0.05=0.75（万元）

任务小结

在计算企业应纳印花税时，先确定印花税的税目，而后确定税率，将所有印花税目应纳的印花税进行汇总，即是企业当期应纳的印花税。

任务二 房产税计算及纳税申报 Mission two

任务描述

1. 了解房产税的概念、纳税人、征税范围、税率
2. 掌握房产税应纳税额的计算
3. 掌握房产税的纳税申报填写

任务链接

房产税是以房产原值或租金作为基础征收的一种税。交纳房产税时，影响企业利润，进而影响企业所得税。

案例引入

重庆海容实业公司拥有A、B两栋房产，A栋自用，B栋出租。A、B两栋房产在2009年1月1日时的原值分别为1 200万元和1 000万元，2009年4月底B栋房产租赁到期。自2009年5月1日起，该企业由A栋搬至B栋办公，同时对A栋房产开始进行大修至年底完工。企业出租B栋房产的月租金为10万元，重庆市政府该年度确定按房产原值减除20%的余值计税。

要求：计算该企业2009年应纳房产税为多少？

225

企业税费计算及纳税申报

相关知识

一、房产税的基本原理及要素

（一）房产税的概念

房产税，是以房产为征税对象，按照房产的计税价值或房产租金收入向房产所有人或经营管理人等征收的一种税，有以下特点：

(1) 房产税属于财产税中的个别财产税；
(2) 房产税征收范围限于城镇的经营性房屋；
(3) 根据房屋的经营使用方式规定征税办法。

（二）房产税的征税范围

1. 从地理位置上

房产税的征税范围是城市、县城、建制镇和工矿区内的房屋，不包括农村。其中城市是指经国务院批准设立的市，征税范围为市区、郊区和市辖县城，不包括农村。县城是指未设立建制镇的县人民政府所在地。建制镇是指经省、自治区、直辖市人民政府批准设立的建制镇，征税范围为镇人民政府所在地，不包括所辖的行政村。

2. 从征税对象上

指房屋。独立于房屋之外的建筑物，如围墙、烟囱、水塔、菜窖、室外游泳池等不属于房产税的征税对象。

（三）房产税的纳税人

是指在我国城市、县城、建制镇和工矿区（不包括农村）内拥有房屋产权的单位和个人。

(1) 产权属于国家的，其经营管理的单位为纳税人；产权属于集体和个人的，集体单位和个人为纳税人。

(2) 产权出典的，承典人为纳税人；房产出租的，由房产产权所有人（出租人）为纳税人。

(3) 产权所有人、承典人均不在房产所在地的，房产代管人或者使用人为纳税人。

(4) 产权未确定或者租典纠纷未解决的，房产代管人或者使用人为纳税人。

(5) 纳税单位和个人无租使用房产管理部门、免税单位及纳税单位的房产，由使用人按房产余值代为缴纳房产税。

（四）税率

房产税采用比例税率，根据房产税的计税依据分为两种：依据房产税计税余值计税的，税率为1.2%；依据房产租金收入计税的，税率为12%。2001年1月1日起，对个人按市场价格出租的居民住房，可暂按4%的税率征收房产税。

项目九 期间费用类税计算及纳税申报

二、房产税应纳税额的计算

(一) 税收优惠

(1) 国家机关、人民团体、军队自用的房产免征房产税。

(2) 由国家财政部门拨付事业经费（全额或差额）的单位（学校、医疗卫生单位、托儿所、幼儿园、敬老院以及文化、体育、艺术类单位）所有的、本身业务范围内使用的房产免征房产税。

(3) 宗教寺庙、公园、名胜古迹自用的房产免征房产税。

(4) 个人所有非营业用的房产免征房产税。

(5) 对行使国家行政管理职能的中国人民银行总行（含国家外汇管理局）所属分支机构自用的房产，免征房产税。

(6) 经财政部批准免税的其他房产：

①毁损不堪居住的房屋和危险房屋，经有关部门鉴定，在停止使用后，可免征房产税；

②纳税人因房屋大修导致连续停用半年以上的，在房屋大修期间免征房产税；

③在基建工地为基建工地服务的各种工棚、材料棚、休息棚和办公室、食堂、茶炉房、汽车房等临时性房屋，施工期间一律免征房产税。

(二) 计税依据

房产税的计税依据为房产的计税余值或房产的租金收入。按照房产计税余值征税的，称为从价计征；按照房产的租金收入征税的，称为从租计征。

(1) 从价计征指对纳税人经营自用的房屋，以房产的计税余值作为计税依据。

(2) 从租计征指对纳税人出租的房屋，以租金收入作为计税依据。

(三) 应纳税额的计算

1. 以房产的计税余值作为计税依据

其应纳税额的计算公式为：

全年应纳税额＝应税房产原值×（1－扣除比例）×1.2％

【案例9-7】 重庆海容实业公司2009年度自有生产用房原值5 000万元，账面已提折旧1 000万元。已知房产税税率为1.2％，当地政府规定计算房产余值的扣除比例为30％。

要求：计算该公司2009年度应缴纳的房产税税额为多少万元。

［案例分析］

2009年应缴纳的房产税＝5 000×（1－30％）×1.2％＝42（万元）

2. 以房产的租金收入作为计税依据

其应纳税额的计算公式为：

全年应纳税额＝租金收入×12％（个人出租为4％）

【案例9-8】 赵某拥有三套房产，一套供自己和家人居住；另一套于2009年7月1日出租给王某居住，每月租金收入1 200元；还有一套于9月1日出租给李某用于生产经营，每月租金5 000元。

要求：计算2009年赵某应缴纳房产税额。

［案例分析］

应缴纳房产税＝1 200×6×4％＋5 000×4×4％＝1 088（元）

三、房产税的征收管理及纳税申报

（一）纳税义务发生时间

(1) 纳税人将原有房产用于生产经营，从生产经营之月起，缴纳房产税。

(2) 纳税人自行新建房屋用于生产经营，从建成之次月起，缴纳房产税。

(3) 纳税人委托施工企业建设的房屋，从办理验收手续之次月起，缴纳房产税。

(4) 纳税人购置新建商品房，自房屋交付使用之次月起，缴纳房产税。

(5) 纳税人购置存量房，自办理房屋权属转移、变更登记手续，房地产权属登记机关签发房屋权属证书之次月起，缴纳房产税。

(6) 纳税人出租、出借房产，自交付出租、出借房产之次月起，缴纳房产税。

(7) 房地产开发企业自用、出租、出借本企业建造的商品房，自房屋使用或交付之次月起，缴纳房产税。

(8) 自2009年1月1日起，纳税人因房产的实物或权利状态发生变化而依法终止房产税纳税义务的，其应纳税款的计算应截止到房产的实物或权利状态发生变化的当月末。

（二）纳税地点

房产税在房产所在地缴纳。房产不在同一地方的纳税人，应按房产的坐落地点分别向房产所在地的税务机关申报纳税。

（三）纳税期限

房产税实行按年计算、分期缴纳的征收方法，具体纳税期限由省、自治区、直辖市人民政府确定。

（四）纳税申报

【案例9-9】 重庆某公司为企业法人，坐落于重庆市南岸区茶园工业园区18#，其纳税识别号为440105178375902，2008年上半年共有房产原值40 000 000元，7月1日起企业将原值2 000 000元的一栋仓库出租给某商场存放货物，租期1年，每月取得租金收入15 000元。8月1日对委托施工单位建设的生产车间办理验收手续，由在建工程转入固定资产原值5 000 000元。重庆市规定计算房产余值时的扣除比例为30%。房产建筑面积10 000平方米，房产为砖混结构。请计算填列该企业2008年7月1日至12月31日的房产税纳税申报表。

[案例分析]

(1) 计算应纳房产税额：

该企业经营自用的房产从价计征，在建工程转入的房产从次月开始从价计征；出租的房屋不再从价计征，改为从租计征。

从价计征房产税＝从价计税的房产原值×（1－扣除比例）×1.2%
　　　　　　　＝40 000 000×（1－30%）×1.2%÷2－2 000 000×（1－30%）×1.2%÷2＋5 000 000×（1－30%）×1.2%÷12×4
　　　　　　　＝173 600（元）

从租计征房产税＝租金收入×12%＝15 000×6×12%＝10 800（元）

应纳房产税＝173 600＋10 800＝184 400（元）

(2) 该企业计算填列2008年7月1日至12月31日的房产税纳税申报表（表9-3）。

项目九 期间费用类税计算及纳税申报

知识拓展

关于地下建筑物征税范围：

表 9-3 房产税地下建筑物纳税情况表

房产用途	应税原值	税额计算公式
工业用房产	房屋原价的 50%～60% 作为应税房产原值	应纳房产税的税额＝应税房产原值×（1－原值减除比例）×1.2%
商业和其他用房产	房屋原价的 70%～80% 作为应税房产原值	应纳房产税的税额＝应税房产原值×（1－原值减除比例）×1.2%
出租的地下建筑，按照出租地上房屋建筑的有关规定计算征收房产税。		
地下建筑物的原价折算为房产原值的具体比例，由各省、自治区、直辖市和计划单列市财政和地方税务部门在上述幅度内自行确定		

引入案例分析

(1) 确定自用 A 栋房产应纳税额＝1 200×（1－20%）×1.2%÷12×4
(2) 确定出租 B 栋房产应纳税额＝4×10×12%
(3) 确定自用 B 栋房产应纳税额＝1 000×（1－20%）×1.2%÷12×8
(4) 2008 年该企业应纳房产税税额
＝1 200×（1－20%）×1.2%÷12×4＋4×10×12%＋1 000×（1－20%）×1.2%÷12×8
＝15.04（万元）

【案例 9-10】 王某自有一处平房，共 16 间，其中用于个人开餐馆的 7 间（房屋原值总计为 20 万元）。2009 年 1 月 1 日，王某将 4 间出典给李某，取得出典价款收入 12 万元，将剩余的 5 间出租给某公司，每月收取租金 1 万元。已知该地区规定按照房产原值一次扣除 20% 后的余值计税。

要求：计算王某 2009 年应纳房产税额为多少。

[案例分析]
(1) 开餐馆的房产应纳房产税＝20×（1－20%）×1.2%＝0.192（万元）
(2) 房屋产权出典的，承典人为纳税人，王某作为出典人无须缴纳房产税
(3) 出租房屋应纳房产税＝1×12×12%＝1.44（万元）
(4) 应纳房产税合计＝0.192＋1.44＝1.632（万元）

任务小结

关于房产税的计算分析过程如下：
(1) 分别计算从价计征和从租计征的房产应纳的房产税（特别要注意月数的计算及年中租赁的情况）。
(2) 当期应纳房产税＝从价计征和从租计征的房产税的合计数

房产税纳税表见 9-4。

企业税费计算及纳税申报

表 9-4　房产税纳税申报表

纳税识别号：440105178375902　　　　金额单位：元（列至角分）

填表日期：2008 年 12 月 31 日

纳税人名称	重庆某公司								税款所属时间	2008年7月1日至2008年12月31日							
房产坐落地	重庆市南岸区茶园工业园区18#								建筑面积（m²）	10 000							
		其中				以房产原值计征房产税			以租金收入计征房产税			房产结构 砖混			本期		
上期申报房产原值	本期增减	本期实际房产原值	从价计价的房产原值	从租计价的房产原值	免税房产原值	扣除率	房产原值	适用税率	应纳税额	租金收入	适用税率	应纳税额	全年应纳税额	缴纳次数	应纳税额	已纳税额	应补（退）税额
	1	2	3=1+2	4=3-5-6	5=3-4-6	6	7	8=4-4×7	9	10=8×9	11	12	13=11×12	14=10+13	15	16=14÷15	17	18=16-17
40 000 000	0	40 000 000	40 000 000	0	0	30%	28 000 000	1.2%	336 000	0	0	0	336 000	15	168 000	0	168 000
0	0	0	−2 000 000	2 000 000	0	30%	−1 400 000	0.6%	−84 000	90 000	12%	10 800	2 400	2	2 400	0	2 400
0	5 000 000	5 000 000	5 000 000	0	0	30%	3 500 000	0.4%	14 000	0	12%	0	14 000	1	14 000	0	14 000
合计	5 000 000	45 000 000	43 000 000	2 000 000	0	—	30 100 000	—	341 600	90 000	—	10 800	352 400	1	184 400	0	184 400

如纳税人填报，由纳税人填写以下各栏

纳税人（公章）	会计主管（签章）		

如委托人代理人填报，由代理人填写以下各栏

代理人名称			
代理人地址			
经办人		电话	

以下由税务机关填写

接收人		备注	
收到申报日期			

230

项目九 期间费用类税计算及纳税申报

任务三 城镇土地使用税计算及纳税申报
Mission three

任务描述

1. 了解城镇土地使用税的概念、纳税人、征税范围、税率
2. 掌握城镇土地使用税应纳税额的计算
3. 掌握城镇土地使用税的纳税申报填写

任务链接

公司生产经营场地的产权属于公司的，需交纳城镇土地使用税，此税影响企业利润，进而影响企业所得税。

案例引入

某市一商场坐落在该市繁华地段，企业土地使用证书记载占用土地的面积为6 000平方米，经确定属一等地段；该商场另设两个统一核算的分店均坐落在市区三等地段，共占地4 000平方米；一座仓库位于市郊，属五等地段，占地面积为1 000平方米；另外，该商场自办托儿所占地面积2 500平方米，属三等地段。（一等地段年税额4元/平方米；三等地段年税额2元/平方米；五等地段年税额1元/平方米。当地规定托儿所占地面积免税。）

请计算该商场全年应纳城填土地使用税税额。

相关知识

一、城镇土地使用税的基本原理及要素

（一）城镇土地使用税的概念

城镇土地使用税是国家在城市、县城、建制镇和工矿区范围内，对使用土地的单位和个人，以其实际占用的土地面积为计税依据，按照规定的税额计算征收的一种税。

开征城镇土地使用税，可以加强对国有土地的管理和有偿使用，还可以有效地提高土地的使用效率，调节不同地区、不同地段之间的土地级差收入，理顺国家与土地使用者之间的分配关系。

城镇土地使用税有以下特点：

1. 对占用土地的行为征税

根据我国宪法规定，城镇土地的所有权归属国家所有，单位和个人对占用的土地只有使

用权而无所有权。因此，现行的城镇土地使用税在实质上是对占用土地资源或行为的课税。

2. 征税对象是土地

开征城镇土地使用税实质上是国家运用政治权利，将纳税人获取的本应属于国家的土地收益集中到国家手中。

3. 征税范围广泛

现行城镇土地使用税征税范围限定在城市、县城、建制镇、工矿区，坐落在农村地区的房地产不属于城镇土地使用税的征收范围。

4. 实行差别幅度税额

开征城镇土地使用税的主要目的之一，是调节土地的级差收入，而级差收入的产生主要取决于土地的位置。占有土地位置优势的纳税人，可以节约运输和流通费用，扩大销售和经营规模，取得更多的经济收益。为了有利于体现国家政策，城镇土地使用税实行差别幅度税额。对不同城镇适用不同税额，对同一城镇的不同地段，根据市政建设状况和经济繁荣程度也确定不等的负担水平。

（二）城镇土地使用税的征税范围

凡是城市、县城、建制镇和工矿区范围内的土地，不论是国家所有的土地，还是集体所有的土地，都是城镇土地使用税的征税范围。

（1）建制镇的征税范围为镇人民政府所在地的地区，但不包括镇政府所在地所辖行政村，即征税范围不包括农村土地。

（2）建立在城市、县城、建制镇和工矿区以外的工矿企业则不需缴纳城镇土地使用税。

（3）自2009年1月1日起，公园、名胜古迹内的索道公司经营用地，应按规定缴纳城镇土地使用税。

（三）城镇土地使用税的纳税人

凡是在城市、县城、建制镇和工矿区范围内，对使用土地的单位和个人，为城镇土地使用税的纳税义务人。单位包括国有企业、集体企业、私营企业、股份制企业、外商投资企业、外国企业以及其他企业和事业单位、社会团体、国家机关、军队以及其他单位。个人包括个体工商户及其他个人。由于现实经济生活中，使用土地的情况十分复杂，为确保将城镇土地使用税及时、足额征税入库，城镇土地使用税对纳税人做了如下具体规定：

（1）城镇土地使用税由拥有土地使用权的单位或者个人缴纳。

（2）拥有土地使用权的纳税人不在土地所在地的，由代管人或者实际使用人缴纳。

（3）土地使用权未确定或者权属纠纷未解决的，由实际使用人纳税。

（4）土地使用权共有的，由共有各方分别缴纳。

（四）城镇土地使用税的税率

城镇土地使用税采用有幅度的差别定额税率，按大、中、小城市和县城、建制镇、工矿区分别规定每平方米土地使用税年应纳税额。具体标准如下：

（1）大城市 1.5~30元；

（2）中等城市 1.2~24元；

(3) 小城市 0.9~18 元；

(4) 县城、建制镇、工矿区 0.6~12 元。

此外，各省、自治区、直辖市人民政府可根据市政建设情况和经济繁荣程度在规定税率幅度内，确定所辖地区的使用税额幅度。经济落后地区，城镇土地使用税的适用税额标准可适当降低，但降低幅度不得超过上述规定最低税额的 30%。经济发达地区的适用税额标准可以适当提高，但须报财政部批准。

二、城镇土地使用税应纳税额的计算

(一) 城镇土地使用税税收优惠

1. 一般规定

(1) 国家机关、人民团体、军队自用的土地；

(2) 由国家财政部门拨付事业经费的单位自用的土地；

(3) 宗教寺庙、公园、名胜古迹自用的土地；

(4) 市政街道、广场、绿化地带等公共用地；

(5) 直接用于农、林、牧、渔业的生产用地；

(6) 经批准开山填海整治的土地和改造的废弃土地，从使用的月份起免缴土地使用税 5 年至 10 年；

(7) 由财政部另行规定免税的能源、交通、水利设施用地和其他用地。

2. 特殊规定

主要注意的项目如下：

(1) 城镇土地使用税与耕地占用税的征税范围衔接

凡是缴纳了耕地占用税的，从批准征用之日起满 1 年后征收城镇土地使用税；征用非耕地因不需要缴纳耕地占用税，应从批准征用之次月起征收城镇土地使用税。

(2) 免税单位与纳税单位之间无偿使用的土地

对免税单位无偿使用纳税单位的土地（如公安、海关等单位使用铁路、民航等单位的土地），免征城镇土地使用税；对纳税单位无偿使用免税单位的土地，纳税单位应照章缴纳城镇土地使用税。

(3) 房地产开发公司开发建造商品房的用地

房地产开发公司开发建造商品房的用地，除经批准开发建设经济适用房的用地外，对各类房地产开发用地一律不得减免城镇土地使用税。

(4) 企业范围内的荒山、林地、湖泊等占地

对企业范围内的荒山、林地、湖泊等占地，尚未利用的，经各省、自治区、直辖市税务局审批，可暂免征收城镇土地使用税。

(5) 企业厂区（包括生产、办公及生活区）以内的绿化用地，应照章征收城镇土地使用税；厂区以外的公共绿化用地和向社会开放的公园用地，暂免征收城镇土地使用税。

(二) 计税依据

城镇土地使用税以纳税人实际占用的土地面积为计税依据，土地面积计量标准为每平方

米。具体规定如下：

（1）凡由省级人民政府确定的单位组织测定土地面积的，以测定的土地面积为准。

（2）尚未组织测定，但纳税人持有政府部门核发的土地使用权证书的，以证书确定的土地面积为准。

（3）尚未核发土地使用权证书的，应当由纳税人据实申报土地面积，待核发土地使用权证书后再作调整。

（三）应纳税额的计算

城镇土地使用税的应纳税额可以通过纳税人实际占用的土地面积乘以该土地所在地段的适用税额来求得。其计算公式为：

年应纳税额＝实际占用应税土地面积（平方米）×适用税额

土地使用权由几方共有的，由共有各方按照各自实际使用的土地面积占总面积的比例，分别计算缴纳城镇土地使用税。

【案例9-11】 重庆海容实业公司与政府机构共同使用一栋共有土地使用权的建筑物，该建筑物占用土地面积2 000平方米，建筑物面积10 000平方米（公司与机关的占用比例为4∶1），该公司所在重庆市城镇土地使用税单位税额每平方米5元。

请计算重庆海容实业公司应纳城镇土地使用税为多少。

[案例分析]

该公司应纳城镇土地使用税＝2 000×80％×5＝8 000（元）

三、城镇土地使用税的征收管理及纳税申报

（一）城镇土地使用税纳税义务发生时间

（1）纳税人购置新建商品房，自房屋交付使用之次月起，缴纳城镇土地使用税。

（2）纳税人购置存量房，自办理房屋权属转移、变更登记手续，房地产权属登记机关签发房屋权属证书之次月起，缴纳城镇土地使用税。

（3）纳税人出租、出借房产，自交付出租、出借房产之次月起，缴纳城镇土地使用税。

（4）以出让或转让方式有偿取得土地使用权的，应由受让方从合同约定交付土地时间的次月起缴纳城镇土地使用税；合同未约定交付土地时间的，由受让方从合同签订的次月起缴纳城镇土地使用税。

（5）纳税人新征用的耕地，自批准征用之日起满1年时开始缴纳土地使用税。

（6）纳税人新征用的非耕地，自批准征用次月起缴纳城镇土地使用税。

（二）城镇土地使用税的纳税地点和征收机构

城镇土地使用税在土地所在地缴纳。

纳税人使用的土地不属于同一省、自治区、直辖市管辖的，由纳税人分别向土地所在地的税务机关缴纳土地使用税；在同一省、自治区、直辖市管理范围内，纳税人跨地区使用的土地，其纳税地点由各省、自治区、直辖市地方税务局确定。

项目九 期间费用类税计算及纳税申报

（三）城镇土地使用税纳税期限

城镇土地使用税实行按年计算、分期缴纳的征收方法，具体纳税期限由省、自治区、直辖市人民政府确定。

（四）纳税申报

【案例9-12】 重庆某公司为企业法人，坐落于重庆市南岸区茶园工业园区18#，其纳税识别号为440105178375902，生产经营用地面积10 000平方米，其中幼儿园占地1 000平方米，厂区绿化占地2 000平方米，该土地为一级土地，城镇土地使用税的单位税额为每平方米7元。2009年1月1日又受让面积5 000平方米的土地使用权，该土地为二级土地，城镇土地使用税的单位税额为每平方米5元。企业按年计算、按半年预缴城镇土地使用税。

请计算填列2009年7至12月的城镇土地使用税纳税申报表。

[案例分析]

1. 计算应纳税额

该企业所使用的土地10 000平方米中，幼儿园占地1 000平方米可免税，但厂区绿化占地不免税。

应纳城镇土地使用税额＝实际占用的土地面积×适用税率
　　　　　　　　　　＝(10 000－1 000)×7÷2＋5 000×5÷2＝44 000（元）

2. 填列城镇土地使用税纳税申报表见表9-5

【案例9-13】 某供热企业房产原值8 000万元，占用土地10 000平方米。2008年全年经营收入9 000万元，其中向居民供热收入300万元，无法准确划分向居民供热的生产用房。该企业所在地计算房产余值的减除比例为20%，城镇土地使用税年税额为3元/平方米。2008年该企业应缴纳城镇土地使用税和房产税各应为多少。

[案例分析]

应纳城镇土地使用税＝10 000×3×(9 000－300)÷9 000＝29 000（元）＝2.9（万元）

应纳房产税＝8 000×(1－20%)×1.2%×(9 000－300)÷9 000＝74.24（万元）

引入案例分析

(1) 商场占地应纳税额＝6 000×4＝24 000（元）

(2) 分店占地应纳税额＝4 000×2＝8 000（元）

(3) 仓库占地应纳税额＝1 000×1＝1 000（元）

(4) 商场自办托儿所按税法规定免税。

(5) 全年应纳土地使用税额＝24 000＋8 000＋1 000＝33 000（元）

企业税费计算及纳税申报

表9-5 城镇土地使用税纳税申报表

填表日期：2009年12月31日　　　　　　　　　　　　　　　　金额单位：元　　　土地单位：平方米

纳税人识别号 □□□□□□□□

纳税人名称	重庆某公司			税款	自2009年1月1日至2009年12月31日				
房产坐落地点				重庆市南岸区茶园工业园区18#					
坐落地点	上期占地面积	本期增减	本期实际占地面积	法定免税面积	应税面积	土地等级	适用税率	今年应缴税额	缴纳次数	应纳税额	本期已缴税额	应补（退）税额
	1	2	3	4=2+3	5	6=4−5			11=6×9 (10)	12	13=11÷12	14	15=13−14
南岸区	10 000		10 000	1 000	9 000			63 000	2	31 500	0.00	31 500
南岸区		5 000	5 000		5 000			25 000	2	12 500	0.00	12 500
合计	10 000	5 000	15 000	1 000	14 000			88 000	2	44 000	0.00	44 000

如纳税人填报，由纳税人填写以下各栏

纳税人（公章）

会计主管（签章）

如委托代理人填报，由代理人填写以下各栏

代理人名称		备注
代理人地址		
经办人	电话	

代理人（公章）

以下由税务机关填写

接收人　　　　　收到申报日期

项目九 期间费用类税计算及纳税申报

【案例9-14】 重庆海容实业公司有A、B、C三块生产经营用地，A土地使用权属于甲企业，面积10 000平方米，其中幼儿园占地1 000平方米，厂区内绿化占地2 000平方米；B土地使用权属甲企业与乙企业共同拥有，面积5 000平方米，实际使用面积各半；C面积3 000平方米，甲企业一直使用但土地使用权未确定。假设A、B、C的城镇土地使用税的单位税额为每平方米5元。

请你计算甲企业全年应纳城镇土地使用税。

[案例分析]

（1）确定应纳税面积：

①幼儿园和厂区绿化占地不纳税；

②与乙企业共用的，按实际使用面积纳税；

③土地使用权未确定的，但在使用的要纳税。

（2）应纳城镇土地使用税＝（10 000－1 000＋5 000÷2＋3 000）×5＝72 500（元）

任务小结

土地使用税可按以下步骤计算：
（1）确定不同级次的土地面积（扣除免税面积）。
（2）根据不同级的税率计算应纳的土地使用税。

任务四 车船税计算及纳税申报
Mission four

任务描述

1. 了解车船税的概念、纳税人、征税范围、税率
2. 掌握车船税应纳税额的计算
3. 掌握车船税的纳税申报填写

任务链接

公司的生产经营过程中所使用的自有的交通、运输工具，则需交纳车船税，此税影响企业利润，进而影响企业所得税。

案例引入

甲企业为广州市交通运输企业，2008年拥有载货汽车（载重量40吨）40辆、大客车10辆，其中载货汽车有5辆为厂内行驶车辆，不领取行驶执照，也不上路行驶。广州市规定载货汽车年纳税额每吨50元，乘人汽车年纳税额每辆180元。要求：计算该企业2008年应缴纳多少车船税？

企业税费计算及纳税申报

> **相关知识**

一、车船税的基本原理及要素

(一) 概念

车船税,是指对在中国境内车船管理部门登记的车辆、船舶(以下简称车船)依法征收的一种税。车船税的特点有以下几方面:

(1) 具有财产税的性质。对车船征收的税通常属于财产税。现行车船税的纳税人是车船的所有人或者管理人,从这个意义上讲,该税种属于财产税。

(2) 具有单项财产税的特点。从财产税的角度看,车船税属于单项财产税。车船税的征税对象仅限于车船类运输工具,而且对不同的车、不同的船还规定了不同的征税标准。

(3) 实行分类、分级(项)定额税率。车船税首先划分车辆与船舶,规定它们各自的定额税率。车辆税采用分类、分项幅度税率,即对不同类别和不同项目的车辆规定了最高年税额和最低年税额,以适应我国各地经济发展不平衡、车辆种类繁多的具体情况。船舶实行分类、分级固定税额,即对不同类别、不同吨位的船舶,规定全国统一的固定的税额,以适应船舶航程长、流动性大的特点,保持全国税负的大体均衡。

(二) 车船税的征税范围

车船税的征税范围是依法在公安、交通、农业等车船管理部门登记的车船。

1. 车辆

车辆包括机动车辆和非机动车辆。应税车辆包括载客汽车、载货汽车(包括半挂牵引车、挂车)、三轮汽车、低速货车、摩托车、专业作业车和轮式专用机械车等。

2. 船舶

船舶包括机动船舶、拖船和非机动驳船,如客轮、货船、气垫船、木船、帆船、舢板等。

(三) 车船税的纳税人

车船税的纳税人,是指在中国境内"拥有或者管理"车辆、船舶的单位和个人。

(1) 外商投资企业、外国企业、华侨和香港、澳门、台湾同胞投资兴办的企业以及外籍人员和港澳台同胞等使用的车船也需要缴纳车船税,他们是车船税的纳税人。

(2) 车船的所有人或者管理人未缴纳车船税的,"使用人"应当代为缴纳车船税。

(3) 从事机动车交通事故责任强制保险业务的保险机构为机动车车船税的扣缴义务人。

(4) 有租赁关系,拥有人与使用人不一致时,如车辆拥有人未缴纳车船税的,使用人应当代为缴纳车船税。

项目九 期间费用类税计算及纳税申报

（四）车船税计税依据和税率

1. 车船税的计税依据：辆、自重吨位、净吨位

（1）载客汽车、电车、摩托车，以"辆"为计税依据。
（2）载货汽车、三轮汽车、低速货车，按自重每吨为计税依据。
（3）船舶，按净吨位每吨为计税依据。

2. 车船税的税率

车船税采用定额税率，又称固定税额。

二、车船税应纳税额的计算

（一）税收优惠

（1）非机动车船（不包括非机动驳船）。
（2）拖拉机。
（3）捕捞、养殖渔船。
（4）军队、武警专用的车船。
（5）警用车船。是指公安机关、国家安全机关、监狱、劳动教养管理机关和人民法院、人民检察院领取警用牌照的车辆和执行警务的专用船舶。
（6）按照有关规定已经缴纳船舶吨税的船舶。
（7）依照我国有关法律和我国缔结或者参加的国际条约的规定应当予以免税的外国驻华使馆、领事馆和国际组织驻华机构及其有关人员的车船。

（二）车船税应纳税额的计算：从量定额（表9-6）

表9-6 车船税计税情况表

税　目	计税单位	每年税额/元	应纳税额
载客汽车	每辆	60~660	应纳税额＝辆数×适用年税额
载货汽车	按自重每吨	16~120	应纳税额＝自重吨位数×适用年税额
三轮汽车低速货车	按自重每吨	24~120	应纳税额＝自重吨位数×适用年税额
摩托车	每辆	36~180	应纳税额＝辆数×适用年税额
船舶	净吨位	3~6	应纳税额＝净吨位数×适用年税额
拖船和非机动驳船	净吨位	按船舶税额50%计算	应纳税额＝净吨位数×适用年税额×50%（减半征收）

> 特别注意的是：车船自重吨位尾数在半吨（含半吨）以下者，按半吨计算；超过半吨者，按整1吨计算。船舶载重吨位在半吨以下者免税，超过半吨者按1吨计算；1吨以下的小型车船，一律按1吨计算。

【案例9-15】 某小型运输公司拥有并使用以下车辆：

(1) 载客汽车10辆。

(2) 自重20吨的载货卡车5辆。

(3) 摩托车2辆。

当地政府规定，车船税单位税额为载货汽车80元/吨，载客汽车300元/辆，摩托车60元/辆。

要求：计算该公司当年应纳车船税为多少？

[案例分析]

该公司当年应纳车船税＝10×300＋5×20×80＋2×60＝11 120（元）

三、车船税的征收管理及纳税申报

（一）纳税义务发生时间

车船税纳税义务发生时间为车船管理部门核发的车船登记证书或者行驶证中记载日期的当月。已向交通航运机关上报报废的车船，当年不发生车船税的纳税义务。

（二）车船税纳税期限

车船税按年申报缴纳。纳税年度，自公历1月1日起至12月31日止。具体申报纳税期限由省、自治区、直辖市人民政府确定。

（三）车船税纳税地点

车船税由地方税务机关负责征收。具体纳税地点由省、自治区、直辖市人民政府根据当地实际情况确定。跨省、自治区、直辖市使用的车船，纳税地点为车船的登记地。

（四）纳税申报

【案例9-16】 企业名称：重庆东方运输集团公司；纳税人类型：股份有限公司；企业地址和电话：重庆市朝天门陕西路10#（023）86236699；法定代表人：周奇；纳税人识别号：510601000000078；开户行及账号：中国银行重庆市朝天门支行5－12347878；主管地方税务机关：重庆市地方税务局直属分局。

重庆东方运输集团公司主要从事陆路、水路客货运输机货物托运代理等业务，2008年共有机动船20艘，非机动驳船2艘，机动车70辆，机动车船的明细表如表9-7与表9-8所示：

表9-7 机动船明细表

机动船型号	净吨位	数量/艘	年单位税额/（元·吨$^{-1}$）	备注
JX－111	2 011.8	10	5	
JX－112	3 000	5	5	
JX－122	600	5	4	

项目九 期间费用类税计算及纳税申报

表9-8 机动车明细表

机动车型号	自重/座位	数量	年单位税额	备注
KC－1客车	小轿车	10	420元/辆	
KC－2客车	15座	5	480元/辆	
KC－3客车	30座	5	600元/辆	
KH－1载货汽车	25.4吨	40	60元/吨	
KH－2载货汽车	34.6吨	10	60元/吨	

要求：计算各项业务应纳车船税，填制纳税申报表。

[案例分析]

1. 应纳税额的计算

机动船应纳车船税额＝10×2 012×5＋3 000×5×5＋600×5×4＝187 600（元）

机动车应纳车船税额＝10×420＋5×480＋5×600＋25.5×40×60＋35×10×60＝91 800（元）

2. 车船税纳税申报表的填制（表9-9）

表9-9 车船税纳税申报表

纳税人识别号：510601000000078
纳税人名称：（公章）重庆东方运输集团公司
税款所属期限：自2008年1月1日至2008年12月31日
填表日期：2008年12月31日　　　　　　　　　　　　　　　　　　　　金额单位：元

车船类别	计税单位	税额标准	数量	吨位	本期应纳税额	本期已缴税额	本期应补（退）税额
乘坐人数大于或等于20人	每辆	600	5		3 000	0	3 000
乘坐人数大于9人小于20人	每辆	480	5		2 400	0	2 400
乘坐人数小于或等于9人	每辆	420	10		4 200	0	4 200
发动机汽缸总排量小于1升	每辆		40				
载货汽车（包括半挂牵引车、挂车）	按自重每吨	60		1 370	82 200	0	82 200
三轮汽车	按自重每吨						
低速货车	按自重每吨						
摩托车	每辆						
轮式专用机械车	按自重每吨						
小计							91 800
净吨位小于或等于200吨	每吨						
净吨位201吨至2 000吨	每吨		4	3 000	12 000	0	12 000
净吨位2 001吨至10 000吨	每吨		5	35 120	175 600	0	175 600
净吨位10 001吨及其以上	每吨						

241

企业税费计算及纳税申报

续表

车船类别	计税单位	税额标准	数量	吨位	本期应纳税额	本期已缴税额	本期应补（退）税额
小计							187 600
合计							279 400

纳税人或代理人声明： 此纳税申报表是根据国家税收法律的规定填报的，我确信它是真实的、可靠的、完整的。	如纳税人填报，由纳税人填写以下各栏						
	经办人（签章）	齐思	会计主管（签章）	胡军	法定代表人（签章）		周齐
	如委托代理人填报，由代理人填写以下各栏						
	代理人名称				代理人（公章）		
	经办人（签章）						
	联系电话						
以下由税务机关填写							
受理人		受理日期		受理税务机关（签章）			

知识拓展

车船税特定减免项目：

（1）经批准临时入境的外国车船和香港特别行政区、澳门特别行政区、台湾地区的车船，不征收车船税。

（2）按照规定缴纳船舶吨税的机动船舶，自车船税法实施之日起5年内免征车船税。

（3）依法不需要在车船登记管理部门登记的机场、港口内部行驶或者作业的车船，自车船税法实施之日起5年内免征车船税。

引入案例分析

（1）甲企业40辆载货汽车中，有5辆为厂内行驶车辆，不领取行驶执照，也不上路行驶，这5辆货车不交纳车船税，其他35辆要交纳车船税。

（2）大客车10辆要交纳车船税。

（3）应交纳税额＝35×40×50＋10×180＝71 800（元）。

【案例9-17】 重庆长江渔业公司2010年拥有捕捞船5艘，每艘净吨位20吨；非机动驳船2艘，每艘净吨位10吨；机动补给船1艘，净吨位15吨，机动运输船10艘，每艘净吨位7吨，当地船舶适用年税额为每吨3元。

要求：计算该公司当年应缴纳的车船税。

［案例分析］

1．确定纳税范围

（1）捕捞、养殖渔船免征车船税。

（2）非机动舶船按船舶税额的50%计算。

（3）机动补给船和运输船应纳车船税。

2. 计算

该公司应缴纳车船税＝（2×10×50％＋15＋7×10）×3＝285（元）。

任务小结

计算车船使用税按以下步骤进行：
(1) 确定应税范围和免税范围；
(2) 确定应税项目的相应税率；
(3) 计算应税项目的应纳税额。

学生演练

某企业为增值税一般纳税人，2012年公司增资成功，其注册资金由原来的3 000万元增加到4 000万元，当年公司涉及期间费用类的税种如下：
(1) 拥有小轿车4辆、自重吨位5吨的载重汽车8辆，自重吨位5吨的挂车5辆。
(2) 启用新账册8本，包括日记账、明细账及总账。
(3) 该公司12月应纳的增值税为100 000元。
(4) 该公司12月有应纳的消费税为50 000元。
(5) 该公司12月应纳的营业税50 000元。
（注：小轿车年税额为180元，载货汽车每吨年税额为40元，该公司城市维护建设税率为7％，教育附加费率为3％）

要求：
(1) 计算该企业全年应纳的车船税。
(2) 计算该企业全年应纳的印花税。
(3) 该企业12月应纳的城市维护建设税率和教育附加费。
(4) 填制城市维护建设税率和教育附加费。

项目十

成本类税计算及纳税申报

项目介绍

本项目讲述的是某些小税种在发生时直接计入成本,本项目包含以下任务:

任务一: 契税计算及纳税申报
任务二: 耕地占用税计算及纳税申报
任务三: 车辆购置税计算及纳税申报

学习导航

1. 本项目学习的小税种,直接影响到企业资产的成本
2. 以征收对象、纳税人、税率、应纳税额、纳税申报作为主线进行对比分析学习

学习目标

1. 了解契税、耕地占用税、车辆购置税的基本原理及要素
2. 掌握契税、耕地占用税、车辆购置税应纳税(费)额的计算
3. 掌握其申报

教学准备

1. 设计一个教学引入案例: 如企业购置车辆时需交纳哪些税
2. 指导学生预习本项目的内容

关键词

契税(Deed tax)、耕地占用税(Arable land occupation tax)、车辆购置税(Vehicle purchase tax)

企业税费计算及纳税申报

任务一 契税计算及纳税申报
Mission one

任务描述

1. 了解契税的概念、纳税人、征税范围、税率
2. 掌握契税应纳税额的计算
3. 掌握契税的纳税申报填写

任务链接

契税可以与土地使用税和房产税对比分析学习。

案例引入

某运动员 2011 年 9 月受赠一栋房屋市场价值 20 万元,该省契税税率为 5%。同年,本市重庆海容实业公司奖励其住宅一套,市场价值 50 万元,该市契税税率为 4%。试问该运动员如何缴纳契税?

相关知识

一、契税的基本原理及要素

(一)契税的概念

契税是对在我国境内发生转移土地、房屋权属的行为,由承受单位和个人缴纳的一种财产税。

(二)契税的征税范围

1. 国有土地使用权出让

国有土地使用权出让是指土地使用者向国家交付土地使用权出让费用,国家将土地使用权在一定的年限内让与土地使用者的行为。

2. 土地使用权转让

土地使用权转让是指土地使用者将土地使用权再转移的行为。转让是土地使用者依法对其享有的土地使用权进行处分的权利。转让的内容包括出售、交换和参与。土地使用权转让必须签订合同,受让方还必须到土地行政主管部门申请登记。

3. 房屋买卖

房屋买卖是指产权人将自己名下的房产进行买卖。自己的名下的房产必须具备房屋产权

所有证。

4. 房屋赠与

房屋赠与是指一方（赠与人）自愿把自己所有的房屋无偿赠与他人（受赠人），他人愿意接受的民事法律行为。房屋赠与的双方当事人应订立书面合同。

5. 房屋交换

房屋交换是指房屋所有者之间相互交换房屋的行为。房屋交换的一般概念是指房屋住户、用户、所有人，在双方之间或多方自愿的基础上，通过交换或多角交换，相互交换房屋的使用权和所有权。其行为的主体有公民、房地产管理部门以及企事业单位、机关。交换的标的性质有公房（包括直管房和自管房）、私房，标的种类有住宅、店面及办公用房等。

交换行为的内容是：

（1）房屋使用权交换。经房屋所有人协商，通过变更租赁合同，办理过户手续交换房屋使用权。但交换使用权的房屋，其所有权没有发生变化，房屋使用权交换不属于房屋所有权转移范畴，不征收契税。

（2）房屋所有权交换。包括房屋的使用权、空闲房屋的分配权和房屋的处分权，交换双方都是房屋所有人，应按照规定征收契税。

（三）契税的纳税人

契税的纳税人是在我国境内转移土地、房屋权属时承受权属的单位和个人。

（四）契税的税率

契税的税率为3‰～5‰，在这个范围中，具体的适用税率，由省、自治区、直辖市人民政府在规定的幅度内按照本地区的实际情况确定，并报财政部和国家税务总局备案。

二、契税应纳税额的计算

（一）契税的税收优惠

有以下情况之一的，可以免征契税：

（1）国家机关、事业单位、社会团体、军事单位承受土地、房屋用于办公、教学、医疗、科研和军事设施的，免征。

（2）城镇职工按规定第一次购买公有住房的，免征。从2008年11月1日起对个人首次购买90平方米以下普通住房的，契税税率暂时统一下调到1%。

（3）因不可抗力灭失住房而重新购买住房的，酌情准予减征或者免征。

（4）财政部规定的其他减征、免征契税的项目。

（二）契税的计税依据

（1）国有土地使用权出让、土地使用权出售、房屋买卖，为成交价格。

（2）土地使用权赠与、房屋赠与，由征收机关参照土地使用权出售、房屋买卖的市场价格核定。

（3）土地使用权交换、房屋交换，为所交换的土地使用权、房屋的价格的差额。

(4) 以划拨方式取得土地使用权，经批准转让房地产时，由房地产转让者补交契税。

(5) 房屋附属设施征收契税的依据

采取分期付款方式购买房屋附属设施土地使用权、房屋所有权的，应按合同规定的总价款计征契税。承受的房屋附属设施如为单独计价，按照当地确定的适用税率征收契税；如与房屋统一计价的，适用与房屋相同的契税税率。

(6) 个人无偿赠与不动产行为（法定继承人除外），应对受赠人全额征收契税。

（三）契税的应纳税额的计算

契税应纳税额计算公式：应纳税额＝计税依据×税率

应纳税额以人民币计算。转移土地、房屋权属以外汇结算的，按照纳税义务发生之日中国人民银行公布的人民币市场汇率中间价折合成人民币计算。

【案例10-1】 居民张某将一套住房出售给居民乙，成交价格为100 000元，试计算甲乙应交纳的契税（假定契税税率为4‰）

[案例分析]

本案例中，乙为承受房屋权属的个人，因此乙应交纳契税而甲不需交纳契税，因此：乙应缴纳契税＝100 000×4‰＝4 000（元），而甲不用交纳契税。

三、契税的征收管理及纳税申报

契税的纳税义务发生时间为纳税人签订土地、房屋权属转移合同的当天，或者纳税人取得其他具有土地、房屋权属转移合同性质凭证的当天。纳税人应当自纳税义务发生之日起10日内，向土地及房屋所在地的契税征收机关办理纳税申报，并在契税征收机关核定的期限内缴纳税款。契税征收机关为土地、房屋所在地的财政机关或者地方税务机关，具体征收机关由省、自治区、直辖市人民政府确定。

纳税人办理纳税事宜后，契税征收机关应向纳税人开具契税完税凭证。纳税人应持有契税完税凭证和其他规定的资料，依法到土地管理部门、房产管理部门办理有关土地、房屋的权属变更登记手续。

四、契税纳税申报表及填表说明（表10-1）

表10-1 契税纳税申报表

申报单位：　　　　　　　　　　　　申报日期：　年　月　日

承受方	名　称		识别号	
	地　址		联系电话	
转让方	名　称		识别号	
	地　址		联系电话	
土地、房屋权属转移	合同签订时间			
	土地、房屋地址			
	权属转移类别			
	权属转移面积			平方米
	成交价格			元

项目十 成本类税计算及纳税申报

续表

适用税率				
计征税额				元
减免税额				元
应纳税额				元
纳税人员签章		经办人员签章		
（以下部分由征收机关负责填写）				
征收机关收到日期		接收人		审核日期
审核记录				
审核人员签章		征收机关签章		

（本表 A4 竖式，一式两份：第一联为纳税人保存；第二联由主管征收机关留存。）

填表说明：

本表依据《中华人民共和国税收征收管理法》《中华人民共和国契税暂行条例》设计制定。

本表适用于在中国境内承受土地、房屋权属的单位和个人。纳税人应当在签订土地、房屋权属转移合同或者取得其他具有土地、房屋权属转移合同性质凭证后 10 日内，向土地、房屋所在地契税征收机关填报契税纳税申报表，申报纳税。

本表各栏的填写说明如下：

（1）承受方及转让方名称：承受方、转让方是单位的，应按照人事部门批准或者工商部门注册登记的全称填写；承受方、转让方是个人的，则填写本人姓名。

（2）承受方、转让方识别号：承受方、转让方是单位的，填写税务登记号；没有税务登记号的，填写组织机构代码。承受方、转让方是个人的，填写个人身份证号或护照号。

（3）合同签订时间：指承受方签订土地、房屋转移合同的当日，或其取得其他具有土地、房屋转移合同性质凭证的当日。

（4）权属转移类别：（土地）出让、买卖、赠与、交换、作价入股等行为。

（5）成交价格：土地、房屋权属转移合同确定的价格（包括承受者应交付的货币、实物、无形资产或者其他经济利益，折算成人民币金额）填写。计税价格，是指由征收机关按照《中华人民共和国契税暂行条例》第四条确定的成交价格、差价或者核定价格。

（6）计征税额＝计税价格×税率，应纳税额＝计征税额－减免税额。

知识拓展

契税的会计处理

企业和事业单位取得土地使用权、房屋按规定交纳的契税，应计入所取得土地使用权和房屋的成本。

249

企业税费计算及纳税申报

企业取得土地使用权、房屋按规定交纳的契税，借记"固定资产"、"无形资产"等科目，贷记"银行存款"科目。

事业单位取得土地使用权按规定交纳的契税，借记"无形资产"科目，贷记"银行存款"科目。取得房屋按规定交纳的契税，借记"固定资产"科目，贷记"固定基金"科目；同时，应按资金来源分别借记"专用基金－修购基金"、"事业支出"等科目，贷记"银行存款"科目。

对于企业取得的土地使用权，若是有偿取得的，一般应作为无形资产入账，相应地，为取得该项土地使用权而缴纳的契税，也应当计入无形资产价值。

引入案例分析

（1）该运动员受赠房屋应当缴纳契税，应纳契税=20×5%＝1（万元）。

（2）该运动员接受重庆海容实业公司奖励房屋也应当缴纳契税，应纳契税=50×4%＝2（万元）。

【案例10－2】 某外商投资企业2009年接受重庆海容实业公司以房产投资入股，房产市场价值为100万元，该企业还于2009年以自有房产与重庆海容实业公司交换一处房产，支付差价款300万元，同年政府有关部门批准向该企业出让土地一块，该企业缴纳全部费用150万元。下列处理方法中正确的有哪些？（该地规定契税税率为2%）

A．外商投资企业接受房产投资应缴纳的契税为0万元
B．外商投资企业接受房产投资应缴纳的契税为2万元
C．企业交换房产和承受土地应缴纳的契税为3万元
D．企业交换房产和承受土地应缴纳的契税为9万元

答案：BD

[案例分析] 以房产作投资，视同房屋买卖，外商投资企业应纳契税100×2%＝2（万元）；与重庆海容实业公司交换房产和补交土地出让金应纳契税＝300×2%＋150×2%＝9（万元）。

任务二 耕地占用税计算及纳税申报
Mission two

任务描述

1. 了解耕地占用税的概念、纳税人、征税范围、税率
2. 掌握耕地占用税应纳税额的计算
3. 掌握耕地占用税的纳税申报填写

项目十 成本类税计算及纳税申报

任务链接

与土地使用税进行对比分析学习。

案例引入

重庆海容实业公司占用林地 40 万平方米建造生态高尔夫球场，还占用林地 100 万平方米开发经济林木，所占耕地适用的定额税率为 20 元/平方米。若你是该企业的会计，该如何计算该企业应缴纳的耕地占用税？

相关知识

一、耕地占用税的基本原理及要素

（一）耕地占用税的概念

耕地占用税是指国家对占用耕地建房或者从事其他非农业建设的单位和个人，依其占用耕地的面积征收的一种税。

耕地占用税的特点包括：
(1) 具有资源税与特定行为税的特点；
(2) 具有税收用途补偿性的特点；实行一次性征收；
(3) 耕地占用税以县为单位，以人均耕地面积为标准，分别规定单位税额；
(4) 耕地占用税征收标准的确定具有较大的灵活性。

（二）耕地占用税的征税范围

耕地占用税以纳税人实际占用的耕地面积计税，按照规定税额一次性征收。包括国家所有和集体所有的耕地。

（三）耕地占用税的纳税人

占用耕地建房或者从事其他非农业建设的单位和个人，都是耕地占用税的纳税义务人。

（四）耕地占用税的单位税额

耕地占用税以县为单位，根据人均耕地面积（Arable land per capita）确定单位税额。
(1) 人均耕地在 1 亩[①]以下（含 1 亩）的地区，每平方米为 10～50 元。
(2) 人均耕地在 1 亩至 2 亩（含 2 亩）的地区，每平方米为 8～40 元。
(3) 人均耕地在 2 亩至 3 亩（含 3 亩）的地区，每平方米为 6～30 元。
(4) 人均耕地在 3 亩以上的地区，每平方米为 5～25 元。

---

① 1 亩=0.066 7 公顷。

经济特区、经济技术开发区和经济发达、人均耕地特别少的地区，适用税额可以适当提高，但最多不得超过上述规定税额的50%。

二、耕地占用税应纳税额的计算

（一）耕地占用税的税收优惠

有以下情况之一可以享受耕地占用税收免征或减征优惠。
（1）部队军事设施用地（免征）。
（2）铁路线路、飞机场跑道和停机坪用地（减按2元/平方米征收）。
（3）学校、幼儿园、敬老院、医院用地（免征）。
（4）农村居民在规定标准范围内占用耕地建造住宅，按规定税额减半征收。

（二）耕地占用税的计税方法

耕地占用税以纳税人实际占用的耕地面积和规定的适用税率标准计征，实行一次性征收，计税公式为：应纳税额＝实际占用的耕地面积×适用税额标准
1市亩（Mu）＝666.67平方米（Square meters）

【案例10-3】 重庆某公司占用耕地50 000平方米，其中有10 000平方米作为医院用地。该地区的耕地占用税的税率为30元/平方米，试计算该公司应交纳的耕地占用税。

[案例分析]

根据耕地占用税收免征或减征优惠政策，该公司有10 000平方米医院用地可免征耕地占用税。因此该应交纳的耕地占用税＝（50 000－10 000）×30＝120（万元）

三、耕地占用税的征收管理

耕地占用税的纳税环节，是在各级人民政府批准需用地的单位和个人征（占）用土地之后，土地管理部门发放土地使用（占用）通知书之前，经土地管理部门批准占用耕地之日起30日内在土地所在地的主管财政机关缴纳耕地占用税。

四、耕地占用税纳税申报及填表说明（表10-2）

表10-2 耕地占用税纳税申报表
（基本式样）

填表日期：　　　　　　　　　　　　　　　　　　　　　　　　　　　单位：元、平方米

纳税人全称		纳税人识别号	
经济类型		纳税人地址	
经办人姓名		联系电话	
开户银行		银行账号	
占地位置			
批准占地文号		占地用途	
批准占地面积		批准占地日期	

项目十 成本类税计算及纳税申报

续表

实际占地面积			实际占地日期		
占 地 类 型	计税面积	单位税额	计征税额	减免税额	应纳税额
合 计					
如纳税人填报,由纳税人填写以下各栏			如委托税务代理机构填报,由税务代理机构填写以下各栏		
会计主管(签章)	经办人(签章)		税务代理机构名称		税务代理机构(公章)
			税务代理机构地址		
声明	此申报表是根据国家税收法律规定填报的,我确信它是真实的、可靠的、完整的。声明人:(法定代表人签字或盖章)(公章)		代理人(签章)	联系电话	
			以下由税务机关填写		
			受理人: 受理章: 受理日期:		

××省耕地占用税申报表填表说明

(1) 本表依据《中华人民共和国税收征收管理法》《中华人民共和国耕地占用税暂行条例》设计制定。

(2) 本表适用于在××省占用农用地建房或者从事非农业建设的单位和个人。

(3) 本表填写说明如下:

①纳税人全称:填列纳税人法定名称,如纳税人为自然人的,填写身份证或护照上的姓名。

②纳税人识别号:纳税人是单位的,填写税务登记号;没有税务登记号的,填写组织机构代码,纳税人是个人的,填写身份证、护照等有效身份证件号。

③经济类型:填列国家机关、事业单位、军事单位、社会团体、企业、个人等;企业应按照《税务登记证》上的登记注册类型填列。

④纳税人地址:填列纳税人机构所在地的详细地址,个人填写常住详细地址。

⑤占地位置:填列纳税人从国土资源管理部门取得的占用土地文件上注明的土地位置,"非法占地"的纳税人填列实际占用土地的具体地点。

⑥批准占地文号:填列经国土资源管理部门批准征用、占用土地的文件号。未经批准占用的注明"非法占地"。

⑦占地用途:填列纳税人占用土地实际建设项目的具体用途。

⑧批准占地面积:填列国土资源管理部门批准征用、占用的土地面积。

⑨实际占地面积:填列纳税人实际占用的土地面积,包括批准占地面积、非法占地面积。

⑩批准占地日期:填列国土资源管理部门批准占地人征用、占用土地的文件日期。

⑪实际占地日期:填列未经批准实际占用土地的日期。

⑫占地类型:按照耕地占用税的征税范围填列。

⑬计税面积：填列征收机关核定的耕地占用税计税面积。

知识拓展

耕地占用税的会计处理

对于耕地占用税，由于是按照实际占用耕地面积计算，并一次性缴纳，因此可以不通过"应交税费"科目进行核算，而直接计入有关项目的成本费用之中。

引入案例分析

占用林地、牧草地、农田水利用地、养殖水面以及渔业水域滩涂等其他农用地建房或者从事非农业建设的，按规定征收耕地占用税。该企业建造生态高尔夫球场占地属于从事非农业建设，应缴纳耕地占用税＝40×20＝800（万元）。开发经济林木占地属于耕地，不缴耕地占用税。因此应交纳耕地占有税800万元。

任务三 车辆购置税计算及纳税申报
Mission three

任务描述

1. 了解车辆购置税的概念、纳税人、征税范围、税率
2. 掌握车辆购置税应纳税额的计算
3. 掌握车辆购置税的纳税申报填写

任务链接

公司的生产经营过程中需购买交通和运输工具时，则需交纳车辆购置税，此税影响购进车辆的成本，进而通过折旧等间接影响企业所得税。

案例引入

小明的表哥张某2010年购买一辆排气量为1.6升轿车自用，支付含增值税的价款175 500元，另支付购置工具和配件价款2 340元，车辆改装费4 000元，支付销售公司代收的保险费5 000元，支付的各项价款均由销售公司开具统一发票，表哥知道小明是学会计专业的，因此，让小明帮忙计算一下他应缴纳车辆购置税，小明应如何计算？

项目十 成本类税计算及纳税申报

> **相关知识**

一、车辆购置税的基本原理及要素

（一）车辆购置税的概念

车辆购置税是对有取得并自用应税车辆行为的单位和个人征收的一种税。

车辆购置税的特点：

（1）兼有财产税和行为税的性质。
（2）车辆购置税是价外税。
（3）车辆购置税是属于费改税。
（4）征收范围和环节、税率、征收方法单一。

（二）车辆购置税的征税范围

车辆购置税的征税范围是：汽车、摩托车、电车、挂车、农用运输车。

（三）车辆购置税的纳税人

在我国境内购买、进口、自产、受赠、获奖或者以其他方式取得并自用应税车辆的单位和个人，为车辆购置税的纳税人。

（四）车辆购置税的税率

车辆购置税的税率为 10%。

二、车辆购置税应纳税额的计算

（一）车辆购置税的税收优惠

（1）外国驻华使馆、领事馆和国际组织驻华机构及其外交人员自用的车辆，免税。
（2）中国人民解放军和中国人民武装警察部队列入军队武器装备订货计划的车辆，免税。
（3）设有固定装置的非运输车辆，免税。
（4）有国务院规定予以减税或者免税的其他情形的，按照规定减税或者免税。

（二）车辆购置税的计税方法

（1）车辆购置税实行从价定率的办法计算应纳税额。应纳税额的计算公式为：

应纳税额＝计税价格×税率

（2）车辆购置税的计税价格根据不同情况，按照下列规定确定。

①纳税人购买自用的应税车辆的计税价格，为纳税人购买应税车辆而支付给销售者的全部价款和价外费用，不包括增值税税款。

【案例10-4】 小王在 2012 年 1 月，从某公司购入一辆小汽车作为自己使用，支付了包含增值税款在内的款项 117 000 元，并开具了机动车销售统一发票，试计算宁某应纳的车辆购置税？

[案例分析]

计税依据＝117 000÷1.17＝100 000（元）

应纳税额＝100 000×10％＝10 000（元）。

②纳税人进口自用的应税车辆的计税价格的计算公式为：

计税价格＝关税完税价格＋关税＋消费税。

【案例 10-5】 重庆某公司于 2012 年 2 月从德国进口一辆小汽车自用，该公司报关进口小轿车时，关税完税价为 100 000 元人民币，假设关税税率为 80％，消费税税率为 40％，问该公司应交纳多少车辆购置税？

[案例分析]

关税＝100 000×80％＝80 000（元）

消费税＝（100 000＋80 000）×40％÷（1－40％）＝120 000（元）

组成计税价格＝100 000＋80 000＋120 000＝300 000（元）

应交纳的车辆购置税＝300 000×10％＝30 000（元）

③纳税人自产、受赠、获奖或者以其他方式取得并自用的应税车辆的计税价格，由主管税务机关参照最低计税价格核定。国家税务总局参照应税车辆市场平均交易价格，规定不同类型应税车辆的最低计税价格。

④纳税人购买自用或者进口自用应税车辆，申报的计税价格低于同类型应税车辆的最低计税价格，又无正当理由的，按照最低计税价格征收车辆购置税。

三、车辆购置税的征收管理及纳税申报

（一）车辆购置税的纳税申报

（1）购买自用应税车辆的，应当自购买之日起 60 日内申报纳税。

（2）进口自用应税车辆的，应当自进口之日起 60 日内申报纳税。

（3）自产、受赠、获奖或者以其他方式取得并自用的应税车辆的，应当自取得之日起 60 日内申报纳税。

（4）免税、减税车辆因转让、改变用途等原因不再属于免税、减税范围的，应当在办理车辆过户手续前或者办理变更车辆登记注册手续前缴纳车辆购置税。

（二）车辆购置税的纳税地点

（1）需要办理车辆登记注册手续的纳税人，向车辆登记注册地的主管税务机关办理纳税申报。

（2）不需要办理车辆登记注册手续的纳税人，向所在地征收车辆购置税的主管税务机关办理纳税申报。

车辆购置税实行一车一申报制度。

（三）车辆购置税纳税申报表及填表说明（表 10-3）

表 10-3 车辆购置税纳税申报表

填表日期：年 月 日

纳税人名称： 金额单位：元、角、分

纳税人证件名称			证件号码		
联系电话		邮政编码		地址	
车辆基本情况					
车辆类别	①汽车、②摩托车、③电车、④挂车、⑤农用运输车 || 发动机号码			
生产企业名称			车架（底盘）号码		
厂牌型号			排气量		
购置日期			关税完税价格		
机动车销售发票（或有效凭证）号码			关税		
机动车销售发票（或有效凭证）价格			消费税		
减税、免税条件					
申报计税价格	特殊计税价格	税率	免（减）税额	应纳税额	
1	2	3	4=1×3	5=1×3 或 2×3	
		10%			
此纳税申报表是根据《中华人民共和国车辆购置税暂行条例》的规定填报的，我相信它是真实的、可靠的、完整的。			如果你已委托代理人申报，请填写以下资料：为代理一切税务事宜，现授权（ ），地址（ ）为本纳税人的代理申报人，任何与本申报表有关的往来文件，都可寄予此人。		
	声明人签字：			授权人签字：	
	如委托代理人的，代理人应填写以下各栏				
纳税人签名或盖章	代理人名称		代理人（公章）		
	地址		~		
	经办人		~		
	电话		~		
接收人：				
接收日期：				车购办（印章）：	

《车辆购置税纳税申报表》填表说明

(1) 本表由车辆购置税纳税人（或代理人）在办理纳税申报时填写。

(2) "纳税人名称"栏，填写车主名称。

(3) "纳税人证件名称"栏，单位车辆填写《组织机构代码证书》；个人车辆填写《居民身份证》或其他身份证明名称。

(4) "证件号码"栏，填写《组织机构代码证书》、《居民身份证》及其他身份证件的号码。

(5) "车辆类别"栏，在表中所列项目中划√。

(6) "生产企业名称"栏，国产车辆填写国内生产企业名称，进口车辆填写国外生产企业名称。

(7)"厂牌型号"、"发动机号码"、"车架(底盘)号码"栏,分别填写车辆整车出厂合格证或《中华人民共和国出入境检验检疫进口机动车辆随车检验单》中注明的产品型号、发动机号码、车架(底盘)号码。

(8)"购置日期"栏,填写机动车统一销售发票(或有效凭证)或《中华人民共和国出入境检验检疫进口机动车辆随车检验单》上注明的日期。

(9)"机动车销售发票(或有效凭证)号码"栏,填写机动车统一销售发票(或有效凭证)上注明的号码。

(10)"机动车销售发票(或有效凭证)价格"栏,填写机动车统一销售发票(或有效凭证)上注明的价格(含价外费用)。

(11)"减税、免税条件"栏,按下列项目选择字母填写。

①外国驻华使馆、领事馆和国际组织驻华机构及其外交人员自用的车辆。

②中国人民解放军和中国人民武装警察部队列入军队武器装备订货计划的车辆。

③设有固定装置的非运输车辆。

④回国服务的在外留学人员购买的国产小汽车。

⑤长期来华定居专家进口自用的车辆。

⑥其他免税、减税车辆。

(12)下列栏次由进口自用车辆的纳税人填写。非进口自用车辆的纳税人,不用填写。

①"关税完税价格"栏,填写《海关关税专用缴款书》中注明的关税计税价格。"关税"栏,填写《海关关税专用缴款书》中注明的关税税额。

②"消费税"栏,填写《海关代征消费税专用缴款书》中注明的消费税税额。

(13)"申报计税价格"栏,分别按下列要求填写:

①境内购置的车辆,按机动车销售发票(或有效凭证)注明的价格(含价外费用)÷(1+17%)填写,或车购办提供的由国家税务总局核定的最低计税价格填写。

②进口自用的车辆,填写计税价格。计税价格=关税完税价格+关税+消费税。

③自产、受赠、获奖或者以其他方式取得并自用车辆,填写车购办参照国家税务总局核定的应税车辆最低计税价格核定的计税价格。

(14)"特殊计税价格"栏,分别按下列要求填写:

①底盘(车架)发生更换的车辆,按最新核发的同类型车辆最低计税价格的70%填写。

②免税条件消失的车辆,自初次办理纳税申报之日起,使用年限未满10年的,按最新核发的同类型车辆最低计税价格按每满1年扣减10%计算的计税价格填写。

(15)本表一式三份(一车一表),一份由纳税人留存;一份由车购办留存;一份由税务机关作会计原始凭证。

知识拓展

车辆购置税的会计处理

企业购置应税车辆,按规定缴纳的车辆购置税,或企业购置的减税、免税车辆后改变用途,按规定应补交的车辆购置税,借记"固定资产"等账户,贷记"银行存款"。

项目十 成本类税计算及纳税申报

引入案例分析

经国务院批准，对 2010 年 1 月 1 日至 12 月 31 日购置 1.6 升及以下排量乘用车，暂减按 7.5% 的税率征收车辆购置税；公交汽车不免税；设有固定装置的必须是非运输车辆才免税，运输车辆不免税。因此：张某应交纳的车辆购置税 =（175 500＋2 340＋4 000＋5 000）× 0.075÷1.17＝11 976.92（元）

学生演练

某企业从拍卖公司通过拍卖购进两辆轿车，其中一辆是未上牌照的新车，不含税成交价 60 000 元，国家税务总局核定同类型车辆的最低计税价格为 120 000 元；另一辆是使用 6 年的轿车，不含税成交价为 50 000 元。该企业应纳车辆购置税多少元？

参考文献

[1] 全国注册税务师执业资格考试教材编写组. 税法Ⅰ [M]. 北京：中国税务出版社，2012.

[2] 全国注册税务师执业资格考试教材编写组. 税法Ⅱ [M]. 北京：中国税务出版社，2012.

[3] 中国注册会计师协会. 税法 [M]. 北京：经济科学出版社，2011.

[4] 姚旭. 企业纳税实务 [M]. 北京：清华大学出版社，2010.

[5] 马海涛. 中国税制 [M]. 北京：中国人民大学出版社，2009.

[6] 梁俊娇. 税收筹划 [M]. 北京：中国人民大学出版社，2009.

[7] 曾英姿. 税务会计实务 [M]. 厦门：厦门大学出版社，2009.

[8] 黎云凤. 税务会计 [M]. 北京：电子工业出版社，2009.

[9] 牟建国，杨淑媛. 税法 [M]. 北京：清华大学出版社，2010.

[10] 王京梁. 税法 [M]. 北京：清华大学出版社，2010.

[11] 凌辉贤. 最新企业纳税申报与办税指南 [M]. 大连：东北财经大学出版社，2009.

[12] 全国会计专业技术资格考试研究中心，全国初会计专业技术资格考试专用教材. 经济法 [M]. 上海：立信会计出版社，2012.

[13] 全国会计专业技术资格考试研究中心，全国中级会计专业技术资格考试专用教材. 经济法 [M]. 上海：立信会计出版社，2012.

[14] 梁伟样. 税费计算与申报 [M]. 北京：高等教育出版社，2011.